Bibiana Walder

Tourismus – Management von Innovationen

Bibiana Walder

Tourismus –
Management von Innovationen

Tectum Verlag

Bibiana Walder

Tourismus - Management von Innovationen
Zugl.: Innsbruck, Univ. Diss. 2005
Umschlagabbildungen: Fotografien der Autorin
ISBN: 978-3-8288-9374-0
© Tectum Verlag Marburg, 2007

Besuchen Sie uns im Internet
www.tectum-verlag.de

Bibliografische Informationen der Deutschen Nationalbibliothek
Die Deutsche Nationalbibliothek verzeichnet diese Publikation in der Deutschen Nationalbibliografie; detaillierte bibliografische Angaben sind im Internet über http://dnb.ddb.de abrufbar.

„Die Fähigkeit zur Innovation entscheidet über unser Schicksal."

Roman Herzog
ehemaliger deutscher Bundespräsident
„Aufbruch ins 21. Jahrhundert"
Berliner Rede am 26. April 1997

Inhaltsverzeichnis

ABBILDUNGSVERZEICHNIS VII

TABELLENVERZEICHNIS IX

ABKÜRZUNGSVERZEICHNIS... X

1   Einführung 1
    1.1   Problemstellung 1
    1.2   Vorgehensweise und Aufbau der Arbeit 2

2   Innovationen als Voraussetzung für wirtschaftliches
    Wachstum und Entwicklung in der Tourismusbranche 4
    2.1   Begriffsdefinition 4
    2.2   Die Rolle des marktwirtschaftlichen Umfelds 8
        2.2.1   Die Bedeutung wirtschaftlichen Wachstums 8
        2.2.2   Der Produktlebenszyklus 10
    2.3   Transformation der Tourismusbranche durch Innovationen 14
        2.3.1   Definitorische Abgrenzung von Dienstleistungen 14
        2.3.2   Wirtschaftliche Bedeutung von Dienstleistungen 16
        2.3.3   Die Tourismusbranche als bedeutender Wirtschaftssektor .. 17
        2.3.4   Der Produktlebenszyklus im Tourismus 19
        2.3.4.1 Der Destinationslebenszyklus 19
        2.3.4.2 S-Kurve der Technologie 20
        2.3.5   Trends und Entwicklungen im Tourismus und Konsequenzen 21
        2.3.5.1 Technologie 22
        2.3.5.2 Globalisierung im Tourismus 23
        2.3.5.3 Soziologische Veränderungen 24
            2.3.5.3.1 Reiseerfahrenheit 24
            2.3.5.3.2 Demographie 24
            2.3.5.3.3 Wertewandel 25
            2.3.5.3.4 Fragmentierung der Zeit 26
            2.3.5.3.5 Gesundheitsbewusstsein 26

	2.3.6	Das neue touristische Produkt 27
	2.4	Innovationsarten 28
	2.5	Zusammenfassung 35
3		Betriebsinterne Bestimmungsfaktoren von Innovationen: Die Rolle des Unternehmers 36
	3.1	Entrepreneur und Entrepreneurship 36
	3.2	Führungsstil 42
	3.3	Unternehmenskultur 43
	3.4	Charakteristika des innovativen Unternehmers 44
	3.5	Rollen eines innovativen Unternehmers 46
	3.5.1	Das Promotorenmodell von Witte 46
	3.5.2	Unternehmerische Rollen im Innovationsprozess in der englischsprachigen Literatur 50
4		Betriebsinterne Bestimmungsfaktoren von Innovationen: Der innovative Mitarbeiter 52
	4.1	Der Intrapreneur: The individual as a hero 53
	4.2	Teamarbeit 56
	4.3	Motivation 60
	4.4	Innovative Eigenschaften eines Mitarbeiters 61
5		Betriebsinterne Bestimmungsfaktoren von Innovationen: Die betrieblichen Rahmenbedingungen 63
	5.1	Organisationsmanagement von Innovationen 63
	5.1.1	Die Rolle der innovationsfreundlichen Organisation 63
	5.1.2	Elemente einer innovativen Unternehmensstruktur nach Trott 64
	5.1.3	Phasenbezogenes Organisationskonzept nach Geschka 65
	5.1.4	Die innovative Organisation nach Mintzberg 67
	5.1.5	Mechanistische versus organische Organisation 69
	5.1.6	Die innovative Organisation nach Galbraith 71
	5.1.7	Komponenten einer innovativen Organisation nach Weiermair 75
	5.1.8	Zusammenfassung 76
	5.2	Strukturierter Prozess: Innovationsentwicklungsmodelle 78
	5.2.1	Zur Relevanz des strukturierten Innovationsentwicklungsprozesses 78
	5.2.2	Teil-, Übertragungs- und gesamthafte Modelle 79

5.2.3 Trichtermodell zur Entwicklung neuer Dienstleistungen 80
5.2.4 Das Modell nach Freiling und Weißenfels 81
5.2.5 Das Modell nach Bruhn 81
5.2.6 Modell nach Scheuing und Johnson 82
5.2.7 Der Stage-Gate-Prozess nach Cooper 83
5.2.8 Das Modell nach Zeithaml und Bitner 86
5.2.9 Das Modell nach Alam und Perry 87
5.2.10 Das Modell nach Johnson, Menor, Roth und Chase 88
5.2.11 Der Prozess der Innovationsentwicklung im Tourismus 89
5.3 Systematische Kreativität 93
5.3.1 Zur Bedeutung von systematischer Kreativität im Unternehmen 93
5.3.2 Kreativitätsquellen 95
5.3.3 Einflussfaktoren der Kreativität 95
5.3.3.1 Die kreative Persönlichkeit 96
5.3.3.2 Kreativitätsmanagement - Das kreative Unternehmen 99
5.3.3.3 Das kreative Produkt 99
5.3.3.4 Der Kreativitätsprozess 100
5.3.3.5 Kreativitätshemmnisse 101
5.3.4 Kreativitätsmethoden 102
5.3.4.1 Übersicht 102
5.3.4.2 Brainstorming 103
5.3.4.3 Brainwriting 105
5.3.4.4 Der Morphologische Kasten 106
5.3.4.5 Synektik 108
5.3.4.6 Mind-Mapping 109
5.4 Ideenbewertung 110
5.4.1 Ablauf Messkriterien einer Ideenbewertung 110
5.4.2 Arten von Bewertungsverfahren 112
5.4.2.1 Qualitative Bewertungsverfahren 112
5.4.2.2 Quantitative Bewertungsverfahren 115
5.4.2.2.1 Statische Wirtschaftlichkeitsrechnungen 115
5.4.2.2.2 Dynamische Wirtschaftlichkeitsrechnungen 116

5.5	**Kernkompetenzen**	**117**
5.5.1	Kernkompetenzen als wesentliches Unternehmenscharakteristikum	117
5.5.2	Komponenten von Kernkompetenzen	118
5.5.3	Die Rolle von Kernkompetenzen für Innovationen	119
5.5.4	Kriterien von Kernkompetenzen	120
5.5.5	Die Identifikation von Kernkompetenzen	121
5.5.6	Kernkompetenzen in der Tourismusbranche	122
5.6	**Die Rolle der Unternehmensgröße**	**123**
5.7	**Das Alter des Unternehmens**	**127**
5.8	**Die Rolle der Technologie im Unternehmen**	**127**
6	**Das externe Umfeld des Unternehmens**	**129**
6.1	**Der Kunde als Innovationstreiber (Nachfragebedingungen)**	**129**
6.1.1	Zur Bedeutung von Form und Stärke der Kundeneinbindung	129
6.1.2	Kundeneinbindung in der Phase der Ideengewinnung	133
6.1.2.1	Kundenbeobachtung	133
6.1.2.2	Kundenbefragung	135
6.1.2.3	Beschwerdeanalyse	136
6.1.2.4	Workshops	138
6.1.3	Kundeneinbindung in der Testphase: Dienstleistungstest	139
6.1.4	Kundeneinbindung im gesamten Prozess: Lead User Methode	141
6.1.5	Zusammenfassung	143
6.2	**Lieferanten: Verwandte und unterstützende Branchen**	**144**
6.3	**Die Rolle des Wettbewerbs**	**146**
6.3.1	Wettbewerbsformen und Marktturbulenz	146
6.3.2	Marktbarrieren als Möglichkeit der Wettbewerbsbeschränkung	150
6.4	**Faktormärkte**	**151**
6.5	**Kooperationen und Netzwerke**	**152**
6.5.1	Relevanz und Definition von Kooperationen und Netzwerken	152
6.5.2	Kooperationen im Tourismus	153
6.5.3	Kooperationsformen und –partner	155
6.5.4	Die Rolle von Wissen bei Kooperationen	156
6.5.5	Vor- und Nachteile von Kooperationen und Netzwerken	157
6.5.6	Kooperation und Wettbewerb	158

6.6	Die Rolle des Staates	160
6.6.1	Staatseingriffe: Notwendigkeit und Rechtfertigung	160
6.6.2	Bereiche staatlicher Innovationspolitik	162
6.6.3	Innovationspolitische Maßnahmen	163
6.6.4	Innovationspolitik in der Tourismusbranche	164
6.7	Zufall	166
7	**Die endogenen Variablen des Innovationsverhaltens**	**167**
7.1	Das Innovationspotenzial	167
7.2	Die Innovationsaktivität	168
7.3	Die Innovationsrendite	168
7.4	Lerneffekte	169
8	**Untersuchung zum Innovationsverhalten touristischer Unternehmen**	**170**
8.1	Methodische Vorgehensweise	170
8.1.1	Popper's kritischer Rationalismus	170
8.1.2	Hypothesenbildung	171
8.1.3	Messkriterien	175
8.1.4	Forschungsdesign	175
8.1.5	Auswahl der Untersuchungsobjekte	178
8.1.6	Datenerhebung	179
8.1.7	Die Frage der Unit-Nonresponse	181
8.1.8	Datenerfassung	184
8.2	**Datenanalyse**	**184**
8.2.1	Deskriptive Statistik	184
8.2.1.1	Unternehmensdaten	184
8.2.1.2	Innovationsarten	186
8.2.1.3	Investitionen für Innovationen	187
8.2.1.4	Beeinflussung der Innovationstätigkeit	188
8.2.1.5	Kundeneinbindung im Innovationsprozess	188
8.2.1.6	Kernkompetenzen	189
8.2.1.7	Technischer Fortschritt	190
8.2.1.8	Nationen	190
8.2.1.9	Subbranchen im Tourismus	191
8.2.1.10	Unternehmensgröße	193

8.2.1.11 Ausprägungen der endogenen Variablen 195
8.2.2 Explorative Analyse 196
8.2.2.1 Innovationspotenzial 197
8.2.2.2 Innovationsaktivität 199
8.2.2.3 Innovationsrendite 201
8.2.2.4 Unterschiede zwischen Hotels und Nicht-Hotels 203
8.2.2.5 Zusammenfassung und Interpretation der Ergebnisse 204

9 Zusammenfassung und Ausblick 207

9.1 Conclusio 207

9.2 Ausblick und weiterer Forschungsbedarf 208

Anhang A: Fragebogen 210

Anhang B: Erklärungen zu den einzelnen Frage-Items 215

Anhang C: Einladung zur Teilnahme an der Internet-Befragung 217

Anhang D: Ergebnisse der Faktorenanalyse 220

Bibliographie 222

Abbildungsverzeichnis

Abb. 1: Gliederung und Inhalte der Dissertation mit Kapitelbezug 3
Abb. 2: Kondratieff-Zyklen 9
Abb. 3: Der Produktlebenszyklus 11
Abb. 4: Erwerbstätige in der Bundesrepublik Deutschland in den einzelnen Wirtschaftsektoren 16
Abb. 5: Dienstleistungskette im Alpintourismus mit Bezug zu den zu untersuchenden Forschungsfragen 18
Abb. 6: Lebenszyklus einer touristischen Destination 19
Abb. 7: Beispielhafte touristische S-Kurve 20
Abb. 8: Lebenszyklus des internationalen Tourismus 21
Abb. 9: Altersaufbau der Bevölkerung in Deutschland 2050 (links) und in Österreich 2030 (rechts) 25
Abb. 10: Wettbewerbskräfte im „neuen" Tourismus 27
Abb. 11: Innovationstypen im Tourismus in Anlehnung an Abernathy/Clark .. 34
Abb. 12: Wandel der Promotorenrollen bei Kooperation 49
Abb. 13: Modell der aufbauorganisatorischen Eingliederung der Innovationsaktivitäten in Klein- und Mittelunternehmen 67
Abb. 14: Die innovative Organisation nach Galbraith 72
Abb. 15: Beispiel einer nicht gelungenen Produktentwicklung 78
Abb. 16: Trichtermodell erfolgversprechender Innovationen 80
Abb. 17: Dienstleistungsentwicklungsprozess 82
Abb. 18: Stage-Gate-Modell: von der Entdeckung zur Markteinführung 84
Abb. 19: Sprint-Version des Stage-Gate-Modells in drei Abschnitten 85
Abb. 20: Entwicklung neuer Dienstleistungen 86
Abb. 21: Lineares und paralleles Entwicklungsmodell 87
Abb. 22: Dienstleistungsinnovationsprozess 88
Abb. 23: Beispielhafer Innovationsentwicklungsprozess im Tourismus 92
Abb. 24: Wo entstehen kreative Einfälle? 95
Abb. 25: Einflussfaktoren der Kreativität 96
Abb. 26: Der Kreativitätsprozess 100
Abb. 27: Beispiel für einen Morphologischen Kasten 108
Abb. 28: Beispielhafte SWOT-Analyse in Bezug auf innovative Ideen 113
Abb. 29: Beispielhafter Ablauf einer Nutzwertanalyse 114
Abb. 30: Mögliche Komponenten von Kernkompetenzen 118
Abb. 31: Der Entwicklungszyklus der Kernkompetenzen 119
Abb. 32: Die Merkmale von Kernkompetenzen 120
Abb. 33: Das Portfolio der Kompetenzen beispielhaft in einem touristischen Betrieb 121

Abb. 34: Kernkompetenz, Kern- und Endprodukt, Beispiel aus dem Tourismus 123
Abb. 35: Vermutete Zusammenhänge zwischen Unternehmensgröße und Innovationsaktivität 126
Abb. 36: Mögliche externe Innovationsquellen im Tourismus in Anlehnung an das Porter'sche Diamant-Modell 129
Abb. 37: Innovationsaktivitätenmodell 131
Abb. 38: Service-Innovationen durch Experimente 140
Abb. 39: Dynamischer Wettbewerbsprozess 148
Abb. 40: Zusammenhang zwischen Wettbewerb und Innovationswahrscheinlichkeit 149
Abb. 41: Merkmale von Kooperationen 156
Abb. 42: Notwendigkeit des Gleichgewichts zwischen Wettbewerb und Kooperation für Innovationen 159
Abb. 43: Wachstumsorientierte Zielsetzung der Tourismuspolitik des Bundes: Förderung des touristischen Strukturwandels 165
Abb. 44: Clusterbildung im Tourismus als lokaler Wettbewerbsvorteil 165
Abb. 45: „Feedback Loop" 169
Abb. 46: Gesamtmodell in Bezug auf das Innovationsverhalten touristischer Unternehmen 170
Abb. 47: Berücksichtung der Subbranchen und der Dienstleistungskette in der Studie 179
Abb. 48: Entwicklung der Stichprobe für die Erhebung 181
Abb. 49: Unternehmensdaten des Samples 185
Abb. 50: Innovationsart der zuletzt eingeführten Innovation 186
Abb. 51: Innovationsart der in den letzten vier Jahren eingeführten Innovation 186
Abb. 52: Innovationsart der nächsten geplanten Innovation 187
Abb. 53: Beeinflussung der Innovationstätigkeit 188
Abb. 54: Stärke der Kundeneinbindung im Innovationsentwicklungsprozess. 189
Abb. 55: Innovationsverhalten in Bezug auf die Nationalität des Unternehmens 191
Abb. 56: Stichprobenverteilung über die touristischen Subbranchen 191
Abb. 57: Subbranchen in der Responsegruppe 192
Abb. 58: Innovationsverhalten der Subbranchen im Vergleich 193
Abb. 59: Unternehmensgröße der teilnehmenden Betriebe 194
Abb. 60: Das Innovationsverhalten in Abhängigkeit von der Unternehmensgröße 194
Abb. 61: Gesamthaftes Innovations-Modell auf Basis der explorativen Analyse 207

Tabellenverzeichnis

Tab. 1:	Definitionen von Innovation	6
Tab. 2:	Verfallende Produktlebenszyklen	13
Tab. 3:	Innovationsarten nach Hjalager	32
Tab. 4:	Entrepreneurship-Vertreter mit unterschiedlichen Auffassungen	40
Tab. 5:	Merkmale eines Intrapreneurs und ihre Ausprägungen	54
Tab. 6:	Teamarbeit als Maß der Zusammenarbeit	58
Tab. 7:	Eigenschaften des innovativen Mitarbeiters	62
Tab. 8:	Wechselnde Anforderungen und Organisationsformen im Innovationsprozess	66
Tab. 9:	Eigenschaften der Adhokratie und der Einfachstruktur	68
Tab. 10:	Organische und mechanistische Organisationsstruktur	69
Tab. 11:	Komponenten der operativen und innovativen Organisation	75
Tab. 12:	Innovationsfreundliche Organisationen	76
Tab. 13:	Aufgaben während der einzelnen Abschnitte und Tore	84
Tab. 14:	Ablauf der Entwicklung einer Innovation	90
Tab. 15:	Produkt-/Dienstleistungsentwicklungsprozess für verschiedene touristische Produkte	91
Tab. 16:	Eigenschaften einer kreativen Persönlichkeit	97
Tab. 17:	Kreatives versus Nicht-Kreatives Denken	98
Tab. 18:	Kreativer Führungsstil und kreatives Management	99
Tab. 19:	Kreativitätsmethoden	103
Tab. 20:	Beispiel eines paarweisen Vergleichs	112
Tab. 21:	EU-Kriterien für die Größen-Bestimmung von Unternehmen	124
Tab. 22:	Merkmale von Klein- und Mittelbetrieben versus Großbetrieben im tertiären Sektor	124
Tab. 23:	Übersicht über die verschiedenen Beobachtungstypen	133
Tab. 24:	Marktverhaltensweisen	147
Tab. 25:	Arbeitshypothesen und Informationsbedarf	173
Tab. 26:	Vor- und Nachteile von schriftlichen Befragungen, adaptiert für Online-Befragungen	177
Tab. 27:	Schritte der Befragung	180
Tab. 28:	Anteile der Subbranchen zwischen Stichprobe und Responsegruppe und innerhalb der Responsegruppe	192
Tab. 29:	Regression für das Innovationspotenzial	197
Tab. 30:	Regression (schrittweise) für das Innovationspotenzial	198
Tab. 31:	Regression für die Innovationsaktivität	199
Tab. 32:	Regression (schrittweise) für die Innovationsaktivität	200
Tab. 33:	Regression für die Innovationsrendite	201
Tab. 34:	Regression (schrittweise) für die Innovationsrendite	202
Tab. 35:	Signifikant unterschiedliche Ausprägungen zwischen den Gruppen „Hotels" und „Nicht-Hotels"	203

Abkürzungsverzeichnis

Abb.	Abbildung
ADM	Arbeitskreis Deutscher Markt- und Forschungsinstitute e.v.
ASI	Arbeitsgemeinschaft Sozialwissenschaftlicher Institute e. V.
BIP	Bruttoinlandsprodukt
BVM	Berufsverband Deutscher Markt- und Sozialforscher e.v.
bzw.	beziehungsweise
ca.	circa
DDR	Deutsche Demokratische Republik
d. h.	das heißt
D.G.O.F.	Deutsche Gesellschaft für Online-Forschung e.V.
e.g.	example given
ECG	E-Commerce-Gesetz
E-Mail	elektronische Mail
et al.	und andere
etc.	et cetera
EU	Europäische Union
evtl.	eventuell
f	folgende
F&E	Forschung & Entwicklung
ff	fortfolgende
fvw	Fremdenverkehrswirtschaft
ggfs.	gegebenenfalls
GmbH	Gesellschaft mit beschränkter Haftung
Hrsg.	Herausgeber
i.d.R.	in der Regel
i.e.S.	im engeren Sinne
IKT	Informations- und Kommunikationstechnologie
IT	Informationstechnologie
KMU	Kleine und mittlere Unternehmen
MBA	Master of Business Adminstration
Mio.	Million
NW	Nordic Walking
o. ä.	oder ähnliches
OECD	Organisation for Economic Co-Operation and Development
PR	Public Relations
R&D	Research & Development
RB	Reisebüro
ROI	Return on Investment
RV	Reiseveranstalter
S.	Seite
SAS	Scandinavian Airlines System
Sp.	Spalte
SPSS	Statistical Package for the Social Sciences

SWOT	Strength – Weaknesses – Opportunities – Threats
Tab.	Tabelle
TUI	Touristik Union International
u.	und
u. a.	unter anderem
UCE	Unsolicited Commercial E-Mail
USA	United States of America
USP	Unique Selling Proposition
v. a.	vor allem
vgl.	vergleich
z. B.	zum Beispiel
o.V.	ohne Verfasser

1 Einführung

1.1 Problemstellung

Das weite Feld der Innovationen hat in den vergangenen Jahrzehnten verstärkt sowohl in den Unternehmen als auch durch die Forschung verstärkte Aufmerksamkeit erlangt. Der Großteil der Untersuchungen beschäftigt sich jedoch mit Neuerungen im produzierenden Gewerbe (Rogers 1995; Johannessen et al. 2001; Drejer 2002; Tödtling 2002; Avermaete et al. 2003; Hauschildt 2004). Bedingt durch die erst in den letzten 20 Jahren in Europa verstärkt einsetzende Tertiärisierung weist der Dienstleistungssektor noch Forschungsdefizite auf; dies trifft insbesondere auf Innovationen zu (Lovelock 1984; Shostack 1987; Benkenstein 2001; Fitzsimmons/Fitzsimmons 2003). Dies spiegelt sich auch in der Tourismusbranche wider; Produktentwicklung und Innovationen schienen auf dem bis Ende der 80er Jahre als Verkäufermarkt gekennzeichneten Sektor nicht erforderlich (Weiermair 2002). Touristische Unternehmen können im allgemeinen vielmehr als Nachahmer denn als Innovatoren bezeichnet werden (Hjalager 2005). Aus verschiedenen Gründen sieht sich die Tourismusbranche heute neuen Herausforderungen gegenüber, so dass der Ruf nach Änderungen laut wird. Um eine nachhaltige Wettbewerbsfähigkeit zu gewährleisten, bedarf es Innovationen unterschiedlicher Ausrichtung und Ausprägung. Daher ist die Produkt- und Prozessentwicklung im Dienstleistungssektor allgemein und in der Tourismusbranche im Besonderen ein wichtiges Forschungsfeld.

Bislang wurde in der wissenschaftlichen Literatur nicht zufrieden stellend dargestellt, wie ein erklärendes Innovationsmodell für die Dienstleistungsbranche aussehen könnte. Zwar existieren bereits einige Konstrukte, die sich mit der Entwicklung neuer Produkte und Dienstleistungen beschäftigten. In der Literatur gibt es jedoch noch keine Modellierung unter Berücksichtigung tourismusspezifischer Aspekte. Die vorliegende Arbeit beschäftigt sich daher mit den Determinanten des Innovationspotenzials, der Innovationsaktivität und der Innovationsrendite von touristischen Unternehmen. Dabei werden unternehmensinterne und externe Bestimmungsvariablen untersucht, wobei zwischen verschiedenen Sub-Branchen des Tourismus unterschieden wird.

Ziel der vorliegenden Forschungsarbeit ist, das noch relativ unbearbeitete Feld von Innovationen, Innovationspotenzial und betrieblichen Innovationsverhaltens in der Tourismusbranche zu untersuchen. Dies ist für den österreichischen Tourismus deshalb von großer Bedeutung, da er sich momentan in einer Reife- und Neuorientierungsphase befindet. Die Neuorientierung und Gestaltung neuer Produkte und Prozesse kann die Entstehung eines neuen, belebenden touristischen Lebenszyklus in der Region fördern.

Basierend auf der Auseinandersetzung mit dem Begriff der Innovation sollen die Rahmenbedingungen, Voraussetzungen und Einflussgrößen von Produkt- und Prozessentwicklungen und deren Auswirkungen ausgehend von den bislang vorliegenden Arbeiten (Faulkner/Ryan 1999; Faché 2000; Hjalager 2002; Keller

2002; Peters/Weiermair 2002) untersucht werden. Sowohl der Innovationsentwicklungsprozess als auch die Determinanten für Innovationen und deren Beziehungen zueinander werden aufgezeigt und ein entsprechender Bezugsrahmen entwickelt.

Folgende Fragestellungen sollen für die Grundlagen- und angewandte Forschung im Bereich des Tourismus untersucht werden:

1. *Welche Bedeutung haben Innovationen für die Tourismusbranche?*
2. *Durch welche Einflussfaktoren werden das Innovationspotenzial, die Innovationsaktivität und die Innovationsrendite einer touristischen Unternehmung bestimmt?*
3. *Wie sieht der innovative Unternehmer bzw. das innovative Unternehmen und wie sehen innovative Mitarbeiter aus?*
4. *Welchen Einfluss hat der Markt auf das Innovationsverhalten von touristischen Betrieben?*
5. *Welche Konsequenzen ergeben sich aus Veränderungen der Tourismusbranche für die Innovationstätigkeit kleiner und mittlerer Betriebe?*
6. *Wie stark ist das Innovationspotenzial bzw. die Innovationstätigkeit im Tourismus bzw. in touristischen Subbranchen ausgeprägt?*

Mit der Beantwortung dieser Fragestellungen soll ein wesentlicher Beitrag zur Tourismuswissenschaft und –wirtschaft geliefert werden, da die Erforschung der Innovationen in diesem Gebiet bislang noch weitgehend als Forschungslücke gilt.

1.2 Vorgehensweise und Aufbau der Arbeit

Zunächst werden Arbeitsdefinitionen von für die Arbeit wesentlichen Begriffen gegeben. Basierend auf makro- und mikroökonomischen Wachstums-Betrachtungen wird auf die Bedeutung von Innovationen für die nachhaltige Wettbewerbsfähigkeit von Unternehmen im Allgemeinen und touristischen Betrieben im Besonderen eingegangen (Kapitel 2).

Von diesen Betrachtungen ausgehend werden in den anschließenden Kapiteln mögliche Bestimmungsfaktoren von Innovationen und Innovationsverhalten untersucht. Zunächst werden potenzielle unternehmensinterne Determinanten analysiert, die in betriebsinterne Einflüsse, nämlich der Unternehmer (Kapitel 3), die Mitarbeiter (Kapitel 4) und die betrieblichen Rahmenbedingungen (Kapitel 5) gegliedert werden. Anschließend wird in Kapitel 6 das externe Umfeld des Unternehmens erörtert, wobei die Schwerpunkte auf der Kundenorientierung bzw. der Einbeziehung der Kunden in die Innovationsentwicklung und auf der Marktstruktur liegen. Des Weiteren wird die Rolle der Kooperationen, des Staats und des Zufalls untersucht.

In Kapitel 7 werden die endogenen Größen Innovationspotenzial, Innovationsaktivität und Innovationserfolg eines Unternehmens besprochen (7.1 bis 7.3). Im

Anschluss daran soll empirisch untersucht werden, ob und inwieweit die theoretisch herausgearbeiteten möglichen Bestimmungsfaktoren die drei genannten abhängigen Variablen beeinflussen (Kapitel 8).

Hierzu wird parallel zu den einzelnen Kapiteln ein dynamischer theoretischer Bezugsrahmen entwickelt, der die für die Studie erforderlichen Faktoren integriert und zueinander in Beziehung stellt. So können die vermuteten Zusammenhänge, die als Hypothesen formuliert werden, grafisch dargestellt werden. Nach der Studie werden die Ergebnisse analysiert und das Modell gegebenenfalls adaptiert.

Abschließend werden in Kapitel 9 Schlussfolgerungen für das Innovationsverhalten von touristischen Betrieben und Implikationen für den Tourismussektor erörtert. Des Weiteren wird ein Ausblick auf weitere mögliche Forschungsfelder gegeben. In Abbildung 1 wird der Aufbau der Arbeit grafisch veranschaulicht:

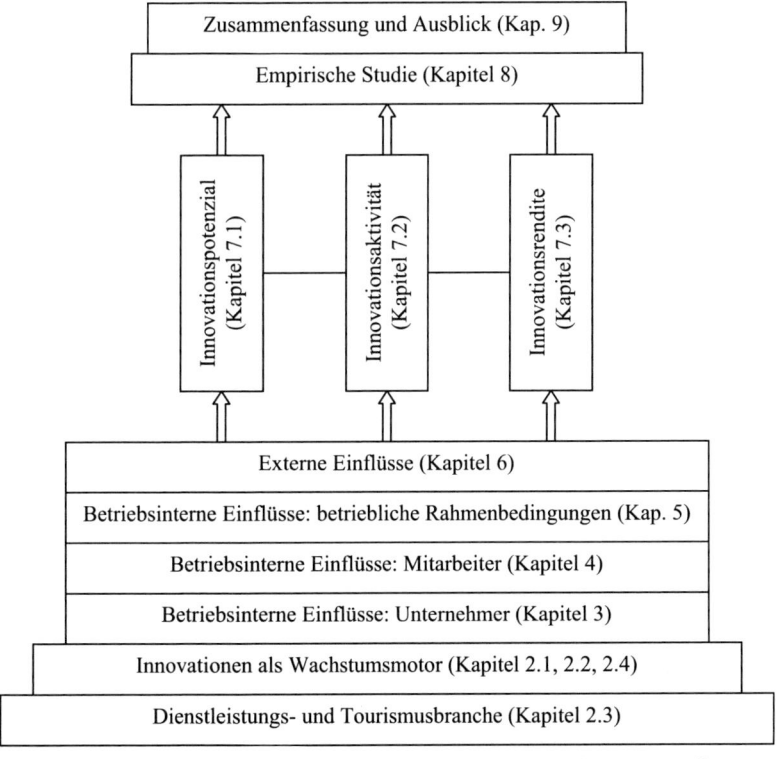

Abb. 1: Gliederung und Inhalte der Dissertation mit Kapitelbezug (eigene Darstellung)

2 Innovationen als Voraussetzung für wirtschaftliches Wachstum und Entwicklung in der Tourismusbranche

2.1 Begriffsdefinition

Bevor man sich mit der Innovation und deren Rolle und Bedeutung für die Wirtschaft sowie deren Auswirkungen auf das Management von Dienstleistungs- und Tourismusbetrieben auseinandersetzt, muss dieser Begriff konkretisiert und definiert werden. In der Innovationsliteratur – sowohl in der Industrie- als auch in der Dienstleistungsbranche – findet sich eine Fülle von Definitionen, Beschreibungen und Begriffsauslegungen von „Innovation", so dass eine für die Wissenschaft und Forschung einheitliche, allgemeingültige und allgemein akzeptierte Charakterisierung bislang nicht vorliegt.

Der Begriff „innovatio" stammt aus dem Lateinischen und bedeutet „Erneuerung" und weiterführend das „Schaffen von etwas Neuem" (Hinterhuber 1975, S. 26). Wesentlich zur Prägung des Innovationsbegriffs trug Schumpeter (1934) bei, der die Innovation zunächst als die „Durchsetzung neuer Kombinationen" (Schumpeter 1934, S. 100) betrachtete. Schumpeter unterscheidet diesbezüglich fünf Fälle:

1. „Herstellung eines neuen, d. h. dem Konsumentenkreise noch nicht vertrauten Gutes oder einer neuen Qualität eines Gutes.
2. Einführung einer neuen, d. h. dem betreffenden Industriezweig noch nicht praktisch bekannten Produktionsmethode, die keineswegs auf einer wissenschaftlich neuen Entdeckung zu beruhen braucht und auch in einer neuartigen Weise bestehen kann mit einer Ware kommerziell zu verfahren.
3. Erschließung eines neuen Absatzmarktes, d. h. eines Marktes, auf dem der betreffende Industriezweig des betreffenden Landes bisher noch nicht eingeführt war, mag dieser Markt schon vorher existiert haben oder nicht.
4. Eroberung einer neuen Bezugsquelle von Rohstoffen oder Halbfabrikaten, wiederum: gleichgültig, ob diese Bezugsquelle schon vorher existierte – und bloß sei es nicht beachtet wurde sei es für unzugänglich galt – oder ob sie erst geschaffen werden muß.
5. Durchführung einer Neuorganisation, wie Schaffung einer Monopolstellung (z. B. durch Vertrustung) oder Durchbrechen eines Monopols." (Schumpeter 1934, S. 100f)

In seinem Werk über „Konjunkturzyklen" stellt er eine Innovation als Änderung bzw. Neuzusammenstellung der Produktionsfunktion unter Berücksichtigung der genannten fünf Optionen dar (Schumpeter 1961, S. 95).

Unabhängig von den bei Schumpeter angesprochenen Bereichen definiert Little (1988) Innovationen als „Umsetzung einer neuen nützlichen Idee von ihrer Entstehung bis zur erfolgreichen praktischen Anwendung." (Little 1988, S. 15). Damit erklärt er auch gleichzeitig den Unterschied zwischen Innovation und Invention: Letztere kann als Erfindung oder Ideenfindung gesehen werden, schließt jedoch die Anwendung im Betrieb oder die Umsetzung im Markt nicht mit ein. Galbraith (1982) erklärt ähnlich: „Invention is the creation of a new idea. Innovation is the process of applying a new idea to create a new process or product. Invention occurs more frequently than innovation." (Galbraith 1982, S. 6).

Goldhar (1980) sieht Innovationen prozessorientiert: „Innovation from idea generation to problem-solving to commercialization is a sequence of organizational and individual behavior patterns connected by formal resource allocation decision points." (Goldhar 1980, S. 284). Bei Rogers (1995) liegt der Schwerpunkt auf der Wahrnehmung der Innovation. „An innovation is an idea, practice, or object that is perceived as new by an individual or other unit of adoption." (Rogers 1995, S. 11).

Hinterhuber (1975) bezieht den Innovationsbegriff auf die Unternehmung (Prozess, Struktur) und dessen Umfeld (Stakeholder) und versteht unter Innovation jede Änderung von Bedeutung

1. „in den Interaktionen oder Wechselwirkungen der Unternehmung mit der natürlichen und sozialen Umwelt über
   a) die Einführung neuer oder verbesserter Produkte und Dienstleistungen auf dem Markt
   b) die Anwendung neuer oder verbesserter Produktionsverfahren, und
   c) die Beseitigung der schädlichen Auswirkungen der Verfahren, Produkte und Dienstleistungen auf die natürliche und soziale Umwelt
2. in der inneren Struktur der Unternehmung durch Änderungen der Organisationsstruktur, Einführung eines elektronischen Informationssystems, Steigerung der Produktivität der Produktionsfaktoren usw.
3. in den Subsystemen der Unternehmung (Realisation einer neuen Produkt/Markt-Kombination, Schaffung eines neuen Subsystems, usw." (Hinterhuber 1975, S. 26).

Innovationsdefinitionen, die sich explizit auf die Dienstleistungs- und Tourismusbranche beziehen, liegen in der Literatur bislang nicht vor. Ein grundlegender Überblick über die existierenden Begriffsauslegungen hinsichtlich ihrer unterschiedlichen Schwerpunkte findet sich bei Hauschildt (2004).

Innovation als...	Autor	Definitionen
Neuartige Produkte/Prozesse der Tatsache und dem Ausmaß der Neuartigkeit nach	Barnett (1953), S. 7	"An innovation is…any thought, behaviour or thing that is new because it is qualitatively different from existing forms."
	Aregger (1976), S. 118	"Die Innovation ist eine **signifikante Änderung im Status Quo** eines sozialen Systems, welche, gestützt auf neue Erkenntnisse, soziale Verhaltensweisen, Materialien und Maschinen, eine direkte und/oder indirekte Verbesserung innerhalb und/oder außerhalb des Systems zum ziele hat. Die Systemziele selbst können auch Gegenstand der Innovation sein".
Neuartige Produkte oder Prozesse der Erstmaligkeit nach	Schmookler (1996), S. 2	"When an enterprise produces a good or services uses a method or input that is new to it, it makes a technical change. The **first enterprise** to make a given technical change is an innovator. Its action is innovation."
	Kieser (1969),HWO, 1.Aufl., Sp. 742	"Als Innovation sollen alle Änderungsprozesse bezeichnet werden, die die Organisation **zum ersten Mal** durchführt."
	Vedin (1980), S. 22	"An innovation is an invention brought to its **first use, its first introduction** into the market".
Neuartige Produkte oder Prozesse der Wahrnehmung nach	Rogers (1995), S.11	"An innovation is an idea, practice or object that is **perceived as new** by an individual or other unit of adoption. It matters little, so far as human behavior is concerned, whether or not an idea is "objectively" new…. The perceived units of the idea for the individual determines his or her reaction to it. If the ideas seems new to the individual, it is an innovation."
	Zaltman, Duncan, Holbeck (1984), S. 10	"…We consider as an innovation any idea, practice, or material artifact **perceived to be new** by the relevant unit of adoption. The adopting unit can vary from a single individual to a business firm, a city, or a state legislature."
Neuartige Kombination von Zweck und Mitteln	Pfeiffer/Staudt (1975) HWB, Sp. 1943 f.	"Daraus wird deutlich, dass mit Innovation eigentlich das Ergebnis **zweier Prozesse** beschrieben wird. Auf der einen Seite steht der potentielle Wandel der Verfügbarkeit bzw. des Angebots von Problemlösungen durch neue Ideen, Erfindungen und Entdeckungen, auf der anderen Seite die Nachfrage nach Problemlösungen, die ebenfalls veränderlich ist. Werden beide Seiten zur Deckung gebracht, also eine Anwendung bzw. Verwendung erreicht bzw. durchgesetzt, wobei auf mindestens einer Seite etwas „Neues" auftritt, so spricht man von Innovation".
	Moore/ Tushman (1982), S. 132	"Most generally innovation can be seen as the synthesis of a market **need with the means** to achieve and produce to meet that need."
	Rickards (1998), S. 10 f., S. 28 f.	"Innovation is a process whereby new ideas are put into practice. …To be more specific it is the process of matching the problems (needs) of systems with solutions which are new and relevant to those needs…"

- Fortsetzung der Tabelle auf der nächsten Seite -

Innovation als…	Autor	Definitionen
Verwertung neuartiger Produkte oder Prozesse	Roberts (1987), S. 3	"…innovation = **invention + exploitation**. The innovation process covers all efforts aimed at creating new ideas and getting them to work. The exploitation process includes all stages of commercial development, application, and transfer, including the focussing of ideas or inventions towards specific objectives, evaluating those objectives, downstream transfer of research and/or development results, and the eventual broadbased utilization dissemination, and diffusion of the technology-based outcomes."
	Brockhoff (1992), S. 28	"Liegt eine Erfindung vor und verspricht sie wirtschaftlichen Erfolg, so werden Investitionen für die Fertigungsvorbereitung und die Markterschließung erforderlich, Produktion und Marketing müssen in Gang gesetzt werden. Kann damit eine **Einführung auf dem Markt** erreicht werden oder ein **neues Verfahren eingesetzt** werden, so spricht man von einer Produktinnovation oder einer Prozessinnovation."
Prozess	Uhlmann (1978), S. 41	"Unter einer Innovation soll hier **der gesamte Prozeß** der Erforschung, Entwicklung und Auswertung einer Technologie verstanden werden. Dieser Prozess besteht definitionsgemäß also aus mehreren logisch aufeinander folgenden Phasen (Subprozessen), die sich analytisch unterscheiden lassen."
	Goldhar (1980), S. 284	"Innovation from idea generation to problem-solving to commercialization, is a **sequence** of organizational and individual behaviour patterns connected by formal resource allocation decision points."
	Dosi (1988), S. 222	"…innovation concerns the search for, and discovery, experimentation, development, imitation, and adoption of new products, new production processes and new organizational setups."
Neuartige Dienstleistungen jenseits industrieller Produkte und Prozesse	Chmielewicz (1991), S. 84	"Unter Innovationen werden pauschal betrachtet Neuerungen verstanden. Dabei können insbes. **Finanzinnovationen** (z.B. neue Wertpapiertypen), **Sozialinnovationen** (z.B. gleitende Arbeitszeit), **Marktinnovationen** (Durchdringung neuer Absatz- und Beschaffungsmärkte), **Organisationsinnovationen** (z.B. Spartenkonzept, Holding-Konzern), **Produktinnovationen** und **Verfahrensinnovationen** (Prozessinnovationen) unterschieden werden."
	Domanpour (1991), S. 556	"Innovation is defined as adoption of an internally generated or purchased **device, system, policy, program, process, product** or **service** that is new to the adopting organization."

Tab. 1: Definitionen von Innovation (Hauschildt 2004, S. 4ff), alle Hervorhebungen durch den Autor

Aus dieser Fülle von Begriffsbestimmungen und -kategorisierungen der Innovation ist es schwierig, nur eine einzige als gültig herauszugreifen. Betrachtet man jedoch die unterschiedlichen Interpretationen wird deutlich, dass die Schumpetersche (1934) die umfassendste und gleichzeitig konkreteste ist, die sowohl makro- als auch mikroökonomischen Überlegungen unabhängig von der Branche gerecht wird. Gleichzeitig wird damit der Unterschied zwischen Invention und Innovation deutlich: Die vorliegende theoretische Arbeit und die empirische Untersuchung beschäftigen sich mit tatsächlich realisierten Neuerungen im Sinne Schumpeters und nicht mit den bloßen innovativen Ideen, die nicht umgesetzt werden.

2.2 Die Rolle des marktwirtschaftlichen Umfelds

2.2.1 Die Bedeutung wirtschaftlichen Wachstums

In Bezug auf Innovationen beschäftigt sich die makroökonomische Wachstumstheorie hauptsächlich mit Basisinnovationen, die zur Überwindung von Rezessionen bzw. wirtschaftlichen Abschwüngen dienen. Kondratieff erklärte in einer Veröffentlichung bereits 1926, dass neben kurzer und mittlerer Konjunkturschwankungen auch lange Phasen von Prosperität und Rezession mit einer Dauer von ca. 45-60 Jahren existieren (Nefiodow 1996, S. 2). In den 70er Jahren des vergangenen Jahrhunderts bildete sich in der Innovationsforschung die „Theorie der langen Wellen" oder die so genannten Kondratieff-Zyklen heraus: Dieses Phänomen kann in der ökonomischen Entwicklung (Konjunkturzyklen) nachvollzogen werden. Bislang wurden fünf große Zyklen beobachtet (Nefiodow 1996, S. 4ff):

1. Kondratieff-Zyklus: Ende des 18. Jahrhunderts bis Mitte des 19. Jahrhunderts. Ausgelöst durch die Entwicklung der Dampfmaschine und grundlegender Neuerungen in der Textilindustrie.

2. Kondratieff-Zyklus: Zwischen 1820 und 1930 durch die Entstehung der Eisenbahn und weiterer Anwendungen aus Stahl wie Schiffe, Brücken, Häuser und große Mengen verschiedenster Maschinen und Werkzeuge.

3. Kondratieff-Zyklus: 1880/90 durch die Entwicklung der Elektrizität und chemischer Verfahren.

4. Kondratieff-Zyklus: 1930/40 durch die Entdeckung der Kunstfaser, Mikroelektronik und der Luft- und Raumfahrt sowie durch die Massenproduktion in der Automobilindustrie (Massenverkehr). Im 4. Kondratieff erreicht und überschreitet die Industriegesellschaft ihren Höhepunkt (Nefiodow 1996, S. 7).

5. Kondratieff-Zyklus: Seit 1970 bis heute durch den Boom der Informationstechnologien, Genforschung, Biotechnologie und Kommunikationstechnologien. Nefiodow stellt fest, dass die Zyklen tendenziell kürzer werden. So sieht er mit

der Jahrtausendwende auch die Wende im Informationszeitalter für gekommen (Nefiodow 1996, S. 94).
6. Kondratieff-Zyklus: Er schlägt für den 6. Kondratieff-Zyklus folgende Branchen vor: Information, Umwelt, Biotechnologie, Optische Technologien (einschließlich Solartechnik), Gesundheit. Nefiodow geht davon aus, dass der nächste Zyklus von Dienstleistungen und immateriellen Gütern getragen wird. (Nefiodow 1996, S. 95).

Als Hauptindikatoren zur Bestimmung eines Kondratieff-Zyklus werden wirtschaftlich relevante Umsatzentwicklungen und eine außergewöhnliche Wachstumsdynamik herangezogen (Nefiodow 1996, S. 82f).

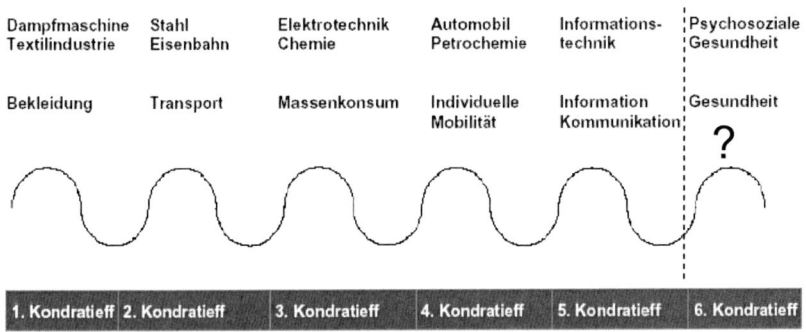

Abb. 2: Kondratieff-Zyklen (Lücke 2003, S. 65)

Die Basisinnovation hilft also, die Produktivität durch neue Erfindungen und Entdeckungen wieder zu beleben. Dieser Aufschwung wird durch Imitation verlangsamt und kommt zum Erliegen, wenn der Vorsprung, den der Pionier der Basisinnovation ursprünglich hatte, aufgeholt wurde. Die Weiterentwicklung der Kondratieff-Zyklen betrieben Schumpeter in seiner Untersuchung über die Konjunkturzyklen (1961) und weitere Forscher (Gerster, Marchetti, Modis), auch wenn das Phänomen der langen Wellen nicht von allen Ökonomen anerkannt wurde (Nefiodow 1996, S. 185).

Bei der Frage nach dem wirtschaftlichen Wachstum in einer marktwirtschaftlichen Ordnung kann zunächst der von Schumpeter (1961, 1975) eingebrachte Prozess der schöpferischen Zerstörung genannt werden, den er als das für den Kapitalismus wesentliche Faktum beschreibt: nämlich indem die Wirtschaftsstruktur von innen heraus revolutioniert und unaufhörlich durch Innovationen und neu entstehende Produkte und Prozesse die alte Struktur zerstört und eine neue geschaffen wird. Dadurch ergibt sich ein Entwicklungsprozess des Kapitalismus, von dem er behauptet, dass er von Natur aus ökonomischen Veränderungen unterlegen ist. Als fundamentalen Antrieb für Wachstum und Veränderung sieht er die in der Begriffsbestimmung bereits dargestellten Formen der Innovation, nämlich in neuen Produkten und Prozessen, neuen Märkten und modifizierter Organisation (Schumpeter 1975, S. 136f). Innovationen haben ihm zufolge nicht nur Einfluss auf die Produktionsfunktion, sondern auch auf die Faktorpreise und die Gesamt- bzw. Grenzkostenkurve. Er ist der Auffassung, dass das einzig Konstante des unternehmerischen Tuns die Veränderung ist, um das Unternehmen langfristig ertragreich zu erhalten (Schumpeter 1961, S. 102f). Als Grund nennt er insbesondere Nachahmer, die bei Innovationen und sonstigen Veränderungen zwar verspätet auftreten, dadurch jedoch den Wettbewerbsvorteil des Vorreiters zunichte machen und damit eine neue Entwicklungsrunde einläuten. Schumpeter stellt die Entwicklung als Störung vorhandener Strukturen und als eine Reihe von Explosionen dar (Schumpeter 1961, S. 108ff). Wachstum bzw. Veränderung sind also Grundbedingungen für das Bestehen eines Unternehmens im Wettbewerb.

2.2.2 Der Produktlebenszyklus

Die Notwendigkeit für innovative Produkte und Dienstleistungen ergibt sich auch daraus, dass Produkte und Dienstleistungen einen Lebenszyklus durchlaufen und damit ihre Lebensdauer begrenzt ist. Krippendorf (1986) beschäftigt sich mit dem Innovationsmanagement, indem er sich auf den Marktzyklus einer Innovation im Produkt- oder Dienstleistungsbereich bezieht und vier Phasen unterscheidet (Krippendorf 1986, S. 52). Danach durchlaufen Produkte während ihrer Existenz verschiedene Phasen, je nach Autor zwischen drei bis sechs Phasen, wobei in der Literatur die vier- und fünfstufigen Phasenschemata dominieren.

Die Produktlebenszyklen haben sich nicht nur in Technologie- und F&E-intensiven Branchen stetig verkürzt. Die Zeitspanne zwischen der Einführung eines Produkts und dessen Veralterung und damit mangelnder Wettbewerbsfähigkeit auf dem Markt hat allgemein eine Verringerung erfahren. Es ist festzustellen, dass sich das durchschnittliche Lebensalter eines Produktes verkürzt hat und der Umsatz eines Unternehmens sich vermehrt aus jungen Produkten zusammen setzt (von Braun 1994, S. 121f).

Im Fünf-Phasen-Modell knüpfen an die Markteinführung des Produktes die Wachstumsphase und die Reifephase an, auf die nach Überschreitung des Zenits die Degeneration des Produkts folgt. Im Vier-Phasen-Modell werden Wachstums- und Reifephase zur Durchdringungsphase zusammengefasst. Diesen vier bzw. fünf Phasen ist die Entwicklungsphase vorgeschaltet. Da jedoch erst mit dem Launch das „Leben" eines Produkts beginnt, wird der Lebenszyklus erst ab der Markteinführung gerechnet.

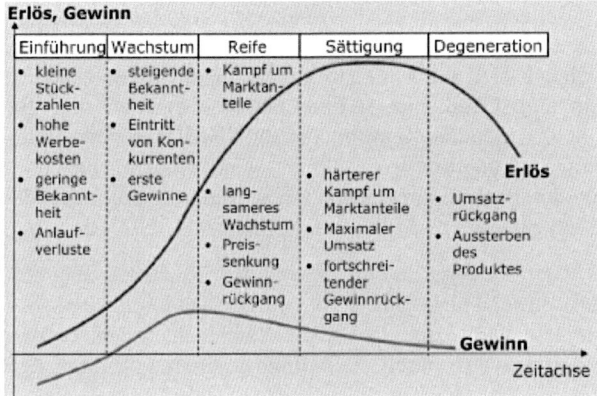

Abb. 3: Der Produktlebenszyklus (4managers 2005)

Das Modell des Produktlebenszyklus ist ein zeitraumbezogenes Marktreaktionsmodell. Auf der Abszisse wird der Zeitverlauf dargestellt, auf der Ordinate werden Absatzmenge, Produktdeckungsbeitrag, Umsatz oder Gewinn bezogen auf die Zeit abgebildet (Meffert 1998, S. 329ff).

Entwicklungsphase: Wesentliches Charakteristikum dieser Phase ist, dass das Produkt noch nicht auf dem Markt ist. Dies impliziert, dass den anfallenden Kosten für Forschung, Entwicklung, Tests und Markttests – noch – keine Erlöse gegenüber stehen. Man kann von negativen Produktdeckungsbeiträgen sprechen, die im weiteren Verlaufe des Zyklus bis zu seinem Ende zumindest ausgeglichen werden sollten.

Einführungsphase: Sie beginnt mit dem Eintritt des Produktes in den Markt. Der Umsatz mit dem neuen Produkt ist jedoch noch gering. In dieser Phase kann das Unternehmen eine Pionierstellung mit monopolähnlicher Struktur erreichen. Die Dauer der Einführungsphase wird bestimmt durch die technische Erklärungsbedürftigkeit, den Neuigkeitswert der Güter, die Übereinstimmung mit bestehenden Bedarfsstrukturen und den Konkurrenzangeboten auf dem Markt (Levitt zitiert in Weis 1995, S. 171).

Wachstumsphase: Kann das neue Produkt die Bedürfnisse des Marktes befriedigen, so treten neben den „Early adopters" andere Käuferschichten hinzu, die vor allem durch Mund-zu-Mund-Werbung kaufen. Durch die gestiegene Marktnachfrage kommen neue Wettbewerber hinzu, und die anfänglich tendenziell monopolistische Marktform verwandelt sich in eine oligopolistische. Um diese Wachstumsphase möglichst auszudehnen, werden neue Marktsegmente und neue Distributionskanäle erschlossen. Schließlich werden Preisnachlässe gewährt, um auch die letzten Kunden zu erreichen.

Reifephase: In dieser Phase lässt sich weiteres Umsatzwachstum feststellen, aber am Ende dieser Phase ist ein Rückgang spürbar – aufgrund der wachsenden Zahl an Wettbewerbern entwickelt sich die Marktstruktur zu einer polypolistischen. In dieser Phase entsteht eine Überkapazität bzw. ein Überangebot; dies entspricht dem heute zu beobachtenden Käufermarkt im Tourismus. Die Unternehmen versuchen, durch Senkung der Preise (Prozessinnovationen), Erhöhung des Werbebudgets und/oder Entwicklung von Verbesserungsinnovationen den Absatz zu stärken.

Sättigungsphase: Der Umsatz beginnt zu sinken, und das Wachstum stagniert. Die Abnehmer (Kunden) dieser Phase sind stark mit der Tradition verwurzelt und kaufen oft gewohnheitsmäßig ein. Der sich verschlechternden Wettbewerbsposition kann möglicherweise durch eine Umpositionierung entgegengewirkt werden.

Degenerationsphase: In der Rückgangsphase sinkt der Umsatz, die Wachstumsrate ist negativ. Die Gründe für fallende Umsatzzahlen sind vielfältig und reichen vom technischen Fortschritt bis zur geänderten Präferenz des Konsumenten.

Relaunch: Produkte in einer guten Wettbewerbsposition und mit hohen Marktanteilen, die gute Erträge erwirtschaften, werden oft mehreren zeitlich aufeinander abgestuften Relaunches unterzogen, wodurch manche ein hohes Alter erreichen können. Empirische Befunde haben jedoch gezeigt, dass die Dauer des auf einen Relaunch folgenden Lebenszyklus kürzer als der jeweils vorhergehende ist. Wenn es keine Möglichkeiten mehr zur Wiederbelebung gibt, sollte das Produkt eliminiert werden (Weis 1995, S. 171; Macharzina 1999, S. 265f; Vahs/Burmester 2002, S. 94f).

Der Lebenszyklus einer Innovation beginnt mit der Entwicklungsperiode. Während der Einführungs- und der Wachstumsphase werden nach ersten Erfahrungen mit dem gelaunchten Produkt spezielle Kundenwünsche berücksichtigt und durch Verbesserungsinnovationen variiert und differenziert. Während der sich anschließenden Reifephase werden häufig neue Prozesse entwickelt und eingeführt, mit deren Hilfe die Kosten gesenkt und die Deckungsbeiträge bei sinkenden Absatzzahlen verbessert werden können. Am Ende des Produktlebenszyklus sinken die Absatzzahlen weiter, so dass entweder weitere Verbesserungsinnovationen ein Relaunch bewirken oder das Produkt vom Markt genommen und durch ein innovatives Nachfolgeprodukt ersetzt wird (Vahs/Burmester 2002, S. 94f).

Strategische Entscheidungen sollten unter Zuhilfenahme des Produktlebenszyklus getroffen werden. Laws (1991) weist darauf hin, dass viele erfolgreiche Unternehmen im Tourismus ein Portfolio aus Produkten in verschiedenen Phasen des Produktlebenszyklus haben. Produkte in einer gewinnstarken Phase können jene, die sich noch in der Entwicklung bzw. in der Markteinführung oder in der Degenerationsphase befinden, gegenfinanzieren (Laws 1991, S. 52). Der Produktlebenszyklus ermöglicht einen Einblick in die Dynamik der Marktkräfte (Marktwachstum und Gewinnaussichten) und trägt zum Verständnis des unterschiedlichen Wertes von Marktanteilen in den verschiedenen Phasen bei. Verfügt das Unternehmen etwa über ein neu eingeführtes Produkt, das sich gerade in der Wachstumsphase befindet und hohe Renditen verspricht, so kann es aufgrund der Lebenszykluskurve mit dem Erscheinen mehrerer Konkurrenten rechnen.

Analysiert man den Produktlebenszyklus, so ist dem zeitlichen Umfang von Entwicklungs- und Marktperiode besondere Aufmerksamkeit zu schenken. Das Zusammendrängen zeitlicher Abläufe ist heute ein allgemein bekanntes und weithin wirksames Phänomen: Gravierende Veränderungen und beschleunigtes Wachstum in Wissenschaft, Information und Technologie führen schneller zu Ersatzprodukten und Neuentwicklungen, so dass sich die Lebenszyklen kontinuierlich reduzieren.

Produkt	Vor 60 Jahren	Vor 10 Jahren
Kosmetik	12 Jahre	3 Jahre
Spielzeug	14 Jahre	3 Jahre
Werkzeuge	16 Jahre	4 Jahre
Nahrungsmittel	20 Jahre	5 Jahre
Pharmazeutika	24 Jahre	8 Jahre

Tab. 2: Verfallende Produktlebenszyklen (eigene Darstellung in Anlehnung an Little zitiert in von Braun 1994, S. 122)

Insbesondere Neuprodukte, die eine relativ kurze Marktphase haben, sollten auch eine entsprechend kurze Entwicklungszeit beanspruchen, damit Aufwand und Ertrag in einem angemessenen finanziellen und zeitlichen Verhältnis zueinander stehen. (von Braun 1994, S. 121f). „Wer 100 Meter Anlauf nimmt, um dann zwei Meter weit zu springen, der braucht gar nicht anzutreten." (Herzog 1997).

Die Tourismusbranche in Österreich befindet sich seit ca. 10 Jahren in einer Sättigungsphase, die sich in manchen Orten zu einer Degeneration entwickelte, in anderen Orten jedoch eine Verjüngung (Rejuvenation) bzw. ein Relaunch und damit den Beginn eines neuen Produkt-/Lebenszyklus auslöste. Eine ständige Erneuerung ist deshalb notwendig, weil sich der Produktlebenszyklus kontinuierlich verkürzt. Im Tourismus sind kontinuierliche Innovationen gerade aufgrund der mangelnden Patentierbarkeit und der leichten Imitierbarkeit von neuen Dienstleistungen besonders wichtig.

2.3 Transformation der Tourismusbranche durch Innovationen

2.3.1 Definitorische Abgrenzung von Dienstleistungen

Wenn man sich mit Innovationen beschäftigt, bedarf es zunächst einer Abgrenzung der Dienstleistungen und insbesondere der Dienstleistungen im Tourismus vom produzierenden Gewerbe. Folgende Aufstellung zeigt die Zugehörigkeit verschiedener Branchen zu den einzelnen volkswirtschaftlichen Sektoren; diese hat sich geschichtlich aus den Kategorisierungen von Fisher, Clark und Fourastié entwickelt, Bell ergänzt sie um das quartäre Feld des „Informationssektors" (Fisher 1933; Fourastié 1954; Bell 1973; Clark 1994).

1. Primärer Sektor: Landwirtschaft, Forstwirtschaft, Fischerei
2. Sekundärer Sektor: Eneregiewirtschaft und Wasserversorgung, Bergbau, Baugewerbe, Verarbeitendes Gewerbe
3. Tertiärer Sektor: Handel und Gastgewerbe, Verkehr und Nachrichtenübermittlung, Kredit- und Versicherungsgewerbe, Grundstücks- und Wohnungswesen, Vermietung beweglicher Sachen, Erbringung von Dienstleistungen überwiegend für Unternehmen, Gebietskörperschaften und Sozialversicherung, Erziehung und Unterricht, Gesundheits-, Veterinär- und Sozialwesen, Sonstige öffentliche und persönliche Dienstleistungen (Statistisches Bundesamt 2002, S. 6; Fähnrich/Opitz 2003, S. 86)

Eine genaue Definition des Begriffs "Dienstleistung" ist jedoch oft schwierig, da „different participants in the process (i.e. employees, managers, and customers) might have different perspectives and priorities about the nature of the service" (Clark et al. 2000, S. 75). Über die Schwierigkeit der terminologischen Abgrenzung des Begriffs Dienstleistung zeigt Corsten (1994, S. 182) drei Möglichkeiten auf:

-enumerative Definitionen
-Negativdefinitionen
-Definitionen, die über die Herausarbeitung von Merkmalen den Dienstleistungsbegriff zu erfassen versuchen.

Bei näherer Überlegung erweisen sich die ersten beiden Alternativen jedoch als kaum praktikabel, da sie auf quasi-unendliche Aufzählungen hinausliefen. Die dritte Möglichkeit setzte sich sowohl in der deutsch- als auch in der englischsprachigen Literatur durch. Eine erste Konkretisierung kombiniert die Potenzial- (Leistungsfähigkeit und -bereitschaft), Prozess- (Interaktionen zwischen Anbieter und Kunde) und Ergebnisdimension (konkrete Wirkungen beim Kunden) der Dienstleistung: „Dienstleistungen sind angebotene Leistungsfähigkeiten, die direkt an externen Faktoren (Menschen oder deren Objekte) mit dem Ziel erbracht werden, an ihnen gewollte Wirkungen (Veränderung oder Erhaltung bestehender Zustände) zu erreichen." (Meyer 1991, S. 195).

Ausgehend von den theoretischen Überlegungen von Zeithaml et al. (1985) kann die Dienstleistung mit folgenden Eigenschaften charakterisiert werden (Zeithaml et al. 1985, S. 33f):

1. *Zusammensetzung aus mehreren Teilleistungen (Leistungsbündel):* Eine Dienstleistung kann in Teil-Dienstleistungen aufgegliedert werden, wie z. B. ein Hotelaufenthalt oder eine Beratung.

2. *Intangibilität bzw. Immaterialität:* Dienstleistungen sind im Vergleich zu Produkten weder sicht- noch anfassbar (z. B. Haarschnitt, Autoreparatur, Hotelübernachtung). Deren Qualität kann daher vor der Leistungserbringung vom Kunden nicht geprüft werden; der Kunde vertraut auf die Leistung eines Serviceanbieters.

3. *Gleichzeitigkeit von Produktion und Konsum (Uno-actu-Prinzip):* Da eine Dienstleistung nicht ohne Kunde bzw. ohne Auftrag des Kunden erbracht werden kann, fallen die Produktion des Service und dessen Konsum zeitlich zusammen.

4. *Nichtlagerbarkeit:* Mit dem Uno-actu-Prinzip geht die Nichtlagerbarkeit einher. Anders als bei tangiblen Produkten, die an verschiedenen Tagen verkauft werden können, ist die Dienstleistung, die an einem Tag nicht erbracht wurde, nicht beliebig am nächsten Tag zusätzlich zu den anderen zu erbringen (Autoreparatur, Übernachtung, Essen), da die Dienstleistungserbringung den quantitativen und qualitativen Kapazitäten des Unternehmens unterworfen ist.

5. *Integration des externen Faktors:* Insbesondere im Tourismus wird die Dienstleistung direkt am Kunden erstellt, d.h. dass die Person anwesend sein muss, um die Dienstleistung zu erstellen (z. B. Massage im Wellness-Hotel, Übernachtung, Flug u.a.). Der Mitarbeiter sollte daher bei der Dienstleistungserstellung auf die Empfindungen des Kunden empathisch reagieren und ihn in den Prozess der Serviceerstellung einbeziehen.

6. *Heterogenität:* Die Integration des externen Faktors bringt eine heterogene Dienstleistung mit sich, da sich die Kunden auf unterschiedliche Weise und in unterschiedlichem Ausmaß in die Dienstleistungserstellung einbringen (z. B. Reisebüro-Beratung). Die Dienstleistung wird nicht immer von derselben Person und nicht immer für dieselbe Person erbracht; eine homogene Qualität ist daher nicht möglich.(Zeithaml et al. 1985, S. 33f; Cowell 1988; Grönroos 1990, S. 27; Zeithaml/Bitner 1996, S. 19; Bruhn 1997, S. 11f; De Keyser/Vanhove 1997, S. 35; Bieger 2002, S. 16ff; Eversheim et al. 2003, S. 421; Fitzsimmons/Fitzsimmons 2003, S. 25ff; Frietzsche/Maleri 2003, S. 26ff).

Diese Dienstleistungscharakterisierung kann für den Tourismus um zwei besondere Eigenschaften ergänzt werden, nämlich zum einen um *Abwesenheit*, da eine Dienstleistungskonsumentscheidung ohne die Kenntnis der gebuchten Leistung (z. B. Buchung einer Reise im Reisebüro, Konsum später) getroffen wird. Zum anderen sind touristische Dienstleistungen nicht transportfähig, z. B. kann eine Reiseleitung nur in der Destination konsumiert werden, was sich im *Residenzprinzip* ausdrückt (Krippendorf bei Müller 2000, S. 39).

2.3.2 Wirtschaftliche Bedeutung von Dienstleistungen

Unbestritten ist die steigende Bedeutung des Tertiären Sektors in den vergangenen Jahrzehnten:

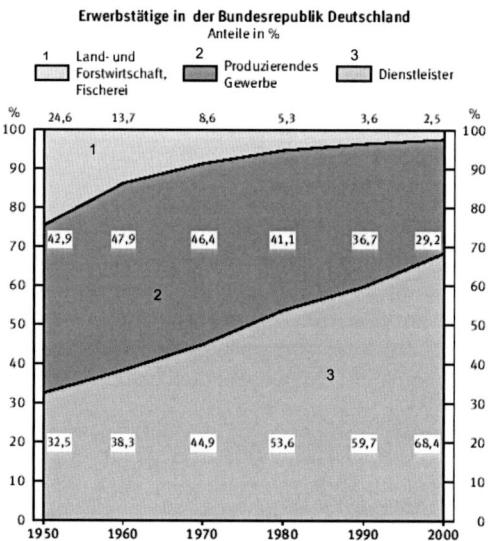

Abb. 4: Erwerbstätige in der Bundesrepublik Deutschland in den einzelnen Wirtschaftssektoren (Statistisches Bundesamt 2002, S. 5)

Die USA waren Deutschland in Bezug auf die Beschäftigungsentwicklung in diesem Sektor voraus: Dort waren bereits 1973 60% aller Beschäftigten im Dienstleistungssektor tätig. Ende 2001 waren es bereits 80%, während in Deutschland der Anteil noch bei 70% lag. Der Rückstand kann damit erklärt werden, dass in Deutschland Dienstleistungen zum Teil von Unternehmen erbracht werden, die statistisch dem Industriesektor zugerechnet werden. Außerdem führte die Deregulierungswelle, die in den USA früher (70er und 80er Jahre) einsetzte, zu einem enormen Dienstleistungspotenzial, das sich in diesem Ausmaß in Deutschland und Österreich erst mit Verspätung entwickelte (Heskett 1988; Berger 1999; Fähnrich/Opitz 2003).

2.3.3 Die Tourismusbranche als bedeutender Wirtschaftssektor

Unter Tourismus versteht Kaspar (1991) die „Gesamtheit der Beziehungen und Erscheinungen, die sich aus dem Reisen und dem Aufenthalt von Personen ergeben, für die der Aufenthaltsort weder hauptsächlicher und dauernder Wohn- noch Arbeitsort ist." (Kaspar 1991, S. 18).

Bei Bieger (2002) umfasst der Tourismusbegriff sowohl Geschäfts- als auch Freizeitreisen, denn ausschlaggebend sei das „Kriterium der Bewegung ausserhalb des normalen Arbeits- und Wohnumfeldes" (Bieger 2002, S. 2). Ihm zufolge sind dem Tourismusbegriff nicht nur das unmittelbare touristische Angebot, die Nachfrage und touristische Märkte zuordenbar, sondern auch seine wirtschaftlichen, politischen und gesellschaftlichen Auswirkungen (Bieger 2002, S. 2).

Betrachtet man den Tourismus in den traditionellen Destinationen wie Österreich, Deutschland oder Italien, so zeichnet sich die Branche durch eine unterdurchschnittliche Betriebsgröße, niedrige Wachstumsraten und schwache Internationalisierungstendenzen, relativ niedrige Markteintritts- und Qualifikationsbarrieren, eine überdurchschnittlich hohe Anzahl an Familienbetrieben und eine hohe Komplexität des Tourismusprodukts aus. Diese Charakteristika beeinflussen das unternehmerische Handeln, und unter anderem erklären sie die Gründe für Produktentwicklungs- und Vermarktungsschwächen (Peters 2003, S. 36).

Die touristische Dienstleistungskette wird von einer Vielzahl von kleineren und größeren Unternehmungen bewältigt. Dabei kann zwischen der kleingewerblichen Wirtschaft der Destinationen (vor Ort) und der international operierenden Tourismusindustrie (Reiseveranstalter) unterschieden werden (Keller 2004, S. 207).

Die sich anschließende Grafik zeigt auf, wie sich die touristische Dienstleistungskette zusammensetzt; daraus wird ersichtlich, dass es sich bei der Dienstleistung „Urlaub" um eine Zusammensetzung von Teilleistungen handelt.

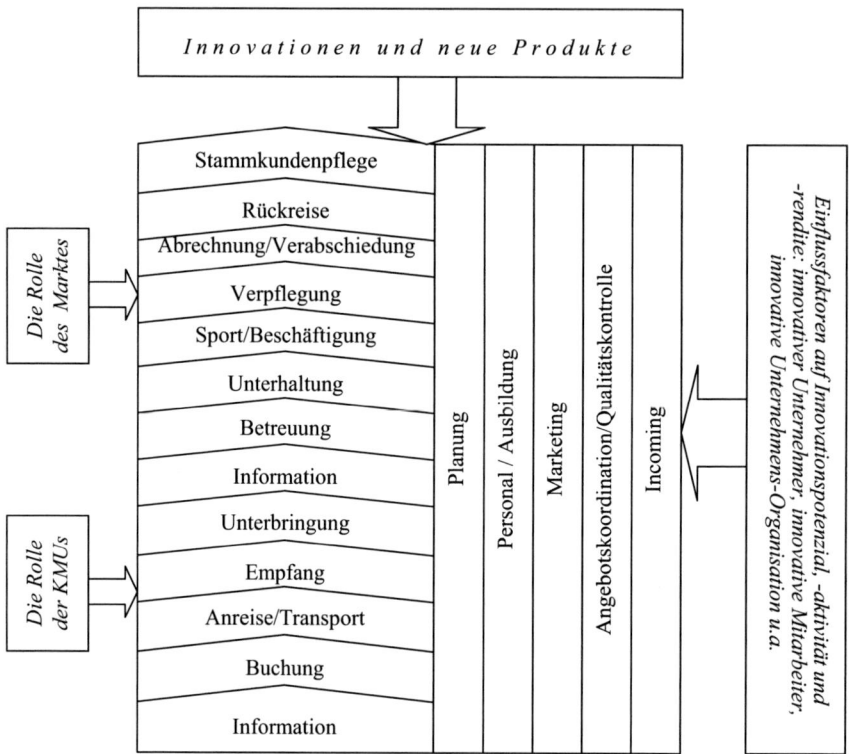

Abb. 5: Dienstleistungskette im Alpintourismus mit Bezug zu den zu untersuchenden Forschungsfragen (Bieger 2002, S. 59)

Die Kleinstrukturiertheit, die Keller (2004) und Peters (2003) ansprechen, zeigt sich anhand folgenden Vergleichs: Im österreichischen Beherbergungs- und Gaststättenwesen beschäftigen 84,4% aller Betriebe keinen oder bis zu vier Mitarbeiter, weitere 9,9% beschäftigen fünf bis neun Mitarbeiter (Wirtschaftskammer Österreich 1997, S. 1, Daten von 1991). Die Bedeutung der kleinen und mittleren Unternehmen (KMU) im österreichischen Tourismus ist also unbestritten. In Deutschland ist die Situation mit 98% der Betriebe des Gastgewerbes, die den KMU zuzuordnen sind, vergleichbar (Maschke 2004, S. 53). Diese Zahlen bestätigen sich auch im EU-Vergleich, wo knapp 95% aller Gastgewerbebetriebe zur Gruppe kleiner Unternehmen mit höchstens neun Angestellten gehören (Peters 2003, S. 36).

2.3.4 Der Produktlebenszyklus im Tourismus

Im Vergleich zu Produkten sind Dienstleistungen nur schwer patentier- oder schützbar (Socher 2005, S. 229; Tschurtschenthaler 2005, S. 15). Dadurch können neue Services einfacher und schneller von Mitbewerbern imitiert werden, was zu einer Verkürzung des Dienstleistungslebenszyklus führt. Daher ist in der Dienstleistungs- und Tourismusbranche nach der Markteinführung ein schnelles Abschöpfen des Marktes ratsam, um die entsprechenden Vorteile, wie z. B. Gewinn, Wettbewerbsvorteil, Steigerung des Marktanteils, aus der Innovation zu erzielen, bevor am Markt Nachahmer auftreten. Eine Verkürzung des Lebenszyklus von Dienstleistungen ist die Folge (Middlebrooks/Terrill 1996, S. 323).

2.3.4.1 Der Destinationslebenszyklus

Neben dem Produkt- und dem Dienstleistungslebenszyklus spielt insbesondere im Incoming-Tourismus der Destinationslebenszyklus (Butler 1980, S. 7) eine wichtige Rolle, da der Gast das touristische Produkt holistisch und nicht dessen einzelne Teilleistungen wahrnimmt.

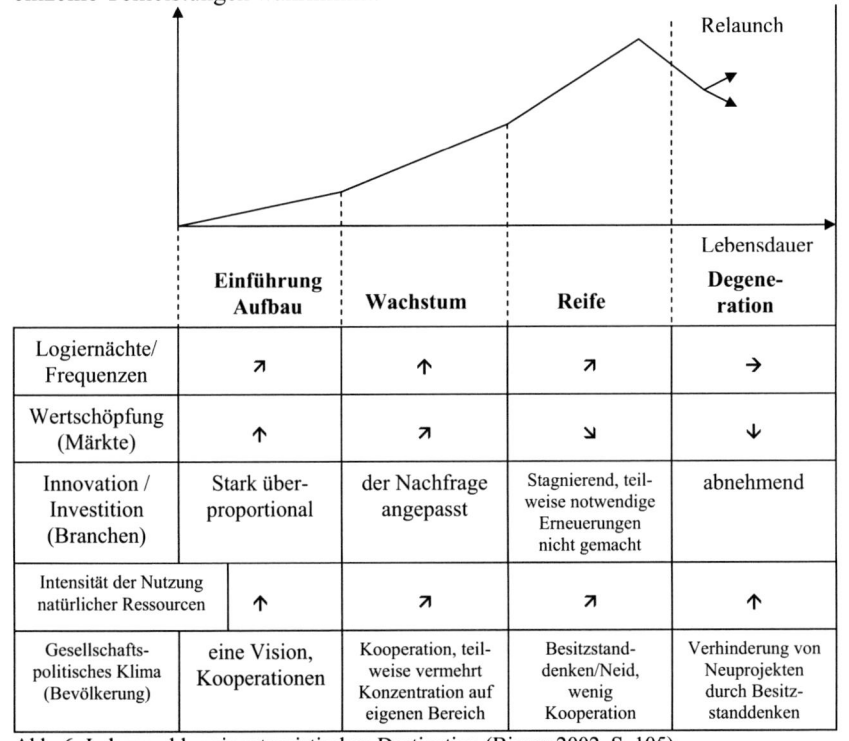

	Einführung Aufbau	Wachstum	Reife	Degeneration
Logiernächte/ Frequenzen	↗	↑	↗	→
Wertschöpfung (Märkte)	↑	↗	↘	↓
Innovation / Investition (Branchen)	Stark überproportional	der Nachfrage angepasst	Stagnierend, teilweise notwendige Erneuerungen nicht gemacht	abnehmend
Intensität der Nutzung natürlicher Ressourcen	↑	↗	↗	↑
Gesellschaftspolitisches Klima (Bevölkerung)	eine Vision, Kooperationen	Kooperation, teilweise vermehrt Konzentration auf eigenen Bereich	Besitzstanddenken/Neid, wenig Kooperation	Verhinderung von Neuprojekten durch Besitzstanddenken

Abb. 6: Lebenszyklus einer touristischen Destination (Bieger 2002, S. 105)

Ein Destinationslebenszyklus hat den Charakter eines Organisations- oder Branchenzyklus. Der Lebenszyklus von Destinationen wird nicht nur von der Konkurrenz und der Veränderung der qualitativen und quantitativen Ansprüche der Nachfrage beeinflusst. Auch ökonomische (wirtschaftlicher Erfolg der einzelnen Betriebe und deren Auswirkung auf die gesamte Destination), ökologische (gemeinsame Schutzmaßnahmen) und gesellschaftliche (Erfolg steigert die Zusammenarbeit, die Zusammengehörigkeit und das Image) Rahmenbedingungen wer-den berücksichtigt (Krippendorf 1986; Bieger 2002, S. 104).

2.3.4.2 S-Kurve der Technologie

In Anlehnung an die Technologie-S-Kurve (Foster 1986, S. 102; Brockhoff 1998) kann bestimmt werden, wann der Übergang von einer alten zu einer neuen Technologie sinnvoll ist und welche Innovations- bzw. Neuproduktpotenziale sich aus technologischen Diskontinuitäten ergeben (Afuah 2003, S. 37f). Nicht nur Technologien sind Lebenszyklusphasen unterworfen, sondern auch touristische Leistungen können nach einer Wachstumsphase einen Degenerations- und Sättigungsprozess erreichen. Wendet man die S-Kurve auf den Tourismus an, stellt man fest, dass das Anbieten von singulären touristischen Leistungen nur noch geringes Entwicklungspotenzial aufweist. Zum einen sind die touristischen Märkte, vor allem im alpinen Bereich, vielerorts stark gesättigt (Weiermair 2001), zum anderen ergeben sich für einzelne touristische Anbieter auch interne Entwicklungsrestriktionen. Restaurantbesitzer können beispielsweise nicht mehr als ein ausgezeichnetes Essen anbieten oder Seilbahnanbieter können maximal eine sichere, angenehme und schnelle Beförderung der Gäste gewährleisten. Um das touristische Produkt als Erlebnis zu kreieren, wird in Zukunft noch stärker als heute die Kooperation von einzelnen Leistungsträgern erforderlich werden.

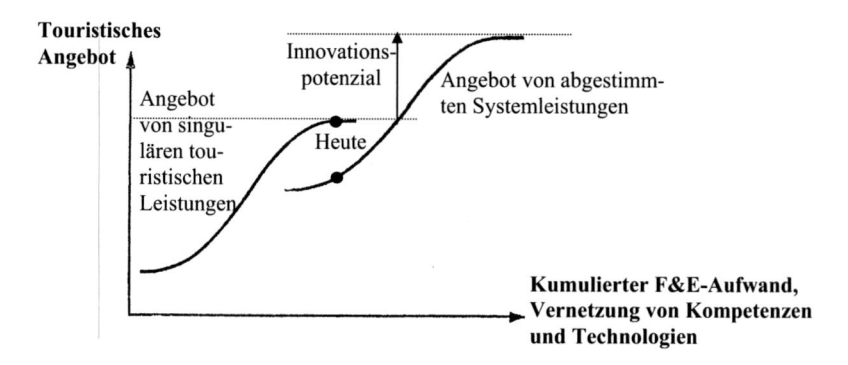

Abb. 7: Beispielhafte touristische S-Kurve (eigene Darstellung in Anlehnung an Foster 1986, S. 102)

Übertragen auf den S-Kurven-Entwurf bedeutet die neue Technologie im Tourismus, abgestimmte Systemleistungen anzubieten, indem die unterschiedlichen Kompetenzen und Technologien der einzelnen Tourismusunternehmen horizontal, lateral und vertikal vernetzt werden. Mit Hilfe von Informationstechnologien kann beispielsweise ein konsequentes Wissensmanagement (von Krogh/Venzin 1995) durchgeführt werden, und die gewonnenen Informationen können in die zukünftige Produktentwicklung einfließen.

Zusammenfassend kann festgehalten werden, dass es sich bei der touristischen Dienstleistung um ein komplexes, aus mehreren Teilleistungen bestehendes Produkt handelt, das vom Kunden unter Unsicherheit gekauft bzw. gebucht wird. In die touristische Wertkette greifen viele verschiedene Dienstleister ein, die zum Großteil den Klein- und mittleren Unternehmen zuzuordnen sind. Diese Tatsachen scheinen zunächst die Entwicklung neuer Produkte und Dienstleistungen im Tourismus eher zu erschweren als diese zu fördern.

2.3.5 Trends und Entwicklungen im Tourismus und Konsequenzen

Nachdem unter 2.3.4 die angebotsseitigen Veränderungen beleuchtet wurden, soll nun auch der Wandel der touristischen Nachfrage untersucht werden. Die Tourismusbranche war in den vergangenen zwanzig Jahren starken Veränderungen unterworfen, die sich aus wirtschaftlichen, technologischen und gesellschaftlichen Entwicklungen ergaben. Sowohl die touristische Nachfrage als auch das Angebot haben sich gewandelt, wobei Änderungen der Nachfrage (market pull) das Angebot stärker beeinflussten als umgekehrt (technology push). Der Lebenszyklus des internationalen Tourismus stellt Poon (1993) wie folgt dar:

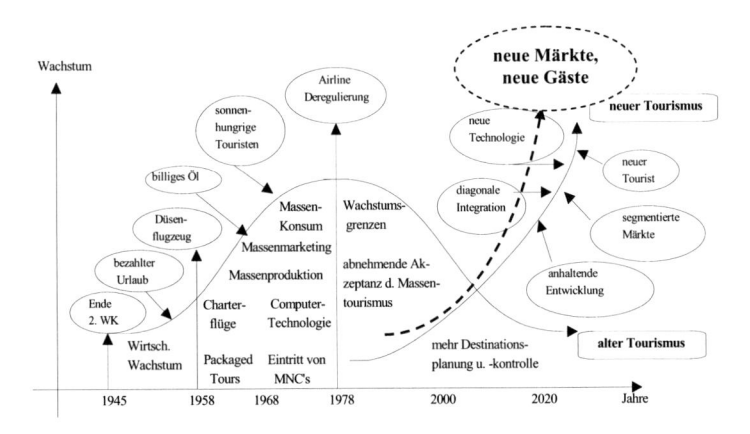

Abb. 8: Lebenszyklus des internationalen Tourismus (Poon 1993, S. 22, eigene Darstellung)

Daraus lassen sich Trends wie veränderte Wertvorstellungen, ökonomische Veränderungen (Tertiärisierung) und technologische Innovationen (massentouristische Informations- und Verkehrsmittel) besonders deutlich ablesen. Diese einschneidenden Entwicklungen, die im Anschluss ausführlich erörtert werden, erfordern verschiedenste Innovationsaktivitäten der beteiligten Urlaubsanbieter.

Da die Grafik bereits 1993 entwickelt wurde, wurde sie um eine gestrichelte Linie ergänzt, die sich an den Prognosen über die Entwicklung des internationalen Tourismus der World Tourism Organisation (2005) und der WTTC (2005), nach denen die Ausgaben für Reisen (Geschäft und Privat) bis 2015 jedes Jahr um ca. 4 % wachsen werden, wobei ein Großteil des Booms von Asien, insbesondere von China, ausgehen wird. Dabei geht es neben den steigenden Ausgaben für Reisen von Asiaten, z. B. nach Amerika oder Europa, auch für touristische Kapitalinvestitionen ausländischer Investoren in China und anderen Ländern Asiens.

2.3.5.1 Technologie

Neuerungen im Feld der Technik und Technologie, die im vierten und fünften Kondratieff-Zyklus entstanden, hatten wesentlichen Einfluss auf das Reiseverhalten der Gäste. Durch die Entwicklung von Massenverkehrmitteln wie Autos (individuelle Mobilität) und Flugzeugen (Flüge zu erschwinglichen Preisen für fast alle Bevölkerungsschichten) erlebten zunächst nahe, erdgebundene Destinationen und später auch Fernziele (zuungunsten der nahen Ziele) einen starken Aufschwung.

Nachdem die körperliche Arbeit durch die zunehmende Technologisierung (Einsatz von Maschinen) und Tertiärisierung der Ökonomie einen immer geringeren Stellenwert einnimmt, sinkt auch die Nachfrage nach reinen Erholungsurlauben, deren Hauptmotiv die Regeneration der körperlichen Arbeitskraft ist. Immer stärker steht die geistige und psychische Erholung in verschiedenster Form (Sport, Kultur, Bildung, Abenteuer) im Mittelpunkt des Urlaubs (Blum/Gleißner 2001, S. 180).

Das Aufkommen und die stetige Weiterentwicklung der Informations- und Kommunikationstechnologien führen zu veränderten Informations- und Buchungsstrukturen. Insbesondere für das Marketing und die Distribution eröffnen die modernen Kommunikationstechnologien neue Wege, um Kunden anzusprechen. Touristische Leistungen können dadurch erlebbar und damit auch transparenter und aktivierender gemacht werden (Smeral 2003). Internet und E-Mail ermöglichen diesbezüglich zwar Kosteneinsparungen, erhöhen jedoch auf der anderen Seite den Wettbewerbsdruck sowohl in qualitativer als auch in quantitativer Hinsicht. E-Tourismus hat sich zum weltweit größten e-Commerce-Zweig entwickelt (Blum/Gleißner 2001, S. 183; Bieger 2002, S. 19). Auch die damit verbundene geringere Bedeutung von Reisebüros wirkt sich auf die Preis- und Produktgestaltung touristischer Anbieter (Provisionszahlungen, Gebühren für Beratung u.a.) aus (European Travel Commission 2003, S. 4).

Werthner und Klein (2005) schlagen verschiedenste Einsatzmöglichkeiten für neue Technologien im Tourismus vor, die sich auf die gesamte Reise, also Reiseplanung, die Reise selbst und die Betreuung nach der Reise beziehen. Durch das „Ambient Intelligent Network" sind Informationen und Reservierungsmöglichkeiten sowohl vertikal entlang der gesamten Wertkette als auch horizontal zwischen verschiedenen Sektoren verfügbar (Werthner/Klein 2005, S. 78ff).

Die Möglichkeiten dieser Kommunikationsmedien für die Tourismusbranche sind also noch lange nicht ausgeschöpft.

2.3.5.2 Globalisierung im Tourismus

Die modernen Informations- und Kommunikationstechnologien bedingen nicht nur die direkte Konkurrenz zwischen regionalen Destinationen oder Unterkünften, sondern auch in globaler Hinsicht, d.h. der Kunde kann aus einer weltweiten Angebotspalette wählen (Bieger 2002, S. 19). Die Globalisierung impliziert die „zunehmende internationale Verflechtung der Volkswirtschaften im globalen Maßstab durch den Austausch von Gütern, Kapital und Technologien und die Entwicklung wirtschaftlicher Institutionen – u.a. Märkte und Unternehmen, die nach weltweiter Expansion drängen" (Lageman 1997, S. 91).

Die Öffnung der Märkte durch Deregulierung und Liberalismus, wie z. B. die Schaffung von Freihandelszonen, den Abbau von Handelshemmnissen, die Einführung des Euro und die EU-Ost-Erweiterung, verstärkt den internationalen Handel und fördert grenzüberschreitende Tourismusströme, was sich in einer erhöhten Mobilität der Produktionsfaktoren, wie Kapital und (hochqualifizierten) Arbeitskräften, auswirkt (West 1992; Hornschild 1997, S. 73; Bieger 2002, S. 19).

Globalisierung führt zu stärkerer Wettbewerbsintensität durch schnellere Entwertung von Wettbewerbsvorteilen und stärkerer Zukunftsorientierung (Blum/Gleißner 2001, S. 176), so dass neue Produkte und Dienstleistungen kürzeren Lebenszyklen unterworfen sind und daher in kürzeren Abständen auf den Markt gebracht werden müssen, damit ein Unternehmen wettbewerbsfähig bleibt.

Für die Tourismusbranche bedeutet Globalisierung die Entstehung neuer Märkte und damit die Ausweitung der Konkurrenz von der Nachbardestination nun auch über nationale Grenzen hinweg (z. B. Urlaub in Österreich konkurriert mit Urlaub in Thailand). Günstigere Arbeitskräfte im Ausland ermöglichen in Zeiten schwieriger konjunktureller Lage billigere Angebote für Massentourismus, so dass neue Wettbewerber weltweit mit dem österreichischen Urlaubsangebot konkurrieren.

2.3.5.3 Soziologische Veränderungen

2.3.5.3.1 Reiseerfahrenheit

Der steigende Wohlstand, der sich nach dem 2. Weltkrieg entwickelte, und die Massenmobilität ermöglichten regelmäßige Reisen in die nahen Destinationen und später auch in die Mittelmeerländer. Reisen und Urlaub wurden zu einem wichtigen Teil des Lebens, auf den, wie Untersuchungen zeigten, auch in Krisenzeiten nicht gern verzichtet wird. Die Erschließung neuer Destinationen verstärkte die Neugier bei den Reisenden, so dass die Destinationstreue, die z. B. bei den Deutschen in den 60er bis 80er Jahren des letzten Jahrhunderts mit ihren regelmäßigen Reisen nach Österreich zu beobachten war, weiter zurück gehen wird.

Die Reiseerfahrenheit wird auch stärkere Ansprüche und eine kritischere Haltung der Gäste mit sich bringen, so dass die Ansprüche an eine Urlaubsdestination in Bezug auf Qualität, Preis-Leistung und gestiftetem Zusatzwert und -nutzen steigen werden (Weiermair 2001).

Des Weiteren ist der Gast nicht mehr eindeutig kategorisierbar oder in ein Schema zu pressen, sondern er verhält sich hybrid, inkonsequent und multioptional, d. h. dass auch gegensätzliche oder widersprüchliche touristische Produkte für ihn attraktiv sind und er sich aufgrund dieser vielfältigen und unterschiedlichen Angebote für eine bestimmte Destination entscheidet, auch wenn er sie schließlich nicht nutzen wird (Poon 1993; Pikkemaat 2001; Weiermair 2001; 2003).

2.3.5.3.2 Demographie

Im Jahr 2000 gab es in Europa bereits über 100 Millionen Personen in der Gruppe zwischen 55 und 65 Jahren, aus der der aktive, ältere und anspruchsvolle Gast stammt (Moutinho 2000, S. 5; Pikkemaat 2001, S. 22). Die Generation 50plus ist ein Wachstumsfeld, das Opaschowski als Zukunftsinvestition in das Älterwerden bezeichnet (Opaschowski 2002, S. 157). Der Anteil der älteren Bevölkerung wird in Zukunft weiter steigen. Waren 1990 noch 21,6% 65 Jahre und älter, so wuchs diese Zahl in 2003 auf 25,0% im EU-Schnitt (EU-15). Bis 2010 wird diese Zahl auf bis zu 27,3% steigen, wobei in Deutschland, Griechenland und Italien dieser Bevölkerungsanteil um die 30% ausmachen wird (Europäische Kommission 2004). Davon ist die Mehrzahl reiseerfahren.

Alterspyramide Deutschland.
Gestrichelt: 1999; Fläche: 2050.

Alterspyramide Österreich 2030.

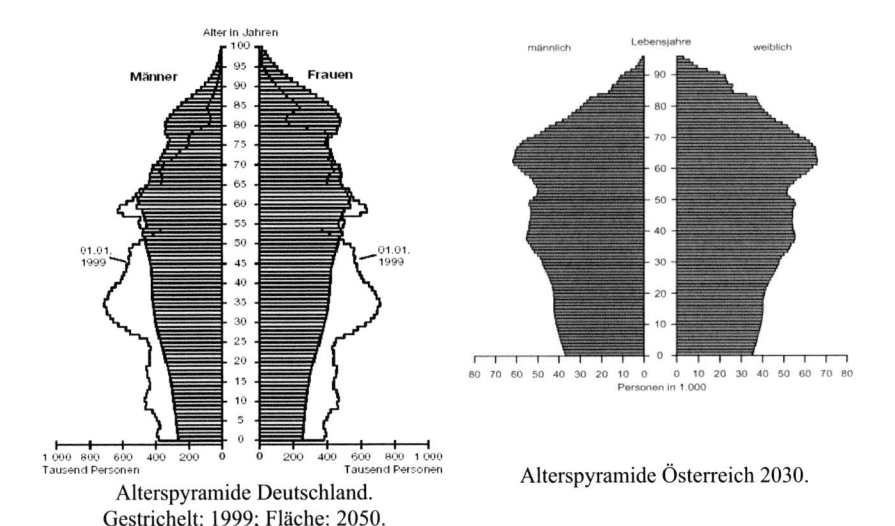

Abb. 9 : Altersaufbau der Bevölkerung in Deutschland 2050 (links) (Statistisches Bundesamt 2000, S. 14) und in Österreich 2030 (rechts) (Statistik Austria 2004)

Wesentliche Kriterien für die Urlaubsentscheidung der „Best Ager" sind konsequente Dienstleistungsorientierung, Annehmlichkeiten, Sicherheit, Qualität und entsprechende Distribution (Blum/Gleißner 2001, S. 182; European Travel Commission 2003, S. 2). Daraus entstand eine neue Zielgruppe mit speziellen Ansprüchen, die immer größer wird und im touristischen Angebot besondere Berücksichtigung verlangt.

2.3.5.3.3 Wertewandel

Durch die Sättigung der Grundbedürfnisse und mit dauerhaften Konsumgütern bleibt mehr Kaufkraft für touristische und sonstige Dienstleistungen (Smeral 2004, S. 36). Diese Entwicklung hat sich auch auf Werte und Normen in der Gesellschaft niedergeschlagen: Selbstverwirklichung, Ich-Bezogenheit, Erlebnisorientierung, Authentizität und Flexibilität sind nur wenige Schlagworte, die sich die Gäste vom touristischen Angebot erwarten. Daraus entstanden Massenindividualisierung (Mass Customization), z. B. durch Baukastensysteme, Events (Erlebnischarakter, Flow) und Erlebnisparks (Pine/Gilmore 1998; 1999), kurzfristige Buchungsmöglichkeiten (Last Minute) und Wellness. Das „Haben" bzw. „Besitzen", also materielle Werte, die vor allem nach dem 2. Weltkrieg einen hohen Stellenwert besaßen, stehen zurück zugunsten postmoderner Werte, die sich im „Sein" und „Genießen" äußern. Der soziale Status spielt bei der Wahl von Urlaubsort und -form nur noch eine untergeordnete Rolle (Pikkemaat 2001, S. 23; European Travel Commission 2003, S. 4).

2.3.5.3.4 Fragmentierung der Zeit

Um internationale Wettbewerbsfähigkeit durch erhöhte Produktivität zu sichern und gleichzeitig den arbeitenden Bevölkerungsanteil auf gleichem Niveau zu halten, wurde die Arbeitszeit flexibilisiert und Arbeitszeitverkürzungen bzw. modifizierte Arbeitszeitstrukturen eingeführt. Neue Arbeits- und Lebenszeitmodelle entstanden und entstehen (Horx 2002, S. 66f), so dass sich Arbeits- und Freizeit immer mehr verweben. Schichtarbeitsmodelle (z. B. 4 Tage Arbeit, 3 Tage frei) und die Zunahme von Teilzeitarbeit (z. B. 80%, 50%) ermöglichen den Beschäftigten länger zusammenhängende Freizeit, die für Kurzurlaube genutzt werden kann (European Travel Commission 2003, S. 3; Smeral 2004, S. 36). Die Ansprüche an die kurzfristige Flucht aus dem Alltag sind dabei besonders hoch: Der Erlebnischarakter, die Entführung in eine andere Welt (Musicalwochenenden, Freizeitparks, Abenteuersportarten) oder Meditation, Selbsterfahrung und -verwirklichung (Wellness) erfahren besonders hohe Nachfrage für eine kurze Auszeit vom „richtigen" Leben.

2.3.5.3.5 Gesundheitsbewusstsein

Nach der Explosion der Gesundheitskosten, die sich auf die längere Lebenserwartung u. a. durch die neuen, fortschrittlichen Biotechnologien zurückführen lässt, ist das Sozialversicherungssystem gezwungen, Einsparungen vorzunehmen und die Aufgabe der Prävention und Eigeninitiative im Bewusstsein der Menschen zu stärken. Im Vergleich zum rehabilitierenden Charakter der Kur setzt das neue Gesundheitsbewusstsein in Form von Wellness auf präventive Maßnahmen, um Krankheiten vorzubeugen. Der Stellenwert der Gesundheit war noch nie so hoch wie heute. Wertewandelstudien erklären übereinstimmend die Gesundheit zum höchsten Gut der Menschen (Mühlhausen 2000, S. 3).

Wellness ist heutzutage jedoch schon ein stark strapazierter Begriff, so dass eine Abgrenzung notwendig ist. Lanz Kaufmann (1999) versteht unter Wellness einen „Gesundheitszustand der Harmonie von Körper, Geist und Seele. Wesensbestimmende Elemente sind die Selbstverantwortung, Fitness und Körperpflege, gesunde Ernährung, Entspannung, geistige Aktivität/Bildung sowie soziale Beziehungen und Umweltsensibilität." (Lanz Kaufmann 1999, S. 37). Die konsequente Ausrichtung von Hotels auf diesen Bereich unter Berücksichtigung aller genannten Elemente führt zu einer ganzheitlichen Prävention, aus der der Gast Kraft und Energie für seinen Alltag schöpfen kann.

Die Wellness-Orientierung ist jedoch nicht nur auf die steigende Anzahl so genannter „Best Ager" bzw. 50- oder 60-Plus ausgerichtet, bei denen die Gesundheit nicht mehr selbstverständlich ist, sondern ist vor allem auch für die jüngeren Altersgruppen ab ca. 30 Jahren – für Frauen evtl. noch etwas jünger – interessant. Aufgrund der steigenden geistigen und seelischen Belastungen der Berufswelt und des Alltags durch Stress, Druck und Leistungszwang ist eine Wellness-Auszeit zur gesundheitlichen Prävention auch für junge Gäste eine attraktive

Kurzurlaubsoption (Bamberg 1993; Lanz Kaufmann 1999; European Travel Commission 2003).

2.3.6 Das neue touristische Produkt

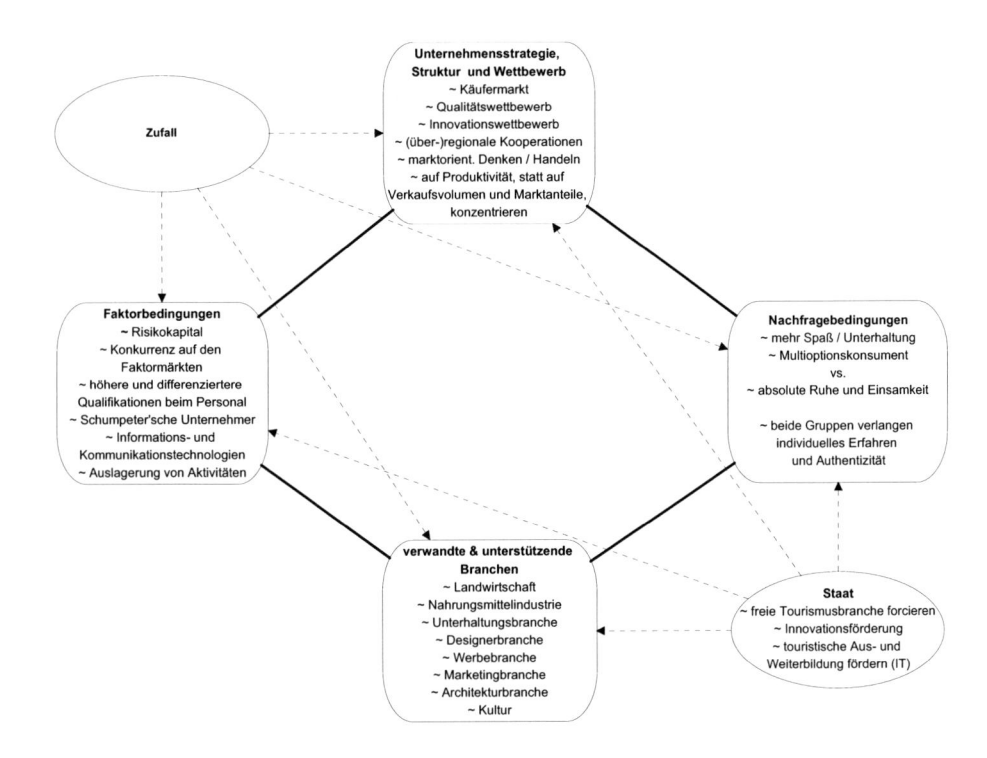

Abb. 10: Wettbewerbskräfte im „neuen" Tourismus (Weiermair 2001, S. 110)

Das touristische Angebot im alpinen Tourismus unterliegt den Strukturen eines Käufermarktes, d.h. das Angebot hängt zurzeit stark von der Gästenachfrage ab. Zu Beginn des Massentourismus war die Nachfrage nach touristischen Produkten so stark, dass das Angebot in quantitativer Hinsicht kaum nachkommen konnte (Verkäufermarkt). Durch die technologische Entwicklung haben Urlaubsziele, die mit erdgebundenen Transportmitteln erreichbar sind, an Attraktivität verloren und sehen sich nun nicht nur regionaler oder europäischer, sondern weltweiter Konkurrenz ausgesetzt.

Als Konsequenz aus den in 2.3.4 und 2.3.5 erörterten Veränderungen auf Angebots- und Nachfrageseite und nach der Ausschöpfung des quantitativen Wachstums ist nun vielmehr eine qualitative Verbesserung erforderlich, um Wettbewerbsnachteile auszugleichen (Produktivität, Qualität und Kundenwert anstatt Verkaufsvolumen). Dies impliziert die Vernetzung und Kooperation der Tourismusbranche zum einen untereinander (touristische Dienstleister) und zum anderen mit verwandten und unterstützenden Branchen wie der Landwirtschaft, der Unterhaltungsbranche, der Design-/Architekturbranche und dem Werbe-/Marketingsektor.

Aus der Grafik geht hervor, dass neue Aspekte in die Wettbewerbskräfte einfließen, die in Zeiten des aufstrebenden Massentourismus (noch) keine Rolle spielten: beispielhaft sollen auf Faktorseite die verstärkte Erfordernis von höherer und differenzierterer Qualifikation des Personals genannt werden, um bessere, auf Qualität und Kundenwert ausgerichtete Produkte anzubieten. Des Weiteren kann die Multioptionalität vs. Ruhe/Erholung auf der Nachfrageseite herausgegriffen werden, so dass ein eindimensionales touristisches Angebot den heutigen Ansprüchen nicht mehr genügt.

Veränderungen sind auch in den verwandten und unterstützenden Branchen, wie z. B. in der Designer- und Architekturbranche, zu spüren, wie die Entstehung des neuen Labels „Designerhotels" zeigt. In Struktur und Wettbewerb ist vor allem der verstärkte Wettbewerbsdruck durch die Globalisierung spürbar: Konkurrenz entsteht nicht mehr nur „vor der Haustür", sondern vielmehr im internationalen Kontext. Um diesen Veränderungen entgegenzutreten und weiterhin wettbewerbsfähig zu bleiben bzw. weiterhin Wettbewerbsvorteile zu kreieren, ist die Kraft, das Unternehmen durch Innovationen in den verschiedensten Bereichen (Produkte, Prozesse, Management, Marketing etc.) zu erneuern, eine essentielle Voraussetzung.

2.4 Innovationsarten

In der Literatur finden sich unterschiedliche Klassifikationen, in die die verschiedenen Arten von Innovationen aufgeteilt werden. In dieser Arbeit wird nur auf die Ausführungen eingegangen, die sich explizit mit Innovationsarten im Dienstleistungssektor beschäftigen. Es kann zunächst festgestellt werden, dass die wissenschaftliche Forschung sowohl im Produktions- als auch im Dienstleistungssektor Produkt- und Prozessinnovationen unterscheidet. Spezifischere Bezeichnungen sind von Autor zu Autor unterschiedlich. Nachfolgend werden die wichtigsten Forschungserkenntnisse bezüglich der Innovationsarten dargestellt, auch wenn eine solche Einteilung bei Dienstleistungsinnovationen laut Benkenstein schwierig ist.

Neuerungen betreffen oftmals mehrere Bereiche, Abteilungen und Personen innerhalb und außerhalb der Unternehmung und sind damit nicht eindeutig zuordenbar. Ein wesentlicher Unterschied besteht darin, dass Dienstleistungen im Vergleich zum Produktionssektor am Eigentum des Kunden bzw. an ihm selbst (wie z. B. im Tourismus) erbracht wird.

Außerdem werden die verschiedenen Innovationsarten als Objektdimensionen einer Dienstleistungsneuerung bezeichnet: Ausgehend von Produkt- und Prozessinnovationen ergänzt Benkenstein diese Einteilung um die funktionale Untergliederung der Unternehmung, nämlich Personal-, Sozial-, Struktur-, Beschaffungs- und Marketinginnovationen (Benkenstein 2001, S. 690). Diese Definition folgt der von Hauschildt (2004, S. 9) vorgeschlagenen, die jedoch ursprünglich für den Produktionssektor entworfen wurde. Zurückzuführen ist diese Gliederung auf den Innovationsbegriff von Schumpeter (1934), der – wie in Kapitel 2.1 dargestellt – Innovationen in den Bereichen Produkt, Prozess, Beschaffung/Lieferanten, Markt/Marketing und Organisation sieht. Benkenstein interpretiert dies auch als Ausrichtung an verschiedenen Zielen, die das Unternehmen mittels Innovationen erreichen möchte: Struktur-, Personal- und Sozialinnovationen sind hauptsächlich Prozessinnovationen und zielen darauf ab, Produktions- respektive Dienstleistungsfaktoren neu miteinander zu kombinieren und Kostenvorteile zu erlangen, während mit Produkt- bzw. Dienstleistungsinnovationen vielmehr Leistungs- und Qualitätsvorteile und die Einführung von Marktneuheiten verfolgt werden.

Gadrey et al. (1995) ergänzen die Schumpeterschen Innovationsarten um die so genannten *Ad Hoc Innovationen* für Unternehmensberatungen und sonstige Beratungsdienstleister; dabei handelt es sich um Dienstleistungsinnovationen, die während des Beratungsgesprächs und somit spontan in Zusammenarbeit mit dem Kunden entstehen (Gadrey et al. 1995).

Im Dienstleistungsbereich ist die scharfe Trennung zwischen nach außen gerichteten Produkt- und nach innen gerichteten Prozessinnovationen nicht einzuhalten, da der Kunde in den Dienstleistungserstellungsprozess involviert ist und diese Prozesse somit auch nach außen gerichtet sein können. Aufgrund der Tatsache, dass eine Dienstleistung aus mehreren Teilleistungen besteht, sind Neuerungen auch lediglich in einzelnen, marginal wahrnehmbaren Bereichen möglich (Benkenstein 2001, S. 693).

Da außerdem neue Produkte und Dienstleistungen schwerer schützbar und leichter imitierbar sind als tangible Produkte, ist zu vermuten, dass Prozessinnovationen im Dienstleistungssektor häufiger als Produktinnovationen vorkommen.

Verschiedene Dienstleistungsinnovationen charakterisieren auch Zeithaml und Bitner: *Major Innovations* beziehen sich auf neue Services, deren Markt ebenso neu und noch nicht definiert ist. *Start-up Businesses* sind zwar neue Dienstleistungen, für diese ist jedoch bereits ein Markt vorhanden, d.h. der neue Service trifft auf einen Markt, der bereits für diese Art von Dienstleistung bedient wird. Bereits bestehenden Kunden werden *new services for the cur-rently served market* angeboten, z. B. ein Fax- und Telefonservice während eines Fluges. Eher geringfügige Veränderungen bewirken *service line extensions* (neue Flugrouten einer Luftfahrtgesellschaft, Veränderung der Menükarte eines Restaurants), *service improvements* (verlängerte Öffnungszeiten, verbesserte Qualität eines Service) und *style changes* (Farbänderungen im Restaurant oder im Hotel, Logoveränderung etc.). Die Unterteilung bezieht sich jedoch nur auf verschiedene, nach außen gerichtete Dienstleistungen und lässt andere Innovationen, wie z. B. im Bereich Marketing, IT oder in Serviceabläufen außer Acht (Zeithaml/Bitner 1996, S. 268).

Preissl (2000) unterscheidet nur zwischen Produktneuerungen sowie Prozess- und organisationalen Innovationen. Unter Produktinnovationen versteht sie alle Neuerungen bei Dienstleistungen. Sogenannte *pioneer services* sind selten zu beobachten, da Dienstleistungen nicht den Charakter einer schütz- oder patentierbaren Innovation haben. Auch sie verweist darauf, dass Services aus Teilleistungen bestehen und daher Neukombinationen aus bestehenden Faktoren am häufigsten als Dienstleistungsinnovation entstehen. IT-Neuentwicklungen, wie z. B. neue Software oder neue Datenbanken fallen ebenfalls in die Kategorie der Produktinnovation.

Die Reorganisation und -strukturierung von Prozessen und des Dienstleistungserstellungsprozesses, das Outsourcen unterstützender Tätigkeiten, die Einführung modularisierter Dienstleistungen, Automatisierung und Geschäftsprozesse, die durch Informationstechnologie neu organisiert werden, zählen zu den Prozess- und organisationalen Innovationen. Innovationen in wesentlichen Bereichen eines Dienstleisters wie Marketing und Human Ressourcen werden nicht kategorisiert (Preissl 2000).

In einer Untersuchung des italienischen Dienstleistungssektors unterteilen E-vangelista und Sirilli (1998) Dienstleistungsinnovationen wie folgt:

-*Produkt- und Prozessinnovationen:* die Unterscheidung dieser beiden Innovationsarten fällt wesentlich undeutlicher aus als im produzierenden Gewerbe, da die Herstellung und der Konsum (als Prozess) zusammenfallen.

-*Innovationen in der Informationstechnologie:* Da das Produkt (die Dienstleistung) nicht tangibel ist, spielen die Informations- und Wissensgenerierung sowie deren Verbreitung eine wesentliche Rolle.

-*Human* Ressource *Innovationen:* In diesen Bereich fallen vor allem Fortbildung des Personals, da Dienstleistungen sehr mitarbeiterintensiv sind und insbesondere durch Weiterbildungskurse die IT-Entwicklungen des Unternehmens kommuniziert werden können.

-*Organisationsinnovationen:* Darunter sind Um- und Neustrukturierungen in der gesamten Organisation oder in Teilbereichen des Unternehmens zu verstehen, um technologische Innovationen einzuführen (Evangelista/Sirilli 1998, S. 254).

Bieger und Gräf (2004) erörtern in ihrer Untersuchung über Innovationskonzepte für Attraktionspunkte *Marktinnovationen*, worunter neue Märkte und Vermarktungsformen zu verstehen sind. *Prozessinnovationen* betreffen Änderungen in Bezug auf die Dienstleistungserstellung, und *Produktinnovation* bedeutet die Entwicklung neuer Produkte und Services. Diese bereits in der Forschung bekannten Innovationsarten werden ergänzt um die *Involvement-Innovation*, womit der Kunde in neuer oder veränderter Form in den Dienstleistungserstellungsprozess miteinbezogen wird (z. B. Customer Education), und um die *Verrechnungsinnovation*, bei der z. B. neue Nebenleistungen in die Dienstleistung integriert werden (Bieger/Gräf 2004, S. 502).

Abernathy und Clark unterscheiden zwischen technologischer und Markt-Innovation und gehen damit auf Innovationsauslöser ein. Technologische Neuerungen können beispielsweise das Design einer Technologie, ein neues Produktionssystem, neue durch IT erforderliche Fähigkeiten, neue Lieferantenbeziehungen, Kapitalausstattung oder Wissensmanagement sein. Markt- bzw. Kundeninnovationen beziehen sich auf die Beziehungen mit den Kunden, neuen Anwendungen für die Kunden, neue Distributionskanäle, Kundendatenbanken oder neue Kundenkommunikationssysteme. Abernathy und Clark unterscheiden des Weiteren zwischen *gestalterischer, revolutionärer, regulärer* und *Nischeninnovation*, die auf der unterschiedlichen Ausprägung der Merkmale „Kompetenzen" und „Verbindungen" zurückzuführen sind (Abernathy/Clark 1985).

Gezielt auf die Innovationsarten im touristischen Sektor geht Hjalager (2002, 1997 und 1994) ein: Auch sie unterscheidet Produkt- und Prozessinnovation und stellt gleichzeitig fest, dass diese beiden Arten im Dienstleistungssektor häufig ineinander verwoben und nicht klar voneinander trennbar sind. In der nachfolgenden Aufstellung sind die von ihr erforschten verschiedenen Innovationsarten im Tourismus dargestellt.

Bezeichnung	Jahr	Beschreibung
Produkt-Innovation	2002 1997 1994	Veränderte oder völlig neue Dienstleistungen und Produkte, die bis zur Einführungsphase entwickelt werden und deren Neuheitsgrad entweder den Konsumenten (Gästen), Lieferanten oder Mitbewerbern offensichtlich ist. Beispiele: neue Destinationen, Kundenloyalitätsprogramme, sowohl ökologisch als auch mental nachhaltige Unterkunftsmöglichkeiten, Angebot neuer Sport- und Erholungsmöglichkeiten (Wellness, Alpine Wellness, Nordic Walking, Nordic Running usw.).
Prozess-Innovation	2002 1997 1994	Durch Prozessinnovationen wird die Durchführung bereits existierender Prozesse durch neue oder verbesserte Technologie oder durch das Redesign einer Produktlinie, die auf Produktionsprozessänderungen zurückzuführen ist, verbessert. Kombination mit Produktinnovation ist möglich, z.b. computergestützte Management- und Monitoringsysteme, Roboter für Reinigung und Wartung, effiziente Technologie in Restaurantküchen. Oftmals für den Gast nicht sichtbar und häufig aus technologischen Entwicklungen hervorgehend. Ziel: Steigerung der Produktivität, Arbeitseinsparungen.
Management-Innovation	2002 1997 1994	Oftmals schwierig, da im Tourismus vor allem Klein- und mittlere Unternehmen vorkommen und daher das Management oft nur aus dem Eigentümer besteht, der zudem mehr mit dem operativen Geschäft beschäftigt ist, als dass Zeit für die strategische und langfristige Planung für den Betrieb bleibt. Konzepte: 1) Mitarbeiter: Dezentralisation, um Arbeitszufriedenheit und Produktivität zu erhöhen; Fortbildung, um auf neue Aufgaben vorzubereiten, neue Arbeitsplatzbeschreibungen. 2) Einheimische Bevölkerung: Ökotourismus (Nachhaltigkeit), Einbeziehung der Einheimischen in die Erarbeitung eines nachhaltigen Tourismuskonzepts 3) Gäste/Touristen: finanzielle Anreize, weniger natürliche Ressourcen zu verbrauchen oder direkt im Internet zu buchen.
Institutionelle Innovation	2002 1997	Geht über das individuelle Unternehmen hinaus, zielt auf die Strukturen und Regularien in kleinen oder größeren Einheiten (Destinationen, Regionen, Länder etc.). Betrifft den öffentlichen und den privaten Sektor, für die neue Gesetze und Regeln entwickelt werden. Beispiel für die Tourismusbranche: Reform des Gesundheitssystems, die gesundheitstouristische Konzepte stark beeinflusst, Destinationsmanagementsysteme, die den Zugang zu empfindlichen Gebieten kontrollieren oder neue Kreditfinanzierungsvorschriften (Basel II).

- Fortsetzung der Tabelle auf der nächsten Seite -

Bezeichnung	Jahr	Beschreibung
Innovation zur Informationsverarbeitung	1997 1994	Auch der Tourismussektor wird immer informationsintensiver. Besonders in der Hotelindustrie werden Datenbanken für Verwaltungsaufgaben und als Entscheidungshilfe (Marketing, Finanzen) eingesetzt. Durch Kommunikation und Kooperation mit anderen Unternehmen will ein Betrieb mehr Information und Märkte erreichen, aber die Informationsverarbeitung wird sehr arbeitsintensiv. Daher werden Datenbanken oft geteilt (aus Kosten -und Zeitgründen). Am häufigsten erfolgen solche Innovationen jedoch nicht direkt in den Tourismusbetrieben, sondern bei den Zulieferern der Hard- und Software, wie z. B. die großen Reservierungssysteme Galileo, Sabre und Amadeus. Ein weiteres Beispiel könnte die „Carrying Capacity" sein, die dank IT-Lösungen für einzelne Destinationen (oder Parks, Gärten, aber auch ganze Orte) bestimmt werden kann. Diese Innovationsart bestand nur in den 90er Jahren, heute werden IT-basierte Innovationen dem Bereich zugeordnet, auf die sich die Innovation auswirkt.
Logistische Innovation	2002	Neue Zusammensetzung externer Handelsbeziehungen, was sich auf die Stellung eines einzelnen Unternehmens in der Wertekette auswirken kann. Dabei kann es sich beispielsweise um Materialien, Transaktionen oder Informationen handeln. Beispiele: vertikale Kooperationen in der Gastronomie, integrierte Destinationsinformationssysteme, CRS-Systeme, Internet Marketing.
Transaktions-Innovation	1994	Flexible Produktionssysteme, schlanke Produktionssysteme. Problem: Nichtlagerbarkeit touristischer Produkte. Am ehesten anzuwenden bei Reiseveranstaltern, die touristische Pakete schnüren. Beispiel: vertikale Integration einer Airline und von ganzen touristischen Ressorts (Hotelanlagen).
Distributions-Innovation	1994	Da Produktion und Konsum zusammen fallen, sind kaum Innovationen in diesem Bereich zu beobachten. Einziges Beispiel: Luftfahrtgesellschaften, die Konzepte für einen zentralen Hub für ihre Passagiere, die umsteigen müssen, entwickeln.

Tab. 3: Innovationsarten nach Hjalager (1994; 1997; 2002)

Hjalager (2002) hat in Anlehnung an Abernathy und Clark (1985) ein Modell entwickelt, das den Innovationsgrad dahingehend unterscheidet, ob vorhandene Kernkompetenzen bewahrt oder zerstört werden. Diese Differenzierung erscheint für den Tourismus als besser angebracht, da Innovationen im Tourismus häufig auf der Basis von Kernkompetenzen und Verbindungen zu Kunden/zum Markt entstehen (Schwaninger/Flaschka 1995). Die nachfolgende Abbildung verdeutlicht, welche vier Innovationstypen sich daraus ergeben.

Während Nischeninnovationen (z. B. Kooperationen mit Reiseveranstaltern) vorhandene Kompetenzen nicht berühren, dafür aber auf neue Formen der Zusammenarbeit zielen, werden bei architektonischen Innovationen (z. B. Polartourismus im Eis) neue Regeln bzw. neue Strukturen definiert und Beziehungen zu Kunden bzw. zu vorhandenen Märkten neu abgegrenzt. Bei revolutionären Innovationen (z. B. Fertiggerichte im Restaurantwesen) werden zwar vorhandene Märkte (Kundengruppen) angesprochen und bleiben externe Branchenstrukturen unverändert, jedoch werden neue Technologien, die bekannte Arbeitsabläufe oder Fähigkeiten verändern, eingesetzt.

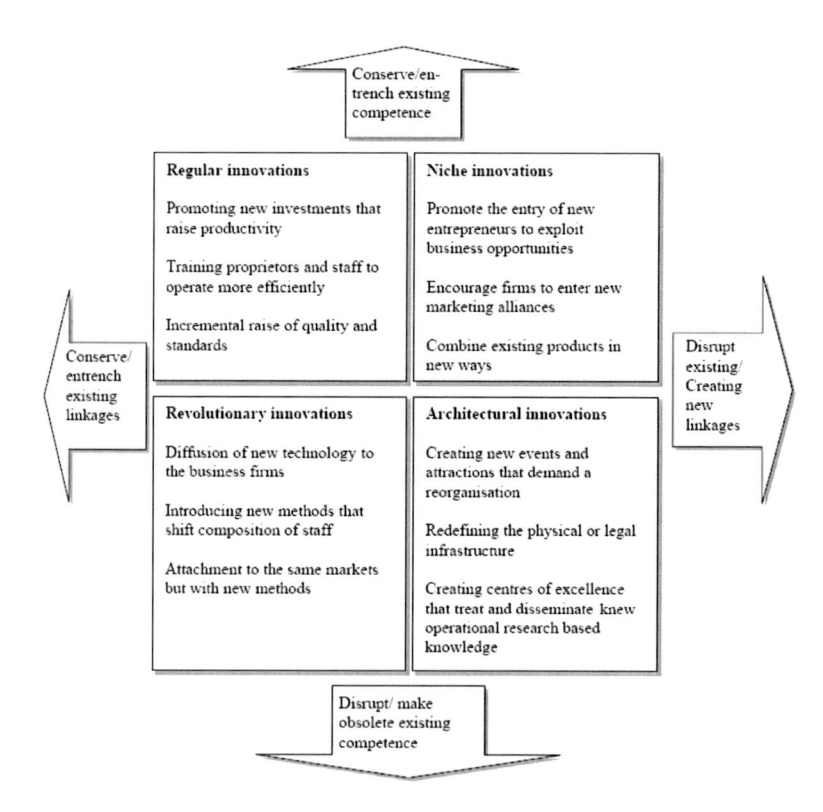

	Conserve/entrench existing competence		
	Regular innovations	**Niche innovations**	
	Promoting new investments that raise productivity	Promote the entry of new entrepreneurs to exploit business opportunities	
	Training proprietors and staff to operate more efficiently	Encourage firms to enter new marketing alliances	
Conserve/ entrench existing linkages	Incremental raise of quality and standards	Combine existing products in new ways	Disrupt existing/ Creating new linkages
	Revolutionary innovations	**Architectural innovations**	
	Diffusion of new technology to the business firms	Creating new events and attractions that demand a reorganisation	
	Introducing new methods that shift composition of staff	Redefining the physical or legal infrastructure	
	Attachment to the same markets but with new methods	Creating centres of excellence that treat and disseminate knew operational research based knowledge	
	Disrupt/ make obsolete existing competence		

Abb. 12: Innovationstypen im Tourismus in Anlehnung an Abernathy/Clark (Hjalager 2002, S. 467)

Bei regulären Innovationen (z. B. Fortbildung für Hotelmitarbeiter) handelt es sich meist um inkrementelle Veränderungen im Laufe der Zeit, die mit bestehenden Kompetenzen und vorhandenen Unternehmensverbindungen erreicht werden können. Dies sind häufig Produktivitätssteigerungen, Qualitätsverbesserungen oder Weiterbildungsprogramme (Hjalager 2002). Jedoch muss bei der Zuordnung von Innovationen zu einzelnen Quadranten beachtet werden, dass Innovationen Lebenszyklusphasen unterliegen und sich somit ihre Position im Laufe der Zeit verändern kann. Die Platzierung von Innovationen in einem der vier Quadranten kann sich also als dynamischer Prozess vollziehen (Abernathy/Clark 1985).

Aus den Ausführungen geht hervor, dass in der Forschung bislang Dienstleistungsinnovationen nicht einheitlich kategorisiert werden. Insbesondere bei Hjalager wird deutlich, dass sich im Ablauf der Zeit (hier über acht Jahre) die Kategorisierung der Innovationsarten ändern kann. Einig ist sich die Forschung nur bezüglich der Unterteilung von Produkt- und Prozessorganisation, weitere Kategorien werden sehr unterschiedlich dargestellt.

Gerade im Dienstleistungssektor jedoch verschwimmen die Grenzen zwischen Produkt-/Service- und Prozessinnovation, da es sich beim angebotenen Produkt um eine Dienstleistung handelt, deren Erstellung in der Regel als Prozess abläuft. Eine Aufgliederung einheitlich zu den Funktionsbereichen einer Unternehmung bietet sich an, da sie mit der Unterscheidung der Innovationsarten im Güterbereich einherginge. Allerdings ist auch hier eine Abgrenzung oftmals schwierig, zumal im stark fragmentierten Tourismus die Funktionsbereiche selten einzeln existent sind.

Eine Untersuchung der Innovationsarten in touristischen Betrieben Österreichs im Jahr 2003 zeigte, dass eine funktionale Aufgliederung nicht ausreicht, um alle von den Unternehmen genannten Innovationen zu erfassen, und daher ergänzt werden musste. Dadurch ergaben sich neben den klassischen Innovationsbereichen wie Marketing, Informationstechnologie, Human Ressourcen und Arbeitsabläufe (Prozesse) auch produktorientierte wie Produktbündelung, oder bauliche Maßnahmen, sowie managementorientierte wie Strategie und Qualitätssicherung (Weiermair et al. 2004, S. 108).

Das Modell von Abernathy und Clark, das Hjalager auf den Tourismus adaptierte, ist vor allem dann brauchbar, wenn keine Feinkategorisierung notwendig ist und die Rolle der Kernkompetenzen besonders berücksichtigt werden soll. Eine erste erfolgreiche empirische Anwendung des Modells erfolgte in einer Studie des Zentrums für Tourismus und Dienstleistungswirtschaft der Universität Innsbruck über das Innovationsverhalten touristischer Betriebe in Europa und Nordamerika im Jahr 2004 (Weiermair/Walder 2004).

2.5 Zusammenfassung

In diesem Kapitel wurde deutlich, dass Innovationen aufgrund der dargestellten Entwicklungen im Angebots- und im Nachfragebereich sowie der Dienstleistungs-Charakteristika in der Zukunft eine immer größere Rolle spielen werden. Besonders sind in diesem Zusammenhang der Produkt- und Destinationslebenszyklus, die verstärkte Tertiärisierung der Wirtschaft und die veränderten Nachfragebedingungen zu nennen.

Denn die aufgezeigten technologischen, wirtschaftlichen und gesellschaftlichen Trends und sich ständig wandelnde Kundenwünsche erfordern von den Unternehmen stetige Erneuerungen des touristischen Produkts, um langfristig wettbewerbsfähig zu bleiben. Stärkere Flexibilität, Tatkraft, Entschlossenheit und häufigere Initiativen bezüglich Innovationen werden von den Unternehmen durch die sich verkürzenden Kondratieff- und Produktlebenszyklen verlangt.

Die Ausführungen zu den Innovationsarten in der Dienstleistungs- und speziell Tourismusbranche zeigen jedoch, dass trotz der Erfordernis innovativer Produkte die wissenschaftliche Forschung dieses Themenkreises noch in den Anfängen steckt und sich erst in den vergangenen zehn Jahren, insbesondere was den Tourismussektor angeht, entwickelte. Insbesondere in der Zusammenfassung der neuen Wettbewerbskräfte und der sich anschließenden Diskussion zeigte sich die Notwendigkeit von Innovationen im Tourismus und deren Erforschung und gleichzeitig auch die Rahmenbedingungen, in denen die Neuerungen stattzufinden haben: Gerade die Tatsache, dass es sich bei der Tourismusbranche – vor allem im Incomingbereich (Keller 2004, S. 203) – um eine wenig dynamische Branche handelt, lässt vermuten, dass Innovationen noch nicht im erforderlichen Ausmaß entwickelt werden, um dem Sektor tatkräftige und entscheiden Impulse zu liefern.

3 Betriebsinterne Bestimmungsfaktoren von Innovationen: Die Rolle des Unternehmers

Da die Tourismusbranche wie bereits erwähnt zum Großteil aus Klein- und Mittelbetrieben, die häufig als Familienunternehmen geführt werden, besteht, spielt der Unternehmer als Wachstumsmotor eine bedeutende Rolle: Seine Entscheidungen haben stärkeres Gewicht als in großen Betrieben, das Wohlergehen der Familien steht im Mittelpunkt, und Kooperationen werden selten eingegangen (Peters 2004, S. 219f). Lange Zeit dominierte der unabhängige Pionierunternehmer, der im kreativen Zufallsverfahren Innovationen implementierte. Oft waren es unabhängige Unternehmer, die die Pionierrolle übernahmen und als Unternehmer im Schumpeterschen Sinne handelten (Keller 2004, S. 208). Bevor der innovative Unternehmer beleuchtet wird, werden die Begriffe des Entrepreneurship, des Unternehmers und des Entrepreneurs geklärt.

3.1 Entrepreneur und Entrepreneurship

Das Wort *Entrepreneur* stammt ursprünglich aus dem Französischen und hat sich auch im Englischen als „klassischer" bzw. „traditioneller" Unternehmer durchgesetzt (Ripsas 1997, S. 4). Im Deutschen wurde dies anfangs mit dem „Unternehmer" gleichgesetzt, allerdings sind in der Literatur seit einiger Zeit Definitionsunterschiede bei den beiden Begriffen festzustellen.

In der Literatur finden sich verschiedene Sichtweisen des Begriffs *Entrepreneurship*. Nach Timmons (1994) versteht man unter *Entrepreneurship* die Schaffung von Werten aus der Kombination von Marktressourcen oder aus der Kreation neuer Ressourcen. Er interpretiert Entrepreneurship als Prozess, in dem Nischen und Kundenbedürfnisse entdeckt werden (Timmons 1994, S. 7; Peters 2003, S. 8). Ähnlich erläutern Shane und Venkataraman (2000), dass „im Rahmen der Entrepreneurship-Forschung „analysiert [wird], durch wen und mit welchen Wirkungen unternehmerische Handlungsfelder zur Schaffung neuer Güter und Dienstleistungen entdeckt, bewertet und durch Unternehmung(sgründung)en ausgeschöpft werden." (Shane/Venkataraman 2000, S. 218). Die OECD definiert Entrepreneurship als „having the qualities and competences that enable individuals as well as organisations (including firms, administrations, universities, R&D centres, etc.) to be innovative" (Brooks 1997, S. 111). Auch Drucker (1985) stellt den engen Zusammenhang zwischen Entrepreneurship und Innovation her: „Entrepreneurs innovate. Innovation is the specific instrument of entrepreneurship. It is the act that endows resources with a new capacity to create wealth." (Drucker 1985, S. 30).

Im Deutschen existiert für „Entrepreneurship" kein Äquivalent; damit sind auch die vielfältigen Definitionen erklärbar. Nach Fallgatter (2004) ist „die Vielfalt an Begriffsverständnissen [...] kaum noch zu überblicken" (Fallgatter 2004, S. 24). Im Zentrum des Entrepreneurship stehen diejenigen Gründungen von Unternehmen, die vom Markt initiiert werden (market pull) und sich häufig durch knappe Ressourcen und aus den sich ergebenden Improvisationen entstehen. In den Augen Fallgatters ist es also unabdingbar, dass eine Unternehmensgründung mit Innovationen verknüpft ist (Fallgatter 2004, S. 24).

Allerdings ist Entrepreneurship weiter zu fassen, als es die genannten Definitionen in zwei oder drei Zeilen ausdrücken: Neben der Schaffung neuer Werte für die Kunden durch neue Ressourcenallokation spielen Risikobereitschaft, Dominanz der Gründerpersönlichkeit, Motivation von Mitarbeitern und die Vernetzung mit dem Umfeld eine große Rolle. Diesbezüglich definiert Müller Entrepreneurship pragmatisch: „Im Mittelpunkt steht entsprechend die wirtschaftliche und rechtliche Selbständigkeit, die weitgehende Unabhängigkeit der Entscheidungsfindung, Identität von Inhaber und Geschäftsführer, Erbringungen individualisierter Produkte und Dienstleistungen, persönlich-informelle Kommunikation, Geschäftsaufbau von Kernkompetenzen, Unternehmen als Lebens(abschnitts)aufgabe und Existenzgrundlage." (Müller 2000, S. 19). Gartner entdeckt die Organisationsbildung, Wachstum und Einzigartigkeit als weitere Charakteristika des Entrepreneurship (Gartner 1990, S. 24ff).

Ripsas (1997) trennt innovatives Entrepreneurship (Entrepreneurship i.e.S.) vom allgemeinen Entrepreneurship: Ungeachtet dessen, ob es sich um ein innovatives Produkt handelt oder nicht, zielt die „normale" Unternehmensgründung auf die Erschließung von Wertschöpfungspotenzialen ab. Beim innovativen Entrepreneurship werden lediglich innovative Unternehmensgründungen einbezogen.

Dabei soll herausgearbeitet werden, dass Entrepreneurship als Prozess der innovativen Unternehmensgründung verstanden wird, bei dem ein neues Produkt auf den Markt gebracht wird (Baumol 1993, S. 198; Ripsas 1997, S. 59). Dabei wird der Entrepreneur stark mit der innovativen Unternehmensgründung und Merkmalen wie Kreativität, Innovativität und Dynamik charakterisiert, während das Hauptkriterium eines Unternehmers das des Eigentums eines Unternehmens und dessen verantwortliche Leitung darstellt. Der Entrepreneur muss nicht zwingend über Eigentum am Unternehmen verfügen oder es leiten, ein Entrepreneur kann also auch im Top-Management zu finden sein. Daraus ergibt sich, dass nicht jeder Unternehmer Entrepreneur ist und umgekehrt.

Exkurs: Die Merkmale eines Entrepreneurs fasst Schaller wie folgt zusammen (Schaller 2001, S. 32f)
- Er entscheidet, ob, was und wie produziert wird. Er ist der letzte Entscheider. Er trifft exzeptionelle Entscheidungen, setzt sie durch und verantwortet sie. Er ist ein Macher – also eine Person, die eine Chance erkennt und anpackt.
- Er beeinflusst die Transformations- und die Transaktionskosten in systematischer und entscheidender Weise.
- Er besitzt den höchsten Freiheitsgrad in einer abgegrenzten Organisation.
- Man findet Entrepreneure typischerweise unter der selbständigen Unternehmerschaft und besonders häufig bei den Unternehmensgründern. Man kann sie aber auch – mit einigen Abstrichen hinsichtlich der Freiheitsgrade – unter den Top Managern von Groß-Unternehmen oder von Non-Profit-Organisationen identifizieren und gegebenenfalls sogar in Politik und Verwaltung. Angehörige des mittleren Managements sind dagegen als Intrapreneure zu bezeichnen, falls sie unternehmerisch denken und handeln und dies auch dürfen. Ein Entrepreneur muss demnach nicht zwingend Eigentum an einem Unternehmen besitzen.
- Sein Handeln ist sehr stark von dem Element des Neuen geprägt. Er ist ständig auf der Suche nach kreativen und innovativen Arbitragemöglichkeiten. Er muss ständig Wertsteigerungspotenziale erkennen und strukturieren könne. Damit ist der Entrepreneur ein Suchender und ein Entdecker.
- Er besitzt eine hohe Urteilskraft und Entscheidungsfähigkeit. Er fühlt sich nicht unwohl in ungewissen, schlecht strukturierten Entscheidungssituationen.
- Er steht synonym für das Schaffen von Werten.
- Ein Entrepreneur bearbeitet Projekte mit einem begrenzten Zeithorizont. Er bildet dafür eine Zweckgemeinschaft der Produktionsfaktoren auf Zeit mit dem Ziel, die Wertschöpfung für sich als Bezieher des Residualeinkommens realisieren zu können.
- Da es relevant ist, WER eine Entscheidung im Unternehmen trifft, besitzt der Entrepreneur eine zentrale Rolle und ist für eine Wettbewerbswirtschaft unentbehrlich.
- Entrepreneur zu sein, ist ein Prädikat, das eine Person im Zeitablauf innehaben kann oder auch nicht.

Der entscheidende Unterschied zwischen dem Unternehmer und dem Entrepreneur ist das Neue im Handeln des Entrepreneurs, da er stets auf der Suche nach Innovationen und kreativen Ideen ist. Dabei hat er die Fähigkeit, komplexe Führungsentscheidungen trotz Unsicherheit und Risiko zu fällen. Das Durchsetzungsvermögen und die wirtschaftliche Wertschöpfung lässt er bei der Umsetzung einer Idee nicht aus den Augen. Da hierfür auch eine gewisse Entscheidungsfreiheit vonnöten ist, kann ein Entrepreneur nur Leiter oder Mitglied im Top-Management eines Unternehmens sein. Sollte ein Mitarbeiter über die beschriebenen Fähigkeiten verfügen und dem Middle-Management angehören, wird dieser Intrapreneur genannt (Schaller 2001, S. 27ff) (vergleiche hierzu auch Kapitel 4.1).

Die im Exkurs genannten Charakteristika zeigen deutlich als Kern des Handelns des Entrepreneurs, nämlich das Neue und die Entwicklung von Neuem. Dies wird ergänzt durch Werte, die der Entrepreneur vorlebt und aus dem sich unter anderem die Unternehmenskultur entwickelt, sowie die Freiheit und deren Ausprägung, über die der Entrepreneur im Vergleich zu seinen Mitarbeitern verfügt.

Dazu grenzt Schaller relativ kurz den Unternehmer wie folgt ab: jeder, der Eigentum an einem Unternehmen besitzt und dies auch verantwortlich leitet, ist Unternehmer. Dieser Unternehmer kann auch Entrepreneur sein; diese Bezeichnung kann er jedoch auch wieder verlieren. Das Neue in seinem Handeln ist demzufolge nicht das entscheidende Kriterium.

Für Peters (2001) verfügt der Unternehmer über folgende Eigenschaften (Peters 2001, S. 120; 2003, S. 8): Risikoübernahme (Mill 1848; Liefmann 1897; Oberparleiter 1930; Cantillon 1964), Innovation (Schumpeter 1934b), Koordination von Interessensgruppen (Papandreau 1952; Cyert/March 1963), Nutzung von Informationsvorsprüngen (Kirzner 1973; von Mises 1989), Erhöhung der Effizienz der Faktoreinsätze (Leibenstein 1978), wobei sich hier auch Überschneidungen (Innovation u.a.) mit dem Entrepreneur ergeben.

Der *Schumpetersche Unternehmer* ist stark auf Innovationstätigkeit ausgerichtet: er reformiert Produktionsstrukturen und Ressourcen neu und versucht damit, neue Produkte und Prozesse zu entwickeln und herzustellen, indem er neue Rohstoffquellen oder neue Absatzmärkte erschließt. Weitsicht und Sicherheit im Abschätzen von zukünftigen Marktchancen zählen zu seinen wesentlichen Merkmalen. Die Erklärung dieses Unternehmers basiert auf der Annahme, dass neue Produkte und Prozesse das marktliche Gleichgewicht stören und dadurch zu einem wirtschaftlichen Aufschwung beitragen. Schumpeter bezieht also den Unternehmer auf den Handlungsprozess und nicht auf die Position im Unternehmen und geht daher davon aus, dass nicht zum Unternehmer ausgebildet werden kann (Ripsas 1997, S. 32).

Die Führerschaft charakterisiert Schumpeter (1934a) wie folgt: Zunächst bedarf es Intuition, auch in unbekannten Situationen richtig zu entscheiden. Ferner ist der Unternehmer vom Wunsch gekennzeichnet, Neues zu erschließen und gewohnte Bahnen zu verlassen. Diese Ziele verfolgt er mit Disziplin und Energie. Ferner schafft es der Unternehmer, eine Vielzahl von Widerständen zu überwinden. Schließlich kann er auch mit sozialer Missgunst umgehen und sie überwinden. Die Motivation des Unternehmers wird mit dem Wunsch nach sozialer Geltung, Macht und eigenem Reich, dem Kämpfenwollen und dem Siegerwillen eines Sportlers sowie der Freude am Gestalten beschrieben (Schumpeter 1934a, S. 138).

Kirzner (1973) geht dagegen von einem marktlichen Ungleichgewicht aus, das mittels neuer Produkte und Produktionsverfahren, die auf die neuen Wünsche und Bedürfnisse der Kunden eingehen, wieder hergestellt wird. Der Schwerpunkt der Aufgaben des Unternehmers liegt bei Kirzner jedoch nicht darin, neue Produkte und Prozesse zu entwickeln und einzuführen („Entdecker"), sondern zu erkennen, welcher Art die neuen Produkte, die vom Konsumenten gewünscht werden, sind (Kirzner 1973, S. 65ff). Für Kirzner ist der Schumpetersche Unternehmer zu eng gegriffen, da dieser hauptsächlich auf der innovativen unternehmerischen Tätigkeit (neues Produkt, neue Dienstleistung, neuer Prozess, neue Ressourcen, neue Märkte) basiert. In seinen Augen kann seine Unternehmensgründung sowohl auf einer Innovation als auch auf einer Imitation begründet sein. In der nachfolgenden Tabelle werden die Forschungsbereiche der Unternehmertum-Vertreter (Ökonomen) mit ihren Kernaussagen dargestellt:

Autor	Kerninhalt
Cantillon (1755)	Der Unternehmer ist Risikoträger in der Gesellschaft und bringt den Markt ins Gleichgewicht.
Smith (1783)	Kapitalbereitstellung und Risikoübernahme durch den Unternehmer.
Say (1803)	Unternehmer ist der Kombinator von Produktionsfaktoren.
Ricardo (1994, 1812)	Der Unternehmer hat keine besondere Stellung in der Gesellschaft, da ein automatischer Produktionsprozess vorausgesetzt wird.
Schumpeter (1912, 1934)	**Innovativer** wachstumsorientierter Unternehmer. Kreative Zerstörung des Marktgleichgewichts.
Knight (1921)	Unterscheidung von Risiko und Unsicherheit. Entrepreneure beschäftigen sich nur mit unsicheren Situationen.
Kirzner (1973, 1978)	Unternehmerische Findigkeit und Kreativität stehen im Mittelpunkt, Unternehmertum ist ohne Wettbewerb nicht denkbar (und umgekehrt).
Casson (1982)	Der Unternehmer als Koordinator begrenzter Ressourcen; Unternehmer als aktiver Planer.

Tab. 4: Entrepreneurship-Vertreter mit unterschiedlichen Auffassungen (Peters 2003, S. 23)

Auffallend ist vor allem, dass Schumpeter als einziger dem Unternehmer die innovative Tätigkeit als wesentliches Merkmal zuschreibt. Die Innovationsliteratur beruft sich immer wieder auf die Schumpetersche Unternehmertheorie, auch wenn Schumpeter auf die häufig in Zusammenhang mit Innovationen genannte Charakteristik der Risikobereitschaft nicht eingeht.

Miner hat einen kausalen Zusammenhang zwischen Persönlichkeit und Gründungsverhalten hergestellt und somit die Unternehmer in vier Typen kategorisiert:

- *Personal Achiever:* Dieser Unternehmertyp findet sich häufig im Tourismus. Seine typischen Eigenschaften sind starke persönliche Bindungen zum Unternehmen, hohe persönliche Motivation, etwas zu schaffen, Wunsch nach Wertschätzung und Neugier. Dieser Typ ist der traditionelle oder klassische Unternehmer, den man im Tourismus als Life-Style Entrepreneur kennt.

- *Real Manager:* Ihn kennzeichnen der Wunsch nach eigener Machtausübung, starkes Selbstbewusstsein und hohe Kontroll- und Koordinationsfähigkeit komplexer Prozesse.

- *Expert Idea Generator:* Dieser Unternehmertyp kann als Querdenker, Visionär oder kritischer Enthusiast charakterisiert werden, der jedoch trotz Ideenreichtum und der Lust an der Entwicklung von eigenen Ideen risikoscheu ist und die Produktimplementierung daher anderen überlässt. Ein Problem ist also die Umsetzung neuer Ideen in die Praxis. Es empfiehlt sich dann, neben demjenigen, der die kreativen Ideen „produziert" eine Person im Unternehmen zu beschäftigen, die die Macht zur Einführung neuer Ideen hat. Das Hervorbringen kreativer Ideen allein ist jedenfalls nicht zielführend.

- *Empathic Supersales:* Im direkten Kundenkontakt fühlt sich dieser Unternehmertyp wohl und leistet diesbezüglich überdurchschnittliches; sein hohes Maß an Einfühlungsvermögen und Aufgeschlossenheit gegenüber dem Kunden, sein starkes Bedürfnis, anderen zu helfen und harmonische soziale Beziehungen zu pflegen, kommen ihm dabei sehr entgegen (Peters 2003, S. 25). Gerade die Gastfreundschaft bzw. Charme, durch den sich der österreichische Tourismus auszeichnet und immer noch positioniert, können dazu beitragen, Impulse der Kunden zu erforschen und umzusetzen.

Eine andere Kategorisierung beschreibt zwei Gegenpole an Unternehmertypen: *Life-Style-Unternehmer* versus *wachstumorientierter Unternehmer*. Im erstgenannten Fall versorgt die Firma den Unternehmer, der gleichzeitig Eigentümer ist, mit dem Nötigsten, d.h. mit dem Erreichen eines bestimmten Zufriedenheitsniveaus bezüglich Einkommen und Komfort ist der Unternehmer nicht mehr motiviert, weiteres Wachstum in seinem Betrieb zu forcieren. Für ihn steht die operative Tätigkeit im Vordergrund, strategische Planung und Entwicklung werden vernachlässigt oder gar nicht verfolgt. Diese werden erst in Krisenzeiten verstärkt, um das zuvor bestehende Zufriedenheitsniveau zu halten. Häufig werden Marktveränderungen jedoch zu spät erkannt oder falsch wahrgenommen und interpretiert (Ateljevic/Doorne 2000). Life-Style Unternehmer findet man häufig in der Tourismusbranche (Weiermair/Peters 1998); dies wird auch durch eine Untersuchung unter touristischen Klein- und Mittelbetrieben in Großbritannien belegt: in dieser Befragung gaben fast ein Drittel aller Befragten an, ihr Unternehmen aus nicht-ökonomischen Gründen zu führen. Andere Antriebe, wie z. B. in der Region leben, das Arbeitsleben selbst gestalten und kontrollieren können, sein eigener Chef sein oder interessante Arbeit verrichten, sind die eigentlichen Motive, die im Rahmen eines gewissen wirtschaftlichen Kontexts, nämlich finanziell zu überleben und seinen eigenen Lebensstil führen zu können, durch den touristischen Betrieb erfüllt werden sollen. Wirtschaftliches Wachstum des Betriebs ist für sie deshalb kein erstrebenswertes Ziel, weil sie ihr Unternehmen überschaubar und selbst führbar halten möchten (Shaw/Williams 2004, S. 100ff).

Ein Unternehmer, der einer wachstumsorientierten Firma vorsteht, kann am ehesten mit dem klassischen Schumpeterschen Unternehmer verglichen werden: seine Motivation sind Visionen, Kreativität, Risikobereitschaft sowie die Fähigkeit und der Wille, Ideen zu überdenken, neue zu entwickeln und aus dieser schöpferischen Zerstörung heraus durch Innovationen unternehmerisches Wachstum zu schaffen (Weiermair 1993; Peters 2001).

3.2 Führungsstil

Führung bedeutet, das Verhalten von einzelnen Mitarbeitern und von Gruppen zielorientiert zu beeinflussen (Little 1988, S. 62). Wie stark sich Mitarbeiter in einen Innovationsprozess einbringen können, hängt neben ihrer Persönlichkeit also auch vom Führungsstil des bzw. der Vorgesetzten ab. Macharzina (1999) identifiziert als den einen richtigen den partizipativen bzw. kooperativen Führungsstil (Macharzina 1999, S. 563), der den Arbeitnehmern als Partner eine weitgehende Teilhabe am Entscheidungsprozess und an Entscheidungen ermöglicht. Die Aufgaben sind nur gering konkretisiert, und die Organisation wird bestimmt durch informale Regelungen. Der Vorgesetzte hat vielmehr koordinierende als delegierende Funktion. Die Kontrollfunktionen sind weitestgehend eingeschränkt und lassen ein höheres Maß an Selbstkontrolle zu (Bisani 1995, S. 758f). Ripley und Ripley (1992) heben hervor, dass den Mitarbeitern ermöglicht werden soll, ihren Arbeitsplatz selbst zu gestalten und ihren Bedürfnissen anzupassen. In ihren Augen ist die Qualität des Arbeitslebens und deren Verbesserung essentiell für erfolgreiche Innovation, da sie das Selbstbewusstsein des Personals und damit auch die Motivation steigert (Ripley/Ripley 1992, S. 32).

Bei Little (1988) wird der Vorgesetzte, der für Innovationen zuständig ist, als Innovationsmanager mit folgenden Charakteristika bezeichnet: Sie sind diejenigen, die Ziele festsetzen, die für das Projekt wichtigsten Mitarbeiter auswählen und anstelle ausgearbeiteter Planungs- und Kontrollsysteme nur einige wenige Rahmenbedingungen und Entscheidungspunkte als Interventionsmöglichkeiten festlegen. Auch in fortgeschrittenen Projektphasen geben sie nur wenige, aber entscheidende Randbedingungen vor und überlassen dem Innovations-Team innerhalb der gesetzten Grenzen die Entscheidung, wie bestimmte Vorgaben erreicht werden (Little 1988, S. 63).

Tschurtschenthaler (2004) ergänzt eine wichtige Aufgabe des Unternehmers in seiner Führungsrollen, nämlich die Förderung von Neugier im positiven Sinn und die Möglichkeit der Weiterbildung der Mitarbeiter. Er unterstreicht die Notwendigkeit einer Stärkung und Adaption des touristischen Aus- und Weiterbildungssystems (Tschurtschenthaler 2004, S. 115), damit zum einen in der Ausbildung auf den Faktor Innovation großen Wert gelegt wird, zum anderen aber in den Unternehmen die Fortbildung der Mitarbeiter gefördert wird. Auch die Unternehmenskultur wird vom Unternehmer entscheidend beeinflusst und wirkt auf die Innovativität der Mitarbeiter.

3.3 Unternehmenskultur

Im Zusammenhang mit den innovativen Aktivitäten von Mitarbeitern wird auf die Unternehmenskultur bzw. das Unternehmensklima hingewiesen (Nütten/Sauermann 1988; Bitzer 1991; Robinson 2001; Wahren 2004). Die Unternehmenskultur umfasst nicht nur die Geschichte des Betriebes, die Struktur und das Management sowie die Erfolgsfaktoren des Unternehmens, sondern vor allem Werte und Überzeugungen der Führung (Schwartz 1984, S. 2). Die Unternehmenskultur hat sowohl die Funktion der Integration (Verknüpfung von einzelnen Elementen untereinander), der Koordination (Abstimmung von Teilen eines Ganzen hinsichtlich der übergeordneten Zielsetzungen) sowie der Motivation (Arbeits- und Leistungsmotivation der Mitarbeiter) (Vahs/Burmester 2002, S. 351). Vergegenwärtigt man sich, dass qualifizierte Führungskräfte häufiger wegen des ihnen nicht zusagenden Unternehmensklimas wechseln als aus finanziellen Beweggründen, wird dessen Relevanz besonders deutlich. Nicht nur bei den Gästen und Touristen ändern sich Wünsche und Bedürfnisse aufgrund eines Wertewandels, der sich in den vergangenen Jahrzehnten vollzog, sondern auch bei den Mitarbeitern, die aufgrund einer zunehmenden materiellen Sättigung einer angenehmen Arbeitsatmosphäre, menschlicher Kontaktpflege, Vertrauen und respektvoller Behandlung am Arbeitsplatz mehr Stellenwert einräumen. Nütten und Sauermann (1988) sehen dies als Voraussetzung dafür an, dass die Leistungsfähigkeit der Mitarbeiter im allgemeinen und die innovative Aktivität im besonderen steigt (Nütten/Sauermann 1988, S. 42f).

Neben der organisationalen Struktur einer Unternehmung und den personellen Eigenschaften eines Mitarbeiters zählt die Unternehmenskultur ebenfalls zu den Rahmenbedingungen innovativer Tätigkeit. Auf die Unternehmenskultur wirken vor allem der Unternehmer bzw. die leitenden Angestellten selbst ein, aber auch der Beitrag dazu durch die Mitarbeiter ist nicht zu unterschätzen. Großen Einfluss auf das Verhalten am Arbeitsplatz (die Arbeit selbst und das Verhalten gegenüber Kollegen und Kunden) nehmen die Wertvor- und -einstellungen, moralische Normen und Toleranz des Entrepreneurs. Bezüglich Innovationen bedeutet dies, dass der Unternehmer bestimmte Werte vorleben sollte und damit Vorbildcharakter hat (Hinterhuber 2004, S. 216). Durch bedingungslose Unterstützung von Ideen, das Vorleben einer Vision, Protektion und Unterstützung von Innovationen, die Würdigung auch kleiner Innovationen, Vertrauen, freies und unabhängiges Arbeiten der Mitarbeiter (geringe Kontrolle), Offenheit gegenüber Kritik und Veränderungen, die Förderung von Intrapreneurship sowie die Toleranz von Misserfolgen bei Neuentwicklungen wird das Personal motiviert, dasselbe Verhalten an den Tag zu legen wie der Unternehmer und sich innovativ und gestalterisch zu betätigen (Bitzer 1991, S. 37; Attems et al. 2001, S. 115; Robinson 2001, S. 9).

3.4 Charakteristika des innovativen Unternehmers

Nachdem in 3.1 die Innovativität als ein Hauptcharakteristikum des Unternehmers hervorgehoben wurde, werden an dieser Stelle unterschiedliche Ansätze besprochen, die sich mit den Eigenschaften des innovativen Unternehmers beschäftigen. Die Rolle des innovativen Unternehmers wird auf unterschiedliche Weise angegangen: zum einen beschäftigen sich die Forscher mit den Eigenschaften und Fähigkeiten, die ein innovativer Unternehmer aufweisen sollte, zum anderen wird konkret auf die Rollen des Unternehmers eingegangen, die für die Realisation einer Innovation in einem Betrieb erforderlich sind.

Zu einer wesentlichen Eigenschaft des Unternehmers bzw. des Entrepreneurs gehört die Art und Weise, wie er seine Mitarbeiter führt (vgl. Kapitel 3.2). Im Falle von Innovationen bedeutet dies, wie stark sich Mitarbeiter in einen Innovationsprozess einbringen können, In Kapitel 3.2 wurde bereits ausgeführt, dass für die Innovationstätigkeit eines Betriebs vermutlich der kooperative Führungsstil am besten geeignet ist (Macharzina 1999, S. 563).

Wie im Kapitel 3.1 bereits ausgeführt wurde, sollte der Unternehmer selbst Interesse an Innovationen haben, diese innerhalb des Unternehmens (bezüglich Mitarbeitern und Organisation) initiieren, fördern und auch kreativ sein. Offenheit, Vertrauen, Toleranz, horizontaler und vertikaler Informationsfluss, Absenz von Autoritätsdruck und Wertschätzung sind Voraussetzungen, um Innovationsorientierung von oben zu realisieren. Darüber hinaus werden noch weitere Eigenschaften genannt, mit denen der Unternehmer bzw. Vorgesetzte kreativer Mitarbeiter fördern kann: Nütten und Sauermann (1988) zählen hierzu die Erhöhung der Bereitschaft zur Teamarbeit, die Sensibilisierung für das Erkennen von Problemen, den Mut, das Vorhandensein von ungelösten Problemen im eigenen Verantwortungsbereich zuzugeben, die Fähigkeit, Probleme zu analysieren und neuartige Gedanken nicht sofort zu verwerfen, den Abbau der Angst vor Misslingen und Lächerlichkeit, die Fähigkeit, auf originelle Gedanken anderer einzugehen und sie weiterzuentwickeln, die Gelassenheit bei der Hinnahme von Fehlschlägen, die Fähigkeit zum Denken in Analogien, Übungen in positivaufbauender Kritik und die Verstärkung der bei kreativen Menschen ohnehin vorhandenen positiven Grundeinstellung (Nütten/Sauermann 1988, S. 155ff).

Nach Geschka (1990) prägen das Verhalten und die Einstellung des Unternehmers das Innovationsklima im Betrieb entscheidend. Sein Bild des innovativen Unternehmers ist geprägt von Offenheit, Transparenz und Vertrauen in verschiedenen Bereichen, z. B. Transparenz über Ziele, Strategien und einzelne Projekte, offene Kommunikation, angstfreie Atmosphäre, Toleranz von Fehlschlägen, Vertrauen in die und Wertschätzung der Mitarbeiter, Übertragung von Verantwortung, Anreize und Belohnungen und Wir-Gefühl. Er weist darauf hin, dass innovatives Führungsverhalten auch impliziert, Leitlinien vorzugeben, schnelle Entscheidungen herbeizuführen, kritische Situationen zu meistern und ein konstruktives Controlling auszuüben (Geschka 1990, S. 174f).

Der Organisationspsychologe Mumford (2002) fasst die Führungseigenschaften eines Unternehmers, der zu Kreativität und Innovation anregen soll, zusammen in Expertise und eigene Kreativität, Planung, soziale Fähigkeiten (Ermutigung u.a.) und Leadership (intellektuelle Stimulation). Die wesentliche Aufgabe bezeichnet er als Zweifeldstrategie und besteht darin, Verantwortlicher für das operative Geschäft und gleichzeitig Ansprechpartner für innovative Ideen im Betrieb zu sein. Dies bedeutet auch, die Vorgabe eindeutiger Projektstrukturen (Outputerwartungen, Fortschrittsüberwachung, Feedback, Teamarbeit) mit dem Gewähren einer freien und unabhängigen Arbeitsweise (freie Zeiteinteilung, Ruhe versus Billardtisch zur Ablenkung) für kreative Mitarbeiter zu kombinieren (Mumford et al. 2002).

Ahmed (1998) kategorisiert den innovativen Unternehmer mit persönlichen Charakteristika einerseits und kognitiven Fähigkeiten andererseits: Zu den persönlichen Eigenschaften zählt er ein weites Interessensfeld, Interesse an komplexen Aufgaben, Energie, Intuition, unabhängige Urteilsfähigkeit, Selbstvertrauen, Überwindung von Barrieren, Neugier, Hartnäckigkeit. Ergänzt werden sollten diese persönlichen Züge mit kognitiven Aspekten wie Flüssigkeit in der Assoziation, im Ausdruck, in den Ideen, in der Sprache, Redegewandtheit, Flexibilität und Originalität. Während die erstgenannten Merkmale sehr stark auf die innovative Tätigkeit ausgerichtet sind, tragen die kognitiven Eigenschaften dazu bei, die Innovation im Unternehmen durchzusetzen und die Mitarbeiter bzw. potenzielle Geldgeber (Banken, Investoren) dafür zu begeistern (Ahmed 1998).

Das Innovationsverhalten eines Unternehmers wird nach Gelshorn et al. (1991) durch drei Komponenten geprägt: Die affektive Komponente bezieht sich auf die Gefühle, die Werthaltung und die Einstellung des Unternehmers gegenüber Veränderungen. Während Einstellungen sich kurzfristig auch ändern können, wandeln bzw. verschieben sich Werte und Wertvorstellungen nur langsam. Im kognitiven Aspekt werden das Wissen und die Fähigkeit, Innovationen anzugehen und umzusetzen, angesprochen. Die konative Komponente betrifft die Innovationsbereitschaft des Unternehmers, wobei er Innovationshemmnisse beseitigen und aktiv gestaltend Innovationen angehen soll. Da die drei Komponenten in enger Wechselwirkung zueinander stehen, ist es dem Unternehmer möglich, erfolgreich Innovationen zu realisieren (Gelshorn et al. 1991, S. 12ff).

Die Vision zählt zu einer der wesentlichen Eigenschaften des innovativen Unternehmers in den Ausführungen von Nicholson, Drucker und Hinterhuber: es geht dabei um ein klares, einfach formuliertes, aber auf lange Sicht angesetztes Ziel, das erreicht werden soll. Hinterhuber beschreibt die Vision als Kombination aus Realitätssinn, Offenheit und Spontaneität (Hinterhuber 2004, S. 77), Nicholson sieht sie als das Streben nach hohen Standards bei Qualität, Wert und Wachstum, nach Attraktivität für Investoren, die Einbeziehung der sozialen und physischen Umwelt und dem Stolz der Mitarbeiter, für das Unternehmen tätig zu sein (Nicholson 1998, S. 35). Drucker fordert als Merkmale für einen innovativen Unternehmer neben einer Vision auch Weitsicht, Zielausweitung, Ermächtigung (Übertragung von Aufgaben), Kommunikation, Netzwerke, Anreize für die Mitarbeiter wie Anerkennung oder Belohnung (Nicholson 1998, S. 38).

Aus dieser Fülle an wissenschaftlichen Untersuchungen manifestieren sich als wesentliche Eigenschaften des innovativen Unternehmers kooperativer Führungsstil, Vision, Energie, Weitsicht, Vertrauen, Toleranz/Offenheit und Ermächtigung. Der Kern der Analysen jedoch ist größtenteils ident, so dass diese Eigenschaften als unabdingbare Voraussetzungen angesehen werden können, über die ein innovativer Unternehmer verfügen sollte.

3.5 Rollen eines innovativen Unternehmers

Untersucht man die Aufgaben des Unternehmers anhand von Rollen, die während eines innovativen Prozesses ausgefüllt werden müssen, stößt man in der Literatur auf unterschiedliche Interpretationen: diese reichen von zwei bis hin zu acht verschiedenen Rollen. Hervorzuheben ist jedoch, dass es sich zwar um formale Organisationen handelt, in die diese Rollen eingebettet sind, die Rollen selbst jedoch informell sind, d. h. die Rollen können sich überlappen oder in Personalunion bzw. Rollenakkumulation ausgeübt werden. Dies wird insbesondere in kleineren Betrieben der Fall sein; es ist also zu erwarten, dass dies gerade in der Tourismusbranche, die von Klein- und Mittelbetrieben dominiert wird, vorzufinden ist. Zieht man zunächst die Ausführungen Mintzbergs (1991) über das Management und über den Manager heran schlägt er zwar ein Rollenmodell mit interpersonellen Rollen, Informationsrollen und entscheidungsorientierten Rollen vor, geht jedoch nicht explizit auf die Rolle des Managers im Innovationsprozess eines Unternehmens ein (Mintzberg 1991, S. 29ff). Vielmehr steht bei seiner Analyse des Unternehmens in Bezug auf Innovationen die Organisation im Vordergrund; die Mintzbergsche innovative Organisationsform wird in Kapitel 5.1.4 erläutert.

3.5.1 Das Promotorenmodell von Witte

Ausgangspunkt bildet das Promotorenmodell von Witte (1973). Personen, die einen Innovationsprozess aktiv und intensiv fördern, definiert Witte als Promotoren. Das sowohl von Akademikern als auch von Praktikern anerkannte Modell (Hauschildt/Kirchmann 2001, S. 41) soll nicht die bisherige Unternehmensorganisation ersetzen, sondern ergänzt die bisherige Struktur und muss daher mit der dauerhaften, auf operative Tätigkeit ausgerichteten Leistungsorganisation kompatibel sein. Dies impliziert, dass der Promotor neben seiner normalen dauerhaften Arbeit auch Aufgaben im Rahmen eines bestimmten Innovationsprojekts wahrnimmt. Er ist also nicht Promotor im Hauptberuf, sondern die Struktur muss eine Arbeitslücke zulassen, in dem der Promotor prozessfördernd und prozessgestaltend arbeiten kann. Promotoren initiieren einen Innovationsprozess und treiben diesen bis zum Innovationsentschluss (Markteintritt) voran. Witte nimmt an, dass zwei Formen von Promotoren, nämlich der Fachpromotor und der Machtpromotor, ausreichen, damit die Innovationsbarrieren - Innovationswille bzw. Innovationsfähigkeit – überwunden werden können (Witte 1973, S. 15f).

1) Der Machtpromotor

Als Machtpromotor wird diejenige Person bezeichnet, die einen Innovationsprozess durch hierarchisches Potenzial aktiv und intensiv fördert. Sie kann anhand einer bestimmten Position innerhalb der Aufbauorganisation (leitende Funktion) und einer spezifischen Verhaltensweise definiert werden. Sie verfügt über genug formalen Einfluss, um Gegner des Innovationsvorhabens mit Sanktionen zu belegen und Innovationswillige zu schützen. Im Idealfall ist der Machtpromotor Mitglied der höchsten Ebene einer Organisation. Um Innovationen durchzusetzen, verfügt er über ein Instrumentarium von einem modernen Führungsstil über Überzeugungs- und Begeisterungskraft und Glaubwürdigkeit hin zur Gewährung von Belohnungen und Anreizen. Die Rolle des Machtpromotors ist nicht passiv, sondern er setzt alles daran, die gewollte Innovation voranzutreiben. Er steht in engem Kontakt mit denen, die die Innovation technisch bzw. fachlich vorantreiben. Der Machtpromotor kann in der Unternehmung zum einen durch seine Rangposition, zum anderen durch die Häufigkeit seiner Aktivitäten für die Innovation identifiziert werden (Witte 1973, S. 17f).

2) Der Fachpromotor

Der Fachpromotor fördert den Innovationsprozess durch objektspezifisches Fachwissen aktiv und intensiv. Die hierarchische Position des Fachpromotors ist unerheblich. Ein Fachpromotor stammt am ehesten aus der Abteilung, der die Innovation am nächsten kommt. Die Beschäftigung mit etwas Neuem kann jedoch auch auf persönliches Interesse zurückzuführen sein, woraus sich ergibt, dass jeder Mitarbeiter in einem Unternehmen zum Fachpromotor werden kann. Aber Witte schränkt die Zugehörigkeit des Fachpromotors ein: dieser kann weder Spitzenkraft (eher Generalist) noch rein ausführende Arbeitskraft (zu wenig Qualifikation) sein. Sein Machtpotenzial zur Durchsetzung seiner Ideen ist begrenzt. Die prozesstreibende Energie wird von seinem Fachwissen gespeist, das er zur Überwindung von Nicht-Wissen-Barrieren (auch Fähigkeitsbarrieren genannt) einsetzt. Anhand seines Fachwissens kann er im Unternehmen identifiziert werden (Witte 1973, S. 18f).

3) Personalunion von Machtpromotor und Fachpromotor

„Die Personalunion von Macht- und Fachpromotor bezeichnet die Person, die einen Innovationsprozess sowohl durch hierarchisches Potenzial als auch durch objektspezifisches Fachwissen aktiv und intensiv fördert." (Witte 1973, S. 19). Dieser Mischfall tritt in der Praxis jedoch nicht häufig auf (Hauschildt/Kirchmann 2001, S. 45), im alpinen Gastgewerbe wird dieser Typus vermutlich aber öfter zu finden sein. Der innovative Unternehmer im Sinne von Schumpeter verfügt über beide Energieformen zur Überwindung von Willens- und Fähigkeitsbarrieren. Er hat zum einen dank seiner Fachkenntnisse die Fähigkeit, neue Ideen zu entwickeln und zu realisieren und verfügt zum anderen über genügend Macht, um neue Ideen durchzusetzen (Witte 1973, S. 19).

Aus diesen Erläuterungen wird klar, dass Macht- und Fachpromotor gegenseitig nicht substituierbar sind, da der Machtpromotor allein nicht über die Fachkenntnis verfügt, um eine Idee mit all ihren Chancen und Risiken bzw. deren Alternativen abzuwägen. Die Idee eines Fachpromotors kann an Willensbarrieren in der Unternehmensleitung scheitern. Aber auch die Personalunion beider Promotoren ist nicht ideal, da der schöpferische Dialog zwischen Machthaber und Experten fehlt. Deshalb schlägt Witte vor, dass beide Promotoren gemeinsam ein Innovationsprojekt verfolgen und auch organisatorisch in Zusammenhang stehen. Diese Gespann-Verknüpfung ist eine Kooperation innerhalb des Unternehmens, die von den beiden beteiligten Personen aus Interesse an der Innovation eingegangen wird.

Auf der Basis des Promotorenmodells von Witte haben Hauschildt und Kirchmann (Kirchmann 1994; Hauschildt 1997; Hauschildt/Kirchmann 2001) die entwickelte Diade zu einer Troika erweitert. Demnach leistet der Machtpromotor bzw. Fachpromotor einen aktiven und intensiven Beitrag zur Förderung des Innovationsprozesses durch hierarchisches Potenzial bzw. objektspezifisches Wissen. Eine Ergänzung finden diese Typen durch den Prozesspromotor, der eine aktive und intensive Rolle spielt bei der Vermittlung zwischen den Unternehmensangehörigen, die sich entweder durch ihr hierarchisches Potenzial oder ihr objektspezifisches Wissen für den Innovationsprozess einsetzen. Dieser zeichnet sich u.a. durch die bedingungslose Hingabe an die Innovation, Charisma, Verhandlungsgeschick (Diplomatie), Präsentationstechnik und Koalitionsfähigkeit aus (Hauschildt 2004, S. 214). Dadurch steht der Prozesspromotor zwischen dem Fach- und dem Machtpromotor und ist als interner Mittler anzusehen (Kirchmann 1994, S. 225). Kirchmann und Hauschildt gehen davon aus, dass diese Drei-Personen-Arbeitsteilung durch die unterschiedlichen Machtquellen am wirksamsten ist, wobei diese auf zwei Personen reduziert werden kann, wenn es sich um eine weniger komplexe Aufgabe bzw. ein kleineres Unternehmen handelt (Hauschildt 1997, S. 167; Hauschildt/Kirchmann 2001).

Hauschildt stellt ferner eine weitere Ergänzung des Promotorenmodells vor, da das erste bereits zwischen 1965 und 1985 entwickelt wurde: Weil Teile der Organisation selbständiger geworden sind, neue Koordinationsbedürfnisse auftraten, immer neue und fortschrittlichere Informations- und Kommunikationssysteme eingesetzt werden und die Kooperationen mit Kunden und Lieferanten gewachsen sind, sind die ursprünglich statischen Promotorenrollen einem Wandel unterworfen. Insbesondere durch die verstärkten Kooperationsaktivitäten einer Unternehmung und der Weiterentwicklung der Informations- und Kommunikationstechnologien, die insbesondere die Innovationstätigkeit beeinflussen, schlägt Hauschildt daher als zusätzliche Rolle den Beziehungspromotor vor. Der Beziehungspromotor stellt Beziehungen zwischen den am Innovationsprozess beteiligten Partnern (z. B. Lieferanten, Kunden) des Unternehmens her, agiert als Schlichter bei Konflikten und fördert den Dialog zwischen den Partnern durch seine soziale Kompetenz. Hauschildt nimmt weiters an, dass – da die Aufgaben ähnlich sind (soziale Kompetenz, Organisationskenntnis, Überwindung von Wissens- und Sprachbarrieren) – der Prozesspromotor auch mit Aufgaben des Beziehungspromotors betraut wird und sich somit die Rollen überlappen (Hauschildt 1997, S. 179ff). Im nachfolgenden Schaubild werden die Beziehungszusammenhänge der Promotoren offensichtlich.

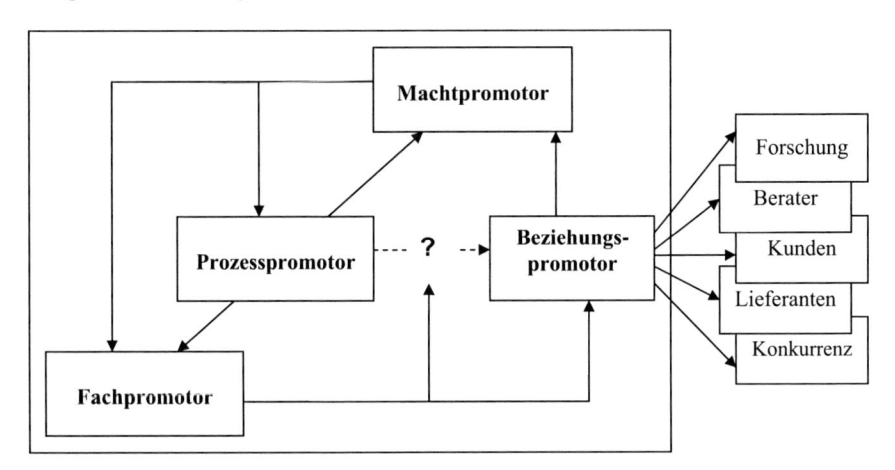

Abb. 12: Wandel der Promotorenrollen bei Kooperation (Hauschildt 1997, S. 186)

Zusammenfassend kann festgehalten werden, dass Witte, Hauschildt und Kirchmann von mindestens zwei Rollen in der innovativen Unternehmung ausgehen: dem Fachpromotor und dem Beziehungspromotor, später ergänzt um den Prozess- bzw. Beziehungspromotor. Dabei ist die Anzahl der beteiligten Personen jedoch nicht festgelegt, da die Rollen auch akkumuliert werden können oder eine Rolle auf mehrere Personen aufgeteilt werden kann (z. B. Realisation eines Innovationsprozesses mittels zweier Fachpromotoren).

3.5.2 Unternehmerische Rollen im Innovationsprozess in der englischsprachigen Literatur

Auch in der englischsprachigen Unternehmer- bzw. Innovationsliteratur werden dem Unternehmer und seinen Mitarbeitern verschiedene Rollen zugedacht. Hier wurden jedoch unterschiedliche Ansätze hervorgebracht und diskutiert. Die Dominanz eines Modells wie das der Promotoren, das sich im deutschsprachigen Raum durchgesetzt hat, findet sich nicht.

Heskett (1986) spricht von einem *(1) Senior Sponsor*, der mit dem Machtpromotor verglichen werden kann, einem *(2) Product Champion*, der mit Ausdauer, Enthusiasmus und Kontinuität das Innovationsprojekt verfolgt, einem *(3) Integrator* mit multifunktionalem Hintergrund, der als Koordinator eingesetzt wird, einem *(4) Referee*, der als Mittler zwischen den Rollen fungiert und die Regeln des Innovationsprozesses aufstellt, sowie einem *(5) Champion*, der der Manager des Projekts ist. Es wird ersichtlich, dass diese Rollenaufteilung mit dem Promotorenmodell nur bedingt gleichgesetzt werden kann (Heskett 1986, S. 86f).

Die Innovationsrollen nach Roberts und Fushfield gliedern sich wie folgt (Roberts/Fushfield 1981; Trott 2002, S. 76):

(1) *Technical Innovator:* kann als Fachpromotor angesehen werden; er ist Experte auf wenigen Gebieten und entwickelt diesbezüglich neue Ideen für das Unternehmen.

(2) *Technical & Commercial Scanner:* sammelt so viele Informationen wie möglich – auch außerhalb der Organisation, häufig als Netzwerker tätig, kann in gewisser Weise mit dem Beziehungspromotor verglichen werden.

(3) *Gatekeeper:* dient als Informationsquelle, Ansprechpartner und somit Schnittstelle zwischen den Organisationseinheiten und den beteiligten Rollen innerhalb des Unternehmens.

(4) *Product Champion:* vermarktet und „verkauft" eine neue Idee intern, geht hierfür auch Risiken ein und akquiriert Ressourcen.

(5) *Project Leader:* plant und organisiert das Innovationsprojekt in seiner Rolle als Führer (Leader) und Motivator, verantwortlich für ein Gleichgewicht zwischen den Zielen des neuen Projekts und den Bedürfnissen der operativ tätigen Organisation.

(6) *Sponsor:* mit hierarchischen Machtbefugnissen ausgestattet, daher meist eine Person in leitender Funktion, legitimiert das Projekt, mit dem Machtpromotor vergleichbar.

Durch die Aufsplittung der Aufgaben des Innovationsprozesses in sechs Rollen werden entweder mehr Personen am Projekt beteiligt, oder es wird – insbesondere in kleineren Betrieben – zu Rollenakkumulationen kommen. Zwar können die Rollen des Fach- und des Machtpromotors relativ eindeutig in dieser Typisierung zugeordnet werden. Bei den weiteren Rollen sind die Aufgaben im Vergleich zum Promotorenmodell andersartig zusammengesetzt.

Lovelock (1984) identifiziert basierend auf den Ausführungen von Urban und Hauser sowie Wind sogar acht informelle Rollen (Urban/Hauser 1980; Wind 1982; Lovelock 1984, S. 52f) und hält dieser Rolleneinteilung explizit sowohl für das produzierende Gewerbe als auch für den Dienstleistungssektor für geeignet:

(1) *Champion*: vermarktet und "verkauft" die neue Idee innerhalb des Unternehmens, akquiriert hierfür Ressourcen (vergleichbar mit dem Product Champion von Roberts/Fushfield).

(2) *Protector*: Senior Manager bzw. Mitglied der Unternehmensleitung, der die Idee unterstützt und sie legitimiert (vergleichbar mit dem Sponsor von Roberts/Fushfield).

(3) *Auditor*: verantwortlich für das Gleichgewicht zwischen dem Enthusiasmus des Champions und den Unternehmenszielen bzw. den erwarteten Umsatzzahlen.

(4) *Controller*: kontrolliert Budgets und Zeitpläne.

(5) *Creator/Inventor*: kreative Manager oder Wissenschaftler bzw. Techniker, die ein neues Produkt entwickeln.

(6) *Leader*: verantwortlich für die Zusammenstellung, Fortbildung und Motivation des Projektteams, handelt als Mediator und Integrator innerhalb der Organisation.

(7) *Strategist*: Senior Manager, der die Innovationsprojekte bezüglich Stimmigkeit zu den langfristigen strategischen Zielen überprüft.

(8) *Judge*: wenn die Vermittlung zwischen den beteiligten Rollen bezüglich einer Innovationseinführung fehlschlägt, ist er dafür zuständig, die Meinungsdifferenzen auszuräumen.

Lovelock (1984) hebt insbesondere den Champion, den Protector und den Leader als Kernrollen im Innovationsprozess hervor. Dadurch wird die Entsprechung zum deutschen Promotorenmodell (Champion = Fachpromotor, Protector = Machtpromotor, Leader = Prozess- bzw. Beziehungspromotor) ersichtlich.

Das dargestellte Promotorenmodell bzw. die Rollengestaltung und -besetzung ist auf den alpinen Tourismus nur schwierig zu übertragen, da in den Betrieben aufgrund ihrer Größe (KMU) und ihrer Historie (Familienbetriebe) mit einer Rollenakkumulation gerechnet werden muss. Die Innovationsstudie des Instituts für Tourismus und Dienstleistungswirtschaft der Universität Innsbruck zeigte, dass die untersuchten Tourismusunternehmen weit von einer Ausgestaltung mit Innovationsrollen entfernt sind (Weiermair et al. 2004).

Am ehesten kann in eine solche Struktur die Personalunion von Fach- und Machtpromotor hineininterpretiert werden. Diese Rolle übernimmt in diesem Fall der Eigentümer des Tourismusbetriebes.

Die wirtschaftswissenschaftliche Literatur verweist also auf eindeutige Eigenschaften, über die ein innovierender Unternehmer verfügen sollte. Der Einfluss der einzelnen Merkmale des Unternehmers bzw. Entrepreneurs auf das Innovationsverhalten in einem Unternehmen wird im empirischen Teil der Arbeit untersucht.

4 Betriebsinterne Bestimmungsfaktoren von Innovationen: Der innovative Mitarbeiter

Wie bereits erwähnt ist ein wesentlicher Unterschied zwischen Gütern und Dienstleistungen, dass Dienstleistungen Kundenkontaktpersonal erfordern, das den Service erstellt. Da die Kunden die Mitarbeiter als Stellvertreter der Firma sehen und diese mit ihr identifizieren, sollten diese Mitarbeiter eines Dienstleistungsbetriebes bei einer Innovation besonders im Mittelpunkt stehen (Booms et al. 1984, S. 23). Sie erbringen die Dienstleistung direkt an den Konsumenten bzw. Gästen und können dadurch Bedarfssignale direkt wahrnehmen (Sommerlatte 1988, S. 163). Um die Erfolgswahrscheinlichkeit einer Innovation zu erhöhen, sollte die Integration der Mitarbeiter in den Innovationsentwicklungsprozess von Anfang an erfolgen (Syson/Perks 2004, S. 260), da das Kundenkontaktpersonal auch als „Antenne für Innovationspotentiale" (Sommerlatte 1988, S. 163) betrachtet werden kann. Dadurch werden die Mitarbeiter von Beginn an mit der Neuerung (neues Produkt oder neue Dienstleistung) vertraut, und die Verpflichtung bzw. die Identifikation mit der Innovation steigt. Besonders, wenn es sich um eine radikale Neuentwicklung handelt und der Kunde das Risiko als hoch einstuft, ist eine frühe Einbeziehung des Kundenkontaktpersonals wünschenswert (Syson/Perks 2004, S. 260). Das Management ist daher gefordert, die Rolle der in direktem Kontakt zum Kunden stehenden Mitarbeiter zu stärken, sie zur Mitarbeit im Innovationsprozess zu motivieren, ihre operative Tätigkeit aufzuweichen und ihnen auch unternehmerisch ganzheitliche Belange (Strategische Ausrichtung, Marketing, etc.) darzulegen. Damit Mitarbeiter sich im Innovationsentwicklungsprozess engagieren und motiviert agieren, ist die Mitarbeiterzufriedenheit von großer Bedeutung. Booms et al. weisen in diesem Zusammenhang explizit auf die beiden entscheidenden Faktoren *interne Kommunikation* und *Entlohnungssystem* hin (Booms et al. 1984, S. 23ff). Die Bedeutung der Integration von Mitarbeitern in den Innovationsprozess ist also nicht von der Hand zu weisen. Nachfolgend werden die wesentlichen Determinanten eines innovativen Mitarbeiters dargestellt: Neben seiner eigenen Initiative (Intrapreneurship) spielen Führung, Teamarbeit, Anreizsystem und Unternehmenskultur eine wichtige Rolle.

4.1 Der Intrapreneur: The individual as a hero

Manche Mitarbeiter heben sich von der Masse des gesamten Personals dadurch ab, indem sie innovative Ideen hartnäckig verfolgen, auch wenn das Unternehmen nicht unbedingt dahinter steht, und diese letztendlich durchsetzen. Dieses Phänomen ähnelt dem des Entrepreneurs, mit dem Unterschied, dass es sich nicht zwingend um einen Unternehmer oder leitenden Angestellten handeln muss. Zahlreiche Autoren haben sich mit der Definition der relativ jungen Begriffe (Macrae 1982, S. 48) des *Intrapreneurs* und des *Intrapreneurship* beschäftigt (Schollhammer 1982; Burgelmann 1983; Klavans et al. 1985; Huczynski 1987; Knight 1987; Little 1988; Bitzer 1991; Antoncic 2001; Czernich 2003; Fallgatter 2004).

Little (1988) versteht unter Intrapreneuring innovatives, unternehmerisches Verhalten innerhalb des Unternehmens. Er beschreibt den Intrapreneur als Brückenschläger zwischen der Forschung und ungelösten Anwenderproblemen, als Visionär und als selbsternannten Verantwortlichen für die Zukunftssicherung des Unternehmens, als Manager eines Geschäfts, das noch nicht existiert (Little 1988, S. 62ff).

Bitzer (1991) definiert Intrapreneurship ausführlich und schlüssig wie folgt: „Intrapreneurship ist ein Konzept zur Förderung unternehmerischen Verhaltens auf allen Ebenen einer bestehenden, großen Organisation, welches zum Ziel hat, Innovationen zu stimulieren und zu realisieren, sowie der sinnentleerten und neuerungsfeindlichen Atmosphäre am Arbeitsplatz entgegenzuwirken. Dabei beinhaltet das Intrapreneurship neben der Identifikation und Förderung der Intrapreneure auch die Schaffung der entsprechenden innovationsfördernden Struktur, sowie die unternehmenskulturellen Voraussetzungen, deren es zur Realisation des Konzeptes bedarf" (Bitzer 1991, S. 16). Eine ähnliche Definition findet sich auch bei Antoncic (2001, S. 223). Der Zusammenhang zum Entrepreneurship wird klar, denn der Intrapreneur wird als Mitarbeiter gesehen, der ein innovatives Projekt innerhalb der betrieblichen Umgebung einführt und managt, wie er das als selbständiger Unternehmer täte (Knight 1987, S. 285).

Im Unterschied zum Entrepreneurship bleibt der Intrapreneur in die Organisation eines Betriebs auf unterschiedlichen hierarchischen Ebenen eingebunden, und das persönliche Risiko reduziert sich auf die Gefährdung der Karriere. Die finanzielle Unsicherheit liegt beim Unternehmen, das dem Intrapreneur das notwendige Kapital zur Finanzierung seines Projekts zur Verfügung stellt. Als Konsequenz daraus wird ein erfolgreiches Projekt dem Intrapreneur im Vergleich zum Entrepreneur keine großen monetären Vorteile einbringen, da die Patente des Intrapreneurs in der Regel auf das Unternehmen lauten und meist nur einmalige Prämien anstelle von Gehaltserhöhungen und Karrieresprüngen gezahlt werden (Bitzer 1991, S. 17; Fallgatter 2004, S. 24).

\multicolumn{2}{c}{DER INTRAPRENEUR}	
Merkmal	Ausprägung
Primäre Motive	Will Freiheit und Zugang zu Unternehmensressourcen. Zielorientiert und selbstmotiviert, reagiert aber auch auf Belohnungen des Unternehmens und Anerkennung.
Zeitorientierung	Endziele von 3-15 Jahren, je nach Art des Vorhabens. Drang, selbst gesteckte und vom Unternehmen aufgestellte Zeitpläne zu erfüllen.
Handeln	Macht sich die Hände schmutzig. Weiß vielleicht, wie man delegiert, tut notfalls selbst, was getan werden muss.
Kenntnisse und Fähigkeiten	Wie der Unternehmer, aber die Situation erfordert eine größere Fähigkeit, sich innerhalb der Organisation zu entfalten. Braucht dabei Hilfe.
Mut und Entschlossenheit	Voller Selbstvertrauen und Mut. Viele Intrapreneure stehen dem System voll Zynismus gegenüber, sind aber optimistisch in Bezug auf ihre Fähigkeit, es zu überlisten.
Aufmerksamkeit	Sowohl innerhalb als auch außerhalb. Macht Insidern die Bedürfnisse des Venture und des Marktes klar, konzentriert sich aber auch auf die Kunden.
Risiko	Liebt ein mäßiges Risiko. Hat im Allgemeinen keine Angst davor, seine Stelle zu verlieren, und sieht deshalb wenig persönliches Risiko.
Marktforschung	Führt wie der Entrepreneur eigene Marktforschung und intuitive Marktbewertung durch.
Status	Hält traditionelle Statussymbole für lächerlich, schätzt Freiheitssymbole.
Fehler und Misserfolge	Weiß, dass er innerhalb des Unternehmens einen ordentlichen Eindruck machen muss. Versucht deshalb, riskante Projekte vor den Augen anderer zu verstecken. Kann deshalb aus Fehlern lernen, ohne dass ein Misserfolg ihm in aller Öffentlichkeit angekreidet und politisch zu seinem Nachteil ausgeschlachtet werden kann.
Entscheidungen	Sichert sich geschickt die Zustimmung anderer in Bezug auf seine persönliche Vision. Etwas geduldiger und kompromissbereiter als der Entrepreneur, aber trotzdem ein „Macher."
Wem dient er?	Gefällt sich selbst, den Kunden und Sponsoren.
Haltung gegenüber dem System	Mag das System nicht, aber lernt, es zu manipulieren.
Problemlösungsstil	Löst Probleme innerhalb des Systems oder umgeht es, ohne deshalb die Firma zu verlassen.
Familiärer Hintergrund	Kleinunternehmer, Akademiker oder Bauernfamilie.
Beziehungen zu den Eltern	Bessere Beziehungen zum Vater, aber immer noch stürmisch.
Sozioökonomische Herkunft	Herkunft aus der Mittelschicht.
Bildungsniveau	Oft sehr hoher Ausbildungsstand, vor allem auf technischem Gebiet.
Beziehungen zu anderen	Transaktionen innerhalb der Hierarchie.

Tab. 6: Merkmale eines Intrapreneurs und ihre Ausprägungen (Pinchot 1988, S. 77f)

Ein klassisches Beispiel für Intrapreneurship ist der Konzern 3M: "My company, 3M, is acknowledged internationally for its history of innovation through Intrapreneurship" (Robinson 2001, S. 95). Das Unternehmen hat intern Programme zur Förderung und Unterstützung von Intrapreneuren institutionalisiert; und der vielleicht Bekannteste von ihnen ist der Erfinder der Post-It Notizblöcke, Art Fry, dessen Beispiel Eingang in die Intrapreneurship-Literatur gefunden hat (Fry 1987; Pinchot 1988; Bitzer 1991; Willax 2004).

Um vom einfachen Mitarbeiter zum Intrapreneur, der in der Rollenbetrachtung als „Product Champion" angesehen wird (Bitzer 1991, S. 17), zu werden, sind Kreativität und die Fähigkeit zur Vermarktung und politischen Durchsetzung innovativer Ideen erste Voraussetzungen. Dabei ist er Pionier, Problemlöser und Macher zugleich (Little 1988, S. 63).

Pinchot (1988) charakterisiert den Intrapreneur ferner mit Hartnäckigkeit, Zielstrebigkeit und Disziplin sowie – wenn nötig – mit Ungehorsam und insgeheimer Arbeit am Projekt, d. h. nach Feierabend oder am Wochenende (Pinchot 1988, S. 43). Auch wenn die dargelegten Merkmale des Intrapreneurs Analogien zum Entrepreneur zeigen, unterscheiden sich die beiden in wesentlichen Bereichen, wie z. B. Risiko, finanzielle Möglichkeiten, Verantwortung, Einordnung in der Hierarchie, so dass beide auf ihre Weise einen wesentlichen Beitrag zu der Realisierung einer innovativen Idee im Unternehmen leisten können (Nicolescu 2000, S. 483f).

Allerdings bringen interne Entrepreneure den Unternehmen nicht nur Vorteile, sondern auch Instabilität und Störung des operativen Ablaufs, und es können sich Fehler und Misserfolge einstellen, die jedoch als Chance zur Verbesserung verstanden werden können. Damit Innovationen durch Intrapreneurship Erfolg haben, verlangen die Intrapreneure, sich frei zu fühlen, die neue Rolle selbst auszusuchen und diese nicht delegiert zu bekommen. Der Start in das Intrapreneurship kann mit kleinen Projekten beginnen und sich nach und nach zu größeren ausweiten, wobei die Intrapreneure mit ihrer Aufgabe aus der Unternehmenshierarchie ausgeklammert werden, da sie vielmehr einen Mentor für ihre Arbeit als einen Vorgesetzten benötigen (Pinchot 1988, S. 235; Willax 2004, S. 13A).

Intrapreneurship ist nur dann möglich, wenn dem Mitarbeiter für Produkt-, Dienstleistungs- oder Prozessentwicklung ein Anreiz oder eine Belohnung geboten wird. Entscheidend ist hierfür die Wahl des geeigneten Erfolgsmaßstabs, zum Beispiel kann das Erreichen der Tore des Innovationsentwicklungsprozesses nach Cooper (2002) als Kriterium festgelegt werden. Als eher ungeeigneten Maßstab erweisen sich finanzielle Ergebnisse, wie zum Beispiel der ROI (Return on Investment) einer Innovation, der häufig erst Jahre nach der Einführung einer Innovation positiv wird. Dies widerspricht auch der Empfehlung, ein kurzes Zeitfenster für das Feedback des Unternehmens an den Intrapreneur einzuhalten (Bitzer 1991, S. 28).

Der Anreiz kann zunächst aus der Gewährung von Freiraum für eigene Ideen ohne Kontrolle von oben[1] oder freie Verfügung über ein bestimmtes, zeitlich ungebundenes Budget (Dubashi 1988, S. 27; Pinchot 1988, S. 317f) sein, oder im Anschluss an erfolgreich abgeschlossene Teilschritte auch die öffentliche Anerkennung der Leistung durch das Unternehmen. Die Beförderung eines Intrapreneurs aufgrund seiner erfolgreichen Innovationen hat nicht unbedingt Anreizfunktion, da die Intrapreneure durch ihre Interessen und ihren Charakter (Hartnäckigkeit, Sturheit, sich über Regeln hinwegsetzend u.a.) sich nur begrenzt für höhere Aufgaben wie das Management etablierter und großer Geschäftsbereiche eignen. Anstelle von umfassender Verantwortung im Management bevorzugen sie ihre Freiheit und die Aufgabe, neue Geschäfte aufzubauen. (Pinchot 1988, S. 305ff).

Denkbare finanzielle Anreize sind fixe oder variable Boni, Kapitalbeteiligung durch Aktien, Gehaltszulagen oder Gewinn- oder Ertragsanteile (Bitzer 1991, S. 28). Rein monetäre Belohnungen werden dem Intrapreneur jedoch nicht das geben, was er für seine effektive Arbeit braucht, so dass vermutlich eine Kombination aus materiellen und immateriellen Anreizen den Intrapreneur zu Innovationen antreibt.

Intrapreneure sind bislang vorrangig in großen produzierenden Unternehmen wie 3M, Xerox oder IBM zu finden sind (Pinchot 1988, S. 19ff). Es stellt sich daher die Frage, ob sie auch in der klein und mittel strukturierten Tourismusbranche zu finden bzw. einsetzbar sind. Im Dienstleistungssektor wurde es in einem Bankkonzern Realität, allerdings weniger durch aktive Unterstützung des Unternehmens als durch die Sturheit und Hartnäckigkeit des Intrapreneurs (Pinchot 1988, S. 81ff). In der Literatur ist bislang kein Fall eines touristischen Intrapreneurs erwähnt. Das wesentliche Problem stellt die direkte Leistungserstellung am Kunden dar, da deshalb heimliches Weiterarbeiten oder die Beschäftigung mit der Idee nach Feierabend nicht möglich ist. In einem der vielen Beiträge über das Intrapreneurship bei 3M wurden zwei weitere wesentliche Aspekte herausgearbeitet, die einer Realisierung im Tourismus erschweren: eine heterogene und dynamische Umwelt (Robinson 2001, S. 98). Gerade in Zeiten homogener, kaum unterscheidbarer Produkte (Bieger 2002) und eher statischer und starrer Umfeldbedingungen, wie z. B. Bürokratie und Kirchturm- bzw. Besitztumsdenken, finden selbst willige Mitarbeiter schwierige Bedingungen vor, um zum Intrapreneur zu werden.

4.2 Teamarbeit

Der Einfluss und die Bedeutung von Teams und Teamarbeit bei der Entwicklung und Implementierung von Innovationen in einer Unternehmung wurde bereits theoretisch erörtert (Gemünden 1990; Brown/Eisenhardt 1995; Chiesa et al. 1996; Gemünden/Helfert 1997; Trott 2002) und in zahlreichen Untersuchungen

---

[1] Die Bootleg-Regel bei 3M besagt, dass jeder Forscher 15% seiner Arbeitszeit auf Projekte seiner Wahl verwenden kann. Dieses Vorgehen wurde 1923 eingeführt (Fry 1987, S. 5).

im produzierenden Gewerbe empirisch bestätigt (Gupta et al. 1987; Hise et al. 1990; Cooper/Kleinschmidt 1995; Högl/Gemünden 2001), wobei „collaborative efforts between marketing and R&D" (Hise et al. 1990, S. 142) bzw. bereichsübergreifende Gemeinschaftsarbeiten (Cooper/Kleinschmidt 1995) eine Schlüsselrolle spielen. Zahlreiche Studien ergaben, dass der Einsatz interdisziplinärer Teams ein höchst effektiver Weg ist, die Entwicklungszeit für Produkte und Dienstleistungen zu reduzieren (Gupta/Wilemon 1990; Mabert et al. 1992; Carmel 1995).

Nachdem die Bedeutung von Teamarbeit offenkundig ist, soll nun genauer untersucht werden, welche Eigenschaften Teams haben, wie sie funktionieren und wie sie erfolgreich arbeiten. Gemünden und Högl (2001) definieren in Anlehnung an verschiedene Autoren (Alderfer 1987; Hackmann 1987; Guzzo/Shea 1992; Wiendieck 1992; Staehle 1993) eine Arbeitsgruppe wie folgt: „Sie ist eine soziale Einheit von drei oder mehr Personen, deren Mitglieder von außen als solche erkannt werden und sich selbst als Mitglieder wahrnehmen (gemeinsame Identität) und die eingegliedert in eine Organisation durch unmittelbare Zusammenarbeit gemeinsame Aufgaben erledigen" (Gemünden/Högl 2001, S. 8).

Unter der Vielzahl der Formen von Teams, wie z. B. Arbeitsteams oder Entscheidungsteams, sind Innovationsteams hauptsächlich mit Planungs- und Entwicklungsaufgaben betraut; ihre operative Tätigkeit beschränkt sich auf die Realisation der neu entwickelten Konzepte. Ihre Existenz ist häufig auf die Dauer eines Innovationsprojekts begrenzt (Gemünden/Högl 2001, S. 10). Auch wenn dies keine explizite Teamarbeit ist, so ist doch die Kooperation zwischen Abteilungen für einen Innovationsprozess, z. B. wenn Mitarbeiter aus der F&E-Abteilung von den Vertriebsmitarbeitern zu den Kunden mitgenommen werden, um deren Wünsche und Probleme direkt zu erfahren, ein erster Schritt in Richtung Team (Little 1988, S. 149f; Sommerlatte 1988, S. 163).

Elementar für den Erfolg einer Teamarbeit ist die externe Interaktion (Lievens/Moenaert 2000, S. 735), also das Gespräch und die Zusammenarbeit mit der Organisation, in die das Team eingebettet ist (Boundary Management), um beispielsweise relevante Informationen zu sammeln, Feedback einzuholen, Ressourcen zu werben oder teamexterne Leistungen zu koordinieren. Die Teamarbeit ist dann ausgeprägter, wenn das Projektteam interdisziplinär zusammengesetzt ist, weil dann die Kommunikation mit den beteiligten Abteilungen (z. B. Vertrieb, Marketing, F&E, Einkauf, Controlling / Rechnungswesen, Kundenservice etc.), stattfindet. Darüber hinaus fördern ausgewogene Mitgliederbeiträge, nämlich dass sich alle Teammitglieder entsprechend ihren Potenzialen und den Aufgaben in den Lösungsprozess einbringen, sowie die Zufriedenheit der Teammitglieder mit der Gruppenzusammenarbeit ein effektives Team-Arbeiten (Ancona/Caldwell 1990, S. 132f; Gemünden/Högl 2001, S. 12ff).

Die Studien von Pinto und Pinto (1990) sowie Pinto et al. (1993) zeigen explizit Beziehungen zwischen bereichsübergreifender Zusammenarbeit und verschiedenen Faktoren auf: So konnte in der Untersuchung, die in interdisziplinären

Teams in Krankenhäusern durchgeführt wurde, festgestellt werden, dass Teams mit einem hohen Niveau an bereichsübergreifender Zusammenarbeit ein höheres Maß an informeller Kommunikation (z. B. spontane Telefonate, Face-to-Face-Gespräche, ungeplante Sitzungen etc.) aufweisen, dass sie intern stark miteinander kommunizieren, um relevante Informationen zu bekommen oder sich Feedback einzuholen, dass sie sich mehr auf die Aufgabe konzentrieren und sich weniger um persönliche Konflikte kümmern (Pinto/Pinto 1990; Pinto et al. 1993; Gemünden/Högl 2001). Auch McAdam und McClelland (2002) weisen auf den besonderen Stellenwert einer heterogenen Zusammensetzung von Teams hin (McAdam/McClelland 2002, S. 90).

Um das Ausmaß und die Qualität der Zusammenarbeit in einem Team zu überprüfen, haben Högl und Gemünden (2001) für eine Untersuchung sechs Kriterien herangezogen:

TEAMARBEIT	
Kriterium	Beschreibung
Kommunikation und Information	Kommunikationshäufigkeit, Formalisierungsgrad, Kommunikationsstruktur, Offenheit der Teammitglieder untereinander.
Aufgabenkoordination	Erfolgt im Kollektiv, Einzelbeiträge der Teammitglieder müssen zielgerichtet koordiniert werden.
Ausgewogenheit der Mitgliederbeiträge	Wechselseitige Ausgewogenheit der Mitgliederbeiträge. Für die Zusammenarbeit eines Teams ist es von Bedeutung, dass das Beziehungsgeflecht der einzelnen Teammitglieder untereinander als allgemein ausgeglichen empfunden wird. Es kommt nicht darauf an, dass jeder gleich viel einbringt, sondern dass jeder entsprechend seinen spezifischen Fähigkeiten und Potenzialen ausgewogen ins Team integriert wird.
Bereichsübergreifende Zusammenarbeit	Kein Wettbewerb der Teammitglieder untereinander, bei stark interdependenten Aufgaben ist die Kooperation dem Wettbewerb vorzuziehen. Für Innovationsteams ist es überaus bedeutend, dass die Komplexität und Unsicherheit der Aufgabe durch gemeinsames Handeln im Team bewältigt wird. Menschen, die miteinander kooperieren, teilen Informationen, nehmen die Perspektiven der anderen ein, respektieren Beiträge anderer und unterstützen einander. Individualistisch geprägtes Wettbewerbsdenken innerhalb des Teams hingegen hat Misstrauen, Frustration und Konflikte zur Folge.
Arbeitsnormen (Engagement)	Normen sind im Team geteilte Erwartungen bezüglich bestimmter Verhaltensweisen der Teammitglieder. Insbesondere bezüglich des Arbeitseinsatzes im Team von Bedeutung, z. B. Workload Sharing, Arbeitseinsatz und Engagement, Priorisierung der Teamaufgabe gegenüber etwaigen anderen Aufgaben.
Kohäsion	Teamkohäsion sind Kräfte, die auf die Teammitglieder wirken, damit sie im Team bleiben. Komponenten sind Interpersonelle Anziehung, Verpflichtung gegenüber der Aufgabe, Teamgeist.

Tab. 6: Teamarbeit als Maß der Zusammenarbeit (Högl/Gemünden 2001, S. 37)

Die Untersuchung ergab, dass es sich um eine mehrdimensionale Größe handelt, da zum einen die Leistung, die Effizienz und die Effektivität des Teams und zum anderen das Potenzial für zukünftige Teamarbeit gemessen wird. Des Weiteren wurde der Einfluss der sechs dargestellten Faktoren auf die Qualität der Teamarbeit empirisch bestätigt. Ferner übt die Qualität der Teamarbeit einen wesentlichen Einfluss auf die Leistung von Teams und das Potenzial der Teammitglieder für zukünftige Teamarbeit aus. Daher empfehlen Högl und Gemünden (2001), bei der Teambesetzung auf ausreichend soziale und methodische Kompetenz zu achten und ein ähnliches Niveau bezüglich Wissens- und Fähigkeitsstand der Teammitglieder anzusetzen (Högl/Gemünden 2001, S. 57f).

Damit bereichsübergreifende bzw. so genannte „cross-functional" Teamarbeit erfolgreich ist, bedarf es einer übergeordneten gemeinsamen Zielsetzung („Warum macht es Sinn, dass ich mit einer anderen Abteilung im Team zusammen arbeite?"), wahrgenommener geographischer Nähe der Teammitglieder zueinander („Ist es möglich, auch kurz zwischendurch mit den Teammitgliedern zu sprechen?"), Erreichbarkeit der Teammitglieder füreinander („Wie hoch ist die zeitliche oder willentliche Bereitschaft meiner Kollegen, ansprechbar zu sein und sich einzubringen?"), operative Autonomie des Teams („Wie unabhängig von der Unternehmung können wir im Team arbeiten?"), sich geeignete Regeln und Vorgehensweisen für die Projektbearbeitung zu schaffen („Sind wir uns im Team einig über die Arbeitsweise?") (Pinto et al. 1993; Gemünden/Högl 2001).

Eine in der Wirtschaftswoche im Jahr 2002 veröffentliche Umfrage ergab jedoch, dass Teams nicht nur Erfolg versprechen, sondern auch Probleme auftauchen und die Teams scheitern können. Die Gründe (Mehrfachnennungen) reichen von Kommunikationsschwierigkeiten (97%), unklarem Auftrag (94%), mangelnder Kultur der Zusammenarbeit (91%), unausgesprochenen Konflikten (90%) und fehlendem Vertrauen im Team (90%) bis hin zu Machtkämpfen (88%), ineffektiven Teamsitzungen (85%) und zu wenig Zeit (48%). Die Zahlen verdeutlichen, dass häufig nicht nur ein Grund, sondern das Zusammentreffen mehrerer Schwierigkeiten das Scheitern verursachte. Diese Ergebnisse entsprechen weitgehend den Ergebnissen anderer Untersuchungen, wobei auch die genannten unausgesprochenen Konflikte und mangelnde Kultur der Zusammenarbeit auf Kommunikationsschwierigkeiten zurückgeführt werden können (Wahren 2004, S. 43f).

In einem touristischen Beispiel von Teamarbeit wurde in gemeinschaftlichem Brainstorming, an dem das ganze Mitarbeiterteam teilnahm, der Buchungsprozess für Anwendungen im Edinburgh Sheraton Grand Spa optimiert und somit der Anteil an Vorausbuchungen von Spa-Anwendungen um fast 20 % gesteigert (VisitScotland, 2005).

Insgesamt betrachtet prägt die empirische Innovationsliteratur zum Begriff der Teamarbeit ein weitestgehend einheitliches Bild: Beim Einsatz von Mitarbeitern im Innovationsprozess ist gut funktionierende Teamarbeit eine entscheidende Grundlage für den Erfolg (Holahan/Markham 1996, S. 119; Högl/Gemünden 2001, S. 35). Dies scheint zunächst gegen die Idee des Intrapreneurs zu sprechen, die im vorigen Abschnitt (4.1) dargestellt wurde. Jedoch schließen sich die beiden Aspekte nicht aus, sondern ergänzen sich gegenseitig: Intrapreneure können den Innovationsprozess anstoßen und brauchen ihre Ideen nicht mehr allein verwirklichen, sondern können sie gemeinsam mit Kollegen weiterentwickeln, andererseits erlebt der Entwicklungsprozess einen Schub bzw. Initialzündung, indem nicht nur durchschnittliche Angestellte sich mit dem Thema „Innovation" auseinander setzen müssen, sondern es als Entlastung sehen, einen „Individual Hero" als Leitwolf im Team zu haben.

4.3 Motivation

Damit Innovation für Mitarbeiter ein reizvolles und interessantes Betätigungsfeld wird, muss ihre Motivation angeregt werden. Die Motivation muss jedoch nicht ausschließlich finanzieller Natur sein, sondern kann sich auch auf die Verbesserung der Lebensqualität beziehen. Die Erwartungen und Anforderungen an einen Arbeitsplatz haben sich gewandelt, ein langfristiger Arbeitsplatz ist nicht mehr typisch für Arbeitsverhältnisse des 21. Jahrhunderts, so dass Freiheit und Flexibilität den monetären Anreizen den Rang ablaufen (Amar 2002, S. 173). Ziel ist die Erreichung von Arbeitszufriedenheit, denn nur dadurch können Mitarbeiter zur Arbeit und im besonderen Fall zu Innovationen motiviert werden.

Zu diesen Veränderungen gehört auch das lebenslange Lernen, das also nicht mit der Berufsausbildung oder mit dem Studium abgeschlossen ist, sondern weit in das Arbeitsleben hineinragt. Die moderne Psychologie stützt diese Entwicklung durch die Aussage, dass der Mensch im Lauf seines Lebens ein lern- und leistungsbereiter Mensch bleibt. Diese Lernbereitschaft muss jedoch mit Sinn versehen werden; daher benötigt der Mensch, um kontinuierlich zu lernen, konkrete Beweggründe bzw. die entsprechende Motivation (Nütten/Sauermann 1988, S. 59).

Die klassische Motivationstheorie, die Zwei-Faktoren-Theorie von Herzberg (1966), unterscheidet *Hygienefaktoren* („Dissatisfiers") und *Motivatoren* („Satisfiers"). Die Nichterfüllung von Hygienefaktoren, wie z. B. entsprechendes Gehalt, Arbeitsplatzsicherheit, Arbeitsbedingungen, Status oder die Qualität interpersonaler Verbindungen, führt zu Unzufriedenheit; das Vorhandensein dieser Faktoren führt jedoch nicht zu Zufriedenheit. Allerdings sind auch arbeitsmarktliche Rahmenbedingungen zu berücksichtigen: Während eines konjunkturellen Abschwungs können beispielsweise Arbeitsplatzsicherheit oder die Arbeitsbedingungen durchaus auch zu Zufriedenheit führen und sich somit als Motivator erweisen. Normalerweise führt die Erfüllung der Motivatoren zu Zufriedenheit, wie z. B. Anerkennung, Verantwortung, Fortschritt, Attraktivität der Arbeit, Möglichkeit des Wachstums. Findet man diese Größen nicht im Unternehmen vor, führt dies nicht zu Unzufriedenheit.

Amar (2002) ergänzt diese Theorie um einen dritten Aspekt: den innovativen Faktor. Die Existenz dieses Faktors initiiert innovatives Verhalten bei den Mitarbeitern, während das Fehlen nicht zwingend dazu führt, dass die Mitarbeiter nicht innovativ sind. Als Beispiel führt er die Motivation durch Geld für Mitarbeiter in Banken, Versicherungen, Unterhaltungsfirmen etc. an. Der finanzielle Anreiz wurde mit der Ausführung des Jobs verknüpft, so dass Geld als psychologische Motivation diente (Amar 2002, S. 173f).

Ein neuerer Ansatz beschäftigt sich mit ex- und intrinsischen Motiven (Rosenstiel 1980), wobei extrinsische Motive durch Folgen oder Begleitumstände einer beruflichen Tätigkeit (z. B. viel Geld verdienen, unter Menschen sein) und intrinsische Motive durch die Tätigkeit selbst (z. B. der Drang nach selbständiger Arbeit ohne Fremdbestimmung, etwas Neues lernen) befriedigt werden. Intrinsische Motive können zu extrinsischen werden, wenn ein Arbeitsplatzwechsel zu Anerkennung oder einem höheren Gehalt führt (Nütten/Sauermann 1988, S. 65; Amar 2002, S. 179).

Die Rolle der Motivation ist also nicht zu unterschätzen. Gerade was Innovationen im Dienstleistungsbereich angeht, benötigt der Unternehmer die Mitarbeiter zur Realisierung. Eine positive Einstellung, Motivation und Zufriedenheit mit dem Beruf kommuniziert der Mitarbeiter auch unbewusst während der Dienstleistungserstellung, so dass Störfaktoren wie mangelnde Motivation und Nicht-Identifizierung mit dem Unternehmen nicht mit der Einführung neuer Produkte und Prozesse kompatibel sind.

4.4 Innovative Eigenschaften eines Mitarbeiters

Die Eigenschaften, die den innovativen Mitarbeiter von den anderen, nichtinnovativen, unterscheidet, wurden in der Literatur auf verschiedenste Weise beleuchtet, unterteilt, kategorisiert und zum Teil sogar gewichtet. Auffallend ist die häufige Verknüpfung bzw. Gleichsetzung von „innovativ" und „kreativ".

Zur Beurteilung des innovativen Leistungspotenzials bei den Mitarbeitern einer Unternehmung wurde von Nütten und Sauermann (1988) ein standardisiertes Beurteilungsverfahren entwickelt. Die Problematik liegt in der Subjektivität der Begriffe Kreativität und Innovativität. Das Verfahren ist nur bei Mitarbeitern anwendbar, die man schon über einen längeren Zeitraum in ihrem beruflichen Umfeld erlebt hat. Folgende Kriterien werden geprüft: Divergentes Denken, unkonventionelles Denken, Gedankenflüssigkeit, Originalität, Fähigkeit, Probleme aufzuspüren, Elaboration, reicher Wortschatz, Konzentrationsfähigkeit, Realitätskontrolle, Organisationsfähigkeit. Jedes Kriterium wird über mehrere Aussagen in Bezug auf den Mitarbeiter abgeprüft und gewichtet. Viele Großunternehmen in Deutschland setzen dieses oder andere Verfahren zur Einschätzung der Innovativität ihrer Mitarbeiter ein (Nütten/Sauermann 1988, S. 96ff).

Die Gegenüberstellung der Merkmale innovativer Mitarbeiter zeigt bis auf wenige Ausnahmen (Vision, Risikoübernahme, Führung u.a.) Ähnlichkeiten mit denen des innovativen Unternehmers: Kreativität, divergentes Denken, Offenheit und sich von Konventionellem bzw. Traditionellem zu lösen, sind auch für den innovativen Mitarbeiter essenzielle Eigenschaften.

Little	Nütten/Sauermann	Wahren	McGinnis/Verney
Gewichtung 3: - Divergentes Denken: sich nicht mit einer Lösung zufrieden geben - Unkonventionelles Denken: Begeisterung für Neuerungen - Gedankenflüssigkeit, Einfallsreichtum - Originalität: ungewöhnliche Ideen **Gewichtung 2:** - Probleme aufspüren: Chancen frühzeitig erkennen - Elaboration: Exaktes Ausarbeiten von Ideen - Reicher Wortschatz: Passende Ausdrucksweise **Gewichtung 1:** - Konzentrationsfähigkeit gegenüber Sache und Partnern - Rededefinition: Das Wesentliche herausfinden - Realitätskontrolle: Kritisches Prüfen der Vorschläge - Organisationsfähigkeit: Reibungsloses Funktionieren der Arbeitsabläufe	- Autonomie im Denken und Verhalten - Offenheit gegenüber neuen Erfahrungen - Introversion und innere Kontrolle der Denkprozesse - Expression innerer Prozesse - Widerstand gegen Hemmungsvorgänge beim Lernen - Aktives Verarbeiten von Konflikten - Kreativität - Offene Haltung gegenüber der Umwelt - Kritikfähigkeit - Anpassung an veränderte Bedingungen - Sich lösen von konventionell und traditionell geprägten Anschauungen - Neue Erkenntnisse konträr dagegensetzen - Schnelles Erkennen von Veränderungen - Rasche Anpassung an Veränderungen - Ideenreichtum - Vorliebe für komplexe Situationen - Üppige Phantasie - Unabhängigkeit von sozialer Anerkennung - Risikofreude - Erfolgsmotivation - Initiative - Frustrationstoleranz	- **Formale Qualifikationen:** notwendiges fachliches Wissen und Können - **Kreativität:** Personale Eigenschaften zusammen mit dem Umfeld und dem Prozess. D. h. auch Fragen der Führung, der Organisation, der Kommunikation, des Zusammenwirkens in Gruppen sowie Aspekte der Kultur. - **Hartnäckigkeit/ Ausdauer:** Disziplin, Hartnäckigkeit, Ausdauer, mitunter Versessenheit bis an den Rand der Selbstzerstörung. - **Team- und Kommunikationsfähigkeit:** Teams machen nur Sinn, wenn die Menschen kommunizieren. Die Kommunikation ist das Nadelöhr, durch das Teams müssen, wenn sie erfolgreich arbeiten wollen – und durch das viele nicht hindurch kommen. - **Erfahrung:** gepaart mit Unbekümmertheit	**Individuelle Fähigkeiten für Innovationen:** - Glaube an Innovation - Kreative aber pragmatische Vorstellung - Psychologische Sicherheit und autonome Natur - Zielorientiert - Interpersonelle Fähigkeiten - Energie, Zielstrebigkeit und Hartnäckigkeit - Zeitgefühl **Organisationale Faktoren:** - Gute Nutzer/Designer Arbeitsverhältnis - Interaktion mit der Umwelt - Mehrdeutigkeit der Ziele und Prozesse - Hohe Ausführungsstandards - Positive Einstellung und Werte gegenüber Innovationen - Teams von professionell Arbeitenden - Vielfalt in der Erfahrung - Lockere organisationale Anpassung - Übergeordnete Ziele

Tab. 7: Eigenschaften des innovativen Mitarbeiters (McGinnis/Verney 1987, S. 20; Little 1988, S. 64; Nütten/Sauermann 1988, S. 71ff; Wahren 2004, S. 34ff)

Die Innovationsfähigkeit und -kraft der Mitarbeiter ist ein sehr großes Potenzial für neue Produkt- oder Dienstleistungsentwicklungen. Vor allem Intrapreneure gepaart mit teamfähigen Mitarbeitern können sich innovationsfördernd für Unternehmen auswirken. Insbesondere in kleinen und mittleren Betrieben, aus denen der Tourismussektor mehrheitlich besteht, erfolgen Innovationen jedoch meist „von oben herab", werden also vom Unternehmer selbst entwickelt und beschlossen. In diesem Kapitel wird deutlich, dass gerade die Zusammenarbeit in einem Team oder die Möglichkeit, dass ein Mitarbeiter sich zum Intrapreneur entwickelt, zu neuen Ideen und Inventionen führen kann, die auf Umsetzung warten.

5 Betriebsinterne Bestimmungsfaktoren von Innovationen: Die betrieblichen Rahmenbedingungen

In diesem Abschnitt wird erörtert, inwieweit das Unternehmen mit seinen Strukturen, seiner Organisation und seinen Rahmenbedingungen auf Innovationen ausgerichtet ist bzw. welche typischen Charakteristika in einem Unternehmen die wissenschaftliche Literatur als innovationsfreundlich ansieht.

5.1 Organisationsmanagement von Innovationen

Untersucht man Unternehmensorganisationen hinsichtlich Innovationen, sind innovative Organisationen und innovationsfreundliche Organisationen zu unterscheiden. Bei der ersten ist die Organisationsform selbst innovativ, d.h. es werden neue Prozesse, neue Netzwerke, neue Kooperationen zwischen Abteilungen eingeführt - die Innovation betrifft die Organisation selbst und würde also in den Bereich einer Organisationsinnovation fallen. In dieser Arbeit geht es jedoch darum, dass die Betriebsorganisation innovationsfreundlich gestaltet wird, dass sie also die Entwicklung von Innovationen fördert, wie z. B. durch die Ausgliederung der Innovationsabteilung aus dem regulären Betrieb o. ä.

5.1.1 Die Rolle der innovationsfreundlichen Organisation

Jedes Unternehmen ist auf eine bestimmte Weise organisiert und besitzt mehr oder weniger stark ausgeprägte Strukturen und Formalisierungsgrade. Unterscheiden sich innovative Betriebe organisatorisch von nicht-innovativen Betrieben, und ist eine besondere Form der Organisation erforderlich, damit ein Unternehmen überhaupt neue Produkte und Dienstleistungen entwickeln kann? In diesem Abschnitt wird untersucht, welche Organisations-Charakteristika erforderlich sind, damit ein Betrieb in Bezug auf Innovationen aktiv und erfolgreich ist.

Die wirtschaftswissenschaftliche Literatur und Forschung beschäftigt sich zwar ausführlich mit der Organisationsstruktur innovativer Unternehmen. Sie wurde jedoch nicht ausgerichtet auf die Dienstleistungs- oder Tourismusbranche untersucht. Die Ausführungen und dargestellten Untersuchungen beziehen sich also vor allem auf die Industrie. Es soll hinterfragt werden, inwieweit diese Ansätze für die Dienstleistungs- und Tourismusindustrie angewendet bzw. modifiziert werden können.

Als Ausgangspunkt dient die Formalisierung einer Organisation, die eine Kerndimension einer Organisationsstruktur (Bodewes 2002, S. 214) und integraler Bestandteil des Organisationskonzepts (Etzioni 1975, S. 457) sei. Dies mag nur für die auf den Produktionsablauf ausgerichtete Organisation zutreffen, aber ob eine starke Formalisierung auch innovationsfördernd wirkt, ist fraglich, bedenkt man die Anforderungen an Kreativität und an den iterativen Produktentwicklungsprozess. Fehler während des Innovationsprozesses können hauptsächlich auf Personal- und vor allem auf Organisationsprobleme, z. B. der mangelnden Koordination zwischen den an der Entwicklung beteiligten Bereichen bzw. Abteilungen, zurück geführt werden (Staudt et al. 1992, S. 999).

5.1.2 Elemente einer innovativen Unternehmensstruktur nach Trott

Trott (2002) setzt sich mit der Produktentwicklung, insbesondere unter Berücksichtigung technologischer Aspekte, im produzierenden Gewerbe auseinander und analysiert die Eigenschaften einer Organisation, die die Innovationstätigkeit eines Unternehmens fördern:

- *Strategische Ausrichtung / Wachstum:* Dieses Ziel verfolgen nicht alle Unternehmen; insbesondere Familienunternehmen, zu denen ein Großteil der Tourismusbranche gehört, haben eine Erhaltungsstrategie. Durch die konstante Größe kann das Unternehmen mithilfe der Familie ohne zusätzliche Mitarbeiter von außen betrieben werden. Allerdings hält er eher diejenigen Firmen für innovativ, die ein Wachstum ihrer Geschäfte anstreben.

- *Wachsamkeit:* Dahinter verbirgt sich die wichtige Offenheit nach außen, aber auch die Beobachtung der externen Umwelt, z. B. durch Marktforschung, Konkurrenzanalysen, und Sichtung der relevanten wissenschaftlichen Literatur. Für innovative Betriebe ist es wichtig, dass die Informationen nicht nur vom oberen Management gewonnen und verarbeitet werden, sondern dass dieser Prozess auch in allen Organisationseinheiten, wie z. B. Marketing oder F&E, stattfindet.

- *Verpflichtung zur Technologie:* Der Betrieb sollte kontinuierliche Investitionen in die Technologie tätigen, um fähige Wissenschaftler an das Unternehmen zu binden, die den wissenschaftlichen Input und die wissenschaftlichen Fortschritte des Unternehmens sichern. Daher ist auch bezüglich der Technologie ein langfristiges Konzept erforderlich.

- *Risikobereitschaft:* Die Risikobereitschaft ist eine essenzielle Voraussetzung für Innovationen in einem Betrieb; nach der Abwägung ergeben sich für manche Projekte ein hohes, für andere Projekte ein niedriges Risiko. Es geht dabei vorrangig um die sorgfältige Abwägung und das Eingehen kalkulierbarer Risiken.

- *Kooperation zwischen Funktionsbereichen:* Unabdingbar ist laut Trott die Kooperation zwischen den einzelnen Organisationseinheiten, v. a. zwischen Marketing (Orientierung am Markt) und F&E (Faszination von der Technik und von eigenen Entwicklungen). Da häufig unterschiedliche Interessen vorliegen, ist es für innovationsaktive Unternehmen besonders wichtig, dass diese beiden Einheiten zusammenarbeiten. Dabei können Konflikte die Motivation für die Entwicklung von Innovationen fördern.

- *Aufnahmekapazität:* Dieser Begriff bezieht sich auf die Fähigkeit, Technologie, die extern entwickelt wurde, im Unternehmen um- und einzusetzen. Schließlich können insbesondere im Bereich der Technologie, z. B. Informations- und Kommunikationstechnologien, nicht alle Neuerungen selbst entwickelt werden; vielmehr werden verschiedene Technologien (z. B. Software) häufig für den Betrieb neu kombiniert.

- *Freiraum:* Mit der englischen Bezeichnung „slack" wird ein Freiraum beschrieben, der im Unternehmen herrschen sollte, um Kreativität zu ermöglichen und Innovationen zu diskutieren. Dieser Freiraum kann für Produktentwickler explizit festgelegt werden, da er normalerweise der Effizienz in einem Produktionsbetrieb entgegensteht.

- *Anpassungsfähigkeit:* Bedeutende Innovationen erfordern häufig auch organisationale Änderungen. Die Organisation einer Unternehmung sollte daher anpassungsfähig sein, sowohl was Innovationen als auch die sich ändernde externe Umwelt angeht.

- *Kombination aus Generalisten und Spezialisten:* In einem innovationsaktiven Unternehmen werden einerseits Spezialisten in Bezug auf Forschung und Entwicklung bzw. Marketing benötigt, andererseits flexible Generalisten, die eine gewisse Basis an Grundwissen in verschiedenen Bereichen aufweisen und so eine gegenseitige „Befruchtung" der Abteilungen ermöglichen. Die Herausforderung liegt insbesondere beim Management, diese Vielfalt an Wissen optimal für den Innovationsprozess zu leiten (Trott 2002, S. 70ff).

Die von Trott (2002) genannten besonderen Eigenschaften, die die Organisation eines innovativen Unternehmens aufweisen sollte, um erfolgreich zu sein, liegen vor allem auf einer offenen Atmosphäre, Flexibilität, Risikobereitschaft und dem Mix von Generalisten und Spezialisten, ohne die in seinen Augen Innovation nicht erfolgreich möglich ist.

5.1.3 Phasenbezogenes Organisationskonzept nach Geschka

Gemäß Geschka (1990) gibt es keine für den gesamten Innovationsprozess durchgängige optimale Organisationsform, so dass er ein phasenbezogenes Organisationskonzept vorschlägt, das sich am Innovationsentwicklungsprozess orientiert und für die groß gefassten Phasen die besonderen Charakteristika einer innovationsfreundlichen Organisation hervorhebt.

Dies bedeutet, dass bestimmte Merkmale einer innovationsfreundlichen Struktur nicht für alle Phasen des Entwicklungsprozesses gleich gut geeignet sind: Allerdings ist insbesondere bei kleinen und mittleren Betrieben der organisatorische Wechsel, den er fordert, nur schwierig umzusetzen.

Phase im Prozess	Anforderungen (Schwerpunkte)	Organisatorische Gestaltungsformen
Planung	Strategische Anbindung, Offenheit, Zugang zu internen oder externen Informationen, kreativitätsfördernde Atmosphäre	Stabsarbeit unter Mitwirkung der Geschäftsleitung, Gruppenarbeit, Einbindung externer Spezialisten
Realisierung	Konzentration auf Projektziele, Durchsetzungsfähigkeit, Koordination verschiedener Aktivitäten, Zeit- und Kostenbewusstsein	Projektmanagement, Teamführung, Projekt-Controlling, Machtpromotor
Einführung	Breite Aufklärung, Kommunikationsfähigkeit mit Anwendern/Kunden, Auseinandersetzung mit aktuellen Informationen/Situationen; schnelle Aktionsfähigkeit	Sonderbeauftragter bzw. Produktmanager, Einbindung von Geschäftsleitung und PR, „Ad-hoc"-Arbeitskreise, Delegation von Teilaufgaben an Institute oder Berater

Tab. 8: Wechselnde Anforderungen und Organisationsformen im Innovationsprozess (Geschka 1990, S. 164)

In der Planungsphase ist Innovation vorrangig die Aufgabe einer Stabsstelle, wobei in kleinen und mittleren Unternehmen die Geschäftsleitung zur Mitarbeit verpflichtet ist, indem sie die strategische Ausrichtung und Vision des Unternehmens in die Planung einbringt. Für die Umsetzung (Realisierung) einer Innovation empfiehlt Geschka die Einsetzung eines Projektteams, was insbesondere in KMUs aufgrund der Größenverhältnisse schwierig ist. In der Markteinführungsphase sollte das Projektteam durch einen Produktmanager ersetzt werden, dessen Kompetenzen vor allem im Marketing und im Verkauf des neuen Produkts liegen.

Zusammenfassend fordert er eine flache hierarchische Struktur, so dass die an einer Innovation arbeitenden Mitarbeiter Kontakt zur Geschäftsleitung haben, wenig formale Regelungen, wenig Bürokratie (geringer Formalisierungsgrad), eine Dominanz von Generalisten gegenüber differenzierten Spezialisten (vgl. auch Hauschildt 1997, S. 114), weitgehende Eigenverantwortlichkeit der einzelnen Organisationsteile, kreativitätsförderndes Klima und breiter Zugang zu internen und externen Informationen, dezentrale Entscheidungsbildung und genügend organisatorische Flexibilität, um für begrenzte Zeit schlagkräftige Projektgruppen bilden zu können (Geschka 1990, S. 163ff).

Nachfolgend zeigt ein Modell die aufbauorganisatorische Eingliederung der Innovationsaktivitäten in kleinen und mittleren Unternehmen, in dessen Mittelpunkt der Innovationsplaner (Stabstelle) steht.

```
        ┌─────────────────┐         ┌──────────────────┐        ┌──────────┐
        │ Geschäftsleitung│◄────────│  Innovations-    │        │ Externe  │
        └─────────────────┘         │  Ausschuss       │        │ Beratung │
                                    └──────────────────┘        └──────────┘
                                            ▲
                                    ┌──────────────────┐
                                    │ Innovations-     │◄───────
                                    │ planer           │
                                    └──────────────────┘
┌──────────┬──────────┬──────────┬──────────┐
│ Entwick- │ Produk-  │ Vertrieb │ Verwal-  │
│ lung     │ tion     │ Marketing│ tung     │
└──────────┴──────────┴──────────┴──────────┘
                                    ┌──────────────────┐
                                    │ Projekt-         │
                                    │ gruppen          │
                                    └──────────────────┘
```

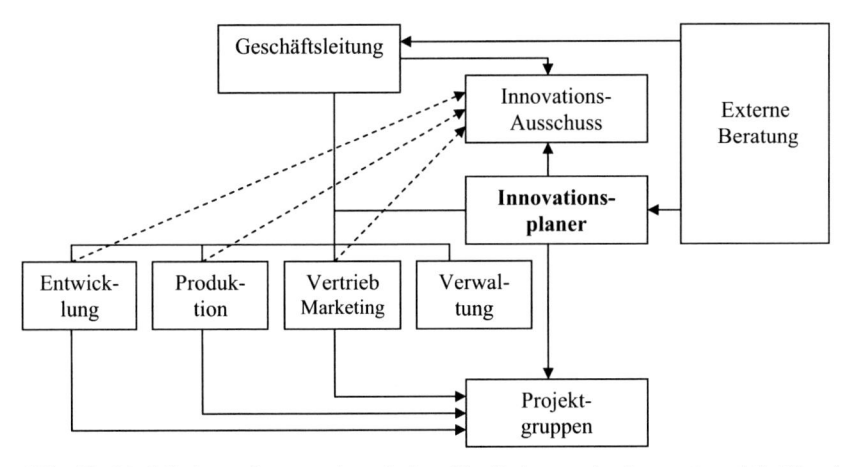

Abb. 13: Modell der aufbauorganisatorischen Eingliederung der Innovationsaktivitäten in Klein- und Mittelunternehmen (Geschka 1990, S. 166)

Dieser Innovationsplaner hat sowohl Kontakt zum oberen Management (Geschäftsleitung bzw. Machtpromotor) als auch zum Innovationsausschuss, der sich aus Leitern der einzelnen Abteilungen zusammensetzt und der die Innovationsentscheidungen fällt, sowie zu den Projektgruppen, die für die operative Umsetzung von Innovationsideen zuständig sind und aus kompetenten Mitarbeitern verschiedener Funktionsbereiche bestehen.

5.1.4 Die innovative Organisation nach Mintzberg

Mintzberg (1979, 1992) sieht lediglich zwei der fünf von ihm differenzierten Organisationsformen als innovationsfähig an, nämlich die *Adhokratie* und die *Einfachstruktur*. Maschinenbürokratie, Profibürokratie und Spartenstruktur sind wegen ihres Schwerpunkts auf Formalisierung, Hierarchie und Bürokratie nicht auf die Entwicklung und Implementierung von Innovationen ausgerichtet. Diese Organisationsformen sind eher für Standardprodukte geeignete Leistungsstrukturen und keine Problemlösungsstrukturen, die neue Verfahren zur Bewältigung bislang nicht aufgetretener Anforderungen entwickeln sollen (Mintzberg 1979, S. 374ff; 1992, S. 281).

Da Innovation bedeutet, aus veralteten und verkrusteten Strukturen auszubrechen, kann die innovative Organisation keine Form von Standardisierung zur Erzielung von Koordination einsetzen. Charakteristika der Bürokratie wie z. B. scharfe Arbeitsteilung, starke Unterteilung in Einheiten, hoch formalisierte Verhaltensweisen und Betonung von Planung und Kontrolle, sind daher für Innovationen nicht geeignet. In einer Gegenüberstellung der Adhokratie, die als innovationsfreundlich gilt, und der Einfachstruktur, deren Eigenschaften sich häufig in den kleinen und mittleren Unternehmen des alpinen Tourismus finden, wird die unterschiedliche Ausprägung der Innovationsfähigkeit der beiden Organisationsformen deutlich.

Charakteristik	Einfachstruktur	Adhokratie
Vorrangiger Koordinationsmechanismus	- Persönliche Weisung	- Gegenseitige Abstimmung
Wichtigster Organisationsteil	- Strategische Spitze	- Hilfsstab (in der administrativen Adhokratie, zusammen mit dem betrieblichen Kern in der betrieblichen Adhokratie)
Wesentliche Gestaltungsparameter	- Kaum Spezialisierung - Kaum Ausbildung/Indoktrination - Kaum Formalisierung, organisch - Gruppierung gewöhnlich funktional - Große Einheiten - Kaum Planung und Kontrolle - Wenig Kontaktinstrumente - Zentralisation	- Viel horizontale Spezialisierung - Viel Ausbildung - Kaum Formalisierung, organisch - Gruppierung funktional und marktorientiert - Kleine Einheiten - Eingeschr. Leistungskontrolle - Viele Kontaktinstrumente - Selektive Dezentralisation
Funktionen	- Strategische Spitze mit gesamter Verwaltungsarbeit - Betrieblicher Kern hat kaum informelle Arbeit, kaum Ermessensfreiheit - Mittellinie: unbedeutend - Technostruktur: keine - Hilfsstab: klein - Hierarchie: von oben nach unten - Geregelte Abläufe: unwichtig - Informelle Kommunik.: wichtig - Anordnung von Arbeitskonstellationen: keine - Verlauf von Entscheidungsprozessen: von oben nach unten	- Strategische Spitze mit externen Kontakte, Konfliktlösung, gleichmäßige Arbeitsauslastung - Betrieblicher Kern ist abgetrennt bzw. verbunden mit Administration zur Durchführung informeller Projektarbeit - Mittellinie: umfassend, Trennung zum Stab verwischt - Technostruktur: klein - Hilfsstab: sehr ausgebaut, aber mitten in Projektarbeit verwischt - Hierarchie: unwichtig - Geregelte Abläufe: unwichtig - Informelle Kommunik.:wichtig - Anordnung von Arbeitskonstellationen: wichtig - Verlauf von Entscheidungs-prozessen: gemischt, alle Ebenen
Situative Faktoren	- Typisch junges/kleines Unternehmen - Einfache und dynamische Umwelt, manchmal feindselig - Macht: Kontrolle durch Spitzenführungskraft, häufig Unternehmer und Eigentümer in einer Person	- Typisch junges Unternehmen - Komplexe und dynamische Umwelt, manchmal disparat - Macht: Kontrolle durch Experten, sehr zeitgemäß
Innovationspotenzial	- Einfache Innovationen möglich	- Hochentwickelte Innovationen möglich

Tab. 9: Eigenschaften der Adhokratie und der Einfachstruktur (eigene Darstellung nach Mintzberg 1992, S. 214 und 336 sowie 370f)

Der von Toffler geprägte Begriff *Adhokratie* beinhaltet die häufige und flexible Änderung von Organisationen und deren Funktionsbereichen mit dem Ziel, flexible und informelle Informations- und Kommunikationsflüsse und Entscheidungsprozesse zu kreieren, die als Basis für die Förderung von Innovationen dienen (Toffler 1970). Spezialisten werden in multidisziplinären Projektgruppen eingesetzt, um sich gegenseitig mit Kenntnissen und Qualifikationen zu befruchten und querzudenken. Innovationen erfordern Unternehmungsgeist, und dieser entwickelt sich nicht unter den Bedingungen einer standardisierten Organisation. Einfachstrukturen, die die KMU im österreichischen Tourismus prägen, sind häufig bei jungen und kleinen Unternehmen vorzufinden, wobei diese Einfachstruktur zum Teil auch über die Gründungsjahre hinaus beibehalten wird. Unternehmer und Eigentümer sind oftmals dieselbe Person, so dass die Planung, Weisung und Kontrolle zentralistisch und persönlich von oben nach unten erfolgt (Führungshierarchie).

Mintzberg (1992) weist Einfachstrukturen nur geringes Innovationspotenzial zu, so dass lediglich Produktverbesserungen, -erweiterungen und sonstige inkrementelle Innovationen möglich sind. Adhokratien dagegen weisen ein hohes Innovationspotenzial auf; nicht nur inkrementelle, sondern radikale Neuentwicklungen sind in dieser Organisationsform realisierbar.

5.1.5 Mechanistische versus organische Organisation

In der Innovationsliteratur findet sich häufig die Auseinandersetzung der von Burns und Stalker entwickelten und polarisierenden Organisationen, nämlich die organische und die mechanistische Struktur (Burns/Stalker 1971; Khandwalla 1977; Slevin/Covin 1990; Damanpour 1991; Ahmed 1998; Trott 2002; Afuah 2003; Hauschildt 2004).

	Organische	Organisationsstruktur	Mechanistische
1.	Offen, freier Informationsfluss durch die Unternehmung	Kommunikationskanäle	Stark strukturiert und eingeschränkter Informationsfluss
2.	Basiert auf dem Wissen und der Kompetenz jedes Einzelnen. Partizipativ, Gruppenkonsens	Entscheidungsbefugnisse und Führungsstil	Formale Managementstruktur (Hierarchie). Vorgesetzte fällen Entscheidungen mit wenig Beteiligung der Mitarbeiter
3.	Anpassung an sich ändernde Umstände	Anpassung(sfähigkeit) der Organisation	Hartnäckiges Festhalten an erprobten Managementprinzipien trotz veränderter Bedingungen
4.	Ungezwungen, „die Dinge müssen erledigt werden"	Betriebsablauf	Festhalten an formalen Strukturen und erprobten Managementprinzipien
5.	Locker, informell, Kontrolle in Form von Kooperation	Kontrolle	Straff, durch komplexe Kontrollsysteme
6.	Flexibel: Anpassung an Erfordernisse der Situation oder der Persönlichkeit möglich	Verhalten am Arbeitsplatz	Starr: Anpassung des Einzelnen an vorgegebene Arbeitsbeschreibungen erforderlich

Tab. 10: Organische und mechanistische Organisationsstruktur (eigene Darstellung in Anlehnung an Burns/Stalker 1971, S. 120ff, Slevin/Covin, S. 44)

Die organische Organisationsstruktur ist innovationsfördernd, weil Kreativität und Innovativität besser in einer offenen, ungezwungenen und lockeren Atmosphäre, in der die Kontrolle kooperativ durchgeführt wird, Informationen frei zugängig sind und die Kompetenz jedes Einzelnen in Gruppen eingesetzt wird, entstehen können. In Organisationen mit festen Regularien, festgelegten Kontrollsystemen und starken Strukturen bzw. Bürokratien mit geringer Fähigkeit, sich Änderungen anzupassen, können sich Innovationen nur schwer entwickeln (vgl. auch Mintzberg 1979). Die mechanistische Struktur weist bessere Voraussetzungen für die Produktivität und Effizienz in Produkt- oder Serviceerstellung auf, während die organische Struktur für Innovationszwecke in einer Unternehmung besser geeignet ist.

Bei einer kritischen Betrachtung des M-O-Paradigmas stellt man fest, dass ein Entweder-Oder zwischen den beiden Ordnungen für die Erreichung aller Firmenziele nicht möglich ist. Eine Entscheidung für die organische Organisation, um Innovationen zu fördern, ist aufgrund verschiedener Aspekte, z. B. der Eindimensionalität der Unternehmensstrategie, fraglich: Ist es sinnvoll, eine funktionierende und durchaus effektive und produktive mechanistische Struktur für das Ziel der Innovativität aufzugeben? Des Weiteren darf nicht unberücksichtigt bleiben, dass eine erfolgreich getestete Innovation eine dauerhafte Verwertung erfordert, die am effektivsten in einer mechanistischen Struktur erfolgt. Auch Beziehungen zur externen Umwelt wie Lieferanten, Kunden und Forschungseinrichtungen sind in der organischen Struktur nicht einbezogen.

Die Flexibilität mechanistischer Strukturen wird unterschätzt, denn diese können bis zu einem gewissen Grad ebenfalls innovativ sein (Baldridge/Burnham 1975). Zwar existiert in einer mechanistischen Organisation vermutlich ein größerer Widerstand gegen Innovationen. Ist dieser jedoch gebrochen, ist die Durchsetzung einer Innovation ebenfalls möglich (Hauschildt 2004, S. 106). Hauschildt (2004) lässt also das M-O-Paradigma nicht uneingeschränkt, sondern lediglich innerhalb einzelner Organisationsprozesse zu. Damit schlägt er vor, nur diejenigen Ordnungen, die sich mit Innovationen beschäftigen, innerhalb einer mechanistischen Struktur organisch zu organisieren.

Wie bereits in seiner Kritik am M-O-Paradigma deutlich wurde, plädiert der Autor dafür, die „Vorzüge einer mechanistischen Ordnung mit der kreativen Ergiebigkeit eines organischen Miteinanders" (Hauschildt 2004, S. 107) zu einer innovationsbewussten Unternehmung zu verbinden: Er schlägt daher vor, die mechanistische Organisation einer Unternehmung mit organisch geführten Teilbereichen oder externen Partnern zu kombinieren, die Organisation stärker auf Abläufe als auf deren Aufbau zu konzentrieren (Orientierung am Projektmanagement) oder auf Zeit – nämlich für die Dauer der Entwicklung eines Produktes oder einer Dienstleistung – die Organisation durch eine Innovationseinheit zu ergänzen bzw. abzuändern.

Dies zeichnet Hauschildt (2004) an sechs Eigenschaften, die er einer innovationsbewussten Unternehmung zuschreibt, nach: Unter *Systemoffenheit* versteht er, dass ein innovierender Betrieb nach außen offen ist, d. h. dass Informationen nicht nur von außen geholt, sondern auch abgegeben werden und das Unternehmen dadurch in Kommunikation mit wichtigen Konsumenten bzw. Meinungsführern (Lead User) und/oder anderen Forschern (durch Publikationen) tritt und somit durch rege Interaktionen mit der externen Umwelt Innovationen gefördert werden. Der *Organisationsgrad* sollte so gering wie möglich gehalten werden: Innovationen gelingen dann, wenn sie nicht durch Bürokratie und starre Strukturen behindert werden. Dies auf die gesamte Unternehmung zu beziehen, würde eventuell den regulären Betriebsablauf stören, so dass eine Reduzierung des Organisationsgrads nur für diejenigen Bereiche sinnvoll ist, die sich auf die Innovationsaktivität konzentrieren. Auch *Informationsbeziehungen* sollten in einem innovationsorientierten Unternehmen so wenig wie möglich geregelt werden und daher der festgelegte Dienstweg aufgebrochen werden können, so dass Entscheidungen zu Innovationsprojekten den gleichen Stellenwert wie Alltagsprobleme haben und keine nachrangige Behandlung erfolgt. In einer innovationsorientierten Organisation werden *Konflikte* nicht verdrängt oder nach einem vorgegebenen Muster bearbeitet, sondern das Unternehmen setzt sich *bewusst* damit auseinander, um daraus Kreativität zu fördern. Dieses Argument setzt sich bei der *Personalauswahl* fort, denn kreative und konfliktbewusste Mitarbeiter tragen größeres Innovationspotenzial in sich als so genannte angepasste Angestellte, die für einen effizienten Betriebs- und Produktionsablauf eher geeignet sind. Mitarbeiter mit genügend Vertrauen und Handlungsspielraum können innovative Ideen außerhalb ihres Kompetenz- und Verantwortungsbereiches weiter verfolgen (Damanpour 1991, S. 579; Schumann 1993, S. 118ff; Uhl 1993, S. 221ff). Hauschildt empfiehlt also eine Ergänzung des mechanistischen Ansatzes um die genannten innovationsfördernden Komponenten (Hauschildt 2004, S. 107).

5.1.6 Die innovative Organisation nach Galbraith

„Invention occurs best when initial efforts are separated from the operating organization and its controls – because innovating and operating are fundamentally opposing logics." (Galbraith 1982, S. 15)

Da weder die organische noch die mechanistische Organisation optimal alle Aufgaben einer Unternehmung erfüllen kann, schlug Galbraith 1982 ein Nebeneinander zweier Organisationsformen vor, die ineinander greifen: die operative und die innovative Organisation. Neben einer Organisationsstruktur, die für den Betriebsablauf des Unternehmens zuständig ist, existiert eine weitere, in denen die Rollen neu besetzt werden, die Finanzierung unabhängig von der ersten Organisation erfolgt, alternative Vergütungsmodelle zum Einsatz kommen sowie die Mitarbeiter in Bezug auf Selbständigkeit bei der Kreativität und Ideenfindung gefördert werden (Galbraith 1982). Dies garantiert einerseits den weiteren reibungslosen Ablauf der Produktion bzw. Dienstleistungserstellung und ermöglicht andererseits die ungestörte Entwicklung neuer Produkte und Services.

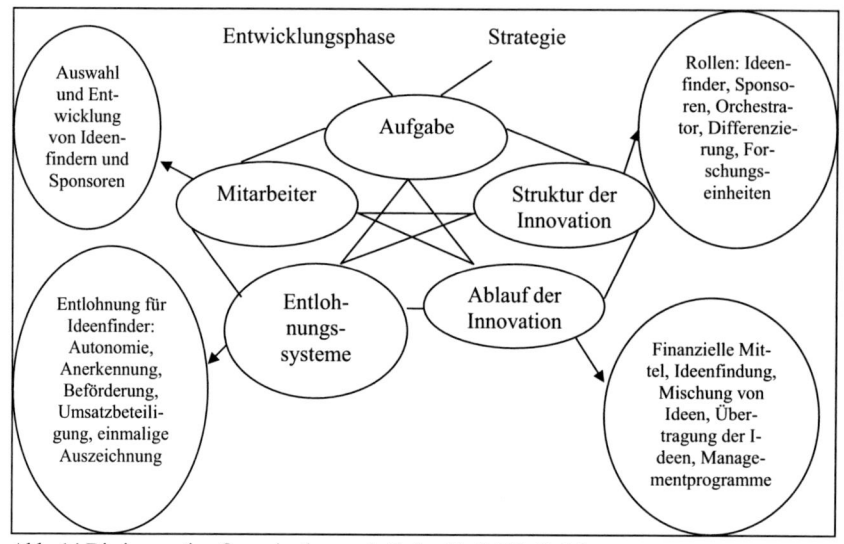

Abb. 14 Die innovative Organisation nach Galbraith (1982, S. 24)

Ausgehend von einer auf Produktion oder Dienstleistungserstellung ausgerichteten Organisation ist eine zweite Ordnung insbesondere dann erforderlich, wenn es sich bei den Innovationen nicht um inkrementelle Verbesserungen, sondern um völlig neue Produkte oder Dienstleistungen handelt. Die oben dargestellte Grafik zeigt, dass alle vier Bereiche untereinander und mit der zu erfüllenden Aufgabe abgestimmt sein müssen. Welche Rollen und Aufgaben in einer innovativen Organisation zu erfüllen sind, wird in den nachfolgenden Punkten erörtert.

1) Struktur

Jede Innovation findet ihren Anfang durch einen *Ideenfinder (Erfinder, Unternehmer, Risikoträger, Produktentwickler)*. Für gewöhnlich kommt der Ideenfinder aus einer unteren Hierarchiestufe, der jedoch über genügend Erfahrung mit dem Produkt und den Kunden verfügt und nun selbst ein neues oder modifiziertes Produkt entwickelt, das den Anforderungen und Wünschen der Kunden entspricht. Aufgrund seiner Position im Unternehmen benötigt er einen so genannten *Sponsor (Förderer)*, der ihn und seine Idee innerhalb des Unternehmens unterstützt. Dies bedeutet, dass der Förderer zunächst entscheiden muss, welche der vorgeschlagenen Ideen und deren Weiterentwicklung er mit seiner Autorität unterstützen wird. Der Förderer gehört in der Regel dem mittleren Management an. Dies ist meist der direkte Vorgesetzte des Innovators, der seinen Mitarbeiter fördert, z. B. der Leiter der F&E-Abteilung, der normalerweise für beide Organisationen, also sowohl für die innovierende als auch die produzierende bzw. dienstleistungserstellende, arbeitet und gleichzeitig als Bindeglied zwischen dem Ideenfinder und dem Top Management fungiert. Die dritte entscheidende Rolle in der innovativen Unternehmung ist der *Orchestrator (Mittelsmann)*; diese Rolle nimmt in der Regel eine Person des Top Managements ein. Es geht dabei um die neutrale Begutachtung einer neuen Idee, denn zunächst zerstört diese bestehende und bewährte Arbeitsabläufe und Mitarbeitereinsätze. Er entscheidet also über die Weiterverfolgung einer neuen Idee, insbesondere was die finanzielle Unterstützung innerhalb des Unternehmens angeht.

Des Weiteren sind neben den dargestellten Personen in einer innovierenden Organisation so genannte *Reservations*, also Forschungsabteilungen, charakteristisch. Es handelt sich um Organisationseinheiten, die sich nur mit der Entwicklung neuer Ideen beschäftigen. Dabei geht es um „sicheres Lernen", also darum, etwas umsetzen und testen zu können. Diese Organisationseinheiten können intern (eigene Forschungsabteilung, Laboratorien etc.) oder extern (Universitäten, Beratungsfirmen, Werbeagenturen) angesiedelt und dauerhaft oder auf Zeit eingerichtet sein. Es ist sinnvoll, interne Forschungsabteilungen auf Dauer einzurichten. Die Zusammenarbeit mit externen kann auf Zeit, z. B. projektbezogen, erfolgen. In der Regel arbeiten Sponsoren und Orchestratoren in beiden Organisationen, während der F&E-Leiter sowie die Produktentwickler nur in der innovierenden Organisation tätig sind. Die Struktur der innovierenden Unternehmung ändert sich dahingehend, dass die Entwicklung neuer Produkte und Dienstleistungen die Isolierung eines Bereichs von der Betriebsorganisation erfordert, um sowohl räumlich als auch finanziell getrennt Innovationen zu gestalten. Ein Problem besteht jedoch darin, dass das Ausmaß der Ausgliederung die Wahrscheinlichkeit von Innovationen zwar positiv beeinflusst, eine starke Trennung die Eingliederung einer neuen Idee in den Betriebsablauf dadurch aber erschwert wird (Galbraith 1982, S. 9ff).

2) Prozesse

Der von Galbraith beschriebene Innovationsprozess innerhalb eines Unternehmens setzt bestimmte finanzielle Mittel voraus, die für die Forschungseinheiten zur Verfügung stehen. Nach der Ideenfindung, der Konzeptionalisierung und schließlich der Auswahl der Ideen, die weiterverfolgt und -entwickelt werden (mithilfe des Förderers und der Fördertöpfe), muss das entwickelte Produkt bzw. die entwickelte Dienstleistung in die Betriebsorganisation eingegliedert und implementiert werden, d.h. eine Prozessinnovation wird im Unternehmen umgesetzt, neue Produkte müssen mittels Managementtools in den Markt eingeführt werden. Entscheidend ist, dass während des geschilderten Prozesses die Kommunikation zwischen der Innovations- und der Betriebsorganisation kontinuierlich stattfindet (Galbraith 1982, S. 15ff).

3) Anreizsystem

Die Aufgabe einer Innovation ist risikoreicher, schwieriger und findet über einen längeren Zeitraum statt. Ein Anreizsystem hat das Ziel, innovatives Verhalten bei den Mitarbeitern zu fördern. Das Entlohnungssystem soll das Unternehmen für Personen, die Ideen entwickeln, interessant machen, einen Produktentwickler auch nach mehreren Fehlschlägen weiterhin zu innovativer Arbeit motivieren und zuletzt auch als wertvoller Verdienst nach einer erfolgreichen Produktentwicklung dienen. Galbraith unterscheidet verschiedene Anreize für die unterschiedlichen Rollen der Mitarbeiter, so dass ein Produktentwickler z. B. ein höheres Gehalt bekommen könnte bis hin zu dem eines mittleren Managers, ohne jedoch eine solche Position einzunehmen. Auch können besondere Preise vom Unternehmen ausgeschrieben werden, wie z. B. der Carlton Award, der bei 3M wie ein interner Nobelpreis jährlich verliehen wird. Für den Förderer schlägt er einen zusätzlichen Jahresbonus vor, wenn 25% des Umsatzes mit Produkten erzielt wurden, die in den letzten fünf Jahren entwickelt wurden. Sobald der Bonus in Gefahr ist, sind die Förderer sehr an der Entwicklung neuer Produkte interessiert. Belohnungssysteme für Produktentwickler und Sponsoren sind in einer Unternehmung, die innovativ tätig sein möchte, notwendig und können zunächst simpel, später auch komplexer und motivierender sein (Galbraith 1982, S.19ff).

4) Mitarbeiter

Die Eigenschaften eines *Produktentwicklers* charakterisiert Galbraith mit einem großen Verlangen, etwas zu erreichen und Risiken einzugehen, mit Respektlosigkeit vor dem Status quo und Spezialwissen der Branche. Sie sind weniger zufrieden mit Produkten und Situationen im Unternehmen und haben wenig zu verlieren, wenn sich Dinge ändern. Sie gehören häufig einer Randgruppe an oder sind neu im Unternehmen. Da Produktentwickler aufgrund der Beschreibung als kreativ, aber schwierig gelten, ist es die besondere Aufgabe des *Förderers* und des *Leiters der Forschungseinheit*, diese Personen zu führen. Dies ist umso schwieriger, da die Produktentwickler einerseits unabhängig entwickeln wollen und zum Teil auch können, andererseits dennoch eine gewisse Anleitung von oben erforderlich ist. Elementar ist Erfahrung mit Innovationen in der Karriere, d.h. dass Förderer und F&E-Leiter den Umgang mit Risiko, Unsicherheit, Fehlschlägen und ständigem Lernen gewohnt sind. Sie sind idealerweise selbst Ideenfinder, da die Ideen, die in den unteren Hierarchiestufen entstehen, zumeist Kundenwünschen entsprechen, aber die nötige weite Sichtweise fehlt. Ergänzend sollte der Förderer neben der Branchenkenntnis auch betriebswirtschaftliche Kenntnisse mitbringen sowie das Top Management von Ideen und der Notwendigkeit von Investitionen in Innovationen überzeugen können (Galbraith 1982, S. 21ff).

Die nachfolgende Tabelle stellt die Anforderungen einer operativen denen einer innovativen Organisation gegenüber. Die erörterten Organisationskomponenten einer innovativen Struktur können dann erfolgreich wirken, wenn sie holistisch und konsistent eingeführt werden. Dies schafft die Basis für eine Ordnung, in der neben der betrieblichen Organisation genügend Freiraum für innovative Aktivitäten bleibt. Die vorgeschlagene organisatorische Trennung der Innovationsentwicklung wird in der Literatur weiter untermauert (Tushman/Nadler 1986; Ripley/Ripley 1992; Day et al. 2001).

	Operative Organisation	Innovative Organisation
Struktur	Arbeitsteilung Bildung von Abteilungen Kontrolle Aufteilung der Machtbefugnisse	Rollen: Orchestrator, Sponsor, Ideenentwickler Differenzierung Innovationseinheiten (Reservation)
Arbeitsabläufe	Informations- u. Kommunikationsfluss Planung und Budgetierung Leistungsmessung Vernetzung von Abteilungen	Planung und Finanzierung Ideenfindung Ideenverarbeitung Umsetzung
Anreizsystem	Vergütung Beförderung Führungsstil Arbeitsgestaltung	Selbständigkeit Beförderung/Anerkennung Besondere Vergütung
Mitarbeiter	Auswahl und Anwerbung neuer Mitarbeiter Beförderung/Übernahme Weiterbildung	Auswahl/Selbst-Auswahl Weiterbildung

Tab. 11: Komponenten der operativen und innovativen Organisation (Galbraith 1982, S. 10)

5.1.7 Komponenten einer innovativen Organisation nach Weiermair

Weiermair (2001a) stellt als Konsequenzen veränderter Rahmenbedingungen des alpinen Tourismus, insbesondere was den Globalisierungsdruck und die Technologisierung angeht, drei Aufgaben des neuen touristischen Unternehmens dar, nämlich die Bildung von Synergieeffekten und Größenwirtschaftlichkeiten, das Erreichen neuer Kunden und Märkte sowie die Generierung von Wissen.

Für die betriebliche Organisation bedeutet das eine neue Form der vernetzten Unternehmung (Co-Option, Outsourcing, Kooperation, Internalisierte Lernprozesse) und äußert sich durch flache Hierarchien, dezentrale Verantwortungsbereiche, Koordination durch genaue Standards sowie intensive Information- und Kommunikationsprozesse. Die insbesondere bei Dienstleistungen erforderliche Interaktionsqualität kann dadurch als Kernkompetenz entwickelt werden; die Mitarbeiter werden durch weitere Qualifikation zwar stärker in die Verantwortung eingebunden, dadurch jedoch auch motiviert (Weiermair 2001a, S. 115). „Traditionell gewachsene Unternehmungen, die nur sehr zögerlich bereit sind, neue Organisations- und Wachstumsformen zu akzeptieren, manövrieren sich oft in unnötige Finanzierungsengpässe und/oder Stagnationsphasen. (Weiermair 2001b, S. 136). Gerade vernetzte Unternehmen und die Informations- und Wissenskommunikation sind im österreichischen Tourismus noch nicht ausreichend stark ausgeprägt, da die Eigentümer der Betriebe häufig mit Traditionen im Sinne der Unternehmensführung verhaftet sind.

5.1.8 Zusammenfassung

In der Tabelle sind die Anforderungen an eine innovationsfreundliche Organisation, wie sie die einzelnen Autoren formulierten, zusammen gefasst:

Trott	Mintzberg	Burns/Stalker	Weiermair	Geschka	Galbraith
Strategische Ausrichtung: Wachstum	-	-	Wachstum, Wettbewerbsfähigkeit	Strategische Anbindung	Strategie
Wachsamkeit	-	-	-	schnelle Aktionsfähigkeit	Handlungsfähigkeit durch zwei parallele Organisationen
Verpflichtung zur Technologie	Viele Kontaktinstrumente Kleine Technostruktur	-	Starke Kommunikation, Technologie als Auslöser von organisatorischen Änderungen	breiter Zugang zu internen und externen Informationen	-
Risikobereitschaft	-	-	-	-	Risikobereitschaft
Kooperation zwischen Funktionsbereichen	Hilfsstab, Spitze mit externen Kontakten, Gruppierung funktional und marktorientiert	Basiert auf dem Wissen und der Kompetenz jedes Einzelnen, Partizipativ, Gruppenkonsens	Kooperation zwischen den Hierarchiestufen, flache Hierarchie	Koordination verschiedener Aktivitäten. flache Hierarchie, wenig Regeln	Verzahnung von Betriebs- und Innovationsorganisation
Aufnahmekapazität	Projektarbeit	Offen, freier Informationsfluss durch die Unternehmung	Wissen, ständiges Lernen	Offenheit	Freiraum für die Entwicklung neuer Ideen
Freiraum	Kaum Formalisierung, organisch	Locker, informell, Kontrolle in Form von Kooperation	-	Kreativitätsfördernde Atmosphäre	Unabhängigkeit und Selbständigkeit der Entwickler
Anpassungsfähigkeit	Komplexe und dynamische Umwelt	Anpassung an sich ändernde Umstände	Adaption an sich ändernde Umstände	Organisatorische Flexibilität	Anpassung durch Schaffung einer zweiten Organisation
Kombination aus Generalisten und Spezialisten	Viel horizontale Spezialisierung	-	-	Dominanz von Generalisten gegenüber Spezialisten	Spezialisten und Generalisten

Tab. 12: Innovationsfreundliche Organisationen (eigene Darstellung)

Die Forschung beschäftigt sich zwar mit der Organisation innovationsaktiver Unternehmen, dies erfolgte jedoch bislang bis auf die kurzen Ausführungen von Weiermair explizit weder für die Dienstleistungsbranche noch für den Tourismus-Sektor. Gerade die vielen kleinen und mittleren touristischen Unternehmen werden vermutlich Schwierigkeiten haben, all diese Anforderungen an eine innovationsfreundliche Organisation aufgrund des Mangels an Human Ressourcen in qualitativer und quantitativer Form und des Mangels an Zeit zu erfüllen. Galbraith fordert eine zweite Organisationsform ein, die sich – ausgegliedert vom restlichen Betrieb – nur mit der Entwicklung von Innovationen beschäftigt. Dies könnte man als F&E-Abteilung in den Unternehmen (intern) oder auch extern als kooperierende Forschungseinrichtungen sehen. Dazu gehören die Universität, Fachhochschulen, Forschungsinstitute (Fraunhofer, Robert Koch etc.) oder auch Unternehmensberater, die als „external reservations" (Galbraith) identifiziert werden können. Der Großteil der Untersuchungen zur Organisation innovativer Unternehmen streicht also deutlich die Bedeutung des innovativen Kerns einer auf effiziente Produktion ausgerichteten Betriebs heraus. Für touristische Betriebe bedeutet dies, den Nachteil der Kleinstrukturiertheit zu versuchen zu überwinden und Kooperationen anzustreben. Diese wären mit anderen Unternehmen (gemeinsames Entwickeln eines touristischen Produktes mit verschiedenen Anbietern aus der Wertekette oder aus derselben Subbranche) oder mit ansässigen Forschungseinrichtungen wie z. B. Hochschulen (Beteiligung an Grundlagenforschung, Forschungs- und Beratungsaufträge) denkbar.

Die Zusammenfassung betont ebenfalls, dass die Trennung von produktiver und innovativer Organisation allein kein Garant für erfolgreiches Innovieren darstellt. Vielmehr ist sie als Basis zu verstehen, auf deren Grundlage weitere Aspekte Berücksichtigung finden sollten: Gerade die Kooperation zwischen Abteilungen kombiniert mit flachen Hierarchien, offenem Kommunikationsfluss, Flexibilität und die Gewährung von Freiraum werden in der Literatur als Erfolgsfaktoren für die Entwicklung und Einführung neuer Produkte angesehen. Am wenigsten Bedeutung für eine innovative Organisation erfuhr die Risikobereitschaft, was auch auf die Zuordnung zu den Charakteristika des Unternehmers zurückgeführt werden kann.

Da jedoch die Organisation eines Unternehmens nicht nur aus einer bestimmten Zusammensetzung aus Eigenschaften, Strukturen und Charakteristika (Aufbau) besteht, werden nun im nachfolgenden Kapitel Innovationsentwicklungsmodelle beleuchtet, die in der Organisation institutionalisiert werden, um Innovationen effizienter zu entwickeln und einzuführen. Des Weiteren wird die Rolle der Kreativität, und in diesem Zusammenhang vor allem die systematische Kreativität, besprochen. Als letzte beeinflussbare Variable der Unternehmensorganisation werden die Kernkompetenzen besprochen, die im Unternehmen holistisch existieren und durch ihre Einzigartigkeit – als Unique Selling Proposition – zu Wettbewerbsvorteilen gegenüber den unmittelbaren Konkurrenten führen.

5.2 Strukturierter Prozess: Innovationsentwicklungsmodelle

5.2.1 Zur Relevanz des strukturierten Innovationsentwicklungsprozesses

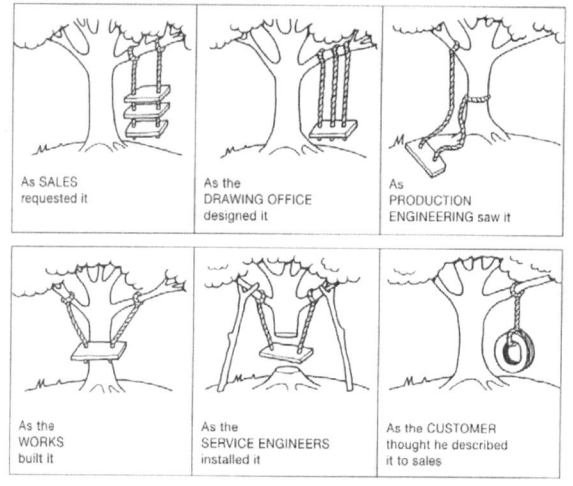

As SALES requested it	As the DRAWING OFFICE designed it	As PRODUCTION ENGINEERING saw it
As the WORKS built it	As the SERVICE ENGINEERS installed it	As the CUSTOMER thought he described it to sales

Abb. 15: Beispiel einer nicht gelungenen Produktentwicklung (Trott 2002, S. 216)

Obige Grafik zeigt, was geschehen kann, wenn bei der Entwicklung von neuen Produkten nicht nach einem vorgegebenen Innovationsentwicklungsprozess vorgegangen wird, wichtige Partner nicht integriert oder Entwicklungsschritte übergangen werden. Um diese Fehler zu vermeiden, ist es aus Sicht des Betriebes sinnvoll, einem systematischen Entwicklungsprozess zu folgen. Nachfolgend werden Dienstleistungsentwicklungsmodelle betrachtet bzw. diejenigen Produktentwicklungsmodelle untersucht, die für Services modifiziert wurden. Der Großteil der Modelle für die Entwicklung neuer Dienstleistungen orientiert sich an dem Produktentwicklungsmodell von Booz Allen Hamilton (1982), wobei jedoch bei der Untersuchung häufig die spezifischen Dienstleistungscharakteristika nicht bzw. nicht genügend berücksichtigt werden (Johnson et al. 2000, S. 9).

Als Ausgangspunkt dient die grundsätzliche Gliederung in drei große Schritte (Schumpeter 1934; Scherer 1980):

Invention ⇒ Innovation ⇒ Diffusion

Scherer versteht unter Invention die Wahrnehmung eines bislang ungelösten Problems und das Finden einer möglichen Lösung (Idee). Der Innovationsvorgang besteht aus der Umsetzung dieser möglichen, also realisierbaren Idee in eine marktgerechte und profitable Problemlösung. Damit wird die Diffusion gestartet, d.h. die erfolgreich eingeführte Innovation wird von anderen übernommen bzw. imitiert. Auch wenn Scherer den Markt und das Umfeld des Unternehmens in den Innovationsprozess mit einbezieht (Scherer 1980, S. 412; Weigand 1996, S. 31), während die nachfolgend dargestellten Modelle auf einer unternehmensbezogenen Sicht basieren, kann diese grundlegende Sichtweise als Ursprung für die Entwicklung weiterer Innovationsmodelle fungieren.

Verschiedene Autoren schlagen vor, dass der Prozess zur Entwicklung neuer Produkte und Dienstleistungen systematisch und schrittweise durchgeführt werden sollte, und zwar von der Definition der Unternehmensziele bis hin zur Einführung des Produkts und der Erfolgskontrolle (Heskett 1986; Hauschildt/Schmidt-Tiedemann 1993). In Dienstleistungsunternehmen jedoch ist der Prozess schwieriger, verläuft ungeordneter und weniger erfolgreich als in der Industrie (Scheuing/Johnson 1989; Martin/Horne 1993; Kelly/Storey 2000). Es wurde beobachtet, dass Dienstleistungsunternehmen über keine formalen Mechanismen (Prozessabläufe) für die Findung und Einführung von Innovationen verfügen (Gadrey et al. 1995), sondern vielmehr Innovationen häufig aus Zufall und durch Versuch und Irrtum entstehen. Daher können Prozessmodelle aus der Industrie, die an die Besonderheiten der Dienstleistungsbranche angepasst sind, hilfreich sein (Heskett 1986).

5.2.2 Teil-, Übertragungs- und gesamthafte Modelle

Johnson et al. (2000) gehen von einer Gliederung in Teil-, Übertragungs- und gesamthafte Modelle aus. Betrachtet man die ersten Veröffentlichungen über Modelle zum Dienstleistungsentwicklungsprozess, werden zunächst bestimmte Schwerpunkte von besonderer Bedeutung für Services hervorgehoben (Teilmodelle). So liegt bei Shostack (1984) bzw. Shostack und Kingman-Brundage (1991) der Fokus des fünfteiligen Prozesses auf der *Gestaltung* (design) der Dienstleistung, die als Ausgangspunkt für die weiteren Schritte *Implementierung* (Beschreibung der Anforderungen und die operative Umsetzung), *Dokumentation* (Festlegen von Standards, Anweisungen, Regeln), *Einführung* (Zugang der Kunden zum neuen Service) und *Audit* (Prüfung und Korrekturen/Feinabstimmung der neuen Dienstleistung) dient. Der Ausgestaltung der neuen Dienstleistung kommt besondere Bedeutung zu; daher steht die Blueprint-Methode im Mittelpunkt der Untersuchung, so dass die einzelnen Schritte einer Dienstleistung genau auf die Art und die Dauer der Erbringung hin überprüft und ggfs. modifiziert werden können (Shostack 1984; Shostack/Kingman-Brundage 1991). Bushman und Cooper (1980) legen besonderen Wert auf die Analyse und Bewertung von neuen Ideen. Sie führen aus, dass nach der Entwicklung eines neuen Service, dessen Test und der anschließenden Verbesserung immer wieder Analysen erfolgen müssen, um einen Misserfolg bei der Einführung einer neuen Dienstleistung zu verhindern, wobei die Analysen den Entwicklungsprozess kontinuierlich begleiten.

Bei den Übertragungsmodellen handelt es sich um Modelle, die vom Produktentwicklungsmodell von Booz Allen Hamilton (1982) ausgehen und dieses auf den Dienstleistungssektor übertragen. Dabei handelt es sich um einen siebenstufigen Entwicklungsprozess, der von der Strategieentwicklung (1) über die Ideenfindung (2), Auswahl und Bewertung (3), Geschäftsanalyse (4), Entwicklung (5), Test (6) hin zur Einführung/Kommerzialisierung (7) führt. Dieses Modell wurde in verschiedenen Dienstleistungsbranchen (Gesundheitswesen, Versicherungen, Banken, IT) erprobt (Donnelly et al. 1985; Bowers 1987; 1989; Anderson/Pennington 1992). Basierend auf dem gesamthaften Modell von Scheuing und Johnson (1989) mit 15 Schritten, das in Abschnitt 5.2.6 erörtert wird, wurde der Innovationsentwicklungsprozess in verschiedenen Dienstleistungsbranchen, wie z. B. Versicherungen, Kliniken, Banken, Telekommunikation, IT, Unternehmensberatungen, Medien und Transport (Thomke 2003, Kelly/Storey 2000, Gadrey et al. 1995, Martin/Horne 1993, Bowers 1987), untersucht. Hervorzuheben ist, dass Scheuing und Johnson neben dem Prozess auch interne und externe Interaktionen der Beteiligten herausarbeiteten, wodurch das Modell ganzheitlich angesehen werden kann und auch für Unternehmen höchst praktikabel wird.

5.2.3 Trichtermodell zur Entwicklung neuer Dienstleistungen

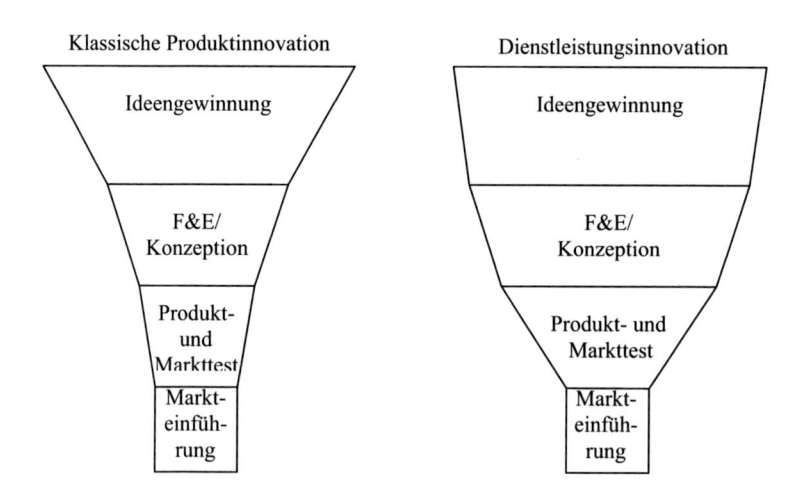

Abb. 16: Trichtermodell erfolgversprechender Innovationen (Meyer/Blümelhuber 1998, S. 813; Benkenstein 2001, S. 699)

Das oben dargestellte Trichtermodell gliedert den Entwicklungsverlauf in vier Phasen und verdeutlicht den Unterschied zwischen Produkt- und Dienstleistungsinnovation. Geht man von einer gleichen Anzahl neuer Ideen aus, wird bei der Konzeption und Gestaltung der Innovation bei Neuprodukten wesentlich stärker selektiert als bei Dienstleistungen, was hauptsächlich auf den größeren Investitionsbedarf in der Entwicklungsphase zurückgeführt werden kann. Weiterhin ist die Abbruchwahrscheinlichkeit bei Produkten in der Testphase ebenfalls höher als bei der Service-Entwicklung, da die Kosten für die Markteinführung von Produkten, die den Entwicklungsprozess nicht optimal durchliefen, zu kostspielig im Vergleich zu der vergleichsweise günstigen Test- und Einführungsphase von Dienstleistungen sind. Auch wenn zu Beginn und am Ende des Prozesses die gleiche Anzahl von Ideen stehen, so können aufgrund des geringeren finanziellen Bedarfs mehr Dienstleistungsideen weiter und länger vorangetrieben werden als neue Produkte (Benkenstein 2001; Benkenstein/Holtz 2003).

5.2.4 Das Modell nach Freiling und Weißenfels

Eine andere Darstellung erfolgt bei Freiling und Weißenfels (2003), die die Innovationsbesonderheiten bei Dienstleistungen anhand von drei Abschnitten untersuchen:

(1) *Inkubationsphase:* Diese ist mit der Ideengenerierung aus dem Modell nach Scheuing und Johnson zu vergleichen, d.h. dass die Innovationstätigkeit geplant ist. Häufig entstehen Dienstleistungsinnovationen jedoch ungeplant: Ausgangspunkt ist der Wunsch eines Kunden, der während eines Leistungserstellungsprozesses geäußert wird. Dieser fällt also mit dem Innovationsprozess zusammen, so dass der Anbieter dadurch unter zeitlichen Druck gerät, auf diesen Wunsch einzugehen.

(2) *Realisierungsphase:* Diese Phase beinhaltet die wesentlichen Schritte der Umsetzung einer Idee in ein neues Produkt oder einen neuen Prozess. Hervorzuheben ist bei der Entwicklung einer neuen Dienstleistung die Integration des externen Faktors Kunde bzw. Gast. Integrationspotenziale und Flexibilität sind also bei Dienstleistern von sehr großer Bedeutung.

(3) *Abschlussphase:* In der letzten Phase werden Innovationen am Markt bzw. im Unternehmen eingeführt mit dem Ziel, diese Innovationen nachhaltig zu etablieren. Schwierigkeiten könnten in der Testphase auftreten, da Servicedesigns aufgrund ihrer Immaterialität schwer zu beurteilen sind. Des Weiteren weisen Freiling und Weißenfels in dieser Phase auf die problematische Protektionsmöglichkeit und dadurch erhöhte Imitationsgefahr neuer Dienstleistungen hin.

5.2.5 Das Modell nach Bruhn

Bruhn (2003) gliedert den Prozess in Voreinführungs-, Markteinführungs- und Nachprüfungsphase. In der *Voreinführungsphase* beschäftigt sich das Unternehmen mit fünf großen Aufgaben, nämlich dem Entwurf des engeren Dienstleistungsangebots (Kernleistung), des erweiterten Dienstleistungsangebots (Zusatzleistungen), des externen Vermarktungsprogramms, der internen Leistungspotenziale sowie dem Test der Dienstleistung. In der *Markteinführungsphase* wird die Dienstleistung erstmals unter realen Bedingungen erstellt. Diese Phase der erstmaligen Dienstleistungserstellung kann unterschiedlich lang dauern, abhängig von dem zu erstellenden Service, z. B. die erstmalige Durchführung eines Weiterbildungsprogramms kann mehrere Wochen in Anspruch nehmen, eine Urlaubsreise normalerweise ein bis zwei Wochen, und ein Restaurantbesuch nur wenige Stunden. In der *Nachprüfungsphase* werden die vorliegenden Ergebnisse der Dienstleistung, also beispielsweise der erfolgreiche Abschluss des Kurses oder (un)zufriedene Gäste nach dem Urlaub oder Restaurantbesuch, analysiert. Die Dienstleistungsresultate werden nicht nur nach der Erstellung aufgezeichnet und analysiert, z. B. Evaluation nach dem Kurs, sondern bereits während der Markteinführungsphase erfasst und verarbeitet (Bruhn 2003).

5.2.6 Modell nach Scheuing und Johnson

Das Dienstleistungsentwicklungsmodell nach Scheuing und Johnson (1989) dient, häufig als Ausgangspunkt für die Darstellung eines Entwicklungsprozesses im Servicebereich.

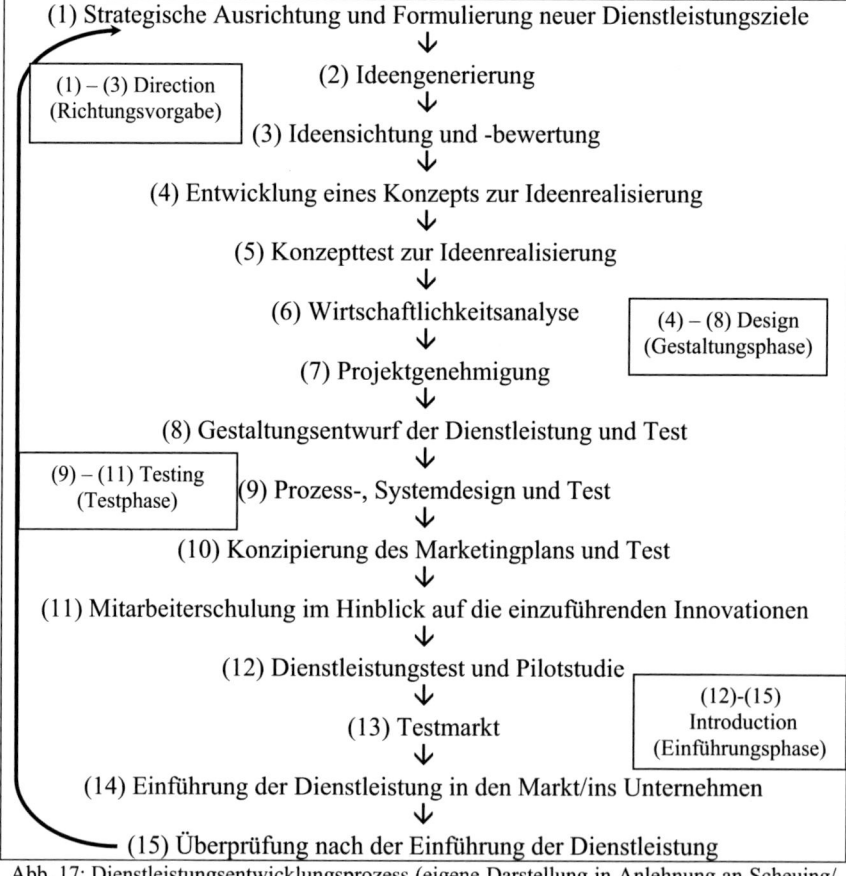

(1) Strategische Ausrichtung und Formulierung neuer Dienstleistungsziele
↓
(1) – (3) Direction (Richtungsvorgabe)
(2) Ideengenerierung
↓
(3) Ideensichtung und -bewertung
↓
(4) Entwicklung eines Konzepts zur Ideenrealisierung
↓
(5) Konzepttest zur Ideenrealisierung
↓
(6) Wirtschaftlichkeitsanalyse
↓
(4) – (8) Design (Gestaltungsphase)
(7) Projektgenehmigung
↓
(8) Gestaltungsentwurf der Dienstleistung und Test
↓
(9) – (11) Testing (Testphase)
(9) Prozess-, Systemdesign und Test
↓
(10) Konzipierung des Marketingplans und Test
↓
(11) Mitarbeiterschulung im Hinblick auf die einzuführenden Innovationen
↓
(12) Dienstleistungstest und Pilotstudie
↓
(13) Testmarkt
(12)-(15) Introduction (Einführungsphase)
↓
(14) Einführung der Dienstleistung in den Markt/ins Unternehmen
↓
(15) Überprüfung nach der Einführung der Dienstleistung

Abb. 17: Dienstleistungsentwicklungsprozess (eigene Darstellung in Anlehnung an Scheuing/ Johnson 1989, S. 30

Die Besonderheit dieses Modells ist die Integration der beteiligten Partner, die sich nicht auf die Kundenorientierung beschränkt, sondern auch die Mitarbeiter und das weitere Umfeld einbezieht. Es ist im Vergleich zu anderen Prozessmodellen sehr ausführlich gehalten, so dass es auch für die Praxis als Anleitung zur Durchführung eines Innovationsprozesses herangezogen werden kann.

Für die Integration externer Beteiligter sind vor allem die Schritte 8 und 13, nämlich die Tests der neuen Dienstleistung sowohl intern als auch auf dem Markt, von Bedeutung. Die Beschreibung eines neuen Angebots kann zwar bei Produkten hilfreich und zielführend sein, nämlich eine entsprechende Beurteilung durch die Kunden zu erhalten, bei Dienstleistungen ist es aufgrund der Intangibilität schwierig, diese durch Bilder oder schriftliche Angaben so zu konkretisieren, dass Missverständnisse ausgeschlossen sind und die Kunden genau das beurteilen, was als neue Dienstleistung geplant ist. Daher ist der Test, in dem der Kunde in den Dienstleistungserstellungsprozess eingebunden wird, wie das nach Einführung des Service auch der Fall sein wird, der Realität näher und führt daher zu gesicherteren Ergebnissen.

Eine weitere Schwierigkeit ist die Nach-Kontrolle (Schritt 15), da Kosten und Ertrag für eine neue Dienstleistung sehr schwierig zu überprüfen sind. Messvariablen für den Erfolg eines neuen Service können daher nicht nur der Ertrag, sondern auch eine gestiegene Kundenzufriedenheit, Akzeptanz durch die Mitarbeiter oder die gestiegene Nachfrage nach der neu eingeführten Dienstleistung sein (Freiling/Weißenfels 2003).

5.2.7 Der Stage-Gate-Prozess nach Cooper

Das Stage-Gate-Modell von Cooper (Cooper 1988; Cooper/Edgett 1999; Cooper 2002) dient dazu, eine Idee zur Markteinführung zu bringen. Damit soll der Innovationsprozess effektiver und effizienter gestaltet werden. Jede Phase besteht aus verschiedenen Aktivitäten, und das Fortschreiten zum nächsten Abschnitt wird nur durch das Passieren eines Tores ermöglicht, das als Kontrollinstanz dient. Dieses Modell wurde zunächst im produzierenden Gewerbe verwendet, hat sich mittlerweile aber auch bei der Entwicklung neuer Produkte und Services in der Dienstleistungsbranche durchgesetzt – auch wenn die Darstellung in der Literatur sich hauptsächlich an der Entwicklung von Produkten orientiert.

Während den *Abschnitten* müssen die Informationen gesammelt werden, die zum Passieren des nächsten Tores erforderlich sind. Die Abschnitte sind bereichsübergreifend gestaltet, so dass die verschiedenen Abteilungen eines Unternehmens gemeinsam am Innovationsprozess beteiligt sind und sich absprechen. Vor dem *Tor* kommen alle am Innovationsprozess Beteiligten zusammen, um zu kontrollieren, ob genügend und die entscheidenden Informationen gesammelt wurden, um dann zu beurteilen, ob der Entwicklungsprozess fortgeführt oder abgebrochen wird oder ob ein Rückschritt notwendig wird.

```
      ENT-
      DECKUNG         NEUE PRODUKTE AUF DEN MARKT BRINGEN

              Tor    Ideen screenen
               1
                     Zweites Screening    Zur Entwicklung      Zum Testen       Zur Markteinführung

  1. Ab-     Tor    2. Ab-    Tor    3. Ab-    Tor    4. Ab-    Tor       5.
  schnitt     2     schnitt    3     schnitt    4     schnitt    5      Abschnitt

  Reichweite         Rahmen            Entwickeln        Testen und        Markteinführung
  festlegen          abstecken                           Validieren

                                                                           Rück-
                                                                           blick
```

Abb. 18: Stage-Gate-Modell: von der Entdeckung zur Markteinführung (Cooper/Edgett 1999, S. 78; Cooper 2002, S. 146)

Die *festgelegten Resultate* müssen erreicht und vorgewiesen werden: Dies wird anhand von *ausgesuchten Kriterien* untersucht, und schließlich wird der *Output des Tores* definiert: dieser bezieht sich auf die gefällte Entscheidung über „Go" oder „No Go" des Innovationsprozesses, auf einen Aktionsplan für den nächsten Abschnitt, auf die Bestimmung der Ziele, die am nächsten Tor vorzuweisen sind, und zu welchem Zeitpunkt der nächste Kontrollpunkt stattfinden wird. Nachfolgend werden die Aufgaben bei jedem einzelnen Schritt erläutert:
Entdeckungen am Anfang: Ideen als Auslöser des Innovationsprozesses (Grundlagenforschung, Marktforschung u.a.); essentielle Phase des Prozesses.
1. Tor – Ideen-screening: Grundsätzliche Entscheidung, ob eine genannte Idee weiterverfolgt werden soll: Machbarkeit (Ressourcen), Marktattraktivität, strategische Passung.
1. Abschnitt – Bestimmung der Reichweite: Einschätzung technischer und marktbezogener Vorteile des Projekts (Machbarkeit bei der Entwicklung und Erbringung, Zeit- und Kostenerwartungen, Hindernisse durch Gesetze und Vorschriften, Größe und Potenzial des Marktes, Marktakzeptanz).
2. Tor – Zweites Screening: Gleiche Kriterien wie beim 1. Tor ergänzt um Prüfsteine, die sich aus den im 1. Abschnitt gewonnenen Erkenntnissen ergeben: Vertriebsmöglichkeiten, eventuelle Kundenreaktionen, rechtliche Hürden, kurzer Finanz-Check.
2. Abschnitt – den Rahmen abstecken: Detaillierte Produktdefinition (Zielmarkt, Produktkonzept und -spezifikation, Positionierungsstrategie), tiefergehende Marktforschung, Wettbewerbsanalyse, erster Konzepttest, detaillierte Finanzanalyse.
3. Tor – auf dem Weg zur Entwicklung: Kontrolle über alle Aspekte, die im 2. Abschnitt eruiert wurden. Essentielles Kriterium: Resultate der Finanzanalyse. Letzter Punkt, an dem das Projekt vor dem Entstehen größerer Investitionen ab-

gebrochen werden kann. Vor dem Eintritt in den 3. Abschnitt wird endgültig das vollständige Projektteam zusammengestellt.

3. Abschnitt – Entwicklung: Umsetzung des Entwicklungsplans (Tests, Entwicklungsschritte der Dienstleistungsinnovation), Marktanalysen, Kundentests, verbesserte Finanzanalyse, Lösung rechtlicher und patentrechtlicher Fragen.

4. Tor – Zur Testphase: Kontrolle der Fortschritte und der Attraktivität des neuen Service. Entspricht die neue Dienstleistung den am 3. für das 4. Tor definierten Kriterien?

4. Abschnitt – Testen und Validieren: Test des Service und der Kundenakzeptanz, versuchsweise Einführung des neuen Produkts/der neuen Dienstleistung (Markttest), Überarbeitung der Geschäfts- und Finanzanalyse.

5. Tor – Zum Markteintritt: Bei negativen Ergebnissen im 4. Abschnitt → zurück in den 3. Abschnitt. Letzte Möglichkeit, das Projekt zu stoppen. Dieses Tor konzentriert sich auf die Qualität der Aktivitäten beim Testen und Validieren. Kriterien: erwartetes finanzielles Ergebnis, Angemessenheit der Pläne für Markteintritt und Produktionsbeginn/Einführung der neuen Dienstleistung.

5. Abschnitt – Markteinführung: Volle Umsetzung der Pläne für Dienstleistungserstellung und Marketing. Die neue Dienstleistung wird in den Markt (bzw. bei Prozessen in das Unternehmen) eingeführt.

Rückblick nach dem Markteintritt: Kontrolle der neuen Dienstleistung durch Überprüfung der Einnahmen, Kosten, Aufwendungen, Gewinn, Zeitablauf. Beendigung des Projekts, ca. 6-19 Monate nach Markteintritt. Kritische Betrachtung des Teams. Teamauflösung.

Als Ausgangspunkt dient ein Projektteam, das sich aus Mitarbeitern verschiedener Abteilungen zusammensetzt. Zwar ist eine zeitliche Trennung der Abschnitte vorgesehen; wenn Kriterien aber nicht erfüllt werden, um ein Tor zu durchschreiten, besteht die Möglichkeit, einen oder mehrere Schritte zurück zu gehen und weitere notwendige Informationen zu sammeln. Oftmals können sich die Abschnitte auch überlappen, wenn beispielsweise unvollständige Informationen vorliegen, auf deren Basis vorläufig unter einer zukünftig zu erfüllenden Bedingung Entscheidungen getroffen werden. Durch die Überlappung findet eine Beschleunigung des Prozesses statt (Cooper 2002, S. 169).

Der Prozess kann grundsätzlich bei Vorliegen bestimmter Voraussetzungen beschleunigt werden. Geeignet ist diese verkürzte Version für kleinere Projekte mit geringem Risiko, wie z. B. Erweiterungen bereits bestehender Produktlinien, Verbesserungen, Modifikationen oder moderatem Kosten- und Zeitaufwand.

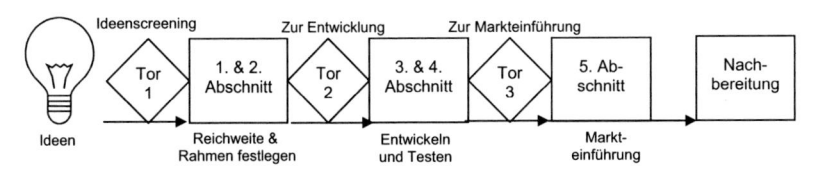

Abb. 19: Sprint-Version des Stage-Gate-Modells in drei Abschnitten (Cooper 2002, S. 168)

Der Stage-Gate-Prozess verfügt über starke Kontrollmechanismen, und die Strategie- und Zielbestimmung ist explizit nicht Teil des Prozesses. Sie wird vielmehr über das gesamte Modell positioniert, da es sich um die grundsätzliche (Neu-)Ausrichtung des Unternehmens handelt. Auf das Personal und der Umgang der Mitarbeiter mit einer Neuerung (z. B. Schulung) wird nicht eingegangen.

5.2.8 Das Modell nach Zeithaml und Bitner

Zeithaml und Bitner (1996) vermischen die beiden Konzepte von Scheuing und Johnson und von Cooper und stellen den Entwicklungsprozess von neuen Dienstleistungen wie folgt dar:

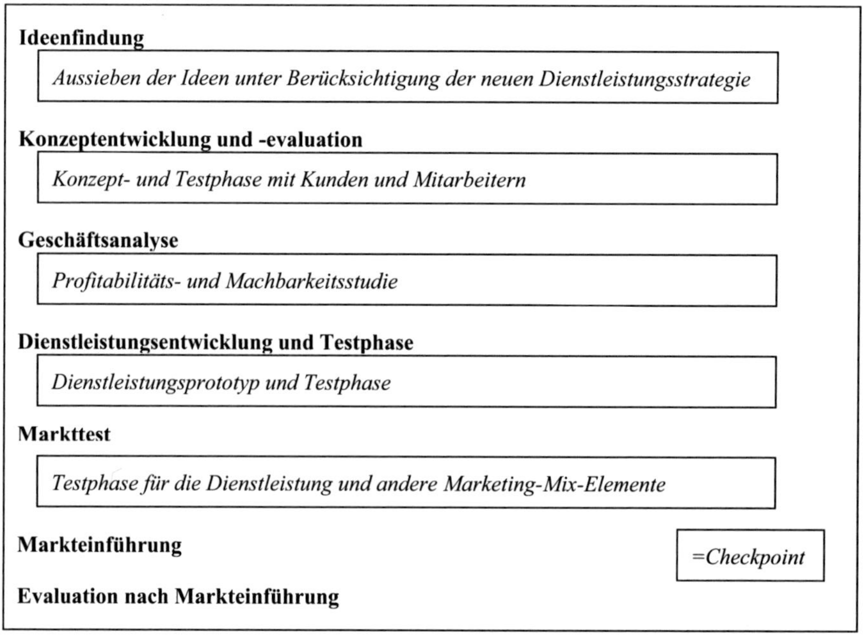

Ideenfindung
- *Aussieben der Ideen unter Berücksichtigung der neuen Dienstleistungsstrategie*

Konzeptentwicklung und -evaluation
- *Konzept- und Testphase mit Kunden und Mitarbeitern*

Geschäftsanalyse
- *Profitabilitäts- und Machbarkeitsstudie*

Dienstleistungsentwicklung und Testphase
- *Dienstleistungsprototyp und Testphase*

Markttest
- *Testphase für die Dienstleistung und andere Marketing-Mix-Elemente*

Markteinführung   =Checkpoint

Evaluation nach Markteinführung

Abb. 20: Entwicklung neuer Dienstleistungen (Zeithaml/Bitner 1996, S. 271)

Dieser Entwicklungsprozess hängt stark von den Zielen, Visionen, Fähigkeiten und Wachstumsplänen des Unternehmens ab. Ein Schwerpunkt liegt auf den verschiedenen Testphasen, ohne deren Durchführung eine Dienstleistung nicht auf den Markt gebracht wird. Auch wenn hier die Strategie nicht explizit genannt wird, so kann doch davon ausgegangen werden, dass sie festgelegt wird, bevor die Produktentwicklung danach ausgerichtet und entsprechend der obigen Grafik durchgeführt wird.

5.2.9 Das Modell nach Alam und Perry

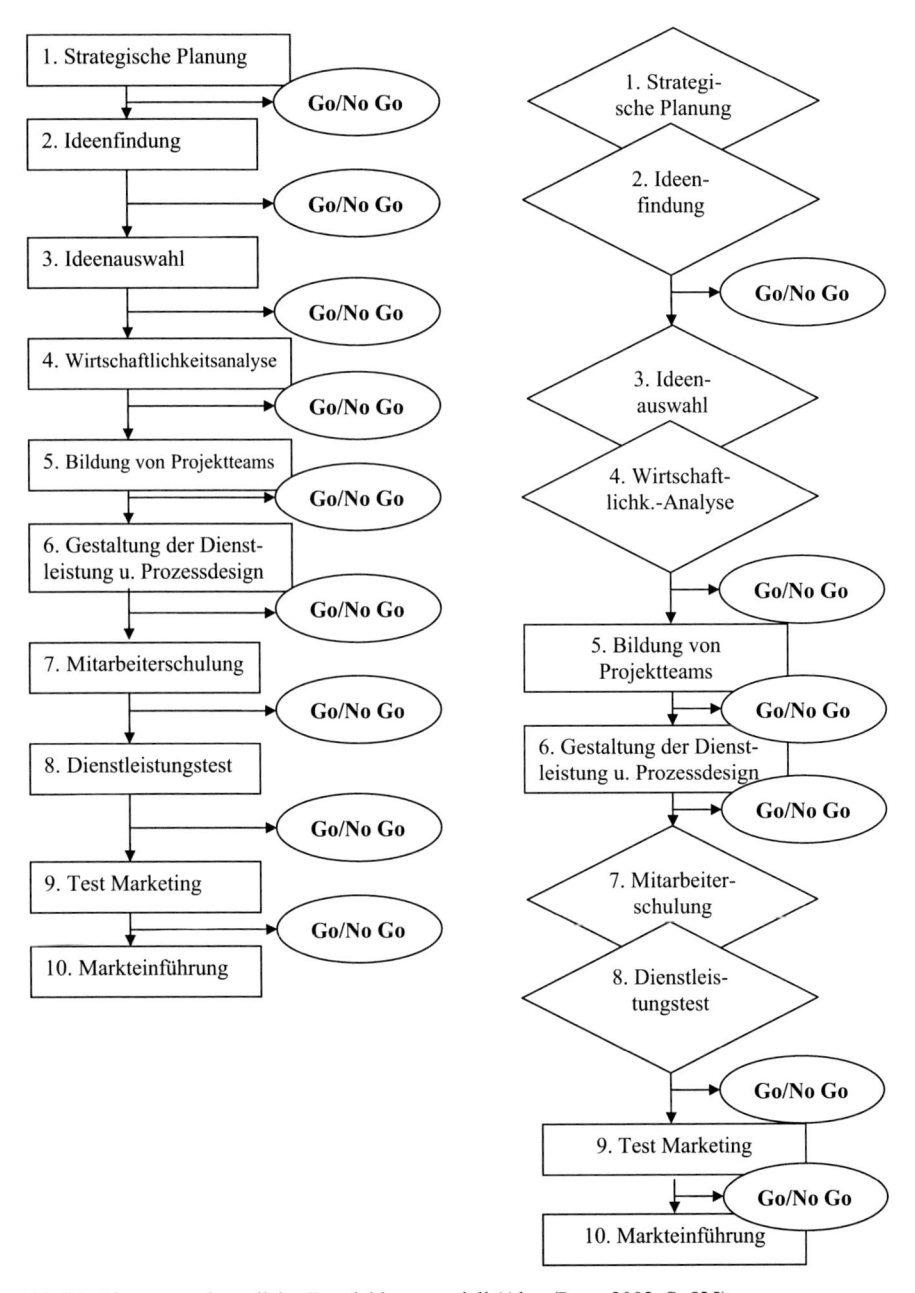

Abb. 21: Lineares und paralleles Entwicklungsmodell (Alam/Perry 2002, S. 525)

Wie die obige Grafik zeigt, entwickelten Alam und Perry (2002) ein Modell, in dem die Überlappung von Entwicklungsphasen Wesensbestandteil ist.

Noch ist nicht abschließend geklärt, welches der beiden dargestellten Modelle erfolgreicher ist; dies hängt vermutlich auch mit der jeweils zu entwickelnden Innovationsart zusammen. Ergänzend wird vorgeschlagen, dass man vom linearen Modell ausgeht, aber in einigen Phasen Überlappungen ermöglicht, um den Ablauf zu beschleunigen. Daher schlagen Alam und Perry die Bildung von drei Paaren vor, nämlich Planung und Ideengenerierung, Auswahl und Wirtschaftlichkeitsanalyse, Mitarbeiterschulung und Dienstleistungstest.

5.2.10 Das Modell nach Johnson, Menor, Roth und Chase

Das Modell nach Johnson et al. (2000) ist in 4 große und 13 kleine Schritte eingeteilt.

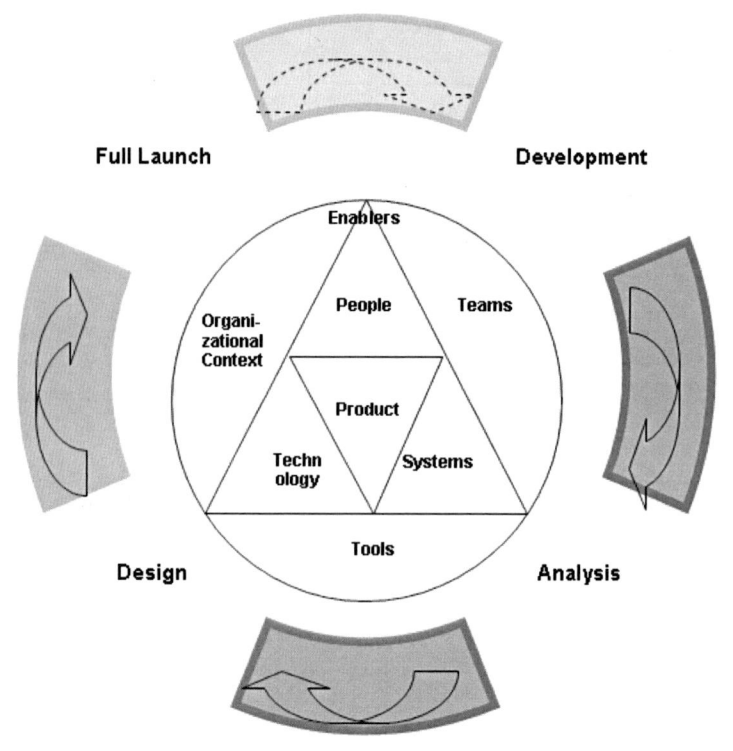

Abb. 22: Dienstleistungsinnovationsprozess (Johnson et al. 2000, S. 18; Fitzsimmons/ Fitzsimmons 2003, S. 70)

Es handelt sich dabei um ein ganzheitliches Konzept, denn explizit werden das Produkt, die Förderer des Projkts, die Mitarbeiter und das Projektteam, die Organisation des Unternehmens, die Kunden und die zur Verfügung stehenden

Management-Tools berücksichtigt. Durch die Form des Kreislaufs wird angedeutet, dass die Produkt- und Dienstleistungsentwicklung eine iterative Tätigkeit im Unternehmen ist. Die Detailschritte zu den vier großen Phasen *Entwicklung, Analyse, Gestaltung* und *Einführung* stellen sich wie folgt dar.

(A) *Development: Entwicklung*
1. Strategie und Zielformulierung für die neue Dienstleistung
2. Ideenfindung und -auswahl
3. Konzeptentwicklung und –test

(B) *Analysis: Analyse*
4. Geschäftsanalyse
5. Projektgenehmigung

(C) *Design: Gestaltung und Entwicklung*
6. Dienstleistungsgestaltung und –test
7. Prozess- und Systemdesign sowie Test
8. Marketingplan und –test
9. Mitarbeiterschulung
10. Test der Dienstleistung und Pilotphase
11. Test-Marketing

(D) *Full Launch: Einführung*
12. Einführung der Dienstleistung
13. Kontrolle nach Einführung der Dienstleistung

Bei der genauen Aufschlüsselung der Aufgaben wird deutlich, dass der von Johnson et al. dargestellte Dienstleistungsentwicklungsprozess den anderen abgebildeten, insbesondere dem von Scheuing und Johnson, stark ähnelt. Die Autoren verstehen die Innovationsaktivität als Zyklus. Die Phasen A und B sind als Planungsphase, die Phasen C und D als Ausführungsphase gekennzeichnet (Johnson et al. 2000).

5.2.11 Der Prozess der Innovationsentwicklung im Tourismus

Tourismusspezifische Entwicklungsprozesse wurden bisher nur vereinzelt erforscht. Diese Entwicklungsmodelle sind jedoch nicht uneingeschränkt anwendbar, da sich die bislang untersuchten Bereiche der touristischen Wertkette, nämlich Reiseveranstalter, Flug-Catering und Fast Food (Jones et al. 1997, Jones 1996) vom Incoming Tourismus abheben und sich vielmehr auf das Outgoing-Geschäft konzentrierten. Es stellt sich daher die Frage, wie ein solcher Innovationsentwicklungsprozess für den Tourismus allgemein aussehen könnte und welche der zuvor vorgestellten Modelle am brauchbarsten sind. Die nachfolgende Tabelle zeigt einen möglichen Dienstleistungsentwicklungsprozess für die Tourismusbranche auf.

Phase	Beschreibung
(1) Ziel und Strategie	Präzise Formulierung der Ziele und der Strategie in Bezug auf die geplante Innovation. Alle Anstrengungen während des Innovationsprozesses sind auf die Strategie ausgerichtet, so dass Effektivität und Effizienz nicht aus den Augen verloren werden.
(2) Struktur	Innovation muss Platz finden in der Organisationsstruktur einer Unternehmung, in KMUs durch die Einrichtung von Projektteams, in größeren Betrieben durch eine F&E-Abteilung.
(3) Ideenfindung und -auswahl	Ideen können außerhalb (Kunden, Lieferanten, Konkurrenz etc.) oder von innerhalb der Unternehmung (Besprechungen, Brainstorming) kommen; oftmals entstehen sie ad hoc. Bei völlig neuen Ideen muss eine Machbarkeitsstudie über ein Fortschreiten im Innovationsprozess entscheiden.
(4) Konzeptentwicklung	Aus den Ideen, die das Screening überstehen, werden – häufig in Zusammenarbeit mit dem Kundenkontaktpersonal – Konzepte entwickelt. Diese beinhalten eine Beschreibung der Innovation, Begründung des Angebots, Charakteristika und Vorteile des Angebots und einen Plan über die weitere Vorgehensweise.
(5) Konzept-Testphase	Test des neuen Service an den Kunden: durch Gespräche, Kundenumfragen oder Fokusgruppen. Messung der Reaktion auf verschiedenen Testmärkten.
(6) Geschäftsanalyse	Analyse der Auswirkungen der neuen Dienstleistung auf das Unternehmen und das bisherige Geschäft, inkl. rechtliche Rahmenbedingungen und Finanzierung
(7) Projektgenehmigung	(Go/No Go): Entscheidung durch Geschäftsführer oder Top Management über das Fortführen des Innovationsprozesses und die damit verbundenen Investitionen.
(8) Gestaltung u. Test von Produkt/ Dienstleistung	Das Konzept wird umgesetzt in ein konkretes Design der Dienstleistung und getestet (Input der zukünftigen Nutzer und der betreffenden Mitarbeiter).
(9) Prozessgestaltung und Test	Für die Einführung eines neuen Produkts oder einer neuen Dienstleistung bedarf es evtl. der Gestaltung neuer interner Abläufe und Prozesse (interne Umstrukturierungen, Lieferanten u.a.).
(10) Marketingplan-Gestaltung und Test	Entwicklung und Testen des Marketingplans; dies fällt bei neuen Dienstleistungen oft mit deren Entwicklung zusammen, da es sich um wesentliche Bestandteile der Dienstleistungserstellung handelt (z.B. Direct Selling, Merchandising).
(11) Personal-Ausbildung	Alle Angestellten werden mit der neuen Dienstleistung, die eingeführt werden soll, und mit den operativen Details vertraut gemacht.
(12) Produkt-/Dienstleistungs-Test	Pilotphase: Die Dienstleistung wird erstmals von den betreffenden Mitarbeitern erbracht, entweder an Kunden oder intern an eigenem Personal.
(13) Test-Marketing	Durchführung eines Feldtests mit einer bestimmten Kundenstichprobe zur Bestimmung der Verkaufbarkeit und Nachfrage der neuen Dienstleistung am Markt.
(14) Markteinführung	Umfassende Markteinführung der neuen Dienstleistung.
(15) Kontrolle nach der Einführung	Kontrolle, ob die strategischen Ziele des Unternehmens, die in Punkt 1 festgelegt wurden, erreicht wurden oder ob weitere Anpassungen erforderlich sind.

Tab. 14: Ablauf der Entwicklung einer Innovation (Jones 1996)

Wie die nachfolgende Tabelle zeigt, liefen die Entwicklungsprozesse in den Unternehmen unterschiedlich ab; doch die wesentlichen Schritte wurden bei allen Innovationen durchgeführt. Kein Unternehmen hielt aber alle angegebenen Schritte ein, auch in der Organisations-Reihenfolge unterschieden sich die Betriebe. Entscheidende Schritte wie Ziel und Strategieausrichtung wurden nicht immer formuliert, und eine Kontrolle nach der Einführung des Produkts bzw. der Dienstleistung fehlte bei drei der sechs untersuchten Firmen.

	Fast Food - neues Konzept	Flug-Catering	RV: Kurzreise Polen	RV: Studienreise Kenia	RV: Intenet-Distribution & Marketing	RV: „35+ Urlauber"
(1) Ziel und Strategie		1	1	1		1
(2) Struktur		2	2	2	1	2
(3) Ideenfindung und -auswahl	1	3	3	3	2	3
(4) Konzeptentwicklung	2	4	4	4	3	6
(5) Konzept-Testphase		5	5	7	4	7
(6) Geschäftsanalyse	3		6	5	6	5
(7) Projektgenehmigung	4	6	7	6	5	4
(8) Gestaltung u. Test von Produkt/ Dienstleistung	5		8	8		8
(9) Prozessgestaltung und Test	6	7				
(10) Marketingplan-Gestaltung und Test	7			9		
(11) Personal-Ausbildung	8		9	10	7	11
(12) Produkt-/Dienstleistungs-Test	9	8 10		11	8	10
(13) Test-Marketing		9 11				9
(14) Markt-Einführung	10	12	10	12	9	12
(15) Kontrolle nach der Einführung	11			13		13

Anm.: Die Zahlen beziehen sich auf die Reihenfolge, in der in den untersuchten Unternehmen der Innovations-Entwicklungsprozess ablief. Lücken deuten darauf hin, dass diese Schritte im betreffenden Prozess nicht durchgeführt wurden.

Tab. 15: Produkt-/Dienstleistungsentwicklungsprozess für verschiedene touristische Produkte (eigene Darstellung nach Jones et al. 1997, Jones 1996)

Kernpunkte sind die Ideenfindung, -auswahl und die Konzeptentwicklung. Dies unterstreicht die Bedeutung von Kreativitätstechniken, um neue Dienstleistungen zu entdecken und diese in einem Konzept umzusetzen. Elementar ist auch die Einbeziehung aller Mitarbeiter in den Prozess; nur so kann neben dem Wissenstransfer (Walder et al. 2004) von Unternehmerseite aus zumindest versucht werden, eine positive Grundhaltung gegenüber den Veränderungen im Betrieb zu erreichen. Aber auch Gäste, Lieferanten und Kooperationspartner können in den Ideenfindungsprozess einbezogen werden. Wie die Untersuchung zeigt, läuft der Prozess nicht immer linear ab: Auch Rückschritte (z. B. nach dem Test erneut in die Konzeptphase) sind zu Korrekturzwecken möglich.

Einer im Finanzsektor durchgeführten Studie zufolge wurden von den befragten Unternehmen auf einer Skala von 1 (unwichtig) bis 5 (sehr wichtig) die Ideengenerierung (4,7) und die Ideenauswahl (4,1) für am wichtigsten erachtet. Die Mitarbeiterausbildung (1,9) und das Testmarketing (1,7) erreichen die niedrigsten Werte (Alam/Perry 2002, S. 522).

Aus diesen Überlegungen könnte ein für den Tourismus abgeleiteter modellhafter Innovationsentwicklungsprozess folgendermaßen aussehen:

Ziel und Strategie	→	Innovationsorganisationsstruktur	→	Ideenfindung und -auswahl	→	Konzeptentwicklung
DL-Gestaltung und DL-Test	←	Projektgenehmigung	←	Geschäftsanalyse	←	Konzept-Testphase
Personal-Ausbildung	→	Marketing	→	Einführung	→	Kontrolle nach Einführung

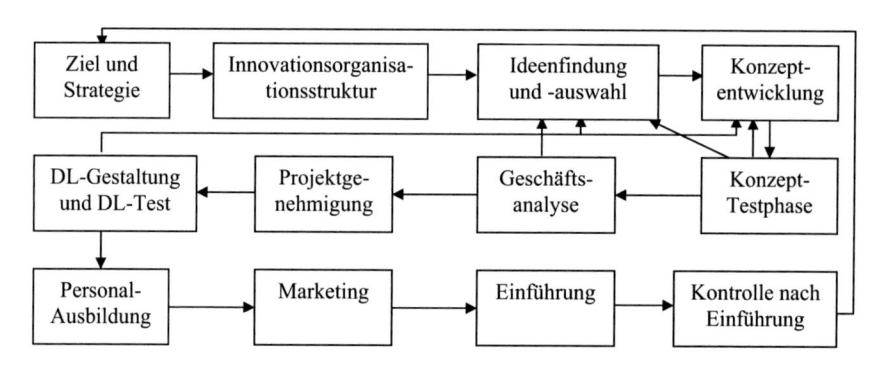

Abb. 23: Beispielhafter Innovationsentwicklungsprozess im Tourismus (eigene Darstellung)

Eine Studie des Zentrums für Tourismus und Dienstleistungswirtschaft der Universität Innsbruck, die sich mit dem Innovationsverhalten der Tiroler Tourismusunternehmen (Hotellerie und Gastronomie, Tourismusverbände und Seilbahnbetriebe) beschäftigte, zeigt, dass der Großteil der Innovationen der letzten Jahre im Bereich der architektonischen Baumaßnahmen lag, die zudem von Unternehmer bzw. Eigentümer des touristischen Betriebes hierarchisch beschlossen und eingeführt wurde (Weiermair et al. 2004). Daher durchlaufen sie den dargestellten Prozess nur selten. Sobald jedoch gravierende bauliche oder inhaltliche Maßnahmen stattfinden, wie z. B. bei der Ausrichtung auf die Zielgruppe der Wellnessgäste oder Familien, ist ein solcher Innovations-Entwicklungsprozess unerlässlich.

Eine Struktur kann also hilfreich für die Entwicklung neuer Produkte und Dienstleistungen sein, da der Unternehmer sowohl stets das Ziel im Auge behält und auch mögliche Kooperationspartner nicht vernachlässigt. Durch die Organisation in Kooperationen können Synergieeffekte erzielt werden, die meist die befürchteten negativen Auswirkungen (z. B. Abstimmungsaufwand etc.) überwiegen. Dies ist nicht nur bei Produkt- bzw. Dienstleistungsinnovationen der Fall, sondern auch bei der Entwicklung und Einführung neuer Prozesse im Betrieb, z. B. durch eine Zusammenarbeit bei der Wissens- und Informationsdiffusion (Datenbanken) oder Lieferantenkooperationen. Insbesondere große Reiseveranstalter sehen die Notwendigkeit, der Aufgabe der Produktentwicklung strukturiert und mittels wissenschaftlicher Methodenanwendung nachzukommen (Meister/Meister 2001) oder eine eigene Abteilung mit der Entwicklung neuer Produkte zu betrauen (Brunswig 2005).

5.3 Systematische Kreativität

5.3.1 Zur Bedeutung von systematischer Kreativität im Unternehmen

„Vorsprung zu haben vor anderen, vor Wettbewerbern, ist zweifellos von Vorteil. Im Wettlauf um Kunden und überzeugte Anhänger gewinnt doch immer der, der besser, innovativer ist. Damit dies gelingt, benötigt man nicht nur Branchen- und Marktkenntnisse sowie Produkt-Know-how. Ebenso langt reines Fachwissen und die Kenntnis ökonomischer Instrumentarien allein nicht aus. Es braucht auch Kreativität, um den Herausforderungen des Wettbewerbs von morgen gewachsen zu sein." (Blumenschein/Ehlers 2002, S. 9).

Gliedert man den Produktentwicklungsprozess in größere Stufen, so können drei Phasen unterschieden werden, nämlich *Ideen generieren*, *Ideen bewerten* und *Ideen umsetzen*. Die Phase der Ideenfindung bildet also nach der Strategiefestlegung den Ausgangspunkt für den Innovationsentwicklungsprozess. In Untersuchungen wurde festgestellt, dass nur 20% der ursprünglichen Ideen realisiert werden, wobei über den Erfolg der neu eingeführten Produkte und Dienstleistungen nichts ausgesagt wurde. In der Ideenfindungsphase kommt es daher sowohl auf die Quantität als auch auf die Qualität an: viele Ideen zu generieren bedeutet nicht automatisch, dass gute, Erfolg versprechende Ideen dabei sind; und auch wenn zu Beginn gute Ideen gefunden wurden, ist der Erfolg bei Realisierung nicht sicher (Wahren 2004, S. 99ff). Kreativität wird nicht nur bei der Ideenfindung, sondern auch noch später, z. B. bei der Entwicklung von Marketingkonzepten oder bei der Realisierung der neuen Dienstleistung, einsetzt. Aber insbesondere in dieser ersten Phase ist die Kreativität des Unternehmens (Unternehmer/Entrepreneur und Mitarbeiter) gefordert, um möglichst viele marktgerechte und wirtschaftliche Innovationen hervorzubringen, die den Zielen des Unternehmens und den Erwartungen der Konsumenten entsprechen (Higgins/Wiese 1996, S. 6; Wahren 2004, S. 101).

Kreativität wird nicht isoliert auf die einzelne Person bezogen, sondern unter Berücksichtigung des Unternehmens, des Unternehmers, des kreativen Prozesses und des Produktes betrachtet. Unter „Kreativität ist die Fähigkeit von Menschen [zu verstehen], Kompositionen, Produkte oder Ideen gleich welcher Art hervorzubringen, die in wesentlichen Merkmalen neu sind und dem Schöpfer vorher unbekannt waren ..." (Schlicksupp 1981, S. 20). Schlicksupp, einer der bekanntesten Kreativitätsforscher, erörtert weiter, dass Kreativität dazu dient, „schlecht strukturierte[r] und schlecht definierte[r] Probleme wie Such-, Analyse und Auswahlprobleme zu lösen." (Malorny et al. 1997, S. 8)

Nach Malorny et a. (1997) ist Kreativität ein vielfältiger Begriff: „Zum einen bedeutet Kreativität die Fähigkeit, neue nützliche Ideen als Reaktion auf Probleme oder Bedürfnisse hervorzubringen. Zum anderen bedeutet kreatives Denken das Ausbrechen aus verfestigten Denkstrukturen. Dabei ist eine kreative Leistung eine Neukombination von bekanntem Wissen. Kreativität ist also nicht nur dem Bereich der Künstler zugeordnet, sondern bezeichnet eine Strategie zur erfolgreichen Umweltbewältigung durch Problemlösungen." (Malorny et al. 1997, S. 6). Malorny stellt zudem den Zusammenhang zwischen Kreativität und Innovationsfähigkeit wie folgt dar (Malorny et al. 1997, S. 3):

Innovationsfähigkeit = Ideenfindung (Kreativität) + Ideenrealisierung

Ohne den unternehmerischen Geist, die Idee auch umzusetzen, bleibt die Kreativität ungenutzt. Kreativität ist also als Kernkompetenz zu verstehen, der Brooks genauso viel Bedeutung einräumt wie dem Unternehmertum und der Innovationsaktivität des Unternehmers (Brooks 1997, S. 111).

Malorny et al. (1997) unterscheiden zwei Formen von Kreativität: die *ästhetische Kreativität* kann als Selbstzweck eines Künstlers zur Gestaltung von Gemälden, Romanen oder Musikkompositionen angesehen werden, während ein Unternehmen und seine Mitarbeiter *problemlösende Kreativität* als Mittel zum Zweck, also für Lösungsansätze für Problemstellungen einsetzen, um aus Ideen und Erfindungen neue Produkte, Prozesse und Dienstleistungen zu entwickeln (Malorny et al. 1997, S. 7). Fast gleichrangige Tätigkeiten wie das gezielte Sammeln, Sichten und Kanalisieren von Informationen, Kommunikation, die Bereitstellung sinnvoller Hilfsmittel zur Bewältigung innovativer Aufgaben und die gezielte Vorbereitung der Mitarbeiter für innovative Aufgaben darf über der Kreativität nicht vergessen werden (Wahren 2004, S. 128).

Die Kreativität in einem Unternehmen ist nicht allein durch die Persönlichkeit und die Charakteristika des Unternehmers und der Mitarbeiter sowie der Elemente der Kreativität bestimmt, sondern auch durch das soziale Umfeld und die Arbeitsbedingungen im Betrieb. Daher wird zunächst der Frage nachgegangen, wo und in welchen Situationen kreative Einfälle zustande kommen, anschließend werden die Elemente bzw. Eigenschaften der Kreativität untersucht. Im Anschluss daran wird der Bezugsrahmen für kreative Aktivität erklärt. Bevor auf die Kreativitätsmethoden eingegangen wird, werden kreativitätsfördernde und -hemmende Faktoren dargelegt.

5.3.2 Kreativitätsquellen

Die nachfolgende Grafik beantwortet die Frage nach dem Ursprung kreativer Ideen. Der Anteil des unternehmensinternen Umfelds (anstrengende und langweilige Sitzungen, Arbeitsplatz, Einsatz von Kreativitätstechniken, Pause) spielt bei der Produktion von kreativen Einfällen nur eine untergeordnete Rolle: nicht einmal ein Viertel (24%) aller kreativer Ideen entstehen im Unternehmen. In lockerer und ungezwungener Atmosphäre, in der nicht angestrengt nach Problemlösungen gesucht wird, werden häufiger kreative Ideen gefunden, nämlich zu 28% in der Natur, zu 13% in den Ferien und zu 11% auf Geschäftsreisen, aber auch Fernsehen, Sport, Essen, Spiel und Hobby sowie Verein und Club sind nicht zu vernachlässigen.

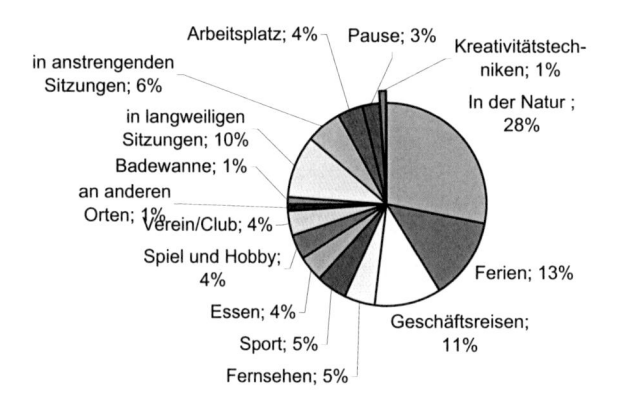

Abb. 24: Wo entstehen kreative Einfälle? (Malorny et al. 1997, S. 30)

Kreativitätstechniken liefern offensichtlich einen geringen Beitrag an kreativen Ideen (1%), was darauf zurück geführt werden kann, dass in Unternehmen diese Werkzeuge häufig nicht bekannt oder für zu kompliziert befunden werden und aus diesem Grund bislang kaum Anwendung finden (Malorny et al. 1997, S. 29f).

5.3.3 Einflussfaktoren der Kreativität

Die Kreativität kann nicht losgelöst von der Persönlichkeit des Unternehmers und der Mitarbeiter, vom kreativen Prozess, vom kreativen Produkt und den Umweltfaktoren (kreatives Umfeld, fördernde und hemmende Faktoren) gesehen werden.

```
┌─────────────────── Kreatives Umfeld ───────────────────┐
│                                                         │
│         ┌─────── Fördernde Faktoren ───────┐           │
│                                                         │
│  Input → Kreative → Kreativer → Kreatives → Lösung     │
│          Person     Prozess     Produkt                 │
│                                                         │
│         └─────── Hemmende Faktoren ───────┘            │
└─────────────────────────────────────────────────────────┘
```

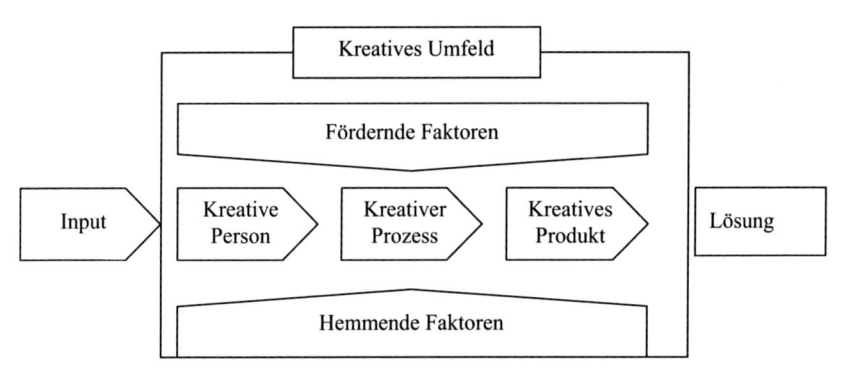

Abb. 25: Einflussfaktoren der Kreativität (Malorny et al. 1997, S. 8)

Auch hängt die Kreativität stark vom Input, der für einen Kreativitätsprozess vorliegt, ab. Die einzelnen Faktoren werden nachfolgend erörtert.

5.3.3.1 Die kreative Persönlichkeit

Die kreative Persönlichkeit findet in der Literatur sehr starke Beachtung und floss in zahlreiche Studien und Untersuchungen ein (Schlicksupp 1981; Csikszentmihalyi 1996; Hauschildt 1997; Malorny et al. 1997; Zimmer 2001; Blumenschein/Ehlers 2002; Wahren 2004). Darin finden sich zahlreiche Aufzählungen von Eigenschaften, die kreativen Personen zugeschrieben werden:

Der kleinste gemeinsame Nenner der Eigenschaften einer kreativen Person sind *Phantasie, Neugier, Wissen* und *Disziplin*. Diese nannten alle Autoren in der Charakterisierung des Kreativen. Ergänzt werden sollte diese Einschätzung um *laterales und divergentes Denken*, das bis auf den Psychologie-Wissenschaftler Csikszentmihalyi (1996) von den Wirtschaftswissenschaftlern genannt wurde. Auffällig ist, dass neben den weichen Faktoren (Phantasie, Neugier, laterales und divergentes Denken) auch harte Faktoren wie Wissen und Disziplin als Basis für Kreativität und Ideenfindung angesehen werden können.

Eigenschaft \ Autor	Wahren (2004)	Zimmer (2001)	Schlicksupp (1981)	Hauschildt (2004)	Malorny et al. (1997)	Csikszentmihalyi (1996)	Cropley (1992)
Phantasie	✓	✓	✓	✓	✓	✓	✓
Wissen	✓	✓	✓	✓	✓	✓	✓
Neugier	✓	✓	✓	✓	✓	✓	✓
Offenheit	✓	✓	✓	-	-	✓	✓
Laterales / Divergentes Denken	✓	✓	✓	✓	✓	-	✓
Lernfähigkeit	✓	-	-	✓	-	-	-
Risikobereitschaft	✓	✓	-	-	-	-	-
Verantwortungsgefühl	-	-	✓	-	-	✓	-
Motivation	✓	✓	✓	-	-	-	-
Disziplin	✓	✓	✓	✓	✓	✓	✓
Durchhaltevermögen	✓	-	✓	✓	-	-	✓
Umfeld/ Unternehmensklima/ Organisation	✓	✓	-	-	✓	-	-
Selbstvertrauen	-	✓	-	-	-	-	-
Unabhängigkeit	-	-	✓	-	-	✓	-
Introversion	-	-	✓	-	-	✓	-
Dominanz	-	-	✓	-	-	-	-
Humor	-	-	✓	-	-	-	-
Abstraktionsfähigkeit	-	-	-	-	✓	-	-
Stolz	-	-	-	-	-	✓	-

Anm.: ✓ = als Eigenschaft einer kreativen Person genannt, - = diese Eigenschaft wurde vom Autor nicht genannt

Tab. 16: Eigenschaften einer kreativen Persönlichkeit (eigene Darstellung)

EXKURS

Eine der wesentlichen Voraussetzungen für Kreativität ist laterales bzw. divergentes Denken. Beide Denkarten unterscheiden sich vom logischen, analytischen, systematischen Denken, das konvergent oder vertikal genannt wird. In der Literatur wird im Zusammenhang mit der Kreativitätsforschung entweder das divergente oder das laterale Denken genannt.

Konvergent	Divergent
- Analytisch - Faktenorientiert - Logisch-rational - Straff - Regelorientiert - In eine Richtung gehend - Bewährte Lösungsverfahren	- Möglichst viele Ideen - Viele Aspekte - Assoziativ - Spielerisch - Lustvoll - Explorativ - Intuitions- und emotionsorientiert
Vertikal	Lateral
- Herkömmliches, logisches Denken - Linear - Von einem Informationszustand zum nächsten gehend - Selektiv - Analytisch - Folgerichtig - Kategorien, Klassifizierungen und Kennmarken sind festgelegt - „Ein bestehendes Loch vertiefen"	- Seitwärts bewegen - Fluss in Gedanken bringen - Ideen erforschen und erzeugen, nichts beweisen - Akzeptiert Widersprüche - Assoziation, Abstraktion - Sprunghaft, provokativ - Erforscht den unwahrscheinlichsten Weg - „Ein neues Loch graben"

Tab. 17: Kreatives versus Nicht-Kreatives Denken (eigene Darstellung in Anlehnung an Wahren 2004 und de Bono 1990)

Die Innovations- und Kreativitätsliteratur bezieht sich entweder auf das Divergente Denken, das von Guilford 1950 (Guilford 1950; Guilford 1957) entwickelt wurde (Beitz 1996; Higgins/Wiese 1996; Blumenschein/Ehlers 2002), oder auf das Laterale Denken von de Bono (De Bono 1996b; 1996a). In der westlichen Gesellschaft hat sich das vertikale Denken in Schule und Beruf durchgesetzt (De Bono 1996a, S. 11). Kreative Ideen erfordern jedoch divergentes gedankliches Operieren. Allerdings soll vertikales bzw. konvergentes Denken nicht durch laterales bzw. divergentes Denken ersetzt werden. Vielmehr wird vorgeschlagen, vertikales Denken bewusst durch laterales zu ergänzen, wenn innovative Lösungen gefunden werden sollen. Laterales und vertikales Denken sollen sich vielmehr abwechseln. Wenn das laterale Denken eine neue, unerwartete Idee hervorbringt, soll diese durch vertikales Denken analysiert werden.

5.3.3.2 Kreativitätsmanagement - Das kreative Unternehmen

Bei den Rahmenbedingungen für Kreativität in Unternehmen stellt man Parallelitäten zu de-nen des Innovationsmanagements fest. Die Bedingungen, unter denen Mitarbeiter kreativ werden, sind mit denen für Innovationen vergleichbar. Daher sei an dieser Stelle kurz auf den kreativen Führungsstil, auf kreatives Management und die Organisation eingegangen.

Kreativer Führungsstil	Kreatives Management und Organisation
- *Delegation als Führungsprinzip* (Bereitschaft, Kompetenzen zu verleihen), Gewährung weitgehender Autonomie bei der Sachbearbeitung, keine Vorgabe von starren Schemata, wie bei Problemlösungen oder der Bewältigung von Aufgaben zu verfahren ist - *Mitarbeiter-orientierter Führungsstil*: zwischen patriarchalisch-autoritär und laissez-faire, Unterstützung der Mitarbeiter in sachlichen und persönlichen Fragen, Bemühen um die fachliche Entwicklung und das Fortkommen des Mitarbeiters - *Weitergabe relevanter Planungs- und Führungs-informationen* an die Mitarbeiter, Einschaltung der Mitarbeiter in Zielbildungs- und Entscheidungsprozesse - *Generelle Aufgeschlossenheit* des Managements gegenüber Neuerungen und Mitwirken des Top-Managements als Vorbild im Innovationsprozess, vertikale Durchlässigkeit der Organisation für Vor-schläge aus allen Ebenen, offene Kommunikation mit hoher Kommunikationsdichte, Aufbau eines Unternehmensklimas, in dem innovatives Verhalten gewürdigt wird, Einräumung von „Kreativräumen" (Schlicksupp 1981, S. 26; Malorny et al. 1997, S. 35ff; Blumenschein/Ehlers 2002, S. 202ff).	*„...one cannot order creativity – one can only create an environment that supports creativity" (Nicholson 1998 S. 104)* **Beispiele für kreativitätsorientierte Managementmaßnahmen:** - Projektmanagement - Minimierung bürokratischer Abläufe - Job-Rotation - Weitergabe grundlegender Information an Mitarbeiter - Angebot an Fort- und Weiterbildungsmöglichkeiten - Freier Zugang zu relevanten Informationen, offene Kommunikation - Ermutigung zu unkonventionellem Denken; Offenheit gegenüber Neuerungen - Kreativitätstraining - Autonomie in der Sachbearbeitung - Delegation von Verantwortung - Mitarbeiterorientierte Führung - Durchlässigkeit der Organisation für neue Ideen - Betriebliche Anreize - Teamarbeit (Schlicksupp 1981, S. 28; Howkins 2002, S. 124)

Tab. 18: Kreativer Führungsstil und kreatives Management (eigene Darstellung)

5.3.3.3 Das kreative Produkt

Die kreative Aktivität eines Menschen bringt ein kreatives Produkt hervor. Es ist allerdings schwierig, hierfür ein Messkriterium zu finden, da Kreativität nicht objektiv gemessen werden kann. Das kreative Produkt eines Mitarbeiters ist für ihn selbst neu, aber den Wert und den Kreativitätsgrad eines Produktes beurteilt jeder individuell (subjektive Betrachtung).

In Bezug auf ein Unternehmen kann dann von einem kreativen Produkt gesprochen werden, wenn es für eine bestimmte Aufgabenstellung eine zufrieden stellende oder herausragende Lösung ergeben hat. Allerdings ist die Abgrenzung zu nicht-kreativen Produkten nicht klar zu ziehen, da sich die Grenze im Lauf der Zeit verschiebt und zudem wie die Einschätzung eines kreativen Produkts subjektiven Kriterien unterworfen ist. Bewertungskriterien für die Kreativität eines Produkts wurden von Jackson und Messick versucht zu entwickeln, die sich in *Ungewöhnlichkeit, Angemessenheit, Transformation* und *Verdichtung* zusammenfassen lassen (Beitz 1996, S. 69). Aber auch weitere in der Literatur genannte Messkriterien wie z. B. Grad der Novität, Neuheit oder Seltenheit sind ebenso selbst erklärungsbedürftig und dadurch nur eingeschränkt verwendbar. (Schlicksupp 1981, S. 24; Beitz 1996, S. 67ff; Malorny et al. 1997, S. 40).

5.3.3.4 Der Kreativitätsprozess

Der kreative Prozess durchläuft wie der Innovationsentwicklungsprozess mehrere Stufen; in der Literatur hat sich eine Einteilung in vier Phasen herauskristallisiert (Linneweh 1978, S. 28f; Schlicksupp 1981, S. 24; Malorny et al. 1997, S. 26; Zimmer 2001, S. 45f)

Phase 1: Vorbereitung
Entstehen des Problembewusstseins
Erkennen/Analyse/Verstehen
Intensive Problembearbeitung
Teillösungen entwickeln/Stagnation

Phase 2: Inkubation
Entspannung / Unterbewusstsein arbeitet

Phase 3: Erleuchtung
Plötzliche Idee / intuitive Einsicht

Phase 4: Verifikation
Ideen prüfen / präzisieren

Abb. 26: Der Kreativitätsprozess (Malorny et al. 1997, S. 26)

Phase 1 Vorbereitung: In der Vorbereitungsphase des kreativen Prozesses sollen sich die am kreativen Prozess beteiligten Personen bewusst werden, dass und welches Problem es zu lösen gilt. Daran schließt sich eine intensive Analyse an, die Zusammenhänge transparent machen und in der das relevante Wissen aufgearbeitet werden soll. Die Entwicklung erster Teillösungen führt in der Regel noch nicht zu einem befriedigenden Ergebnis. In dieser Phase kommt vornehmlich die linke Gehirnhälfte (konvergentes und vertikales Denken) zum Einsatz.

Phase 2 Inkubation: Die Inkubationsphase beginnt damit, dass man zunächst entspannende Aktivitäten ausüben und sich also mit anderen Dingen beschäftigen sollte (Ablenkung). Damit wird das Ziel verfolgt, dass das Problem im Unterbewusstsein weiter arbeitet und die im Unterbewusstsein ablaufenden Gedankenprozesse versuchen, ähnliche oder übertragbare Muster aus bereits gespeicherten Erfahrungen mit dem Problem in Verbindung zu bringen. Der Anteil der rechten Gehirnhälfte in dieser Phase überwiegt. Dieser Prozess startet erst, wenn sich die Person nicht mehr bewusst mit dem eigentlichen Problem beschäftigt.

Phase 3 Erleuchtung „Heureka": Erste intuitive Vorstellungen und Ideen zu dem genannten Problem entstehen. Diese sind noch nicht konkret, sondern schemenhaft und wenig detailliert. Oftmals werden diese Gedankenblitze ignoriert. Wie bereits gezeigt wurde, entstehen diese Ideen häufig außerhalb des Arbeitsplatzes, wie z. B. in der Natur, bei Freizeitaktivitäten, beim Autofahren oder während des Schlafes, so dass der Notizblock auf dem Nachttisch durchaus seine Berechtigung hat. In dieser Phase arbeitet fast ausschließlich die rechte Gehirnhälfte (divergentes/laterales Denken).

Phase 4 Verifikation: In der Verifikationsphase sollte eine neue Idee als erstes niedergeschrieben werden. Erst im Anschluss daran beginnt die Überprüfung, ob die Idee den gestellten Anforderungen entspricht und ob sie entwicklungsfähig ist. Diese Phase kann zum Teil als Ideenbewertung und -analyse bezeichnet werden. Hierfür wird die eher sequentiell, analytisch arbeitende linke Gehirnhälfte eingesetzt (Schlicksupp 1981, S. 24; Malorny et al. 1997, S. 26ff; Zimmer 2001, S. 45f).

5.3.3.5 Kreativitätshemmnisse

Was Kreativität fördert, wurde bereits in den Ausführungen über den kreativen Unternehmer und die kreative Organisation dargestellt. Nun soll darauf eingegangen werden, was Kreativität in einem Unternehmen verhindert. Dabei wird zwischen soziologischen und psychologischen Hemmnissen unterschieden.

Soziologische Blockaden beziehen sich auf Hürden innerhalb des Unternehmens: Zu viele Komitees und Gremien, zu viele Routinearbeiten, zu wenig Zeit für schöpferische Tätigkeiten, bürokratische Starrheit, viele Vorschriften und Prinzipien, mangelnde Objektivität durch Interessenskonflikte und Rivalitäten, Kritik und Zweifel durch Dritte, wenig Möglichkeiten zu Gedankenaustausch und Teamarbeit, mangelnde Anerkennung neuer Ideen, Tabus, heilige Kühe, Traditionen, zu hoch vorgegebene Ziele und Anforderungen, mangelnde Kooperation, Information, Kommunikation und Teamarbeit, Förderung und Anerkennung unkonventionellen Denkens, Informationsflut, zu geringe Motivierung der Mitarbeiter, Stress, Expertentum, zu schnelles Aufgeben bei auftauchenden Ideenbremsen, zu früh angebrachte und gar destruktive Kritik.

Psychologische Blockaden beziehen sich auf den einzelnen Mitarbeiter: Suche nach dem absolut richtigen, Neigung zu gewohnten Vorgehensweisen, zu schnelle Meinungsbildung, Hemmungen, sich zu äußern, Enttäuschungen, Resignation, Neigung, anderen nachzugeben, Zufriedenheit mit dem Erreichten, zu wenig Vertrauen in die eigenen Fähigkeiten, Zweifel, Angst, Perfektionismus, Entweder-Oder-Denken.

Neben den internen Hürden sind also auch individuelle Hemmnisse für kreatives Denken zu berücksichtigen. Daher ist die Personalauswahl gerade für kreative Aufgaben besonders sensibel zu handhaben. Mitarbeiter mit Routineaufgaben sind einfach anzulernen, und durch die Gleichförmigkeit der Arbeit pendelt sich Routine ein. Kreative Mitarbeiter müssen sich jedoch jeden Tag neuen gedanklichen Herausforderungen stellen und innovative Ideen produzieren. Für das Unternehmen ist daher sorgfältige Personalauswahl gerade im Bereich der Innovationen und Kreativität (also vor allem in der F&E-Abteilung, Marketing u.a.) unerlässlich (Schlicksupp 1981, S. 30ff; Malorny et al. 1997, S. 34; Amabile et al. 2002, S. 59; Blumenschein/Ehlers 2002, S. 51ff).

5.3.4 Kreativitätsmethoden

5.3.4.1 Übersicht

Es ließe sich eine fast unüberschaubare Vielfalt von unterschiedlichen Kreativitätsmethoden nennen, mit denen man im Innovationsentwicklungsprozess Ideen finden kann. Die nachfolgende Abbildung stellt eine Einteilung der Methoden in unterschiedliche Klassen dar. Im Anschluss daran werden die bekanntesten Methoden erörtert; bewusst und erfolgreich eingesetzt werden Kreativitätstechniken in den Unternehmen jedoch selten, was auch schon bei der Analyse der Kreativitätsquellen zum Ausdruck kam (Malorny et al. 1997, S. 30; Hauschildt 2004, S. 410).

Schon 1976 wurde der geringe Methodeneinsatz im Innovationsprozess beklagt (Schelker 1976). Dies wurde in Untersuchungen 1987, 1997 und 1998 (Meyer 2000, S. 158) untermauert. Es wurde deutlich, dass der Großteil der Kreativitätsmethoden nicht oder nur zum Teil bekannt sind und daher nur wenige davon eingesetzt werden.

Es existiert eine deutliche Differenz zwischen bekannten und eingesetzten Methoden. Die Kenntnis nimmt dabei mit wachsender Komplexität der Methode ab. Am häufigsten werden Brainstorming, Checklisten und Kundenbeobachtung eingesetzt, wobei es sich bei den letzteren beiden nicht um Kreativitätsmethoden, sondern um analytische bzw. systematische Werkzeuge zur Findung innovativer Ideen handelt.

Methodengruppe	Verfahrensmerkmale	Wichtige Repräsentanten
A. Ideengenerierung: Brainstorming und seine Abwandlungen	Ungehemmte Diskussion, in der keine Kritik geübt werden darf, phantastische Einfälle und spontane Assoziationen sollen geäußert werden	**Brainstorming**
B. Ideengenerierung: Brainwriting-Methoden	Spontanes Niederschreiben von Ideen auf Papier (Formulare); Umlauf der Papiere	**Methode 635 Brainwriting-Pool**
C. Methoden der schöpferischen Orientierung	Befolgung bestimmter Prinzipien bei der Lösungssuche	Bionik Heuristische Prinzipien
D. Methoden der schöpferischen Konfrontation	Stimulierung der Lösungssuche durch Auseinandersetzung mit verfremdeten Bedeutungsinhalten	**Synektik** Semantische Intuition
E. Methoden der systematischen Strukturierung	Aufteilung des Problems in Teilkomplexe (einzelne Probleme); Lösung der Teilprobleme und Zusammenfügen zu einer Gesamtlösung	**Morphologischer Kasten** Morphologisches Tableau
F. Methoden der systematischen Problemspezifizierung	Aufdecken der Kernfragen eines Problem durch systematisches und hierarchisch-strukturiertes Vorgehen	**Mind-Mapping** Progressive Abstraktion

Tab. 19: Kreativitätsmethoden (eigene Darstellung in Anlehnung an Schlicksupp 1981, S. 37)

Zwar werden die anschließend vorgestellten Instrumente Brainwriting, Morphologischer Kasten und Synektik dieser Untersuchung zufolge nicht häufig (Mittelwerte bei 2,0, 1,8 und 1,7 bei max. 5 = häufiger Einsatz) zur kreativen Ideenfindung eingesetzt, sie werden jedoch als leicht verständlich und einfach durchführbar eingeschätzt.

5.3.4.2 Brainstorming

Brainstorming, aus dem Englischen als „Ideenwirbel" (Malorny et al. 1997, S. 56) oder „Sturm der Ideen" (Blumenschein/Ehlers 2002, S. 97) übersetzt, wurde von Alex Osborn (1953, S. 297) in den 40er Jahren des 20. Jahrhunderts als Konsequenz auf anstrengende und nicht-produktive Sitzungen und Konferenzen entwickelt. Sie ist das älteste, bekannteste und am weitesten verbreitete Kreativitätswerkzeug. Mittels dieser Methode werden das intuitiv-schöpferische Denken der Teilnehmer und deren Unterbewusstsein aktiviert (Haman 1996, S. 171). Synergieeffekte für die Problemlösung ergeben sich durch das Wissen mehrerer Personen, die bestimmte Regeln einhalten, damit denkpsychologische Blockaden ausgeschaltet werden und sich die Phantasie frei entfalten kann. Die Brainstorming-Methode eignet sich für ein weites Spektrum an Problemen, am besten für die Bewältigung von einfachen Suchproblemen, die weder Struktur noch System aufweisen.

Die Vorgehensweise kann in drei Phasen eingeteilt werden: In der *Vorbereitungsphase* wird zunächst das Problem definiert, im Anschluss daran werden die entsprechenden Mitarbeiter (am besten aus verschiedenen Arbeitsbereichen) in Gruppen von fünf bis sieben Personen zur Brainstorming-Sitzung von ca. 30 bis 45 Minuten Dauer eingeladen. Diese Gruppengröße wird deshalb als ideal erachtet, weil bei weniger Teilnehmern das assoziative Potenzial und damit die Synergieeffekte fehlen. Nehmen mehr Personen teil, besteht die Gefahr der Bildung von Untergruppen. Die Gruppe sollte sich aus Experten und Laien (bzw. Generalisten) zusammensetzen.

Die *Durchführungsphase* eröffnet der Moderator der Brainstorming-Sitzung mit der Darstellung des Problems, das gemeinsam analysiert und gegebenenfalls neu formuliert wird. Die Teilnehmer sind aufgerufen, ihre Ideen spontan zu äußern und sich von den Ideen der anderen Teilnehmer inspirieren zu lassen. Flacht die Diskussion nach einem ersten Höhepunkt mit vielen Ideen ab, ist es Aufgabe des Moderators, den nachlassenden Ideenfluss und die Diskussion zu einer zweiten Spitze, in der meist die kreativsten Einfälle gelingen, zu stimulieren. Der Moderator achtet darüber hinaus darauf, dass die Brainstorming-Regeln eingehalten werden. Das Protokoll wird öffentlich geführt, d. h. die geäußerten Ideen werden z. B. auf Overheadfolie, Flipchart oder Pinnwand notiert, damit sie für jeden Diskussionsteilnehmer sichtbar sind, um Missverständnisse zu vermeiden und um Ideen später wieder aufgreifen und weiterverfolgen zu können. Der Moderator beendet die Brainstorming-Sitzung, wenn trotz Anregung keine weiteren Ideen zutage treten.

In der *Verarbeitungsphase*, die sich an die Sitzung anschließt, werden die protokollarischen Aufzeichnungen überarbeitet und eindeutig formuliert, so dass die Teilnehmer anhand der Liste nochmals Ideen und Anregungen nennen können. Erst dann setzt die Weiterverarbeitung in Form von Sortieren, Zusammenfassung und Bewertung der Ideen (z. B. in die Kategorien „sofort umsetzbar", „gut, aber nicht sofort umsetzbar", „momentaner Nutzen nicht sichtbar") ein (Schlicksupp 1981, S. 61ff; 1989, Sp. 933; Uebele 1992, Sp. 1169; Beitz 1996, S. 207f; Higgins/Wiese 1996, S. 126ff; Malorny et al. 1997, S. 56ff; Blumenschein/Ehlers 2002, S. 97ff; Hauschildt 2004, S. 414ff).

Für die Dauer der Brainstorming-Sitzung gelten bestimmte Verhaltensregeln, um den Kreativitätsfluss und die Beteiligung aller Teilnehmer zu stimulieren:

- *Keine Kritik:* Um den Ideenfluss nicht zu unterbinden und um die Teilnehmer nicht zu entmutigen, ist Kritik während des Brainstormings nicht erlaubt. So genannte Killerphrasen, wie z. B. „Das gibt es schon.", „Das geht nicht.", dürfen nicht geäußert werden.

- *Quantität vor Qualität:* Möglichst viele Ideen in kurzer Zeit sollen gesammelt werden. Durch die Aufforderung, eine Masse an Ideen zu produzieren, sind die

Teilnehmer in der Regel spontaner. Dies erhöht die Chance, mehr und ungewöhnliche Ideen zu generieren, und dadurch steigt die Wahrscheinlichkeit auf genügend gute Ideen.

-*Freier Lauf der Phantasie und der Assoziationen:* Ideen kommen ungezwungener auf, weil die Teilnehmer sich sicher fühlen, dass ihre Anregungen willkommen sind. Die Teilnahme von Laien ist manchmal sinnvoll, gerade weil ihnen Detailkenntnisse fehlen und sie somit originelle und ungewohnte Anregungen einbringen können.

-*Fremde Ideen aufgreifen und weiter entwickeln:* Brainstorming bedeutet Teamarbeit, so dass das Eingehen auf Experimentieren mit fremden Ideen zu Synergieeffekten führen kann und eine unausgegorene Idee durch gemeinsame Diskussion weiter entwickelt wird (Schlicksupp 1981, S. 62ff; Malorny et al. 1997, S. 60ff).

In der Tourismusbranche wurde Brainstorming mit Managern in Edinburgh für die Entwicklung einer Reservierungshotline für zwei Restaurants eingesetzt. Diese Maßnahme führte dazu, dass Anrufe nicht mehr beim Besetzt-Zeichen endeten, was zuvor bei einem Drittel aller Anrufe der Fall war, sondern fünf neue Arbeitsplätze geschaffen wurden und in einem der Restaurants eine 15%ige Umsatzsteigerung erzielt wurde (VisitScotland, 2005).

Auch wenn diese Methode als einfach einsetzbar gilt und daher am häufigsten von Unternehmen angewendet wird, verlassen Mitarbeiter feste und eingefahrene Denkstrukturen nur langsam. Hierarchische Unterschiede zwischen den Teilnehmern des Kreativitätsprozesses können sich hemmend auswirken. Die Aufgaben des Moderators wie Anregung und Lenkung der Diskussion und der Teilnehmer sind ebenfalls nicht zu unterschätzen und bedürfen eines erfahrenen Leiters.

5.3.4.3 Brainwriting

Unter dem von Rohrbach (1969; 1972) entwickelten Brainwriting versteht man die Sammlung und Generierung von kreativen Ideen zu einem Suchproblem, die im Unterschied zum Brainstorming schriftlich erfolgen. Die schriftliche Aufarbeitung eines Problems bietet die Vorteile, dass Gruppenkonflikte vermieden werden und automatisch ein Protokoll entsteht. Beim Brainwriting kann zwischen 635-Methode, Brainwriting-Pool und Collective-Notebook-Methode unterschieden werden.

Die *Methode 635* bedarf keiner besonderen Moderation und ist daher einfach einsetzbar. Sie soll dann angewendet werden, wenn in der Problemlösegruppe Spannungen und Konflikte zu befürchten sind und diese die Vorteile von gruppendynamischen Effekten überwiegen. Auch wenn eine Person verbal eine bestimmende Rolle einnehmen könnte, ist der Einsatz dieser schriftlichen Kreativitätsmethode sinnvoll. Die wechselseitige Anregung zu und Weiterführung von Ideen wird schriftlich geführt und ist vor allem bei komplexeren Problemen einsetzbar, die mehrdimensionale Denkprozesse erfordern. Bei 6 Teilnehmern werden jeweils 3 Ideen, die sie auf einzelne Formulare notieren, in Zeitabschnitten von je 5 Minuten gewonnen (= 108 Ideen). Nachdem die Blätter im Uhrzeigersinn durch die Gruppe wanderten, werden am Ende der Sitzung die Ergebnisse gemeinsam mit den Teilnehmern ausgewertet, erörtert und diskutiert (Beitz 1996, S. 209; Higgins/Wiese 1996, S. 133f; Malorny et al. 1997, S. 89ff; Blumenschein/Ehlers 2002, S. 102ff; Wahren 2004, S. 137f).

Im *Brainwriting-Pool* werden die starren Vorgaben der 635-Methode aufgehoben und Blätter mit möglichen Lösungsansätzen in die Mitte des Konferenztisches gelegt. Die vier bis acht Teilnehmer notieren zunächst ihre eigenen Ideen; für weitere Anregungen können sie ihr Blatt mit einem aus der Tischmitte vertauschen und so an anderen Ideen weiterarbeiten. Der Vorteil liegt darin, dass jeder Teilnehmer sich seiner eigenen Arbeitsweise entsprechend verhalten kann und die Blätter nicht nur in eine Richtung, sondern immer wieder hin und her getauscht werden können. Der Moderationsaufwand ist noch geringer als bei der 635-Methode (Schlicksupp 1981, S. 69f; Uebele 1992, Sp. 1170; Beitz 1996, S. 209; Higgins/Wiese 1996, S. 132f; Malorny et al. 1997, S. 93f).

Die *Collective-Notebook-Methode* wird nicht in Sitzungsform durchgeführt, sondern jeder der Teilnehmer zeichnet seine Notizen, Einfälle, Ideen und Anmerkungen zu dem genannten Problem in einem Notizbuch während eines vereinbarten Zeitraums auf. Diese Methode ist vor allem für komplexere Aufgaben geeignet, weil der Zeitraum für die Ideengenerierung nicht auf eine Sitzung beschränkt ist, sondern mehrere Wochen umfassen kann und dadurch Lösungen ausführlicher bearbeitet werden können (Malorny et al. 1997, S. 94f).

5.3.4.4 Der Morphologische Kasten

Der Morphologische Kasten wurde von dem Schweizer Astrophysiker Fritz Zwicky entwickelt und ist die bekannteste von verschiedenen morphologischen Werkzeugen (Morphologische Matrix, Morphologisches Tableau, Sequentielle Morphologie). Morphologie bedeutet griechisch „Lehre der Gestaltung, Strukturierung, Formung," also die Lehre des geordneten Denkens (Malorny et al. 1997, S. 84).

Dabei soll die Lösung eines Problems durch Zerlegung in Einzelaspekte erreicht werden. Beim Morphologischen Kasten wird ein Problem durch mehrere Dimensionen definiert, wodurch eine strukturelle und funktionale Durchdringung der Aufgabenstellung ermöglicht wird. Diese Methode kann bei einem eingegrenzten Suchproblem oder bei Konstellationsproblemen angewendet werden. Es handelt sich also um ein technisch-analytisches Werkzeug, und durch beliebige Variationen (siehe nachfolgende Abbildung) entstehen zahlreiche neue potenzielle Lösungswege. Der Vorteil liegt darin, dass durch das Formular die Entwicklung der möglichen Problemlösungen eine automatische Protokollierung erfolgt. Der Morphologische Kasten kann sowohl in der Gruppe (vier bis acht Personen) als auch einzeln angewendet werden, ist jedoch im Vergleich zu den

Brainstorming- und Brainwriting-Methoden eher für Fachleute geeignet. Da es sich um komplexere Aufgabenstellungen als beim Brainstorming und beim Brainwriting handelt, ist mit einer Dauer von etwa zwei Stunden zu kalkulieren.

Durch die Analyse und Definition des Problems werden verschiedene Parameter, die eine Aufgabenstellung charakterisieren, bestimmt. Dabei müssen diese logisch, unabhängig, allgemein gültig und relevant sein; ihre Anzahl ist der Übersichtlichkeit wegen auf maximal sieben beschränkt. Die möglichen Ausprägungen werden neben den Parametern genannt (ähnlich auch das japanische Fischgrätenmodell in Bezug auf das Qualitätsmanagement, vgl. hierzu Ishikawa 1985). So kann auf dem Formular Reihe um Reihe die Ausprägung eines Parameters mit denen von anderen kombiniert und somit eine Vielzahl an unterschiedlichen Lösungen generiert werden (Heinen 1978, S. 511ff; Schlicksupp 1981, S. 47ff; Beitz 1996, S. 210ff; Higgins/Wiese 1996, S. 153ff; Malorny et al. 1997, S. 84ff; Blumenschein/Ehlers 2002, S. 146ff).

PROBLEM: NEU-FESTSETZUNG DER ARBEITSZEIT				
Parameter	Ausprägungen			
Gesamtarbeitszeit pro Woche	40 Std.	35 Std.	42 Std.	20 Std.
Zahl der Arbeitstage pro Woche	4		5	6
Zahl der Schichten	1	2	3	4
Bezahlte Pausen	Ja		Nein	

① ②

Abb. 27: Beispiel für einen Morphologischen Kasten (Beitz 1996, S. 211)

Dieses Beispiel ist in der Hotellerie oder in der Gastronomie denkbar, kann aber auch für Service-Hotlines von Reiseveranstaltern oder Luftfahrtgesellschaften angewendet werden. Durch die Anzahl der Parameter und der Ausprägungen sind in diesem Fall maximal 96 Lösungen möglich. Im Bereich der Reiseveranstalter wurde diese Methode für die Entwicklung neuer Produkte (Reise) bereits erfolgreich angewendet (Meister/Meister 2001).

Es handelt sich um ein sehr strukturiertes und analytisches Kreativitätsinstrument, mit dem zum einen komplexe Problemstellungen bewältigt werden können, zum anderen aber die Phantasie durch die beschränkte Anzahl der zu bestimmenden Parameter Auflagen erhält.

5.3.4.5 Synektik

Unter Synektik ist die Übertragung von fremden Strukturen auf die eigene Aufgabe zu verstehen, und „synechein" (griechisch) bedeutet „verknüpfen, in Verbindung bringen" (Schlicksupp 1981, S. 72; Malorny et al. 1997, S. 96). Das Ziel dieses Kreativitätswerkzeugs, das in den 40er Jahren des 20. Jahrhunderts von William Gordon entwickelt wurde (Gordon/Prince 1960), ist die Lösung von Konstellationsproblemen mittels Verfremdungstechnik: Das Fremde soll vertraut und das Vertraute fremd gemacht werden. Der Grund für die Verfremdung liegt darin, dass oftmals vorgefertigte Meinungen und Pläne in den Köpfen der Problemlöser existieren und mittels Synektik neue, ungewohnte Wege beschritten werden, die alternative Lösungen aufzeigen. Diese Methode ist jedoch anspruchsvoller als Brainstorming oder Brainwriting, stellt daher auch höhere Ansprüche an die Gruppenteilnehmer und den Moderator. Da komplexere Aufgaben zu bewerkstelligen sind, ist mit einer Dauer von etwa einem halben Tag für eine Synektik-Sitzung zu rechnen.

In der Vorbereitungsphase wird das Problem zunächst vom Moderator analysiert und Verständnisfragen diskutiert. Im Anschluss daran werden in einem kurzen Brainstorming (maximal 10 Minuten) erste Lösungsansätze erarbeitet, diese auf einem Flipchart festgehalten und das Problem noch einmal vom Moderator zusammenfassend dargestellt, damit alle Sitzungsteilnehmer das gleiche Verständnis und den gleichen Informationsstand über die Aufgabe haben. Die Inkubationsphase umfasst vier Schritte: zunächst wird eine direkte Analogie aus der Natur auf das Problem bezogen, danach mit einer persönlichen, gefühlsbetonten Analogie bzw. Metapher belegt. Nach einer Verdichtung des Gefühls und einer weiteren Entfernung vom ursprünglichen Problem wird der Forschungsgegenstand mit einem weiteren Bereich verfremdet und dieser dann ebenfalls analysiert. Die dritte Phase bringt den „Geistesblitz", in dem die gefundenen Lösungsansätze auf das genannte Problem projiziert werden. In der Verifikationsphase werden die gefundenen Ergebnisse weiterentwickelt (Schlicksupp 1981, S. 72ff; Beitz 1996, S. 212ff; Higgins/Wiese 1996, S. 184ff; Malorny et al. 1997, S. 98ff; Blumenschein/Ehlers 2002, S. 116).

Der Verfremdungsprozess gestaltet sich zwar oftmals schwierig, aber er ermöglicht positive Effekte, indem vom ursprünglichen Problem Abstand genommen wird und die Kreativität der Teilnehmer stimuliert wird. Da die Synektik ein sehr anspruchsvolles und erfolgversprechendes Kreativitätswerkzeug ist (Wahren 2004, S. 139), sollte es zunächst in Testläufen erprobt werden, bevor es für wichtige Entscheidungen angewendet wird, so dass sowohl die Gruppenteilnehmer als auch der Moderator und der Protokollant auf Erfahrung im Umgang mit diesem Instrument zurückgreifen können. Eine Anwendung im Tourismus ist jedoch bislang nicht bekannt – es könnten sich jedoch beispielsweise Transportbetriebe bei der Entwicklung neuer Ideen an „Transporte" aus der Tier- und Pflanzenwelt anlehnen. Auch wenn dies zunächst sehr weit hergeholt und nicht sehr sinnvoll erscheint, kann die Verfremdung dazu beitragen, verhaftete Vorstellungen loszulassen und neue, innovative Wege zu beschreiten.

5.3.4.6 Mind-Mapping

Mind-Mapping, das sich zum Strukturieren und Visualisieren von Problemen eignet und in den 70er Jahren von Tony Buzan entwickelt wurde (Buzan/Buzan 1999), wird den Methoden der systematischen Problemspezifizierung zu geordnet. Im Mind-Mapping verbinden sich die logisch denkende linke und die bildhaft denkende rechte Gehirnhälfte. Mit Hilfe von Mind-Maps („Landkarten des Gehirns") wird Spontaneität und Kreativität unterstützt. Gleichzeitig bekommt man einen strukturierten Überblick über komplexe Sachverhalte. Dieses Werkzeug eignet sich für den Ideenfindungsprozess zur Generierung möglichst vieler neuer Alternativen, indem durch die Nutzung beider Gehirnhälften verborgene Ideen gefördert werden. Man kann es für Suchprobleme, aber auch für Analyse- und Konstellationsprobleme anwenden, so dass die Struktur und das System eines Problems konkretisiert und konzentriert bearbeitet werden können.

Malorny et al. (1997) vergleichen Mind-Maps mit der Ansicht eines Baumes aus der Vogelperspektive: Von einem Stamm in der Mitte führen einige Hauptäste ab. Begonnen wird mit einem Kreis in der Mitte eines Papierbogens, in dem das Thema knapp formuliert wird, und von dem einige Hauptäste ausgehen. Auf jedem Ast wird die grundlegende Idee kurz skizziert und dann auf beliebig vielen Zweigen und Nebenzweigen profunde und detaillierte Lösungsansätze formuliert. Nach der Entwicklung des Mind-Maps können durch Nummerierungen Prioritäten gesetzt und Reihenfolgen der Bearbeitung festgelegt werden. Hängen an einem Ast bzw. Zweig viele Assoziationen, kann das ein Hinweis auf einen besonders interessanten Punkt sein. Daraus kann ein neues Mind-Map entwickelt und so neue Ergebnisse gefunden werden (Buzan 1993, S. 110ff; Malorny et al. 1997, S. 69ff; Blumenschein/Ehlers 2002, S. 110ff; Wahren 2004, S. 146f).

Die Vorteile dieses Kreativitätswerkzeugs sind laut Buzan, dass die Hauptideen deutlich herausstechen und durch Verbindungslinien Zusammenhänge einfach zu erkennen sind. Durch die schriftliche Arbeit können Ideen besser erinnert und durch die Zweigetechnik übersichtlich Ergänzungen eingefügt werden (Buzan 1993, S. 111). Die Ausführungen lassen vermuten, dass durch den gezielten und strukturierten Einsatz von Kreativitätstechniken während des Innovationsprozesses, hauptsächlich in der Phase der Ideengenerierung, eine größere Anzahl und eine bessere Qualität der Ideen generiert werden können.

Für die Tourismusbranche ist diese Methode relativ einfach einsetzbar, weil sie leicht erklärbar und damit sowohl von den verschiedensten Mitarbeitern und auch Kunden angewendet werden kann. Sowohl in der Hotellerie (z. B. neues Package) als auch bei Reiseveranstaltern (z. B. neue Zieldestination) ist damit die kreative Auseinandersetzung mit neuen Produkten möglich. Eine Vertiefung der Idee erfolgt beispielsweise entweder mit einer Ausweitung des Mindmaps oder mit anderen Kreativitätsmethoden.

Bislang werden Kreativitätsmethoden noch nicht häufig in Unternehmen eingesetzt, um neue Produktideen zu finden. Die Ausführungen zeigen jedoch deutlich, dass deren Einsatz strukturierte und durchdachte Ideen zu Tage fördert, die zudem eine gemeinschaftliche Entwicklung ermöglichen. Betrachtet man die ausgeführten Kreativitätsmethoden, eignen sich besonders das Brainstorming und das Mind-Mapping, aber auch der Morphologische Kasten besonders für eine Anwendung im touristischen Bereich. Durch diese Methoden werden aufgrund ihrer einfachen Handhabung vermutlich eher inkrementelle Innovationen kreiert; für radikale Änderungen und Schnitte im Produkt-Portfolio bzw. in den Prozessen hinter der „Line of Visibility" kann vor allem die Synektik ein wertvolles Hilfsmittel darstellen.

5.4 Ideenbewertung

5.4.1 Ablauf und Messkriterien einer Ideenbewertung

Wie bereits festgestellt wurde, werden weder Kreativitätstechniken noch systematische Innovationsentwicklungsprozesse häufig von Unternehmen verwendet, um innovative Ideen zu finden und diese dann umzusetzen. Dies trifft auch für den Einsatz formaler Methoden für die Bewertung von Ideen zu (Meffert 1998, S. 417; Vahs/Burmester 2002, S. 185). Da die Umsetzung von Ideen in innovative Problemlösungen oft mit erheblichem Mitteleinsatz und unternehmerischem Risiko verbunden ist, ist es sinnvoll, vor der Umsetzung einer innovativen Idee eine vorausschauende Bewertung vorzunehmen.

Ausgangspunkt sind verschiedene innovative Ideen, deren Potenzial bewertet werden muss. Das Unternehmen benötigt eine Vorhersage über die erwartete Rendite dieser möglichen Neuerungen. Grundsätzliche Schwierigkeit dabei ist, dass sich die für Innovationen getätigten Investitionen oft erst in späteren Jahren amortisieren, so dass schnelle Erfolge bei Innovationen schwer zu erreichen und zu messen sind. Daher werden neben quantitativen auch qualitative Messkriterien, wie z. B. Kundenzufriedenheit, zur Ideenbewertung herangezogen.

Ziel der Ideenbewertung ist, den größtmöglichen Innovationserfolg sicherzustellen. Aus einer Vielzahl von Optionen sind die erfolgversprechendsten Innovationsansätze zu selektieren, indem diese auf ihre Wirtschaftlichkeit und ihre Marktfähigkeit hin überprüft werden. Dadurch können diejenigen Ideen, die nicht oder nur wenig erfolgversprechend sind, herausgefiltert werden (Vahs/Burmester 2002, S. 186). Eine eindeutige und überschneidungsfreie Definition der einzelnen Entscheidungsaspekte hilft, die Bewertungskriterien vor der eigentlichen Bewertung genau festzulegen und die Ziele, die mit der Ideenrealisierung verbunden sind, konkret zu bestimmen (Meffert 1998, S. 186). Eine Ideenbewertung kann wie folgt ablaufen:

1. Vorbereitung der Bewertung und Analyse der Ausgangssituation
2. Festlegung der Bewertungskriterien (Ziele/Indikatoren) und ihrer Bedeutung (Gewichtung)
3. Ermittlung der Daten des Bewertungsobjekts
4. Ermittlung der Zielgrößen
5. Durchführung der Bewertung:
   - Eindimensionale oder mehrdimensionale Bewertung
   - Qualitative oder quantitative Bewertung
6. Auswertung der Bewertungsergebnisse: detaillierte Einschätzung einzelner Bewertungsparameter und Gesamteinschätzung des Bewertungsobjektes (Pleschak/Sabisch 1996, S. 175; Vahs/Burmester 2002, S. 187)

Dabei kommt dem fünften Schritt besondere Bedeutung zu, weil hier die Entscheidung über die einzusetzenden und/oder zu kombinierenden Bewertungsverfahren gefällt wird. Mithilfe dieser Methoden kann sichergestellt werden, dass die vorausschauende Bewertung der alternativen Ideen möglichst systematisch, nachvollziehbar und zuverlässig erfolgt. Die Verfahren sollen eine möglichst realitätsnahe Abbildung der Wirklichkeit und selbst in zeitlicher und finanzieller Hinsicht wirtschaftlich sein. Die Kosten für das Bewertungsverfahren sollten in vernünftiger Relation zum Nutzen sein. Als letztes Kriterium nennen Vahs und Burmester die Benutzerfreundlichkeit, denn Aufgabe der Methoden ist eine verständliche Interpretation der Ergebnisse (Vahs/Burmester 2002, S. 190). Mögliche Zielkriterien für die Bewertung von geplanten Innovationen sind:

- *Ökonomische Merkmale*: Cash-Flow, ROI (Return on Investment), Umsatz, Gewinn, Kosten, Kapitaleinsatz
- *Produkt- und verfahrenstechnische Merkmale*: Produktqualität, Leistungsfähigkeit, Flexibilität, erforderliche Sachinvestitionen, Vertrautheit mit dem Produktionsprozess etc.
- *Technologische Merkmale*: Integrationsfähigkeit in das vorhandene Innovations- und Produktprogramm
- *Absatzwirtschaftliche Merkmale*: Marktvolumen, Marktanteil, Marktwachstum, Wettbewerbssituation, Eignung der Vertriebsorganisation, „Fit" zum vorhandenen Produktprogramm
- *Strukturelle Merkmale*: Fertigungstiefe, Organisationstyp der Fertigung, zeitliche, personelle und räumliche Kapazitäten, Grad der Arbeitsteilung
- *Arbeitswissenschaftliche Merkmale*: Beanspruchung und Belastung der Mitarbeiter, Arbeitssicherheit, Motivation, Qualifikation
- *Zeitliche Merkmale*: Dauer des Innovationsprozesses, Zeitpunkt der Markteinführung, Amortisationszeit, Länge des Produktlebenszyklus

-*Sonstige Merkmale*: ökologische Folgewirkungen der Innovation, Berücksichtung gesetzlicher Rahmenbedingungen (Weis 1995, S. 203; Haedrich/Tomczak 1996, S. 193; Vahs/Burmester 2002, S. 188).

5.4.2 Arten von Bewertungsverfahren

Die Bewertungsverfahren können als eindimensional charakterisiert werden, wenn nur ein Ziel, z. B. die Minimierung der Produktkosten, verfolgt wird. Von einem mehrdimensionalen Bewertungsverfahren spricht man, wenn mit der Idee mehrere Ziele gleichzeitig erreicht werden sollen und diese evtl. miteinander konkurrieren, zum Beispiel Steigerung des Marktanteils und Kostensenkung. Das Verfahren ist so zu wählen, dass Zielkonflikte an Schärfe verlieren und gleichzeitig die Komplexität so reduziert wird, ohne dass die Aussage- und Interpretierfähigkeit verloren geht. Des Weiteren können *qualitative und quantitative Bewertungsverfahren* unterschieden werden (Vahs/Burmester 2002, S. 193).

5.4.2.1 Qualitative Bewertungsverfahren

Zu den *qualitativen Bewertungsmethoden* gehören beispielsweise *verbale Einschätzungen*: Die zu bewertenden Merkmalsausprägungen werden beschrieben (z. B. Pro-und-Contra-Methode, bei der Argumente für und gegen eine Innovation in Tabellenform gesammelt werden) und intern oder von repräsentativen Gruppen beurteilt. Bei *Checklisten* werden verschiedene Bewertungskriterien in einer tabellarischen Auflistung systematisiert. Checklisten beruhen auf Erfahrungswerten von vergleichbaren Objekten und enthalten sowohl Muss- als auch Kann-Kriterien. Erst wenn die Grundanforderungen erfüllt sind, wird für die Priorisierung der Ideen auf Kann-Kriterien zurück gegriffen (Vahs/Burmester 2002, S. 194; Wahren 2004, S. 173).

Des Weiteren zählen auch Methoden der ganzheitlichen Präferenzbildung zu den qualitativen Bewertungsverfahren: beim *paarweisen Vergleich* werden die neuen Ideen systematisch paarweise miteinander verglichen.

		Produktideen				
		A	B	C	D	E
Produktideen	A	-	1	1	0	0
	B	0	-	1	1	0
	C	0	0	-	0	0
	D	1	0	1	-	1
	E	1	1	1	0	-
Summe		2	2	4	1	1
		2. Rang		1. Rang	3. Rang	

Tab. 20: Beispiel eines paarweisen Vergleichs (Brockhoff 1994, S. 255; Vahs/Burmester 2002, S. 198)

Darüber wird eine Matrix gebildet und die Produktideen spaltenweise verglichen und für die bevorzugte Idee eine 1, für die andere eine 0 vergeben. Werden die Präferenzen spaltenweise addiert, ergibt sich eine Rangordnung durch den Vergleich der Spaltensummen. Wie die obige Abbildung zeigt, ist das Verfahren einfach und schnell anzuwenden und reduziert die Komplexität der Bewertung. Allerdings ist die Gefahr von Fehleinschätzungen und Unübersichtlichkeit bei einer Vielzahl von Ideen zu beachten.

Beim *Konstantsummen-Verfahren* wird eine fest vorgegebene Anzahl von Punkten (z. B. 100) auf die zu bewertende Anzahl von Ideen entsprechend ihrer Bedeutung verteilt. Dadurch lässt sich die Rangordnung der Ideen direkt ablesen. Auch diese Methode ist einfach und schnell anzuwenden, birgt jedoch die Gefahr der Nicht-Objektivität durch persönliche Einschätzungen, die zu Fehlinterpretationen führen können.

Das *Semantische Differenzial* ist eine Methode, bei der die Bewertungskriterien bipolar visualisiert werden. Dadurch können die Vor- und Nachteile der verschiedenen Ideen anschaulich gegenübergestellt werden (Vahs/Burmester 2002, S. 199f).

Die *SWOT-Analyse* beurteilt die Leistungsfähigkeit einer Innovation nicht nur in Bezug auf das unternehmensinterne Potenzial (Strengths, Weaknesses), sondern analysiert sie im Vergleich zur Konkurrenz, in Bezug zur Umwelt und zu großen Trends und Entwicklungen der Gesellschaft (Opportunities, Risks) (Wahren 2004, S. 177).

Unternehmens-intern	*Unternehmensextern (Konkurrenz, Umwelt, Politik u.a.)*
Stärken Kernkompetenz *(Innovations-Push durch Entrepreneur)*	**Chancen** Noch nicht besetzte Nische *(neue Zielgruppe)*
Schwächen Mitarbeiter/Personal *(ausgebildetes Personal zu finden?)*	**Risiken** Leichte Imitierbarkeit *(baldige Nachahmer?)*

Abb. 28: Beispielhafte SWOT-Analyse in Bezug auf innovative Ideen (eigene Darstellung)

Die SWOT-Bewertung (für die Innovation „Nordic Running" Beispiele kursiv in der Grafik) bietet den Vorteil, dass die Analyse nicht auf den Betrieb begrenzt ist, sondern die Innovation in seinem marktlichen Umfeld beurteilt, was häufig bei quantitativen Bewertungsmethoden nicht der Fall ist.

Die *Nutzwertanalyse* wird auch Scoring- oder Punktbewertungsmodell genannt. Nachdem man das Entscheidungsfeld eingegrenzt hat, werden die Zielkriterien, wie z. B. Produktüberlegenheit oder Marktattraktivität, festgelegt. Anschließend werden einheitliche Zielwerte und deren Gewichtung festgelegt, an denen sich die Nutzwerte jeder einzelnen Alternative orientieren. Die innovative Idee mit dem höchsten Gesamtnutzwert (höchste gewichtete Gesamtpunktzahl) wird ausgewählt (Vahs/Burmester 2002, S: 203; Wahren 2004, S. 179).

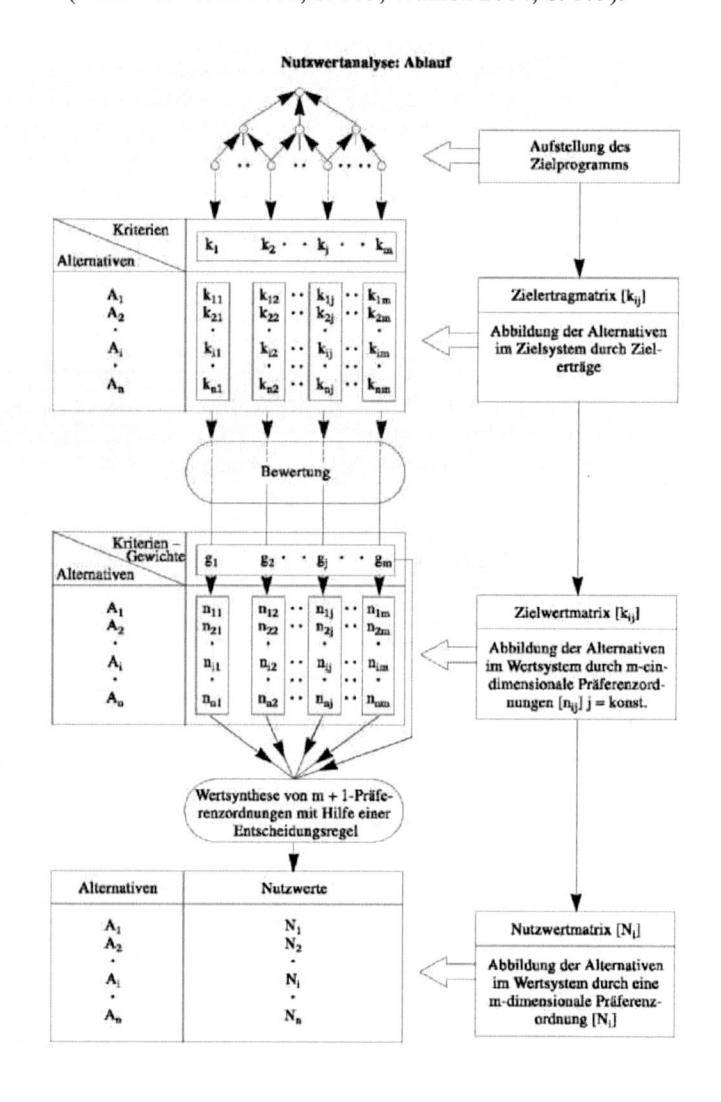

Abb. 29: Beispielhafter Ablauf einer Nutzwertanalyse (Gabler 1993, S. 2440)

Die obige Grafik veranschaulicht den Ablauf einer Nutzwertanalyse. Sie ist eine einfache Bewertungsmethode, die dennoch zu schnellen und gut nachvollziehbaren Ergebnissen führt (Wahren 2004, S. 180).

5.4.2.2 Quantitative Bewertungsverfahren

Im Gegensatz zu den qualitativen Methoden können mittels quantitativer Bewertungsverfahren auch die voraussichtlichen Kosten und Erlöse einer Innovation bewertet werden. Daher sind Wirtschaftlichkeits- oder Investitionsrechnungen, die die erwarteten Kosten und Erlöse der verschiedenen Investitionsalternativen miteinander vergleichen, insbesondere bei komplexen, investitionsintensiven und langfristigen Innovationen erdenklich (Vahs/Schäfer-Kunz 2000, S. 232ff). Quantitative Bewertungsmethoden können jedoch oft erst bei reifen innovativen Ideen eingesetzt werden, weil vorher keine konkreten Aussagen über die erwarteten Zahlungsströme und -zeitpunkte getroffen werden können.

Man unterscheidet statische Verfahren und dynamische Verfahren: Die dynamischen Verfahren berücksichtigen tatsächliche Zahlungszeitpunkte über die gesamte Nutzungsdauer einer Investition. Statische Verfahren dagegen gehen von Durchschnittswerten aus und werden daher als einperiodige Durchschnittsrechnungen bezeichnet (Vahs/Burmester 2002, S. 207).

5.4.2.2.1 Statische Wirtschaftlichkeitsrechnungen

Bei der *Kostenvergleichsrechnung* werden die Gesamtkosten pro Jahr oder die durchschnittlichen Stückkosten der zur Diskussion stehenden Innovationen verglichen. Die Idee mit den geringsten Kosten ist die optimale Problemlösung. Beispielsweise könnte die Kostenvergleichsrechnung in Gastronomiebetrieben eingesetzt werden, die eine „neue Küche" in Form einer Neuausrichtung bzw. Ergänzung des Betriebes planen (bestimmte Ernährungsrichtlinien oder Nationenspezialitäten). Der gravierende Nachteil dieser Rechnung ist die Nichtberücksichtigung der zu erwartenden Erlöse.

Die *Gewinnvergleichsrechnung* stellt die voraussichtlichen Kosten mit den voraussichtlichen Erlösen einer Innovation gegenüber. Diese Methode eignet sich beispielsweise für Reiseveranstalter, die den Gewinn einer neu eingeführten Reise mit dem Gewinn aus früheren Reisen vergleichen können. Dadurch kann der höchste durchschnittliche Gewinn pro Periode errechnet werden. Die Aussagekraft ist jedoch beschränkt, da die Alternativen oftmals unterschiedliche Laufzeiten und Umsetzungskosten haben und somit Vergleiche schwierig sind (Vahs/Burmester 2002, S. 208).

Die *Kapitalrentabilität* ist definiert als $\text{Rentabilität} = \frac{\text{Gewinn}}{\text{Kapitaleinsatz}} * 100\,(\%)$. Der erwartete durchschnittliche Gewinn wird in Bezug zu dem durch die Innovation gebundenen Kapital gesetzt. Das Ergebnis der Rentabilitätsrechnung soll über einer Mindestrentabilität liegen, die sich an alternativen Anlagemöglichkeiten auf dem Kapitalmarkt orientiert. Wird der geplante Umsatz mit einbezogen, ergibt sich der ROI (Return on Investment):

$$ROI = \underbrace{\frac{Gewinn}{Umsatz}}_{Umsatzrentabilität} * \underbrace{\frac{Umsatz}{investiertes\ Kapital}}_{Kapitalumschlag} * 100\ (\%)$$

Die *statische Amortisationsrechnung* beantwortet die Frage, nach wie vielen Jahren die Summe der Einnahmen größer als die Summer der Ausgaben ist (Cash-Flow-Rechnung). Dabei gilt das Investitionsvorhaben, das die kürzeste Amortisationsdauer aufweist, als optimal. Dies ist vor allem in sehr dynamischen Branchen, wichtig.

$$Amortisationsdauer = \frac{Kapitaleinsatz}{\varnothing\ laufende\ Einnahmen - \varnothing\ laufende\ Ausgaben}$$

Zwar wird bei dieser Methode mit liquiditätswirksamen Größen gerechnet und der berücksichtigte Zeitraum kann über mehrere Nutzungsperioden gehen. Es stellt sich jedoch grundsätzlich die Frage, ob die Alternative mit der kürzesten Amortisationszeit auch den höchsten Gesamtgewinn erwirtschaftet (Vahs/Burmester 2002, S. 208ff; Wahren 2004, S. 188).

Bis auf die Cash-Flow-Rechnung sind alle dargestellten quantitativen Methoden Durchschnittsrechnungen, die sich nur auf eine Nutzungsperiode beziehen. Gerade Innovationen erweisen sich vermutlich in der Markteinführungsphase als defizitär und amortisieren sich erst in den nächsten Phasen des Wachstums und der Reife. Bei kurzfristigen oder nur geringfügigen Verbesserungen oder Veränderungen mit geringem Investitionsvolumen liefern aber sie durchaus brauchbare Ergebnisse.

5.4.2.2.2 Dynamische Wirtschaftlichkeitsrechnungen

Dynamische Verfahren bieten eine möglichst realitätsnahe Abbildung der voraussichtlichen Entwicklung über den gesamten Lebenszyklus einer Innovation.

Die *Kapitalwertmethode* berechnet den Kapitalwert C_0 einer Investition als die Summe aller auf den Entscheidungszeitpunkt t_0 abgezinsten Einnahmen E_t und Ausgaben A_t der Perioden t sowie der Anfangsinvestition $-I_0$.

$$C_0 = \sum_{t=1}^{n} \frac{E_t - A_t}{(1+r)^t} \quad bzw. \quad C_0 = -I_0 + \sum_{t=1}^{n} \frac{E_t - A_t}{(1+r)^t}$$

Damit wird die zu erwartende Steigerung oder Verzinsung des eingesetzten Kapitals bei einem definierten Zinssatz r bezogen auf den Investitionszeitpunkt t berechnet. Sofern ein Kapitalwert von 0 oder >0 erzielt wird, gilt die geplante Investition als vorteilhaft (Vahs/Burmester 2002, S. 210ff).

Die *Nutzen-Kosten-Analyse* greift auf Methoden aus der betrieblichen Investitionsrechnung und auf Elemente der Nutzwert-Analyse zurück und läuft in drei Arbeitsschritten ab:
1. Projektalternativen mit ihren Inputfaktoren, Restriktionen und Wirkungen fixieren.
2. Die zu unterschiedlichen Zeitpunkten anfallenden Kosten- und Nutzenströme homogenisieren.
3. Die zur Auswahl stehenden Alternativen vergleichbar machen, indem man Nettogegenwartswerte oder einen internen Zinsfuß errechnet.

Da die Methode sehr komplex und die Analyse umfangreich ist, wird sie nur bei besonders langfristigen und investitionsintensiven Innovationen zur Bewertung herangezogen (Wahren 2004, S. 189).

Zusammenfassend kann festgestellt werden, dass die quantitativen Bewertungsmethoden sicher, zielführend und „handfest" sind. Die damit erzielten Resultate vermitteln Sicherheit im weiteren Umgang mit innovativen Ideen, da Zahlen untereinander direkt vergleichbar sind. Allerdings können bei qualitativen Verfahren auch situative, unternehmensexterne Variablen miteinbezogen werden, die möglicherweise nicht quantifizierbar sind. Es ist daher zu überlegen, konkrete quantitative Berechnungen mit qualitativen Studien über das innovative Projekt zu kombinieren. Da in der Dienstleistungsbranche eine größere Anzahl von Ideen länger weiterentwickelt werden können (vgl. Trichtermodell), ist ein Vergleich von Ideen untereinander zum Teil zwar aufwändig, bietet aber die Möglichkeit, mehrere Optionen länger im Prozess zu analysieren.

5.5 Kernkompetenzen

5.5.1 Kernkompetenzen als wesentliches Unternehmenscharakteristikum

Die Kernkompetenzen eines Unternehmens sind für Innovationen wesentliche Voraussetzung (Hernderson/Cockburn 1994; Leiponen 2000), da sie das Potenzial für Wettbewerbsvorteile bergen (Matzler/Pechlaner 1999, S. 147). Hinterhuber (2004a) definiert Kernkompetenzen als „integrierte und durch organisationale Lernprozesse koordinierte Gesamtheit von Technologien, Know-How, Prozessen und Einstellungen, die für den Kunden erkennbar wertvoll sind, gegenüber der Konkurrenz einmalig sind, schwer imitierbar sind und potentiell den Zugang zu einer Vielzahl von Märkten eröffnen." (Hinterhuber 2004a, S. 12). Hinterhuber und Raich (2004) ergänzen diese Definition um den Wertsteigerungsprozess des Unternehmens, den Kernkompetenzen in Gang halten. (Hinterhuber/Raich 2004, S. 92). Prahalad und Hamel (1994, 1995) gehen bei einer Kernkompetenz von einer Summe des über einzelne Fähigkeitsbereiche und einzelne Organisationseinheiten hinweg Erlernten aus. Daher kann eine solche Kompetenz kaum auf eine einzelne Person oder ein kleines Team beschränkt sein (Hamel/Prahalad 1994, S. 203; Hamel/Prahalad 1995, S. 307).

Auch Matzler und Pechlaner (1999) unterstreichen bei ihrer Definition von Kernkompetenz die Unverwechselbarkeit und damit Einzigartigkeit eines Bündels aus Ressourcen, Fähigkeiten und Wissen eines Unternehmens (Matzler/Pechlaner 1999, S. 147). Es ist auffällig, dass der Begriff der Kernkompetenz im Dienstleistungssektor bislang noch nicht ausreichend untersucht wurde, lediglich der Finanzsektor (Hamel/Prahalad 1994, S. 223) und der Bereich der touristischen Destination (Matzler/Pechlaner 1999; Hinterhuber/Raich 2004) wurde dahingehend erforscht.

5.5.2 Komponenten von Kernkompetenzen

Es ist zwischen der Kernkompetenz eines Unternehmens und dessen Ressourcen, wie z. B. Kapital, Wissen und Können, Fertigkeiten, Know-How der einzelnen Mitarbeiter, Patente, Markennamen etc., zu unterscheiden. Denn eine Kernkompetenz entsteht erst dann, wenn die Mitarbeiter über die Fähigkeit verfügen, etwas aus diesen Ressourcen zu machen, beispielsweise durch eine Kombination oder Koordination der Ressourcen. Wie in den Definitionen bereits angesprochen ist also die Weiterverarbeitung bzw. Bündelung der Ressourcen und Produktionsfaktoren entscheidend (Hamel/Prahalad 1995, S. 308; Hümmer 2001, S. 70). Kernkompetenzen sind schwer imitierbar, da sie sehr individuell von den genannten Kriterien wie z. B. Technologie, Wissen, Ressourcen u.a. einer bestimmten Unternehmung bestimmt werden und daher als „tacit knowledge" bezeichnet werden können (Bieger/Scherer 2003, S. 16).

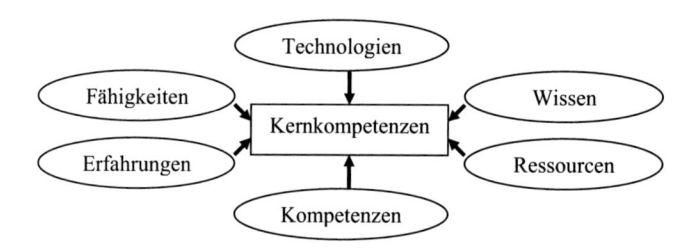

Abb. 30: Mögliche Komponenten von Kernkompetenzen (Pechlaner/Fischer 2004, S. 268)

Die Kernkompetenzen spielen im alpinen Tourismus eine besonders wichtige Rolle, da Wachstum weniger über Quantität als vielmehr über eine höhere Qualität möglich ist, weshalb sich Unternehmen stärker ihrer Fähigkeiten bewusst werden und lernen sollten, mit diesen gekonnt umzugehen und sie gezielt einzusetzen. Das ermöglicht den Unternehmern, Produkte und Dienstleistungen anzubieten, die den Bedürfnissen ihrer Kunden bzw. Gäste besser gerecht werden als das Angebot der Konkurrenz bzw. die Bedürfnisse sogar übertreffen, den Nutzen für den Kunden erhöhen, deren Zufriedenheit und damit auch den Wert des Unternehmens steigern (Prahalad/Hamel 1991; Hamel/Prahalad 1994, S. 204; Hinterhuber et al. 2003, S. 45; Hinterhuber 2004b, S. 49). Ähnlich wie im Kano-Modell der Kundenzufriedenheit, in dem Basis-, Zufriedenheits- und Begeisterungsfaktoren ermittelt werden, die sich im Zeitablauf ändern können, kann sich eine Kernkompetenz im Lauf der Zeit verändern: Was vor ein paar Jahren die Kernkompetenz eines Unternehmens war, wird bald von Konkurrenten ebenso erfolgreich angeboten oder durch neue Technologien vom Markt gedrängt. Daher ist eine kontinuierliche Überprüfung der Kernkompetenzen erforderlich, um sie in den Innovationsprozess einzubringen (Hamel/Prahalad 1995, S. 319).

5.5.3 Die Rolle von Kernkompetenzen für Innovationen

Damit Kernkompetenzen im Unternehmen entstehen, benötigt das Unternehmen eine strategische Ausrichtung, die auf der kritischen Hinterfragung des bislang (Nicht-) Bestehenden und (Nicht-)Erreichten beruht und ein Reengineering des gesamten Betriebes erfordert. Kernkompetenzen entstehen vor allem aus Lernprozessen, etwa bezüglich der Koordination ungleicher Ressourcen und Fähigkeiten. Hierfür ist nach Hinterhuber eine abteilungsübergreifende, ständig lernende Prozessorganisation, die sowohl auf die Zufriedenstellung der Kunden als auch der weiteren Stakeholder gerichtet ist, förderlich (Hinterhuber 2004a, S. 120).

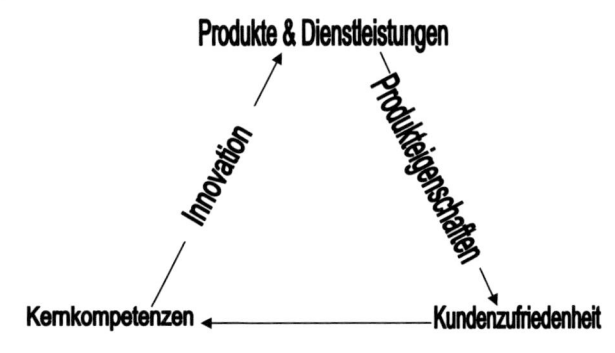

Abb. 31: Der Entwicklungszyklus der Kernkompetenzen (Hinterhuber et al. 2003, S. 122)

Der Entwicklungszyklus der Kernkompetenzen zeigt, dass das Produkt eines Unternehmens das Resultat der innovativen Anwendung (also Kombination oder Bündelung) seiner Kernkompetenzen ist. Die von den Kunden wahrgenommenen Produkteigenschaften wirken auf die Kundenzufriedenheit ein. Durch gezieltes Wissensmanagement können so im Zeitablauf gezielt neue oder verbesserte Kernkompetenzen aufgebaut werden.

Von Krogh und Venzin (1995) sehen das Wissensmanagement als den Ausgangspunkt für die Bildung von Kernkompetenzen: Wissen, das in einer Organisation vorhanden ist, aber häufig nicht als solches erkannt wird, soll identifiziert werden. Nach erfolgter Schließung von Wissenslücken wird das Wissen kodiert und in Datenbanken inventarisiert. Sobald das Wissen auf Problemlösungs- und Leistungsprozesse übertragen wird, wodurch ein Verbund von Fähigkeiten und Technologien entsteht, kann von Kompetenzbildung gesprochen werden. Werden die entwickelten Kernkompetenzen gezielt ausgenutzt, können neue Märkte, Produkte oder Prozesse entwickelt werden (von Krogh/Venzin 1995).

5.5.4 Kriterien von Kernkompetenzen

Prahalad und Hamel (1994) definieren die Faktoren, die eine Kompetenz zu einer Kernkompetenz eines Unternehmens macht:

- *Kundennutzen:* Die Kompetenz leistet einen überdurchschnittlichen Beitrag zu einem wichtigen Kundennutzen eines Produkts oder einem Service – unabhängig davon, ob dieser vom Kunden erkannt wird oder nicht. Die Kompetenz stellt den Kunden zufrieden oder begeistert ihn sogar.

- *Abhebung von der Konkurrenz:* Wenn sich eine Kompetenz von denen der Mitbewerber abhebt und damit einzigartig bzw. schwer imitierbar ist, wird sie zur Kernkompetenz eines Unternehmens, da sie langfristige Wettbewerbsvorteile schaffen kann.

- *Ausbaufähigkeit:* Durch die Kompetenz öffnen sich Möglichkeiten für neue Märkte. Prahalad und Hamel weisen explizit darauf hin, dass häufig durch neue Produktkonfigurationen neue Märkte erschlossen werden können (Hamel/Prahalad 1994, S. 204ff).

Hinterhuber et al. (2003) haben die Wirkung von Kernkompetenzen auf die Kundenzufriedenheit untersucht und zwei weitere Merkmale festgestellt: Neben der Begeisterungsfähigkeit (vgl. Kundenzufriedenheit und Kundennutzen), der Exklusivität (vgl. Abhebung von der Konkurrenz) und der Flexibilität (vgl. Ausbaufähigkeit) nennen sie ergänzend die Entwicklungsfähigkeit (Grundlage der erfolgreichen Unternehmensentwicklung) und die Rentabilität (Sicherung des finanziellen Erfolgs des Unternehmens).

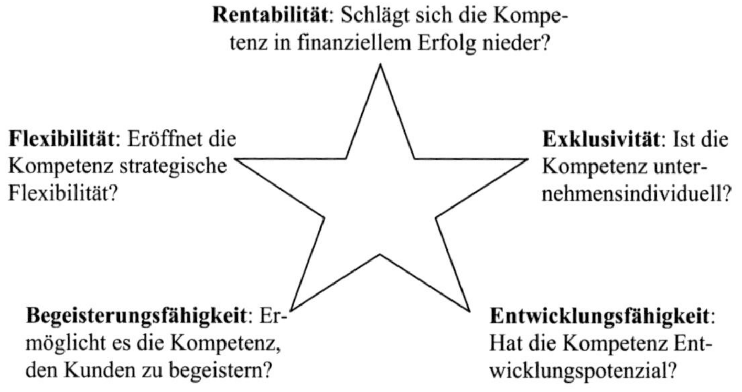

Rentabilität: Schlägt sich die Kompetenz in finanziellem Erfolg nieder?

Flexibilität: Eröffnet die Kompetenz strategische Flexibilität?

Exklusivität: Ist die Kompetenz unternehmensindividuell?

Begeisterungsfähigkeit: Ermöglicht es die Kompetenz, den Kunden zu begeistern?

Entwicklungsfähigkeit: Hat die Kompetenz Entwicklungspotenzial?

Abb. 32: Die Merkmale von Kernkompetenzen (Hinterhuber et al. 2003, S. 49 und 98)

Abhängig davon, wie stark diese Merkmale ausgeprägt sind, entsteht daraus ein mehr oder weniger großer relativer Wettbewerbsvorteil für das Unternehmen

(Hinterhuber et al. 2003, S. 48ff). Wie die genannten Merkmale einer Kernkompetenz identifiziert werden können, wird nachfolgend erörtert.

5.5.5 Die Identifikation von Kernkompetenzen

Um entsprechend dem Entwurf der Kernkompetenzen die Markt- (kundenorientierter Aspekt) und die Ressourcensicht (leistungsorientierter Aspekt) zu verbinden, werden für die Identifikation der Kernkompetenzen marktliche und unternehmensinterne Aspekte analysiert. Das nachfolgende Kernkompetenzen-Portfolio berücksichtigt einerseits den zukünftigen Kundenwert und andererseits die Kompetenzstärke verschiedener Leistungsfaktoren des Unternehmens im Vergleich zu den stärksten Konkurrenten (Hinterhuber 2004a, S. 123).

In einem ersten Schritt werden die Kompetenzen auf ihre Eignung für die Erreichung strategischer Ziele überprüft. Dies kann durch klassische Wertschöpfungskettenanalysen, Gesamtschau der gegenwärtigen Unternehmungsleistungen und Strukturierung bzw. Analyse der aktuellen Produktpalette erfolgen. Daraus ergeben sich die dahinter stehenden Kompetenzen. Die Ergebnisse werden mittels eines Stärken-Schwächen-Profils in Bezug auf die wichtigste Konkurrenz bewertet. Die Bestimmung des Kundenwerts der Kompetenzen erfolgt durch Umwelt-, Branchen- und Kundenanalysen. Daraus folgernd ergeben sich die wettbewerbskritischen Erfolgsfaktoren der Unternehmung aus Sicht der Kunden bzw. Gäste. Die Ergebnisse der durchgeführten Einzelanalysen werden visuell zusammengefasst, indem die einzelnen Kompetenzen anhand der errechneten Werte in Bezug auf Kundenwert und Kompetenzstärke im Portfolio positioniert werden:

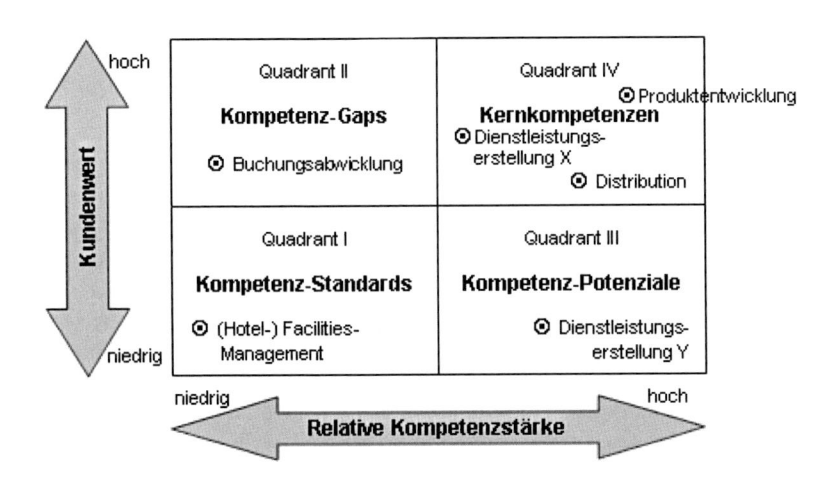

Abb. 33: Das Portfolio der Kompetenzen (Hinterhuber 2004a, S. 128) beispielhaft in einem touristischen Betrieb (eigene Darstellung)

1. Quadrant Kompetenz-Standards: Kompetenzen mit niedrigem Kundenwert und geringer relativer Kompetenzstärke (zum Beispiel die Führung eines Hotels). Die Konkurrenz beherrscht sie gleich gut oder sogar besser. Beispiele: Faktoren zur Aufrechterhaltung des „normalen" Geschäftsbetriebs oder zur Ergänzung des Leistungsspektrums. Wettbewerbsvorteile sind mit Kompetenz-Standards nicht zu erreichen.

2. Quadrant Kompetenz-Gaps: Die Kunden bzw. Gäste weisen den Kompetenzen in diesem Bereich eine hohe Bedeutung zu (im Tourismus beispielsweise die Abwicklung einer Buchung oder die Gastfreundschaft). Das Unternehmen jedoch ist in der Kompetenzstärke den Konkurrenten unterlegen. Durch eine Fokussierung auf diese Kompetenzen können die entstandenen „Kompetenz-Gaps" zwischen Marktnachfrage und Unternehmensangebot geschlossen werden, da sie eine strategische Relevanz besitzen.

3. Quadrant Kompetenz-Potenziale: Hierunter fallen Kompetenzen, bei denen das Unternehmen zwar eine relative Stärke aufweist, diese aber vom Kunden nicht erkannt oder geschätzt wird. Beispielsweise könnte ein dem Hotel angeschlossenen Ponyhof durch mehr Angebote (Verbindung von Unterhaltung und Lernen = Edutainment) stärker integriert und dies dem Gast als Kompetenz kommuniziert werden. Überprüft das Unternehmen diese Potenziale auf ihren Kundenwert und richtet sie entsprechend aus, kann daraus ein einzigartiger Wettbewerbsvorteil entstehen.

4. Quadrant Kernkompetenzen: Bei einer Kernkompetenz liegt eine hohe Kompetenzstärke relativ zu den Wettbewerbern und ein zukünftiger hoher Kundenwert vor. Damit kann sie zum Wettbewerbsvorteil des Unternehmens und von Konkurrenten nur schwer imitiert werden (z. B. die Positionierung als Alpine-Wellness-Hotel: hohe Investitionen, großes Know-how erforderlich). Sie gibt dem Unternehmen Profil und kann als Basis für die strategische (Neu-) Ausrichtung dienen (Hinterhuber 2004a, S. 123ff).

5.5.6 Kernkompetenzen in der Tourismusbranche

Wenn das Management die Kernkompetenzen identifiziert und fördert, können damit die Einzigartigkeit gestärkt und die Wettbewerbsfähigkeit ausgebaut werden. Übertragen auf den Tourismussektor bedeutet das, dass in der Situation des Käufermarkts und homogenen Produkten (Bieger 2002) neben dem natürlichen Standortvorteil das strategische Denken und Handeln, die Kompetenzen von Angebots- und Entscheidungsträgern, ihr Wissen, ihre Erfahrungen und die im Laufe der Zeit entwickelten Fähigkeiten sowie deren Bündelung zur Wettbewerbsfähigkeit beitragen. Die Kernkompetenzen in einer Destination bzw. in einer Subbranche (Leistungsträger) führen zu Kernprodukten und Kerndienstleistungen, die den Bedürfnissen der Gäste entsprechen (Matzler/Pechlaner 1999, S. 147). Beispielhaft könnte dies in einem Hotel wie folgt aussehen:

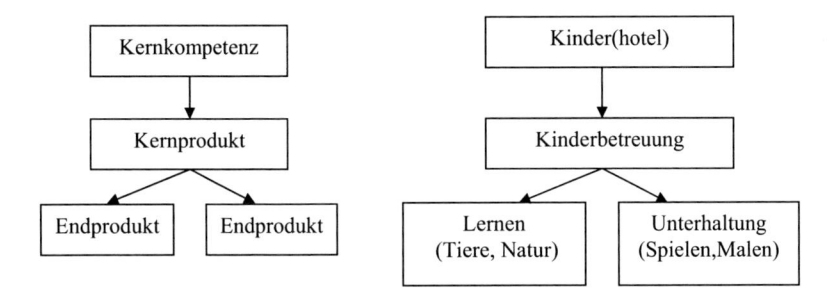

```
Kernkompetenz                    Kinder(hotel)
      ↓                                ↓
  Kernprodukt                    Kinderbetreuung
   ╱      ╲                       ╱           ╲
Endprodukt  Endprodukt      Lernen          Unterhaltung
                           (Tiere, Natur)   (Spielen, Malen)
```

Abb. 34: Kernkompetenz, Kern- und Endprodukt (Hinterhuber et al. 2003, S. 46), Beispiel aus dem Tourismus (eigene Darstellung)

An dieser Stelle kann auf die Kategorisierung von Innovationsarten, die Hjalager entwickelte, hingewiesen werden. Als entscheidende Kriterien nennt sie neue bzw. bestehende Verbindungen und neue bzw. bestehende Kernkompetenzen und die Kombinationen daraus, die zu neuartigen Produkten und Prozessen führen (Hjalager 2002). Die Analyse der Software im Unternehmen zeigte, dass noch deutliche Forschungslücken in Bezug auf Innovationen bestehen: Bislang konnte nur selten eine Abgrenzung von operativer und innovativer Organisation festgestellt werden; dies trifft auch auf die Existenz von strukturierten Innovationsentwicklungsprozessen einschließlich Kreativitätstechniken und Ideenbewertung zu. In der Literatur wird darauf verwiesen, dass die genannten Aspekte Determinanten des Innovationsverhaltens sein können, was in der Empirie untersucht wird.

5.6 Die Rolle der Unternehmensgröße

Beschäftigt man sich mit der Organisation von innovativen Unternehmen insbesondere im Tourismus, spielt die Komplexität der Organisation (Charakteristika: z. B. Anzahl der Betriebsstätten, Anzahl der Beschäftigten oder der Dienstleistungen, die angeboten werden, Anzahl der Hierarchiestufen (Damanpour 1996)) eine wichtige Rolle (Avermaete et al. 2003, S. 10). Denn anders als im produzierenden Gewerbe, wo funktionale Untergliederungen aufgrund der Arbeitsabläufe notwendig sind, ist eine solche Ordnung im vom KMU-geprägten Tourismus aufgrund der geringen Anzahl an Mitarbeitern häufig schwierig möglich.

Um die Größe eines Unternehmens zu bestimmen, hat die Europäische Union 2003 eine Empfehlung verabschiedet, die seit dem 1. Januar 2005 gilt. Demzufolge kann der Großteil der Betriebe der österreichischen Hotellerie und Gastronomie als kleine und mittlere Unternehmen kategorisiert werden (Statistik Austria 2001, S. 11). Folgende Grenzen sind entscheidend:

Unternehmen	Unselbständig Beschäftigte	Umsatz*	Bilanzsumme*	Unabhängigkeit
Kleinstunternehmen	1 bis 9	< 2 Mio. €	< 2 Mio. €	Kapitalanteile oder Stimmrechte in Fremdbesitz < 25 Prozent
Kleinunternehmen	10 bis 49	< 10 Mio. €o	< 10 Mio. €	
Mittlere Unternehmen	40 bis 249	< 50 Mio. €	< 43 Mio. €	
Großunternehmen	Ab 250	> 50 Mio. €	> 43 Mio. €	

*Bei einem der beiden Kriterien (Umsatz, Bilanzsumme) darf der Schwellenwert überschritten werden.

Tab. 21: EU-Kriterien für die Größen-Bestimmung von Unternehmen (Europäische Kommission 2003)

Neben diesen quantitativen Größen zeigt die nachfolgende Gegenüberstellung wesentliche qualitative Charakteristika von Dienstleistungs-Unternehmen bezüglich ihrer Unternehmensgröße, die zum Teil deren Innovationsverhalten beeinflussen.

Klein- und Mittelbetriebe	Großbetriebe
Organisation	
Wenig Abteilungsbildung	Umfangreiche Abteilungsbildung
Kurze direkte Informationswege	Vorgeschriebene Informationswege
Starke persönliche Bindungen	Geringe persönliche Bindungen
Hohe Flexibilität, wenig Koordinationsprobleme	Geringe Flexibilität, große Koordinationsprobleme
Geringer Formalisierungsgrad	Hoher Formalisierungsgrad
Funktionshäufung	Arbeitsteilung
Finanzierung	
Familienbesitz	Gestreuter Besitz
Begrenzte Finanzierungsmöglichkeiten	Vielfältige Finanzierungsmöglichkeiten
Keine unternehmensindividuelle staatliche Unterstützung in Krisenzeiten	Unternehmensindividuelle staatliche Unterstützung in Krisenzeiten
Forschung und Entwicklung (wenig entwickelt im Tourismus)	
Keine dauernd institutionalisierte F&E-Abteilung	**(insbesondere bei produzierendem Gewerbe) dauernd institutionalisierte F&E-Abteilung**
Intuitive Forschung	**Systematische Forschung**
Geringe Grundlagenforschung – bedarfsorientierte Forschung	**Forschung mit engem Zusammenhang mit Grundlagenforschung**
Dienstleistungsproduktion	
Geringe Kostendegression bei steigender Menge	Hohe Kostendegression bei steigender Menge
Arbeitsintensiv	Kapitalintensiv
Geringe Diversifikation	Hohe Diversifikation
Individuelles Dienstleistungsangebot	Höherer Grad der Standardisierung

- Fortsetzung der Tabelle auf der folgenden Seite -

Klein- und Mittelbetriebe	Großbetriebe
Unternehmensführung	
Eigentümer	Geschäftsführer/Manager
Geringe Professionalisierung	Fundierte Managementkenntnisse
Mangelhaftes Informationswesen	Formalisiertes Informationswesen
Wenig Teamentscheidungen	Häufig Teamentscheidungen
Eher patriarchalische Führung	Eher Führung nach „Management-by" Regeln
Improvisation und Intuition spielen eine große Rolle	Intuition und Improvisation haben keine große Bedeutung
Geringe Ausgleichsmöglichkeiten bei Fehlentscheidungen	Gute Ausgleichsmöglichkeiten bei Fehlentscheidungen
Wenig Planung	Hohe Anzahl an Planungsmechanismen
Personal	
Tendenz zum breiten Fachwissen	Tendenz zur Spezialisierung
Hoher Anteil an ungelernten Arbeitskräften	Relativ höherer Anteil an Fachkräften

Tab. 24: Merkmale von Klein- und Mittelbetrieben versus Großbetrieben im tertiären Sektor (Peters 2001, S. 166)

Vor allem aufgrund der geringen Anzahl an Mitarbeitern und eines Unternehmers, der stark in das operative Geschäft eingebunden ist, bleiben kaum Möglichkeiten in zeitlicher und finanzieller Hinsicht, um Forschung und Entwicklung im Betrieb zu institutionalisieren, so dass Forschung häufig der Intuition des Unternehmers überlassen bleibt.

Daraus könnte man nun schließen, dass kleine und mittlere Unternehmen den großen Unternehmen hinsichtlich Innovationen im Nachteil sind. Forschungsergebnisse zeigen jedoch ein heterogenes Bild über den Zusammenhang zwischen Komplexität und Innovation (Weigand 1996, S. 40). Zunächst wurde festgestellt, dass die Komplexität einer Organisation positiv mit der Innovation korreliert; allerdings wurde keine Aussage über das Ausmaß getroffen. Der Grund für diesen positiven Zusammenhang liegt darin, dass in einer komplexeren Organisation eine größere Anzahl von Spezialisten in verschiedenen Abteilungen beschäftigt ist, die mit einem größeren und vertieften Wissen die Entwicklung neuer Ideen fördern kann (Aiken/Hage 1971; Kimberly/Evanisko 1981). Ferner verfügen große Organisationen über einen größeren finanziellen Spielraum, mehr Marketingfertigkeiten, Forschungsfähigkeiten und Erfahrung in der Produktentwicklung (Kimberly/Evanisko 1981; Young et al. 1981; Nord/Tucker 1987; Arias-Aranda et al. 2001). Sie sind daher auch in der Lage, mögliche finanzielle Fehlschläge durch erfolglose Innovationen besser zu verkraften.

Die kleinen und mittleren Unternehmen im Tourismus sind darüber hinaus von starker Konkurrenz betroffen, da relativ geringe Eintrittsbarrieren herrschen, die sich bei Innovationen vor allem in mangelnder Patentierungsmöglichkeit äußern. Ein weiteres Problem in der Dienstleistung sind Nachfrageschwankungen, die nicht mehr egalisiert werden können. Neben den klassischen Einflussfaktoren auf ein Unternehmen treten im Servicesektor die besonderen Merkmale einer

Dienstleistung und die sich daraus ergebende Servicebegegnung als bestimmende Größen in Erscheinung, was in einer Vielzahl von zu berücksichtigenden Faktoren resultiert (Fitzsimmons/Fitzsimmons 2003, S. 25ff).

Eine Untersuchung über die Motivation von touristischen KMUs ergab, dass fast 80% nicht-ökonomische Gründe für die Führung einer Unternehmung angaben, sondern vielmehr Lifestyle-orientierte Beweggründe (sein eigener Chef sein, interessante Arbeit selbst gestalten u.a.) ausschlaggebend sind (Shaw/Williams 2004, S. 101). Dies hat zur Folge, dass Wachstumsorientierung und der dadurch bedingte Innovationswille weniger im Vordergrund stehen als persönliche Interessen des Unternehmers (Gelshorn et al. 1991, S. 11). Die Größe kann in Bezug auf Innovationen auch hinderlich oder nachteilig sein (Hage 1980; Aldrich/Auster 1986). Denn große Organisationen weisen einen stärkeren Formalisierungsgrad auf, das Managementverhalten ist standardisierter, die Trägheit ist stärker und die Verpflichtung des Managements zu Innovationen ist geringer (Hitt et al. 1990).

Kleine Organisationen hingegen, so die Forschung, sind deshalb innovativer, weil sie flexibler sind und sich schneller an Veränderungen anpassen können. Die bei Innovationen erforderliche Integration verschiedener Abteilungen einer Organisation (Mintzberg 1979) ist bei kleinen Unternehmen einfacher und unkomplizierter realisierbar (Nord/Tucker 1987).

Die Ausführungen lassen die Annahme zu, dass gerade kleine Unternehmen aufgrund ihrer Flexibilität und große aufgrund ihrer Ausstattung mit finanziellen und Humanressourcen besonders innovativ sind, während Mittelständler mit den Nachteilen der kleinen und großen Organisationen zu kämpfen haben. Da die bisherigen Forschungsergebnisse jedoch keinen definitiven Zusammenhang zwischen Unternehmensgröße und Innovationspotenzial bzw. -aktivität aufzeigen konnten, wird der Zusammenhang nicht linear, sondern konvex bzw. konkav vermutet.

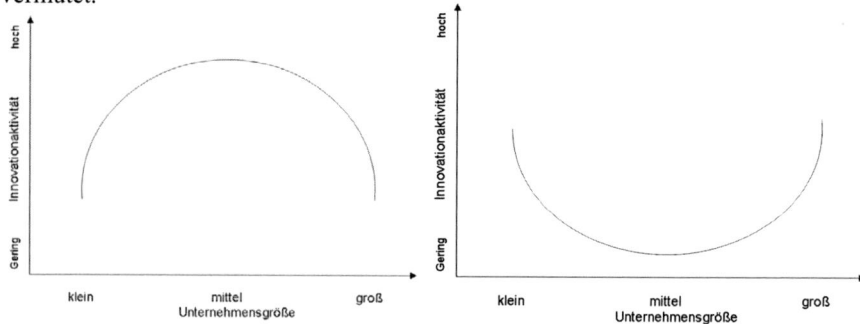

Abb. 35: Vermutete Zusammenhänge zwischen Unternehmensgröße und Innovationsaktivität (eigene Darstellung)

5.7 Das Alter des Unternehmens

Studien über den Einfluss des Alters des Unternehmens auf das Innovationsverhalten sind spärlich (Avermaete et al. 2003). Doch bereits Schumpeter (1934) überlegte, dass insbesondere neue Firmen mit neuen Ideen, Produkten und Prozessen starten. Es ist daher zu vermuten, dass gerade junge Unternehmen innovativer sind als ältere. Die kreative Zerstörung fester Strukturen trägt zu der gewünschten Dynamik eines Marktes bei; dies wird unter anderem von mit neuen Ideen am Markt auftretenden Unternehmern und Unternehmen ermöglicht. Auf der anderen Seite kann die Vermutung angestellt werden, dass kontinuierliche Neuerungen eines Betriebs dessen langfristiges Bestehen im Wettbewerb sichern.

Auch Avermaete et al. (2003) konnten keinen signifikanten Zusammenhang zwischen dem Alter einer Unternehmung und der Häufigkeit, neue Produkte einzuführen, feststellen. In der empirischen Studie ist nun die Annahme Schumpeters, dass jüngere Unternehmen häufiger innovieren und ein größeres Innovationspotenzial besitzen, zu untersuchen.

5.8 Die Rolle der Technologie im Unternehmen

Der technologische Fortschritt prägte die Gesellschaft vor allem im vergangenen Jahrhundert. Der Tourismus hat insbesondere im zweiten Kondratieff-Zyklus durch die „Erfindung" der Eisenbahn und im vierten Kondratieff-Zyklus durch die Entwicklung der Massentransportmittel Auto und Flugzeug profitiert (Nefiodow 1996, S. 3). Erst durch die große Anzahl an Gästen konnte sich der Tourismus in vielen Regionen zu einem wirtschaftlich wichtigen Faktor entwickeln, der neben einer Sicherung bzw. Schaffung von Arbeitsplätzen auch zu wirtschaftlichem Wohlstand in ansonsten eher durch den Standort benachteiligten Destinationen (schwer zugängliche Bergregionen und Täler, entlegene Meeresregionen, Grenzgebiete) führte. Der fünfte Kondratieff-Zyklus revolutionierte das gesellschaftliche Informationsverhalten, was sich auch im Tourismus widerspiegelt.

Nütten und Sauermann stellten bereits 1988 Überlegungen darüber an, wie sich der technologische Fortschritt auf die Gesellschaft auswirken könnte: Zum einen führt er in ihren Augen zu mehr Freizeit, besserer Bildung, geringerem Rohstoffverbrauch, besseren und schnelleren Informationen und erhöhter Verkehrssicherheit. Andererseits jedoch warnten sie bereits damals vor Massenarbeitslosigkeit, Freizeitdekadenz, computergesteuerten Kriegsmaschinen und computerüberwachten Bürgern (Nütten/Sauermann 1988, S. 39f).

Technologie spielt vor allem bei Produktinnovationen eine große Rolle (Gelshorn et al. 1991, S. 86), wobei zum einen gänzlich neue Produkte, aber auch durch veränderte Produktionsverfahren verbesserte Produkte entstehen können (Sundbo 2002, S. 73). Fitzsimmons und Fitzsimmons stellen jedoch hierzu fest, dass neue Technologien eher die Produktivität erhöhen (verbesserte Prozesse) und somit im Dienstleistungssektor nur wenig neue Produkte hervorbringen (Fitzsimmons/Fitzsimmons 2003, S. 116).

In der Tourismusbranche ist die Rolle des technologischen Fortschritts in Bezug auf Innovationen abhängig von der Subbranche: In der Hotellerie, Gastronomie und in der Vermarktung (Stadtmarketing, Tourismusverband) spielt sie eine geringere bzw. eine Adapter-Rolle, während sie beim Transport (Flugzeuge, Seilbahnen, Bahn) wesentlich wichtiger ist, um einen speziellen Kundennutzen und einen Wettbewerbsvorteil gegenüber der Konkurrenz zu schaffen. Der neue Airbus A 380 ermöglicht Langstreckenflüge ohne Tank-Zwischenstopps für eine deutlich höhere Passagierzahl (ca. 555 Personen), so dass zum einen die Effizienz für die Airline steigt (weniger Flugzeuge müssen eingesetzt werden) und zum anderen das Fliegen für die Passagiere komfortabler wird (keine Zwischenstopps notwendig) und damit eindeutig ein besonderer Kundenwert geschaffen wird. Für 2006 haben Siemens und Airbus angekündigt, durch eine Kooperation die Benutzung von Handys während des Fluges zu ermöglichen (Call-Magazin 2005). Beheizbare Sitze eines Skilifts, wie er seit der Saison 2004/05 in St. Anton am Arlberg zum Einsatz kommt, wurden ebenfalls durch technologischen Fortschritt möglich und bieten einen speziellen Kundennutzen.

Gerade in den touristischen Kerngeschäften, wie z. B. in Hotellerie, Gastronomie oder Vermarktung/Vertrieb, spielt die Technologie jedoch eine untergeordnete Rolle: Bis auf wenige Ausnahmen kommt neue Technologie hinter der „Line of Visibility" in Form von veränderten Prozessen zum Einsatz. Lediglich die Vermarktung und der Vertrieb über das Internet finden auch Berührungspunkte mit den Gästen, und dies zu einem nicht unerheblichen Anteil.

Der Tourismussektor ist also keine technologie-basierte Branche, sondern vielmehr Anwender neuer Technologien, was dazu führt, dass der Tourismus in diesem Bereich bis auf wenige Ausnahmen (z. B. Seilbahnen, Pistenraupen) zur Gruppe der Adopter zu zählen ist. Gerade im Tourismus ist eine hohe Fragmentierung festzustellen, so dass auch dies ein Grund für den geringen technologischen Anteil sein könnte. Trotz gegenteiliger Überlegungen (Stocking 1950) kommt Mansfield zum selben Schluss: „[T]he length of time a firm waits before using a new technique tends to be inversely related to its size." (Mansfield 1963).

6 Das externe Umfeld des Unternehmens

Es gibt eine Vielzahl an Möglichkeiten, wo Unternehmen Ideen für neue Dienstleistungen generieren können. Die nachfolgende Grafik verdeutlicht die Einflüsse des marktlichen Umfelds auf das Innovationsverhalten einer Unternehmung.

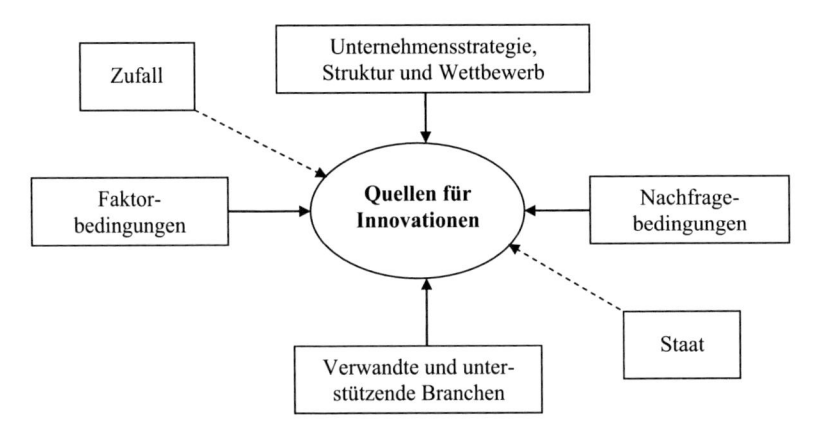

```
                    Unternehmensstrategie,
    Zufall          Struktur und Wettbewerb


  Faktor-              Quellen für              Nachfrage-
  bedingungen         Innovationen              bedingungen


                    Verwandte und unter-            Staat
                    stützende Branchen
```

Abb. 36: Mögliche externe Innovationsquellen im Tourismus in Anlehnung an das Porter'sche Diamant-Modell (in Anlehnung an Porter 1991, S. 151)

Neben internen Quellen, die in den Kapiteln 3, 4 und 5 besprochen wurden, können innovative Ideen auch von außerhalb an das Unternehmen herangetragen oder aktiv im marktlichen Umfeld gesucht werden. Verschiedene Autoren weisen darauf hin, dass es hier nicht um ein Entweder-Oder geht, sondern dass beide Einflüsse – unternehmensextern und unternehmensintern – vor allem während der Phase der Ideengenerierung kombiniert werden und sich somit ergänzen können (Geschka 1990; Hauschildt 1997; Kelly/Storey 2000). Es ist zu vermuten, dass manche unternehmensexterne Quellen häufig Ideen zur Imitation und somit zu Folger-Innovationen liefern, wie z. B. Konkurrenzbeobachtung oder Besuch von Messen oder Ausstellungen, während unternehmensinterne Ideenquellen stärker die Kernkompetenzen des Betriebes berücksichtigen. Bei der Ideensuche kann systematisch oder informal vorgegangen werden (Kunz/Mangold 2003). Nachfolgend werden die verschiedenen unternehmensexternen Innovationsquellen im Detail betrachtet.

6.1 Der Kunde als Innovationstreiber (Nachfragebedingungen)

6.1.1 Zur Bedeutung von Form und Stärke der Kundeneinbindung

„Customers are seen as a part of the team" (Ripley/Ripley 1992, S. 34). Die Einbindung des Kunden bei der Entwicklung von Innovationen im Dienstleistungssektor ist deshalb so wichtig, weil dieser als externer Faktor bei der Dienstleistungserstellung aktiv beteiligt ist. In dieser Tatsache liegt zwar zum einen eine wichtige Besonderheit im Vergleich zu einem tangiblen Produkt, daraus ergibt sich jedoch auch für das Unternehmen die Chance, durch die Kundenkontaktmitarbeiter unmittelbar Kundenwünsche zu erfahren. Um Informationen über die Kunden zu erhalten, ist diese stete Kundennähe ein Vorteil gegenüber der Sachgüterproduktion (Hauschildt 1997, S. 235). Kundenorientierung bedeutet, dass das Unternehmen auf die Wünsche und Anregungen der Kunden eingeht. Nur bei Kompatibilität der Innovationsziele mit denen der Kunden kann die Innovation erfolgreich sein (Fleischer/Klinkel 2003). Es ist daher anzustreben, dass der Kunde bzw. Gast möglichst früh in den Innovationsprozess integriert wird (Gustafsson et al. 1999; Meyer et al. 2000). Meyer et al. argumentieren, dass die Qualität in der Gestaltungsphase, die auf den Innovationsideen beruht, entscheidend für die spätere Leistungserbringung ist. Dadurch wird die Gefahr, dass in der Prozessphase Anpassungen notwendig werden, reduziert. Die Rolle des Kunden ist also nicht auf die des Co-Produzenten beschränkt, sondern erstreckt sich auch auf die des Co-Designers (Meyer et al. 2000, S. 55).

Dass Kundenintegration jedoch nicht bei jeder Innovation und Neuentwicklung der Fall sein sollte, liegt auf der Hand: vor allem interne Innovationen, wie beispielsweise Prozess-, Sozial- und Managementinnovationen, die vom Gast nicht unmittelbar perzipiert werden, sind vielmehr intern bzw. mit Hilfe von Beratern anzugehen.

Je nach Position und Verhältnis der Kunden bzw. Gäste zum Unternehmen können die Beziehung und der Informationsgehalt durch den Kunden unterschiedlich intensiv ausfallen. Abhängig von der Bedeutung des Kunden für den Betrieb kann er Initiator, Ideengeber, Berater oder als Referenzkunde Vermarkter einer Idee bzw. einer Dienstleistung sein (Fleischer/Klinkel 2003). Die Intensität der Kundeneinbindung kann mit der Dauer und der Anzahl der Kontakte mit dem Unternehmen definiert werden (Reichwald et al. 2003).

Reichwald et al. (2003) unterscheiden bei der Intensität der Kundenintegration in Decision, Information und Creation. Bei *Decision (Entscheidung)* kann der Kunde lediglich die Akzeptanz (z. B. ja/nein) der vom Unternehmen vorgeschlagenen Produkte und Dienstleistungen kommunizieren und seine Präferenzen (z. B. durch Skalierung) angeben. Als geeignetes Instrumentarium bieten sich hierfür Kundenbefragungen und -beobachtungen an. Eine stärkere Einbindung erfolgt bei der *Information (Information)*: Der Kunde kommuniziert seine Wünsche und Bedürfnisse ohne Vorgaben des Betriebes und wird dadurch stärker in den Innovationsprozess des Unternehmens eingebunden. Unter *Creation (Gestaltung)* wird verstanden, dass der Kunde nicht nur Lösungsvorschläge des Unternehmens beurteilt, sondern selbst an der Gestaltung möglicher alternativer Dienstleistungsinnovationen partizipiert. Der Kunde ist in diesem Fall am stärksten in den Innovationsprozess integriert (Reichwald et al. 2003).

Brockhoff erörtert, dass unterschiedliche Kunden unterschiedliche Beiträge liefern:

- Kunden als Nachfrager, die Bedürfnisse erkennen lassen (Kundenbeobachtung)
- Kunden als aktive Mitgestalter eines Produktentwicklungsprozesses (Lead User)
- Kunden als Innovatoren, deren fertige oder quasi-fertige Problemlösung zu einem Produkt gemacht und vermarktet werden kann (Lead User)
- Kunden als Quellen von Anwendungswissen (Kundenbefragung)
- Kunden als Helfer bei der Überwindung von Innovationswiderständen innerhalb des Anbieterunternehmens – dies ist dann der Fall, wenn Kunden auf eine Test-Neueinführung, der die Mitarbeiter skeptisch gegenüber stehen, sehr positiv reagieren (Kundenbeobachtung und -befragung) (Brockhoff 1998, S.8ff).

Auch diese Kategorisierung ist auf den Grad der Einbindungsintensität zurückzuführen. Kunden können an verschiedenen Punkten des Innovationsprozesses ein- und wieder aussteigen und unterschiedlich lang darin verweilen. Sie können sich auch in unterschiedlicher Form beteiligen: sowohl physisch als auch intellektuell und geistig, aber auch emotional. Gerade die emotionale Beteiligung ist essenziell, da die so genannten „harten Fakten" bei den verschiedensten Produkten der Konkurrenz ebenfalls erfüllt sein können. Denn die Emotionalität verstärkt die Bindung an ein Unternehmen bzw. an ein neues Produkt deutlich, weshalb ihr besonderer Wert zukommt. Im Innovationsaktivitätenmodell von Corsten (2000), für Innovationsaktivitäten modifiziert von Busse und Reckenfelderbäumer (2001), wird die Interaktion zwischen Kunden- und Anbieterinnovationsaktivität deutlich.

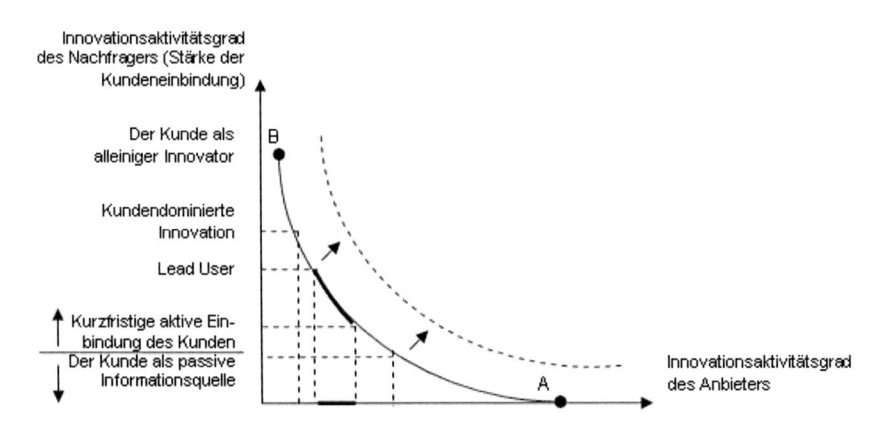

Abb. 37: Innovationsaktivitätenmodell (Corsten 2000, S. 151; Busse/Reckenfelderbäumer 2001, S. 39)

Die Innovationsaktivitäten des Kunden und des Anbieters ergänzen und substituieren sich gegenseitig. Die Nicht-Linearität zeigt jedoch, dass es sich nicht um eine 1:1 Substitution handelt. Zunächst kann der Anbieter die Innovation selbst ohne Integration des Kunden entwickeln (Punkt A auf der Abszisse). In der nächsten Phase nimmt der Kunde eine passive Rolle als Innovationsquelle ein. Auch wenn daran anschließend die Rolle des Gastes durch dessen aktive Einbindung stärker wird, liegt der Großteil der Innovationsaktivitäten immer noch auf der Seite des Unternehmers. Erst wenn Lead User langfristig in den Innovationsprozess eingebunden werden, geht die Beteiligung des Betriebes deutlich zurück (siehe fettgedruckte Linien). Leistet der Kunde die Innovationstätigkeit fast selbständig, liegt eine kundendominierte Innovation vor. Im letzten Grad (in Grafik 46 oben) wird die Innovationsleistung vom Kunden erbracht.Da jedoch die Implementierung von Innovationen in einem Unternehmen stets die Mitarbeit bzw. Kooperation des Betriebs erfordert, kann Punkt B nicht auf der Ordinate liegen. Aus diesem Punkt B ergibt sich somit eine erhöhte Innovationsaktivität, was mit der zweiten (gestrichelten) Kurve angedeutet ist.

Ähnlich analysieren Nägele und Vossen (2003, S. 552ff) die unterschiedlichen Integrationsgrade der Kunden in den Kunden als Abnehmer, als Betrachtungsobjekt (Kundenorientierung), als Informant (Kundenbefragung), als Co-Designer (gemeinsame Dienstleistungsentwicklung) und als Partner (langfristige Beziehungen aufbauen und pflegen). Eine Gegenüberstellung der einzelnen Einbindungsstufen ergibt, dass der Großteil der Unternehmen im Stadium der Kundenbefragung stecken bleiben. Gerade die höchste Interaktion mit den Kunden erfordert vom Unternehmen eine langfristige, strategische Ausrichtung mit dem Ziel der Schaffung eines nachhaltigen Kundenwertes. Im Vergleich zu Befragungen ist diese zwar zeit- und kostenintensiver, dafür kann sie aber kontinuierlicher sein und gesichertes Wissen über Kundenwünsche ermöglichen.

Die Sicht von Fleischer und Klinkel (2003) im Hinblick auf die Integration von Kundenwissen ist weiter gefasst. Sie beziehen selbst das Wissen über Kunden bei Wettbewerbern, bei eigenen Lieferanten oder Unternehmen komplementärer Branchen ein. Sie legen des Weiteren großen Wert auf die richtig ausgewählten, geführten und weitergebildeten Kundenkontaktmitarbeiter, die die Qualität der Wünsche und Bedürfnisse der Kunden aufnehmen. Das Kundenwissen kann dann direkt oder indirekt in den Innovationsprozess integriert werden: dies hängt zum einen vom Informationsgrad des Kundenwissens ab, zum anderen von der Art der Beziehung zu den Kunden. Durch die Bildung interdisziplinärer Gruppen, die auf unterschiedliche Weise über Kundenwissen verfügen (Kundenkontaktmitarbeiter, Marketing, Controlling, u.a.), können diese ihr jeweils vorhandenes Kundenwissen in die einzelnen Phasen des Innovationsprozesses einbringen (Fleischer/Klinkel 2003). wird eine Vielzahl von Methoden und Möglichkeiten aufgeführt, wie Unternehmen Informationen von den Kunden generieren können und auf welche Weise das Wissen und die Informationen über die Kunden in den verschiedenen Phasen des Innovationsentwicklungsprozesses integriert werden können. Nachfolgend werden die verschiedenen Möglichkeiten der

Einbindung von Kundenwissen in den Innovationsentwicklungsprozess dargestellt.

Direkt: Befragungen (Bedürfnisse, Zufriedenheit), Gruppendiskussionen, Conjoint Analyse, Multidimensionale Skalierung, Dialog mit Lead Usern, Fokusgruppenbefragung, Konzepttests, Seminare/Workshops, Personalaustausch, Besuche des Managements am Ort der Dienstleistungserstellung, Niederlassungen in Kundennähe

Direkt und indirekt: Wertanalyse, Value Management, Quality Function Deployment, Target Costing, Total Quality Management, Wertkettenanalyse, Methodenkombinationen

Indirekt: Marktanalyse, Kundenbeobachtung, Panelforschung, Trendforschung, Markttest, Auswertung von Reklamationen, Mitarbeiterbefragungen zur Kundenzufriedenheit, Literaturauswertung

Je zielgerichteter das Kundenwissen erfasst und weiterverwertet wird, desto besser und schneller kann auf Wünsche und Bedürfnisse reagiert und diese in den Entwicklungsprozess eingearbeitet werden. Nachfolgend werden beispielhaft die wichtigsten und am häufigsten eingesetzten Methoden zur Generierung von Ideen der und Wissen über die Kunden erörtert. Da der Fokus der vorliegenden Arbeit jedoch auf der Innovation von neuen touristischen Produkten liegt, werden die Informationsgenerierungsmethoden durch die Kunden kurz dargestellt.

6.1.2 Kundeneinbindung in der Phase der Ideengewinnung

6.1.2.1 Kundenbeobachtung

Sowohl die Kundenbeobachtung als auch die Kundenbefragung gehören zu den Methoden der Primärerhebung, d. h. die benötigten Informationen sind sekundärstatistisch nicht oder nicht in ausreichendem Umfang verfügbar, weshalb diese direkt bei den Kunden abgefragt bzw. beobachtet werden müssen (Henze 1994, S. 22). Dabei werden verschiedene Formen der Kundenbeobachtung unterschieden:

	JA	NEIN
Hat die beobachtete Person Kenntnis vom Beobachtungsvorgang?	Offene Beobachtung	Verdeckte Beobachtung
Teilnahme des Beobachters an den Interaktionen der beobachteten Person?	Teilnehmende Beobachtung	Nicht-teilnehmende Beobachtung
Beobachtung mittels ausführlichen Beobachtungsschemas?	Strukturierte Beobachtung	Unstrukturierte Beobachtung
Beobachtung unter Feldbedingungen?	In natürlichen Beobachtungssituationen	In künstlichen Beobachtungssituationen
Beobachtung des Verhaltens anderer Personen?	Fremdbeobachtung	Selbstbeobachtung

Tab. 23: Übersicht über die verschiedenen Beobachtungstypen (eigene Darstellung in Anlehnung an Friedrichs 1982, S. 272f; Schnell et al. 1999, S. 359)

Für die Dienstleistungs- und Tourismusbranche ist die Kundenbeobachtung – neben der Kundenbefragung – ein sehr nützliches Instrument, da die Kunden bzw. Gäste – anders als bei Produkten – beim Konsum der Dienstleistung als externer Faktor direkt involviert sind. Damit können auf relativ einfache Weise durch die Kundenkontaktmitarbeiter Informationen über die Gäste gesammelt werden.

Im Unterschied zur Befragung ist bei der Beobachtung keine Auskunftsbereitschaft des Kunden gegeben. Ein großer Vorteil ist die Beobachtung von Reaktionen auf visuelle und akustische Reize, ohne dass diese der Kunde beeinflussen kann. Dies führt zwar oftmals zu genaueren Resultaten, aber dadurch, dass Befragungen nicht durchgeführt werden können, gehen Wissen und Meinungen verloren (Berekoven et al. 1991). Von wissenschaftlicher Beobachtung kann gesprochen werden, wenn die zielorientierte Beobachtung einem bestimmten Forschungszweck (Hypothesenüberprüfung) dient, systematisch geplant und nicht dem Zufall überlassen sowie systematisch aufgezeichnet und auf allgemeinere Sachverhalte bezogen wird und wiederholten Validitäts- und Zuverlässigkeits-Kontrollen standhält (Henze 1994, S. 33).

Beobachtungen können durch Zeichen-Systeme, Kategorien-Systeme und Schätz-Skalen eingestuft werden. Bei *Zeichen-Systemen* sind die zu beobachtenden Kriterien im Vorhinein festgelegt, so dass evtl. anderes Verhalten nicht aufgezeichnet wird, auch wenn es für den Beobachter von Interesse wäre. *Kategorien-Systeme* klassifizieren auftretende Handlungen in bestimmten Kategorien, so dass auch ganze Prozesse erfasst werden können. Bei *Schätz-Skalen* werden Handlungen unterschiedlich starker Ausprägung durch den Beobachter in eine Rangordnung (z. B. durch Zahlen oder verbal „stark-mittel-schwach") gebracht (Schnell et al. 1999, S. 361).

Ein Beispiel aus der Tourismusbranche zeigt den erfolgreichen Einsatz dieser Methode zur Findung neuer Kundenwünsche und -ideen. Die Fluggesellschaft Scandinavian Airlines System (SAS) entwickelte neue Produkte und Services, indem sie das Verhalten der Kunden am Flughafen durch installierte Videokameras beobachtete. Da Kunden häufig nicht kommunizieren können, was sie wollen (Gustafsson et al. 1999; Ulwick 2002), kam SAS zu der Entscheidung, eine Beobachtung und keine Befragung durchzuführen.

Die Kundenbeobachtung war nicht-teilnehmend und verdeckt; außerdem handelte es sich um eine Fremdbeobachtung in einer natürlichen Beobachtungssituation. Bei SAS wurde die Dienstleistung des Fluges analysiert, und zwar vom ersten Kontakt am Check-In-Schalter und der Flughafenhalle, wo Passagiere ziellos umherbummeln, um Wartezeit zu überbrücken, über das Gate (das SAS Gate Café wurde bereits 1996 eingeführt) bis zur Gepäckabholung nach dem Flug. Dieser Ablauf wurde in Subkategorien unterteilt: Persönliche Aktivitäten, Erholung, Arbeiten, Unterhaltung, Kontakte und Personal Care. Die Ergebnisse wurden in neue Regeln und Produkte umgesetzt, z. B. in einen Erfrischungsraum nach Abschluss des Fluges, in dem sich die Passagiere für den nächsten Kundentermin frisch machen können. Insgesamt konnten 40 Kundenprobleme und -wünsche identifiziert werden, die wesentliche Produktentwicklungen erforderten. Außerdem konnten durch die Studie 50 kleinere Verbesserungen realisiert werden.

Diese *Observational Research* mittels Videoaufzeichnung war eine neue Methode, die bisher bei der Entwicklung von neuen Dienstleistungen noch nicht häufig eingesetzt wurde. Die Videoaufzeichnungen ermöglichten eine Studie des Passagierverhaltens auf außergewöhnlich detaillierte und iterative Weise. Die Kundenbeobachtungen waren für die Fluggesellschaft der Ausgangspunkt für einen kontinuierlichen Lernprozesses (Gustafsson et al. 1999). Zwar ist die Methode nicht sehr anspruchsvoll, doch vor allem die verdeckte Beobachtung des Kundenverhaltens erlaubt objektive Erkenntnisse – häufig wird bei Befragungen das geantwortet, was soziale Zwänge erfordern. Die Beobachtung mittels Kundenkontaktpersonal lässt dieses zu „Part-Time-Marktforschern" (Meyer/Blümelhuber 1998, S. 815) und somit zu wichtigen Mitarbeitern werden, die mit den Kunden kommunizieren, ihre Reaktionen erleben und Einblick in deren Bedürfnisse und Probleme bekommen.

6.1.2.2 Kundenbefragung

Wie die Beobachtung gehört die Kundenbefragung zu den Instrumenten, bei der die Informationen primär, also direkt bei den Probanden erhoben werden. Die Kommunikation mit dem Kunden kann schriftlich (z. B. postalischer Fragebogen, selbst vom Probanden auszufüllen), mündlich (z. B. standardisierte Interviews wie Einzelbefragung, exploratives Interview, Leitfadengespräch oder Telefoninterview) oder virtuell (z. B. Online-Befragung im Internet) erfolgen. Entscheidende Kriterien sind Validität, Reliabilität und Repräsentativität; daher ist dem Auswahlverfahren eine besondere Bedeutung beizumessen, zumal häufig statistische Auswertungsverfahren zum Einsatz kommen, so dass die genannten Eigenschaften Voraussetzung für die Gültigkeit der Ergebnisse sind (Henze 1994, S. 22ff; Schnell et al. 1999, S. 301). Für die Dienstleistungsbranche eignen sich im Besonderen die Critical Incident Technique (Bitner et al. 1990; Stauss 1996), die sequentielle Ereignismethode (Shostack 1982; Shoestack 1987) und das House of Quality (Meyer/Blümelhuber 1998; Tan et al. 1999).

Ein Beispiel aus der Tourismusbranche sind die Fragebogen, die im Hotelzimmer aufliegen oder die der Reiseveranstalter am Ende der Reise verteilt. Häufige Untersuchungsgegenstände sind die Beurteilung der Kundenzufriedenheit, die Qualitätswahrnehmung der Dienstleistung oder Anregungen und Bedürfnisse, deren Umsetzung in Form von Innovationen durch den Reiseveranstalter oder den Hotelier erfolgt (Reckenfelderbäumer/Busse 2003). Ulwick (2002) hat sich damit beschäftigt, wie Kundenbefragungen aussehen sollten, um die Informationen zu erhalten, die für die Entwicklung eines neuen Produktes oder einer neuen Dienstleistung erforderlich sind. Kunden sollen demnach nicht ein gewünschtes Produkt, sondern ihre Bedürfnisse in Form von Eigenschaften kommunizieren, da für die Entwicklung eines Produkts oder Dienstleistung nicht der Kunde, sondern die Experten des F&E-Teams bzw. des Unternehmens zuständig sind. Diese kennen die Funktionalität und die Eigenschaften eines Produkts und können dadurch eine Weiter- oder Neuentwicklung aufgrund der von den Kunden genannten Eigenschaften anstreben.

Für das Unternehmen besteht bei konkret geäußerten Produkten und Dienstleistungen die Gefahr, dass es nur zu inkrementellen Innovationen kommt. Radikale Innovationen, wie z. B. die Mikrowelle oder Post-Its, würden nicht vom Kunden direkt genannt. Ulwick (2002) schildert den Prozess, wie man zu Ideen (Eigenschaften der Produkte und Dienstleistungen) der Kunden kommt. Er nennt diesen Vorgang „ergebnisorientierte Marktstudie", der in seiner Studie in Form von Gruppendiskussionen erfolgte.

① *Ergebnisorientierte Kundeninterviews planen.* Fragebogen oder -leitfaden entwickeln und nur mit einer ausgewählten Zielgruppe sprechen.

② *Gewünschte Ergebnisse festlegen.* Der Moderator sortiert Aussagen, Anekdoten und irrelevante Kommentare aus. Nach einer Zeit der losen Nennung von Adjektiven und Eigenschaften wird der Moderator dann ein gewünschtes Ergebnis formulieren, das sowohl das Ausmaß der Verbesserung als auch die Maßeinheit (Zeit, Anzahl, Häufigkeit) definiert.

③ *Ergebnisse strukturieren.* Nach den Interviews werden die gewünschten Ergebnisse strukturiert und in Gruppen kategorisiert.

④ *Ergebnisse bezüglich Bedeutung und Zufriedenheit einschätzen.* Die gewünschten Ergebnisse werden in einer quantitativen Studie durch verschiedene Kundensegmente dahingehend eingeschätzt, wie wichtig das vorgeschlagene Ergebnis bzw. wie attraktiv die Lösung ist.

⑤ *Die Ergebnisse dazu verwenden, den Innovationsprozess zu beginnen.* Konzeptentwicklung, Produkt-/Dienstleistungsentwicklung, Marktsegmentierung, Wettbewerbsanalyse u. a. (Ulwick 2002).

Ziel dieser Vorgehensweise ist es, dass das Unternehmen die Kunden mit neuen Produkten und Dienstleistungen, die mit Kundeninformationen gestaltet und entwickelt wurden, davon überzeugt, sich in eine Richtung zu bewegen, in die sie gehen wollten, bevor diese es wussten (Hamel/Prahalad 1991, S. 85).

6.1.2.3 Beschwerdeanalyse

Unter Beschwerden versteht man laut Stauss und Seidel „[...] Artikulationen von Unzufriedenheit, die gegenüber Unternehmen oder auch Drittinstitutionen mit dem Zweck geäußert werden, auf ein subjektiv als schädigend empfundenes Verhalten eines Anbieters aufmerksam zu machen, Wiedergutmachung für erlittene Beeinträchtigungen zu erreichen und/oder eine Änderung des kritisierten Verhaltens zu bewirken." (Stauss/Seidel 2002, S. 47). Allerdings ist in der Praxis zu beobachten, dass sich lediglich durchschnittlich 20-50% der unzufrienen Gäste beschwerden, wie eine branchenübergreifende Schätzung ergab. Dies stellt für ein Unternehmen insofern eine Gefahr dar, als dass es somit nicht erfährt, mit welchen Produkten oder Dienstleistungen ein Kunde unzufrieden war, keine Verbesserungen oder Änderungen im Dienstleistungsangebot vornehmen kann, und mit einer abwandernden Kunden-/bzw. Gästeklientel zu kämpfen hat.

Das Beschwerdemanagement dient zunächst der Stabilisierung von gefährdeten Kundenbeziehungen und ist ein wesentliches Element des auf den externen Kunden ausgerichteten Beziehungsmanagements (Stauss 1989, S. 42). Die Reaktion auf eine Beschwerde und deren Auswertung kann jedoch neben seiner Funktion als Kundenbeziehungsstabilisator auch die Basis für Initiativen zur Qualitätsverbesserung und weiteren Produkt- und Dienstleistungsentwicklungen sein.

Das Verhalten des Kunden bzw. des Gastes bei der Beschwerde kann auch Aufschluss über den Informationsgehalt geben. Dreyer und Dehner (2003) unterscheiden folgende Kategorien, die zwar empirisch nicht abgesichert sind, sich jedoch in der Auseinandersetzung mit der Literatur und mit Praktikern heraus kristallisierten:

– *Nicht-fordernde Beschwerdeführer:* Beschwerden werden zu Recht angebracht, der Gast ist jedoch schon mit der Äußerung der Beschwerde zufrieden bzw. verlangt keine Abhilfe oder Entschädigung.

– *Berechtigt fordernde Beschwerdeführer:* Dieser Gruppe gehören die meisten Beschwerden an. Sie liefern gute Anregungen zur Verbesserung einer Leistung, benötigen jedoch „offene Türen", um sich beim Unternehmen zu melden, z. B. eine kostenlose Telefon-Beschwerde-Hotline.

– *Drohende Beschwerdeführer:* Diese richten ebenfalls berechtigte Beschwerden an das Unternehmen, jedoch mit unangenehmen oder aggressivem Unterton (Androhung von Sanktionen gegen das Unternehmen). Beschwerdeinhalte und –vorbringung sind daher zu trennen.

– *Überhöht fordernde Beschwerdeführer:* Zwar sind seine Beschwerden zum Großteil berechtigt, sie werden jedoch mit überzogenen Forderungen verknüpft.

– *Unberechtigt fordernde Beschwerdeführer:* Die Beschwerde ist nicht berechtigt, auch wenn das dem Beschwerdeführer nicht bewusst ist. Daher sollte das Unternehmen eine sehr vorsichtige und kulante Einigung anstreben.

– *Querulanten:* Sind aus unterschiedlichen Gründen (Aufmerksamkeit, Aufbessern der Kasse o. ä.) stets auf der Suche nach Möglichkeiten, sich zu beschweren, auch wenn keine Berechtigung vorliegt. Für ein Unternehmen ist diese Gruppe schwierig zu handhaben, da sich bei Entgegenkommen vielleicht weitere Beschwerden ergeben und bei einer Abweisung starke negative Mundpropaganda zu erwarten ist (Dreyer/Dehner 2003, S. 145f; Dreyer/Born 2004, S. 249f).

Insbesondere in der Tourismusbranche sind Beschwerden sorgfältig zu handhaben. Damit Beschwerden ihren Wert für die (Weiter-)Entwicklung von Produkten und Dienstleistungen behalten, ist die Form der Beschwerdeführung vom Inhalt zu trennen. Die Herausforderung für das Management besteht darin, diejenigen herauszufiltern und auszuwählen, welche qualifiziert sind, um dem Unternehmen als Innovationsquelle zu dienen.

Gemäß der Untersuchung des Innovationsverhaltens und -grades im österreichischen Tourismus, die das Institut für Tourismus und Dienstleistungswirtschaft der Universität Innsbruck 2003/2004 durchführte, ist im Großteil der Betriebe das Beschwerdemanagement „Chefsache", d.h. dass der Beschwerde einen höheren Wert beigemessen wird, als wenn sich lediglich der Kundenkontaktmitarbeiter darum kümmert. Zwar könnte durch eine entsprechende Schulung des Personals diese Aufgabe delegiert werden, so dass dem Geschäftsführer bzw. Eigentümer des zumeist kleinen oder mittleren Unternehmens mehr Zeit für die strategische Planung und Ausrichtung des Betriebs hat (Weiermair et al. 2004, S. 41). Aber die persönliche Auseinandersetzung des Geschäftsführers mit der Beschwerde birgt die Chance, dass Verbesserungsvorschläge und Anmerkungen unmittelbar in Ideen und Innovationsinitiativen (neue Produkte und/oder Dienstleistungen) umgesetzt werden, auch wenn Beschwerden in der Regel nur zu inkrementellen Innovationen, also Verbesserungen bestehender Leistungen, führen.

6.1.2.4 Workshops

Unter einem Workshop ist ein ein- oder mehrtägiges Zusammenkommen von Kunden zu verstehen, die unter Anleitung eines Moderators ein oder mehrere Themen, die im Vorhinein bestimmt wurden, diskutieren. Hierzu werden häufig aktive Kunden (Beschwerden, Anregungen, häufige Gäste/Nutzer) eingeladen, es müssen aber nicht zwingend Lead User sein. Dabei können verschiedene Kreativitätstechniken eingesetzt werden, wie z. B. der Morphologische Kasten oder Brainstorming (Busse/Reckenfelderbäumer 2001). Beim Einsatz dieser qualitativen Forschungsmethode stehen nicht quantitative Auswertungen (wie z. B. bei der Kundenbefragung mittels Fragebogen) im Vordergrund, sondern vielmehr sollen gruppendynamische Prozesse genutzt werden, um Ideen gegenseitig weiterzuentwickeln (Mayring 2002, S. 76ff). Im Vergleich zu Kundenbefragungen oder Kundenbeobachtungen können in Workshops durch die längere Dauer und die dadurch intensivere Zusammenarbeit auch komplexe Fragestellungen diskutiert werden. Dadurch entsteht eine enge Kooperation zwischen dem Anbieter der Dienstleistung und dem Kunden. Dieses Instrument eignet sich vor allem für Reisebüros, Reiseveranstalter oder Fluggesellschaften im Sendeland, da die Kunden im Urlaub nicht die Zeit für einen längeren Workshop aufbringen werden.

6.1.3 Kundeneinbindung in der Testphase: Dienstleistungstest

Mit den durch die eingebundenen Kunden gewonnenen Informationen und Ideen können nun neue Konzepte konkretisiert und spezifiziert werden. Im Verlauf des Innovationsprozesses nimmt der Konkretisierungsgrad der Servicekonzeption immer weiter zu, denn am Ende muss die marktreife und marktfähige Dienstleistung stehen. Insofern steht im letzten Schritt vor der Markteinführung weniger die Prüfung von Alternativen als vielmehr die endgültige Formulierung und Gestaltung der Dienstleistungsinnovation im Mittelpunkt (Reckenfelderbäumer/ Busse 2003).

Während bei Produkttests im Sachgüterbereich Prototypen hergestellt werden können, um diese dann vor der Markteinführung am Kunden zu testen, sind im Dienstleistungsbereich solche Testeinheiten nicht möglich. Ohne Integration des externen Faktors kann zunächst nur eine 'prototypische Leistungsfähigkeit' hergestellt werden (Busse/Reckenfelderbäumer 2001). Der externe Faktor muss also bei der Durchführung des Dienstleistungstests mit einbezogen werden. Nach Oppermann sind unter Produkt- bzw. Dienstleistungstests „[...] planmäßig angelegte und durchgeführte (quasi-)experimentelle Untersuchungen zu verstehen, in denen ausgewählte Testpersonen zur probeweisen Inanspruchnahme kostenlos überlassener Produkte aufgefordert werden, um daran anschließend Informationen über die subjektiven Wahrnehmungen und/oder Beurteilungen [...]" (Oppermann 1998, S. 245) zu gewinnen. Diese Dienstleistungstests können in Form von 'Dienstleistungsattrappen' oder unter realen Bedingungen durchgeführt werden.

Bei Zuhilfenahme von Dienstleistungsattrappen werden die Kunden unter laborähnlichen Bedingungen eingebunden, um die neue Dienstleistung zu beurteilen. So können Fluggesellschaften beispielsweise neue Klassen oder 'Inflight-Services' durch simulierte Flüge am Boden testen. Es kann jedoch vermutet werden, dass bei solchen Attrappentests die subjektive Wahrnehmung und das Verhalten des Kunden einer Beeinflussung unterliegen, so dass die Ergebnisse des Tests und somit eventuelle Informationen zur Modifikation der Dienstleistungsgestaltung verfälscht werden (Meyer/Blümelhuber 1998).

Alternativ dazu können Dienstleistungstests auch unter realen Bedingungen durchgeführt werden. Wie das Beispiel der Bank of America zeigt, können neue Dienstleistungen in verschiedenen Filialen der Bank direkt mit den Kunden in Form von zuvor festgelegten Experimenten getestet werden. Die Experimente in den Filialen wurden sorgfältig geplant und umgesetzt, ganz im Gegensatz also zu den im Dienstleistungssektor häufig zu findenden Ad-Hoc- oder Zufalls-Innovationen. Angefangen von der Einrichtung eines Forschungs- und Entwicklungsteams über die Entwicklung eines strukturierten Plans bis hin zur systematischen Einbeziehung der betreffenden Mitarbeiter und des externen Faktors (Kunden) wurde gezielt auf die Einführung neuer Dienstleistungen, die zu einem nachhaltigen Wettbewerbsvorteil und Unternehmenswachstum führen sollten, hingearbeitet (Thomke 2003). Die Ergebnisse der Live-Experimente in den Filialen wurden sorgfältig ausgewertet, zum einen durch das Feedback der beteiligten Mitarbeiter, zum anderen durch die aufgezeichneten Reaktionen der Kunden. Der Kunde war sich also nicht bewusst, dass er Teil eines Experiments war.

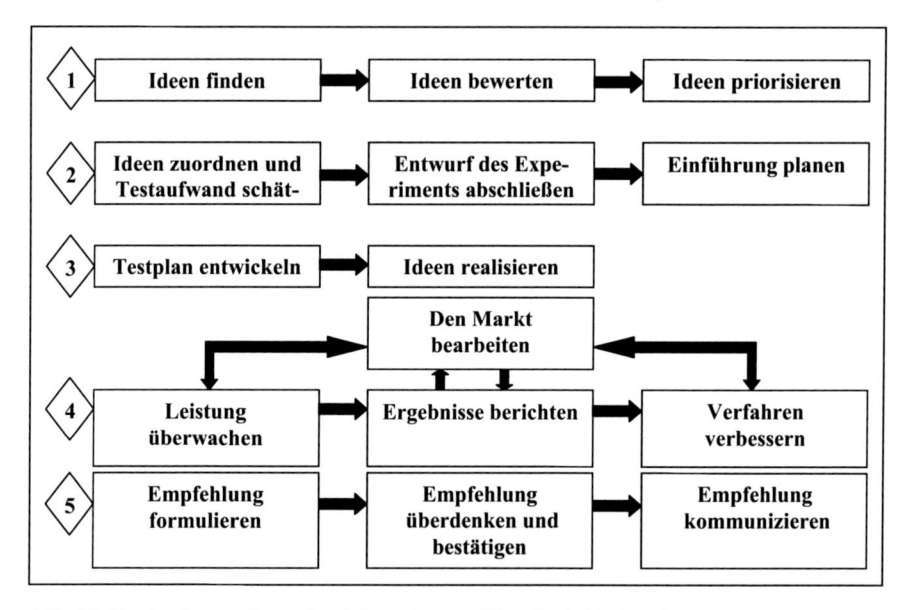

1	Ideen finden →	Ideen bewerten →	Ideen priorisieren
2	Ideen zuordnen und Testaufwand schät- →	Entwurf des Experiments abschließen →	Einführung planen
3	Testplan entwickeln →	Ideen realisieren	
		Den Markt bearbeiten	
4	Leistung überwachen →	Ergebnisse berichten →	Verfahren verbessern
5	Empfehlung formulieren →	Empfehlung überdenken und bestätigen →	Empfehlung kommunizieren

Abb. 38: Service-Innovationen durch Experimente (Thomke 2003, S. 49)

Der große Unterschied zu den in dieser Arbeit dargestellten Innovationsprozessen besteht jedoch darin, dass die neue Dienstleistung unmittelbar nach der Entscheidung für einen von mehreren neuen Einfällen in ein Experiment mit und am Kunden umgesetzt wird. Während der Experimentierphase werden die Verfahren bzw. die neuen Dienstleistungen kontinuierlich verbessert, indem die Aufzeichnungen über die Reaktionen der Kunden unmittelbar ausgewertet und umgesetzt werden. Mittels Benchmarking zwischen Test- und Kontrollfilialen der Bank konnte das Ergebnis eines Experiments (z. B. höhere Kundenzufriedenheit, verbesserter Umsatz u.a.) gemessen werden. Im Innovationsentwicklungsprozess wird die „Trial-and-Error"-Komponente deutlich.

Im Tourismus könnten beispielsweise Fluggesellschaften neue Leistungen nicht auf Attrappenflügen, sondern auf ausgewählten Routen einführen. Die Gestaltung der Dienstleistung muss zu diesem Zeitpunkt allerdings bereits abgeschlossen und die einzelnen Leistungskomponenten zumindest weitestgehend im Unternehmen implementiert worden sein. Auch die Kosten solcher Testverfahren sind weit größer als bei Konzepttests. Die Informationsqualität bei solchen Tests ist aber wesentlich höher einzustufen, da die Testpersonen die Dienstleistung unter realen Bedingungen erheblich besser beurteilen können. Im Hinblick auf die kurz bevorstehende Markteinführung sollten nur geringfügige, aber durchaus relevante Korrekturen und Verfeinerungen der Dienstleistung notwendig sein (Busse/Reckenfelderbäumer 2001).

Nach eigenen Angaben führen sowohl die TUI AG als auch die TUI Deutschland GmbH regelmäßig verschiedene Konzepttests und zum Teil auch sehr aufwändige Dienstleistungstests durch, bei denen Gäste ohne ihr Wissen unter Realbedingungen an einer veränderten Testreise teilnehmen und danach befragt werden. Diese Informationen fließen wiederum in den Innovationsprozess ein (Pospiech 2004).

Dienstleistungstests bzw. „Live-Experimente" bergen jedoch die Gefahr der schwierigen Vergleichbarkeit von Kundenreaktionen, da persönliche Störfaktoren (Gemütszustand/psychische Verfassung, Irritationen durch neue Abläufe) nicht berücksichtigt werden können und das Experiment durch die für die Mitarbeiter ungewohnten Arbeitsabläufe beeinflusst wird (Thomke 2003). In der Phase der Markteinführung können die touristischen Produkte und Dienstleistungen nur vor Ort getestet werden, d. h. nur am Urlaubsort selbst. Für die Leistungsträger am Urlaubsort ist es also eher als für Reiseveranstalter möglich, ein Produkt experimentell zu überprüfen. Der Vorteil dieser Methode liegt eindeutig in der schnellen Verfügbarkeit der Ergebnisse.

6.1.4 Kundeneinbindung im gesamten Prozess: Lead User Methode

Die Lead User Methode ist deshalb von besonderer Bedeutung, weil die von vielen Unternehmen im Vordergrund stehende Kundenorientierung konsequent umsetzt und die Kunden sehr stark in den Innovationsprozess einbindet. Dies kann sich über die gesamte Dauer des Prozesses hinziehen und ermöglicht so die ständige Ausrichtung und ggfs. auch Kurskorrektur in Bezug auf die Wünsche der Kunden. Gerade fortschrittliche und anspruchsvolle Kunden sind ein wesentlicher Aspekt für die Erhaltung bzw. Gewinnung eines Wettbewerbsvorteils, weil durch die Antizipation von Kundenwünschen Trendänderungen rechtzeitig erkannt und gegenüber der Konkurrenz entsprechend positioniert werden können (Smeral 2005, S. 27).

Wenn Kunden dem Anbieter gegenüber und in der Gesellschaft konsumbezogen eine Vorreiterrolle einnehmen und über einen längeren Zeitraum bzw. häufiger in den Innovationsentwicklungsprozess eingeschaltet werden, spricht man vom Lead User Konzept oder der Lead User Methode, die in den 80er Jahren von Hippel (1986) konzipierte. Lead User lassen sich wie folgt charakterisieren:
1. Sie verspüren erheblich früher als die Masse der Kunden neue Bedürfnisse, die erst künftig marktwirksam sein werden.
2. Sie profitieren zum anderen in starkem Maße von Innovationen, die ihre Probleme lösen beziehungsweise ihre neuen Bedürfnisse befriedigen (von Hippel 1986, S. 796; 1988, S. 107)

Aus dem ersten Punkt lässt sich deuten, dass sie über ausreichende Lebens- und Welterfahrung verfügen, so dass sie ein Gespür für zukünftige Bedürfnisse der

Gesellschaft haben. Daher sind ihnen Bedingungen bekannt, die für die Mehrheit der Kunden in der Zukunft liegen, und Lead User können somit als Trendführer im Sektor des Unternehmens bezeichnet werden. Der zweite Aspekt zeigt auf, dass sich die Lead User von einer Problemlösung, z. B. eine neue Dienstleistung, einen besonders hohen Nutzen erwarten und daher auch bereit sind, die Lösung dieses Problems aktiv mitzugestalten (Herstatt 1996; Meyer/Blümelhuber 1998).

Lead User können sowohl Endverbraucher als auch Firmenkunden sein, z.b. Kliniken oder Ärzte, die neue Geräte entwickeln, oder IT-Anwenderexperten, die das Betriebssystem durch Offenlegung der Quellen (open source) weiter entwickeln (Nagel 1993). Übertragen auf den Tourismus würde dies für ein Hotel bedeuten, dass nicht nur die Gäste, sondern auch Mitarbeiter eines Reiseveranstalters, der das Hotel im Programm hat, Lead User sein können. Der Lead User kann laut Nagel als „Marktforschungslabor" (Nagel 1993, S. 21) gesehen werden, in dem er verlässlich über Technologie- und Markttrends informiert. Fragebogenstudien bei einem größeren Personenkreis, der nicht den Lead Usern zuzuordnen ist, ergeben meist relativ unverbindliche und ungenaue Angaben. In der Regel existiert ein vertraglich bindendes Verhältnis zwischen Anbieter und Lead User. Insbesondere das zweite Argument in der Definition der Lead User zeigt, dass der Anwender ein starkes Interesse daran hat, dem Hersteller seine Bedürfnisse so genau wie möglich zu schildern, um später Produkte oder Dienstleistungen zu erhalten, die seine Wünsche und Bedürfnisse optimal befriedigen. Dieses Ziel lässt den Grad der Verbindlichkeit und der Zuverlässigkeit seiner Aussagen steigern.

Nachfolgend wird erörtert, wie die Lead User Methode im Unternehmen eingesetzt werden und ablaufen kann.

Phase 1 *Start des Lead-User-Projekts*: Ein interdisziplinäres Team von Mitarbeitern aus verschiedenen Abteilungen des Unternehmens wird gebildet, da ein Innovationsprojekt zu komplex und anspruchsvoll ist, als dass es im Tagesgeschäft eines Betriebes erfolgreich realisiert werden kann. In der Dienstleistungs- und Tourismusbranche sollten daher nicht nur die Entscheidungsträger über neue Strategien und die Gestaltung von neuen Dienstleistungen, sondern auch die Front-Office-Mitarbeiter, die direkten Kontakt zu Kunden haben und die später die neue Dienstleistung erstellen werden, miteinbezogen werden. Gemeinsam können so Zielmärkte und Projektziele konkretisiert werden.

Phase 2 *Trendprognose*: In der zweiten Phase werden häufig Expertenbefragungen mit Markt- und Technologiekennern, die auch Ansprechpartner für die Lead User sein können, durchgeführt, und durch eine umfassende Literaturrecherche (Internet, Datenbanken u.a.) werden neue Bedürfnisse, Wünsche und Trends in der Gesellschaft eruiert. Lead User spüren bedeutsame Entwicklungen früher als andere; im Falle des Tourismus könnten dies beispielsweise neue Bewegungstrends, neue Formen der Entspannung, neue Urlaubsreiseformen, neue Destinationen oder neue Buchungswege sein.

Phase 3 *Identifikation der Lead User*: Indikatoren zur Identifikation und Charakterisierung der Lead User werden erstellt. Die Suche nach Lead Usern ist ein kreativer Prozess, der nach zwei verschiedenen Vorgehensweisen ablaufen kann. Beim *Screening-Ansatz* wird eine große Anzahl von Produktanwendern gemäß der festgelegten Indikatoren auf ihre Lead-User-Tauglichkeit überprüft. Diese Methode eignet sich dann, wenn die Zahl der Kunden im Markt überschaubar und ein vollständiges Screening möglich ist. Der *Networking-Ansatz* beschränkt sich zunächst auf die Identifikation weniger Kunden als Lead User; über deren Empfehlung wird nach weiteren Produktnutzern gesucht, die neue Bedürfnisse verspüren oder bereits innovativ tätig geworden sind.

Phase 4 *Entwicklung von Produktkonzepten*: Die ausgewählten Lead User kommen in der vierten Phase in einem Workshop von einer Dauer von ca. zwei bis drei Tagen zusammen. Im Vorfeld des Workshops muss die Frage der Nutzungsrechte für neue Ideen abgeklärt werden. Die Lead User finden sich also konzentriert zusammen, um Vorschläge für kreative Problemlösungen zu entwickeln und diese miteinander zu kombinieren. Die Grundlage für die anschließende Entwicklung konkreter Innovationsideen bilden die Anforderungen, die in Phase 2 eruiert wurden. In Gruppen von drei bis fünf Personen werden die Ideen in Form von ausgearbeiteten Skizzen, Konzeptbeschreibungen oder Modellen erarbeitet. Nach der Ideenbewertung und -auswahl geht das Unternehmen in die Konzeptionsphase über, an der ggfs. die Lead User noch beteiligt sind (Herstatt et al. 2002, S. 62ff).

Die Lead User Methode kann traditionelle Innovationsfindungsmethoden oder die Marktforschung eines Unternehmens nicht ersetzen, aber ergänzen. Gerade im Freizeitbereich resultieren viele Innovationen aus dem Aktivitätsniveau kreativer Produktnutzer, z. B. neuartige Sportarten (Nordic Running, Kiten u.a.) (Thomke/von Hippel 2002). Eine Übertragung dieser Methode auf den Tourismussektor ist auch nach Peters und Weiermair durchaus sinnvoll, da damit ein wesentliches Potenzial für die Entwicklung neuer touristischer Services entdeckt werden kann, wobei die Umsetzung dieser Methode in kleinen und mittleren Unternehmen bislang noch nicht konzipiert wurde (Peters/Weiermair 2002).

6.1.5 Zusammenfassung

Die Einbindung von Kunden in den Innovationsprozess kann nach diesen Ausführungen als strategischer Erfolgsfaktor bezeichnet werden (Wöhler 2005). Eine bezüglich des Zeitpunktes im Innovationsprozess gezielt vorgenommene Kundeneinbindung kann den Innovationserfolg steigern. Die Unternehmen der Tourismusbranche stehen vor der Herausforderung, dem Kunden zielorientiert eine adäquate Rolle im Dienstleistungsinnovationsprozess zuzuweisen, um mit ihm gemeinsam erfolgreiche, marktorientierte Dienstleistungen zu entwickeln, die ihnen strategische und nachhaltige Wettbewerbsvorteile einbringen können. Die aufgezeigten Methoden zur Integration der Kunden in den Innovationsprozess ermöglichen eine systematische und strukturierte Einbindung, die gerade im

Falle der Entwicklung neuer Produkte und Dienstleistungen unerlässlich ist. Jedes Unternehmen sollte für sich und für jede Innovation entscheiden, wie stark Kunden bzw. Gäste eingebunden werden.

Obwohl die Bedeutung des Kunden als Ideenressource in der wirtschaftswissenschaftlichen Literatur anerkannt ist und durch Studien bestätigt wurde, stellten Evangelista und Sirilli (1998) im Gegensatz dazu in einer Studie im italienischen Dienstleistungssektor fest, dass die untersuchten Unternehmen die Kunden nur an sechster Stelle der externen Innovationsquellen nannten – nach Lieferanten/Ausstattern, Analyse der Dienstleistungserstellung, Konferenzen/Seminaren, Beratungsfirmen und den Wettbewerbern (Evangelista/Sirilli 1998; Dethlefsen 2000).

Die Möglichkeiten, Kunden in den Entwicklungsprozess von Innovationen einzubeziehen, sind also vielfältig und sind nicht erst in der Testphase möglich, sondern vielmehr schon zu Beginn bei der Ideengenerierung zu berücksichtigen. Die Literatur weist verstärkt darauf hin, dass die Kundenorientierung und Kundenintegration in einem frühen Innovationsstadium eine sorgfältige Kundenauswahl erfordert. Die Kosten hierfür sind als Investition in neue Produkte zu sehen. Alleiniges Beschwerdemanagement und sporadische Kundenzufriedenheitsbefragungen sind also nicht ausreichend, um genügend innovative Inspiration zu erhalten.

6.2 Lieferanten: Verwandte und unterstützende Branchen

Die Forschung in Bezug auf die Rolle von Lieferanten bzw. Zulieferern im Innovationsprozess einer Unternehmung ist – im Vergleich zur Erforschung der Kundeneinbindung und bis auf den Fall der Automobilbranche – noch nicht stark ausgeprägt (Strumann 1997).

Betrachtet man den Porter'schen Diamanten des nationalen Wettbewerbsvorteils, so kommen den verwandten und unterstützenden Branchen eine weitere wichtige Rolle (neben den Nachfragebedingungen u.a.) zu. Porter weist in diesem Zusammenhang auch auf den sehr wichtigen Nutzen von Zulieferern in Form von Innovations-, Aufwertungs- und Verbesserungsprozessen hin: „Zulieferer helfen den Unternehmen, neue Methoden und Gelegenheiten zur Anwendung neuer Technologien zu erkennen. [...] Der Austausch von Forschung und Entwicklung und gemeinsame Problemlösungen führen zu schnelleren und wirksameren Ergebnissen. [...] Dadurch wird das Innovationstempo in der gesamten Branche [...] beschleunigt." (Porter 1991, S. 127).

Diesbezügliche Überlegungen für die Tourismusbranche ergeben, dass der Einfluss verwandter und unterstützender Branchen insgesamt wichtiger wird, wobei diese in unterschiedlicher Weise in die Produktion und Vermarktung touristischer Dienstleistungen integriert sein können. Früher lag der zumeist geringe Einfluss vor allem in den Bereichen der Nahrungsmittelbranche, der Landwirt-

schaft sowie sportbezogene Branchen. Heutzutage sind es verschiedenste Branchen, die auf den Tourismusmarkt einwirken, dazu gehören vor allem:
- Design, architektonische und andere Erschließungs- und Entwicklungsfunktionen (Gründung des Labels „Design Hotels": die innen- und außenarchitektonische Gestaltung als Verkaufsargument und Wettbewerbsvorteil)
- Tourismusspezifische Finanzdienstleistungen
- Cross-Selling bzw. Cross-Sponsoring mit anderen Freizeit- und Konsumgüterbranchen (z. B. Pop-Konzerte auf der Idalp in Ischgl als Anreiz für das Ski-Opening oder den Saisonabschluss, TirolWerbung: Königsetappe der Deutschland-Tour 2005 von Kufstein nach Sölden)
- Werbebranche (Werbung für Tirol mit dem Logo auf zahlreichen Produkten, wie z. B. Weingläsern, Sportbekleidung u.a.)
- Management- und Wirtschaftsberatungsbranche (Weiermair 2001, S. 109f)

Bei der Erstellung eines neuen touristischen Angebots wirken also die unterschiedlichsten Dienstleister mit; und damit spielen Kooperationen, Netzwerke und Cluster eine immer bedeutendere Rolle. Porter weist in diesem Zusammenhang explizit auf den so genannten Mitzieheffekt hin, den er vor allem auf die technische Abhängigkeit der davon betroffenen Produkte zurückführt (Porter 1991, S. 131, ähnlich auch Hauschildt 2004, S. 243).

Lieferanten spielen vor allem bei der Entwicklung von Prozessinnovationen eine wichtige Rolle, zumal sie sich in vertikaler Linie zum Ersteller eines Produkts oder einer Dienstleistung befinden und damit verstärkt Prozesse innerhalb und zwischen den Unternehmen beeinflussen (Gemünden 1995, S. 288; Hauschildt 2004, S. 242). Auch vor dem Hintergrund der starken Fragmentierung der Branche (hoher Anteil an KMUs) und der holistischen Wahrnehmung des touristischen Produkts durch den Kunden ist die Einbeziehung von Lieferanten und Erstellern von Teilleistungen des touristischen Angebots ein entscheidender Faktor.

Inwiefern Lieferanten nun für die Entwicklung von Innovationen herangezogen werden, ist unterschiedlich und vor allem verschieden stark ausgeprägt. Zunächst können Innovationen, die der Zulieferer in seinem Betrieb eingeführt hat, zugekauft und damit übernommen werden. Dadurch kann sich das eigene Produkt, das mit einem Bestandteil des Lieferanten erstellt wird, verbessern oder sich völlig neu gestalten. Um nun über den reinen Zukauf hinweg eine Einbindung des Lieferanten zu erreichen, können Kooperationen, Cluster oder Netzwerke angestrebt werden, so dass nicht nur der nachgelagerte Bereich eines Unternehmens, nämlich die Kunden, sondern auch der vorgelagerte Betrieb in den Innovationsentwicklungsprozess integriert wird.

Für die Tourismusbranche führt dies – je nach Betriebssicht – zu unterschiedlichen Zusammensetzungen der am Innovationsprozess Beteiligten: Während die Lieferanten für einen Reiseveranstalter in der Airline, einem Busunternehmer, Hotels und sonstigen Dienstleistern im Urlaubsort zu sehen sind, aus deren Produkten er ein touristisches Angebotsbündel schnürt, sind es aus Sicht eines Incoming-orientierten Hotels andere Freizeitanbieter, die Werbebranche, Architekten und Designer, Unternehmensberater und/oder Finanzdienstleister.

Entscheidend ist nicht unbedingt die Form der Zusammenarbeit, sondern vielmehr die Tatsache, dass Innovationen, vor allem im Bereich der Prozessneuerungen, unter Berücksichtigung der Ansichten der entsprechenden Lieferanten erfolgen. Als entscheidende Wettbewerbsfaktoren werden der Fluss von Informationen, der technische Austausch (Porter 1991, S. 130) sowie partnerschaftliche, auf Vertrauen und Offenheit basierende Beziehungen zwischen verwandten bzw. unterstützenden Branchen und dem innovierenden Unternehmen angesehen (Lamming 1994, S. 230ff). Im Gegensatz zur Einbindung, die Strumann in der Konzeptphase, in der Phase des Produkttests und bei der Markteinführung als obligatorisch betrachtet, sieht er die Einbindung von Lieferanten nicht als unabdingbar an (Strumann 1997, S. 196).

6.3 Die Rolle des Wettbewerbs

Eine Innovation ist dann für ein Unternehmen interessant, wenn es dadurch sowohl einen ökonomischen als auch einen Wettbewerbsvorteil gegenüber seinen Konkurrenten (ex-post-Marktmacht) erzielen kann (Weigand 1996, S. 46). Mögliche Vorsprungsgewinne können weitere Konkurrenten anziehen, wodurch das Unternehmen gezwungen wird, seine Marktanteile mit weiteren Innovationen zu verteidigen. Dieser dynamische Wettbewerbsmechanismus funktioniert jedoch nur unter bestimmten Bedingungen, die nachfolgend untersucht werden.

Wettbewerb liegt dann vor, „wenn mehrere Interessenten das gleiche Ziel verfolgen, es aber nicht alle gleichzeitig erreichen können." (Olten 1998, S. 13). Unter wirtschaftlichem Wettbewerb ist „das selbständige Streben sich gegenseitig im Wirtschaftserfolg beeinflussender Anbieter oder Nachfrager (Mitbewerber) nach Geschäftsverbindungen mit Dritten (Kunden) durch Inaussicht-Stellen möglichst günstiger Geschäftsbeziehungen" (Borchardt/Fikentscher 1957, S. 15) zu verstehen. Der marktwirtschaftliche Wettbewerb ist durch ein Zusammentreffen von Angebot und Nachfrage, durch mindestens zwei Anbieter oder Nachfrager, ein gemeinsames Marktobjekt, ein rivalisierendes Verhalten der Anbieter oder Nachfrager um ein bestimmtes Ziel und dessen Verwirklichung zu Lasten der Zielerreichung der anderen Marktsubjekte gekennzeichnet (Olten 1998).

6.3.1 Wettbewerbsformen und Marktturbulenz

Als wichtige Voraussetzungen für den Wettbewerb werden Markttransparenz, Entscheidungsfreiheit, wettbewerbliche Auseinandersetzung, Flexibilität und offene Märkte angesehen. Olten stellt dabei heraus, dass eine „vollkommene Konkurrenz" unrealistische, fast nicht existente Märkte unterstellt, diese also nicht der Wirklichkeit entsprechen und daher vielmehr Modellcharakter besitzen (Olten 1998, S. 16). Bei vielen kleinen Nachfragern – wie dies in der

Dienstleistungs- und Tourismusbranche der Fall ist – können drei Wettbewerbsformen unterschieden werden, abhängig von der Anzahl der Anbieter:

- *Ein großer Anbieter - Angebots-Monopol:* Der Monopolist versucht, seinen Gewinn auf Kosten der Marktgegenseite (Nachfrager) zu maximieren. Es besteht kein Leistungs- oder Konkurrenzdruck, er gilt als fortschrittsfeindlich, weshalb Innovationen nicht forciert werden. Erst durch das Auftreten neuer Anbieter auf dem Markt (Ausland, Deregulierung, z. B. bei der Telekom) wird der Monopolist zum Handeln gezwungen.
- *Wenige mittlere Anbieter - Angebots-Oligpol:* Wichtigstes absatzpolitisches Kriterium ist der Marktanteil. Der Oligopolist kann eine defensive Strategie zur Erhaltung seines Marktanteiles oder eine offensive Strategie zur Vergrößerung seines Marktanteiles verfolgen. Durch die geringe Anzahl an Konkurrenten ist damit zu rechnen, dass Innovationen imitiert werden, was weitere Innovationen stimuliert.
- *Viele kleine Anbieter - Polypol:* Der Polypolist besitzt i.d.R. nur einen kleinen Marktanteil; sein Ziel ist die Erhaltung der Existenz und Sicherung der Stammkundschaft. Durch die große Anzahl an Mitbewerbern sind viele Imitationen von Innovationen sehr wahrscheinlich, so dass der Anreiz für Innovationen nur gering ausgeprägt ist. In der polypolistischen Marktsituation ist es schwierig, einen wesentlichen Wettbewerbsvorteil gegenüber der Konkurrenz zu etablieren (Olten 1998, S. 59f).

Kriterium \ Marktform	Monopolistisches Marktverhalten	Oligopolistisches Marktverhalten	Polypolistisches Marktverhalten
Zahl der Anbieter	Einer	Wenige (2 bis ca.10)	Viele (>10)
Durchschnittlicher Marktanteil	100 Prozent	Relativ groß (10-50%)	Relativ klein
Unternehmensziel	Gewinnmaximum auf Kosten der Markt-gegenseite (Nachfrager)	a) defensive Strategie: Marktanteil halten b) offensive Strategie: Marktanteil vergrößern	Existenzsicherung durch Erhaltung der Stammkundschaft
Absatzpolitische Reaktionsverbundenheit	Keine	Vorhanden, weil ein Marktanteilsverlust „spürbar" ist	Nicht vorhanden, weil ein Marktanteilsverlust nicht „spürbar" ist
Innovationsfähigkeit und Innovationsbereitschaft	*i.d.R. nicht vorhanden*	*Potenziell groß*	*Gering*
Imitations- und Reaktionsfähigkeit	i.d.R. nicht gefördert	Potenziell groß, aber Neigung zu Kooperationen und Konzentration	Gering, passives Verhalten, Neigung zur Kooperation
Wettbewerbsintensität	Nicht vorhanden	Unter bestimmten Bedingungen groß	i.d.R. gering

Tab. 24: Marktverhaltensweisen (Olten 1998, S. 61)

In der obigen Tabelle sind die Verhaltensweisen der Unternehmen in der jeweiligen Wettbewerbssituation zusammengefasst.

Die Voraussetzungen für einen dynamischen Wettbewerbsprozess sind innovationsfähige und innovationswillige Unternehmer (sog. Pionierunternehmen), die Vorsprungsgewinne anstreben. Vorsprungsgewinne entstehen in Form von Marktanteilsgewinnen oder von temporären Monopolrenten (ex-post Marktmacht). Dynamik im Wettbewerb entsteht allerdings erst mit dem Auftreten imitationsfähiger und imitationswilliger Unternehmer (Nachahmer), die in der Lage sind, die Vorsprungsgewinne wieder abzubauen. Durch Nachahmer werden die Pionierunternehmen dazu angeregt und motiviert, Nachfolge- oder neue Innovationen zu initiieren und weitere Vorsprungsgewinne zu erzielen (Schumpeter 1975; Weigand 1996; Olten 1998). In einem dynamischen marktlichen Umfeld, wie er in der Dienstleistungs- und Tourismusbranche existiert, kann der Wettbewerbsprozess wie folgt dargestellt werden:

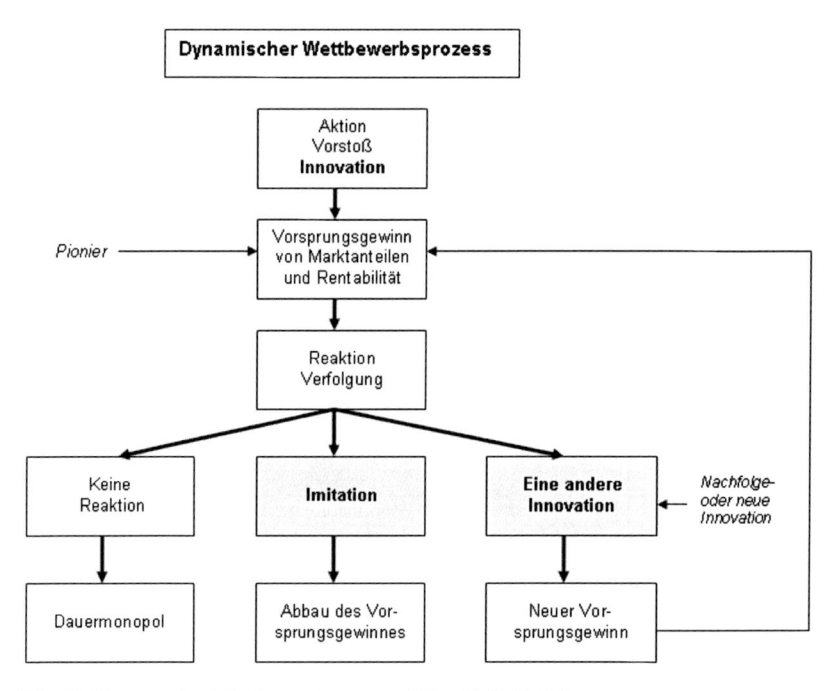

Abb. 39: Dynamischer Wettbewerbsprozess (Olten 1998, S. 68)

Da innovationsfähige und imitationsfähige Unternehmen über ein ausreichend großes Potenzial an Forschungs- und Entwicklungsmöglichkeiten und entsprechend große Finanzierungsmöglichkeiten verfügen sollten, sind weder Monopolisten noch Polypolisten ausgeprägte Innovatoren. Denn diese Voraussetzungen sind vor allem bei Pionierunternehmern und spontan imitierenden Unternehmen in der Marktform des Oligopols zu finden: Wie bereits erwähnt sind im Falle einer polypolistischen Marktstruktur Imitationen sehr wahrscheinlich, so dass nur selten spürbare Vorsprungsgewinne erzielbar sind. Auch in einem engen Oligopol werden sie wegen der möglichen raschen Reaktion der Mitbewerber nur selten auftreten. Die Innovationsaktivität in einem weiten Oligopol mit bis zu zehn Mitbewerbern ist also wahrscheinlich am größten, da sich hier die höchsten Vorsprungsgewinne und Innovationsrenditen erzielen lassen. Daraus erklären sich auch die heutzutage auftretenden Konzentrationstendenzen in den verschiedensten Wirtschaftsbranchen (Olten 1998, S. 90; Keller 2005, S. 47). Schumpeter hält ex-ante Marktmacht für eine notwendige Voraussetzung für Innovationen (Schumpeter 1975). Auch Allen (1950) erkannte: "The real danger of monopoly arises when it is used to impede change. A society that keeps the channels of innovation clear need have little fear of the waste that arises from monopoly or imperfect competition in established industries." (Allen 1950, S. 474).

Es ist also kein linearer Zusammenhang zwischen dem Wettbewerbsgrad und der Innovationsaktivität zu erwarten. Scherer leitet ab: „Innovative vigor rises initially with increased rivalry but then falls at still higher levels of rivalry." (Scherer 1992, S. 1419). Übermäßiger Wettbewerb, wie dieser in polypolistischen Marktstrukturen der Fall ist, wirkt innovationshemmend (Weigand 1996, S. 60; Sancho et al. 2004). Grafisch kann der erwartete Zusammenhang zwischen dem Wettbewerbsgrad und der Innovationswahrscheinlichkeit von Unternehmen in dem jeweiligen marktlichen Umfeld wie folgt dargestellt werden:

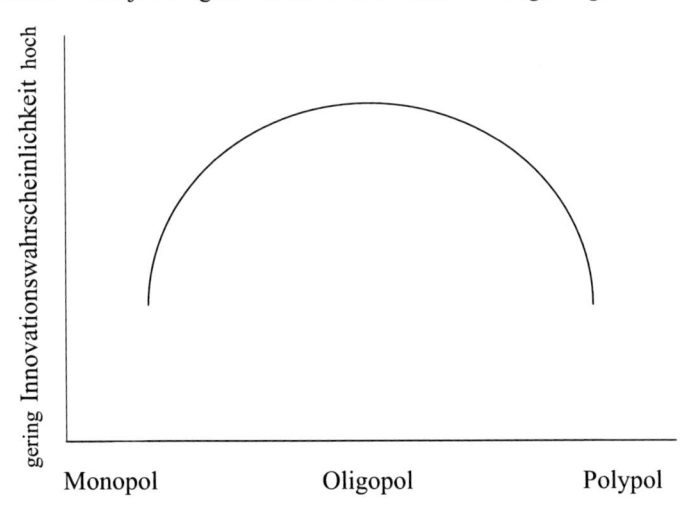

Abb. 40: Zusammenhang zwischen Wettbewerb und Innovationswahrscheinlichkeit (eigene Darstellung)

Gerade im alpinen Incoming-Tourismus herrschen polypolistische Marktstrukturen vor, in denen oftmals der Familiengedanke (Führung eines touristischen Betriebes, wie z. B. Hotels, eines Restaurants oder einer Skischule, zur Arbeitssicherung für die Familie) über dem Wettbewerb und der Wachstumsorientierung steht. Oligopole sind z. B. bei Gletscherskigebieten oder Nischenreiseveranstaltern denkbar, deren Innovationsverhalten der Theorie zufolge stärker ausgeprägt sein sollte als bei anderen Liftbetreibern oder Generalisten.

Sancho et al. (2004) haben in einer Studie festgestellt, dass ein Übermaß an Konkurrenz (gemessen anhand der Anzahl der touristischen Betriebe in einer Region) die Innovationstätigkeit touristischer Unternehmen eher lähmt als aktiviert (Sancho et al. 2004). Dies lässt sich auf die hohen Kosten für die Produktentwicklung zurückführen, da in einem solchen Markt Wettbewerbsvorteile nur durch internalisierte Ressourcen und Kompetenzen wie z. B. Patente, Copyrights oder Monopole erreicht werden können. Beide polare Marktsituationen (Monopol, Polypol) stellen also kein optimales Umfeld für Innovationen dar; die einer „gesunden" Konkurrenz (Oligopol) fördert die Produktentwicklung offensichtlich stärker (Peters/Weiermair 2002, S. 158).

6.3.2 Marktbarrieren als Möglichkeit der Wettbewerbsbeschränkung

Das ordnungspolitische Prinzip der freien Marktwirtschaft bedeutet, dass jeder Anbieter oder Nachfrager jederzeit auf einem bestimmten Markt auftreten oder diesen verlassen kann. Ein Marktzugang verändert die Marktstrukturen (z. B. aus Oligopol wird Polypol) und wird möglich durch eine Unternehmensneugründung, durch die Erweiterung der Produktpalette bereits etablierter Unternehmen oder durch die Ausdehnung des Absatzgebietes. Ökonomische (hoher Kapitalbedarf, begrenztes Marktvolumen, bestimmte Mindestbetriebsgröße, Abwehrstrategien bereits etablierter Unternehmen u.a.) und politische (Zulassungsbeschränkungen, Konzessionen, behördliche Auflagen u.a.) Markteintrittsschranken können den Zugang zu einem Markt erschweren. Aber auch Marktaustrittsschranken wirtschaftlicher (z. B. hohe Investitionen mit langfristiger Kapitalbindung, hohe Stilllegungskosten, hohe Beschäftigtenzahlen) und politischer (arbeits- und sozialrechtliche Bestimmungen, gewerkschaftlicher Druck u.a.) Art beeinflussen die Anzahl der Marktteilnehmer (z. B. aus Oligopol wird Monopol), wodurch die Einstellung der Produktion oder das Verlassen des Absatzgebietes erschwert oder verhindert wird (Olten 1998, S. 64f).

Der Tourismus ist durch folgende Marktschranken gekennzeichnet:
- geringe Eintrittsbarrieren: Es sind keine besonderen formalen Qualifikationen zur Führung eines Hotels oder eines Reiseveranstalters erforderlich. Ausnahmen sind behördliche Auflagen und/oder ein begrenztes Marktvolumen.
- hohe Austrittsbarrieren: z. T. langfristige Fremdkapitalbindung, hohe Beschäftigtenzahlen.

Einer österreichischen Studie zufolge liegt die Überlebensquote von geförderten Neugründungen im Gastgewerbe nach sechs Jahren nur bei 65,8% – im Vergleich dazu im Handel bei 74,7%, im verarbeitenden Gewerbe bei 86,7% und in sonstigen Dienstleistungsbetrieben bei 86,3%. Die aufgezeigten Unterschiede erwiesen sich als signifikant (Frank et al. 1995, S. 11). Da der Tourismus eine wichtige Wirtschaftsbranche in Österreich ist – der BIP-Anteil der gesamten Tourismus- und Freizeitwirtschaft lag 2002 bei 17,8% (Statistik Austria 2004, S. 11) – werden durch staatliche Förderungen Markteintritte unterstützt, von denen über ein Drittel keine genügend starke Wachstumsdynamik entwickeln konnte, um den Betrieb im Markt zu halten. Daraus sind geringe Eintrittsbarrieren erkennbar, gleichzeitig aber auch die Problematik, dass trotz hoher Austrittsbarrieren wie langfristige Kapitalbindung oder zweckgebundene Immobilien (Hotels) die Anzahl von Insolvenzen vergleichsweise hoch ist und im zeitlichen Ablauf steigt (Peters 2001, S. 170).

6.4 Faktormärkte

Auch die vorhandenen Produktionsfaktoren beeinflussen das Innovationspotenzial einer Unternehmung bzw. einer Branche. Dabei handelt es sich um das Vorhandensein von Humanvermögen in Qualität und Quantität (Menge, Qualifikation und Kosten des Personals, vgl. Kapitel 4), von materiellen Ressourcen (Fülle, Qualität, Zugänglichkeit und Kosten von Boden, Wasser, Mineralien, Holz, Wasserkraft und landesspezifischen materiellen Besonderheiten), von Wissensressourcen (Fundus an wissenschaftlichem, technischem und marktmäßigem Wissen, das Güter und Dienstleistungen betrifft), von Kapitalressourcen (Menge und Kosten des Kapitals, das der Finanzwirtschaft zur Verfügung steht), und von Infrastruktur (Art, Qualität und Benutzungskosten der verfügbaren Infrastruktur, die sich auf den Wettbewerb auswirken) (Porter 1991, S. 97). Insbesondere die Beschaffenheiten von Arbeits- und Kapitalmarkt sind innovationsentscheidende Faktoren. Für höhere Produktivität und Wirtschaftswachstum sind ein immer besserer Bestand an fortschrittlichen und spezialisierten Arbeitskräften vonnöten, was hohe Anforderungen an das Bildungs- und Ausbildungssystem eines Landes stellt (Porter 1991, S. 645), so dass an dieser Stelle auch der Staat gefordert ist, die arbeitsmarktlichen Rahmenbedingungen für einen innovationsaktiven Markt zu schaffen.

Des Weiteren ist reichlich verfügbares Kapital zu geringen Realkosten über das Bankensystem und andere Kapitalmärkte erforderlich, um wirkungsvoll Investitionen zu fördern (Porter 1991, S. 656). Dies allein ist jedoch kein Erfolgsgarant. Denn andere marktliche Rahmenbedingungen (wie z. B. zu hohe Lohnnebenkosten) können Unternehmen an notwendigen und erfolgversprechenden Investitionen hindern, obwohl Kapital zu geringen Zinssätzen angeboten wird.

Eine Untersuchung der Faktormärkte ist vor allem dann von Bedeutung, wenn man im Tourismus die durch die Globalisierung neu entstandene Konkurrenz analysiert, was zu einem Benchmark zwischen Österreich und den 10 neuen EU-Ländern oder sogar weiter entfernten Destinationen wie China oder Thailand führen würde.

Bei einer Gegenüberstellung dieser Faktormärkte (insbesondere Arbeits- und Kapitalmarkt) würden entscheidende Stärken und Schwächen eines jeden Landes zu Tage treten. Da sich die Studie des Innovationsverhaltens jedoch auf Konkurrenz im eigenen Land bzw. im Nachbarland mit ähnlichen Faktormärkten beschränkt, wird sich vermutlich der Einfluss der anderen untersuchten Bestimmungsfaktoren (Nachfrage, Wettbewerb, verwandte Branchen) stärker auf das Innovationsverhalten einer Unternehmung auswirken. Es wird daher von gleichen oder zumindest ähnlichen Faktormärkten (ceteris paribus) für die teilnehmenden Unternehmen ausgegangen.

6.5 Kooperationen und Netzwerke

6.5.1 Relevanz und Definition von Kooperationen und Netzwerken

Die Bedeutung von Kooperationen, Verbundprojekten, strategischen Allianzen und Netzwerken nimmt in letzter Zeit immer mehr zu. Innovationen vollziehen sich meist stärker in kooperativen Strukturen, in die kleine, mittlere und auch große Unternehmen, private Investoren ebenso wie öffentliche Institutionen eingebunden sind. Empirische Studien wiesen nach, dass die Anzahl der Kooperationen in den letzten Jahren stark zunahm, wobei dies vorrangig auf die Branchen zutrifft, deren Entwicklung und Förderung stark von Technologie und Wissen beeinflusst wird (Gerybadze 2004, S. 1ff). Die Bedeutung von Kooperationen im Zusammenhang mit Innovationen betonen auch Syson und Perks (2004), die Kooperationen und ähnliche Verbindungen von Unternehmen für einen großen Nutzen erachten, wenn man die Schwierigkeiten, die bei der Produktentwicklung auftreten, überwinden möchte. Ausgehend von Dienstleistungsverbesserungen könnten Dienstleistungen schrittweise durch Kooperationen erweitert und schließlich völlig neue Produkte und Dienstleistungen entwickelt werden (Syson/Perks 2004, S. 256ff).

Die Wirtschaft steht erst am Anfang zur Netzökonomie (Bieger/Laesser 2004, S. 86). Kooperationen können als externe Netzwerke gesehen werden. Innovationsorientierte Kooperationsformen können Primärkooperationen (Zusammenarbeit von Unternehmen mit dem Ziel der gemeinsamen Innovationsentwicklung), Verwertungskooperationen (in der Kooperation wird die Innovation von einem Partner entwickelt und vom anderen vermarktet) sowie Beratungskooperationen (die im Unternehmen ablaufenden Innovationsprozesse werden durch unternehemensexterne Berater angestoßen) sein (Boehme 1986, S. 107ff). Ein Netzwerk kann erklärt werden als zwei oder mehr miteinander verbundene Unternehmen, die zum Zwecke des Austauschs langfristige Beziehungen aufbauen (Cook/Emerson 1978; Thorelli 1986). Ähnlich sieht dies Blohm (1980), der Kooperationen und Netzwerke als „auf stillschweigende oder vertragliche Vereinbarungen beruhende Zusammenarbeit zwischen rechtlich selbständigen und auch wirtschaftlich nicht voneinander abhängige Unternehmungen" versteht (Blohm 1980, S. 1112). Biemans (1992) erklärt die einfachste Netzwerkform als Austausch und Interaktion zwischen Hersteller und Kunden (Biemans 1992, S.

85). Elementar für ein Netzwerk sind die Akteure, die agieren und über bestimmte Ressourcen verfügen, die Aktivitäten, die sich im Fall von Innovationskooperationen auf die gemeinsame Entwicklung von neuen Produkten und Prozessen beziehen, und die Ressourcen wie Hard- und Humanware (Håkansson 1987, S. 14ff). Siebert (2003) sieht Netzwerke als eine hybride Organisationsform zwischen Markt und Hierarchie, die sich durch relativ stabile kooperative Beziehungen zwischen rechtlich selbständigen und formal unabhängigen Unternehmen auszeichnet (Siebert 2003). „Entscheidend für die Existenz eines Unternehmensnetzwerkes ist, dass mehrere bislang autonom agierende Unternehmen ein gemeinsames Ziel verfolgen und ihre Individualziele zumindest teilweise dem Kollektivziel des Netzwerkes unterordnen" (Siebert 2003, S. 9).

Es kann unterschieden werden, ob Kooperationen zum Zweck einer gemeinsamen Innovation eingegangen werden (projektorientiert, zeitlich befristet) oder aus organisations- und wirtschaftlichen Gründen, z. B. Wissensteilung durch Datenbanken oder Kostenvorteile bei Lieferantenkooperationen (langfristig, nicht an ein innovationsspezifisches Ziel gebunden), bestehen.

Als Besonderheit der touristischen Innovation können Cluster angesehen werden, die sich unter den Bedingungen des naturgegebenen gleichen Standorts entwickeln können. Porter (1998) sieht regionale Cluster, wie sie im Tourismus auftreten können, als „geographic concentrations of interconnected companies, specialized suppliers, service providers, firms in related industries, and associated institutions (for example universities, standard agencies, and trade associations) in particular fields that compete but also cooperate" (Porter 1998, S. 197). Cluster können also die Rahmenbedingungen für eine schnellere Realisierung von Innovationen schaffen, da Clustermitglieder engen Kontakt miteinander haben und geringe Distanz, kürzere Entwicklungs- und Umsetzungszeiträume eine schnellere Marktreife von neuen Produkten und Dienstleistungen ermöglichen. Aufgrund der bestehenden Standortvorteile kombiniert mit konzentriert auftretenden qualifizierten Human Ressourcen können sie nur längerfristig und unter hohen Kosten kopiert werden (Keller 2002, S. 188). Als touristisches Beispiel von Kooperationen können das Veloland Schweiz oder die Alpine Wellness International genannt werden.

6.5.2 Kooperationen im Tourismus

Im Tourismus spielen Kooperationen aufgrund der Kleinstrukturiertheit und der Zusammensetzung des Produkts „Urlaub" aus mehreren Teilleistungen (touristische Wertkette) eine besondere Rolle (Rogers 2000, S. 10).

Der Großteil der Betriebe sind bis auf wenige Ausnahmen kleine und mittlere Unternehmen, und dies trifft nicht nur für das Incoming-Geschäft (Hotellerie, Gastronomie, Incoming-Agenturen, Seilbahnen), sondern auch für den Outgoing-Bereich, wie z. B. kleinere Low-Cost-Carrier, Nischenreiseveranstalter und Reisebüros zu.

Die geringe Größe führt zu Einschränkungen in Bezug auf Ressourcen, Kapital und Know-How, die durch Synergie in Kooperationen und gemeinsamen Aktivitäten überwunden werden können (Zanger 2000, S. 270). Auch Tschurtschenthaler (2004) sieht den Größennachteil durch Kooperationen kompensierbar, setzt jedoch eine Mentalitätsänderung bei den touristischen Unternehmen voraus, damit sich die stark konkurrenzierende Haltung in eine integrierende entwickelt, in der sich die Unternehmen gegenseitig mit Ideen befruchten, das Risiko von Innovationen teilen und durch gemeinsame Marktforschung eruierte Kundenbedürfnisse in innovative Produkte umsetzen (Tschurtschenthaler 2004, S. 118). Der wesentliche Vorteil für die kleinen und mittelgroßen touristischen Unternehmen besteht darin, dass sie zwar die Verbundvorteile der virtuellen Größe genießen, dabei jedoch ihre Eigenständigkeit behalten und einen verbesserten Marktzugang erhalten, womit sie dem verstärkten Wettbewerbsdruck besser entgegnen können (Ullmann 2000, S. 234; Pechlaner/Raich 2004, S. 124).

Eine weitere Besonderheit ist die touristische Dienstleistungskette: Der Urlaub wird vom Gast zwar als holistisches Produkt wahrgenommen, besteht jedoch aus komplexen Teilleistungen, die im Falle einer Destination vor Ort von verschiedenen Unternehmen angeboten wird, die eine teilleistungsübergreifende Koordination vor- und nachgelagerter Dienstleister sinnvoll erscheinen lässt. Kooperationen sind daher nicht nur zur Überwindung von Größennachteilen zweckmäßig, sondern auch zur Abstimmung der Angebote im Sinne eines stimmigen Urlaubsprodukts (Bieger 2002).

Die Wettbewerbssituation verschärfte sich in den vergangenen Jahren vor allem durch den multioptionalen Gast, der zwar eine Vielzahl unterschiedlicher Angebote wünscht, ohne sie dann später auch in Anspruch zu nehmen: „Die touristische Dienstleistungskette ist zu vielfältig, der multioptionale Tourist zu anspruchsvoll und die Fixkosten zu hoch, als dass ein eigenkapitalschwaches Unternehmen alles zu bieten vermag." (Peters 2003, S. 38). Das Hotel beispielsweise ist damit lediglich eine Komponente im gesamten Leistungssystem einer Destination. Dieser Paradigmawechsel lässt sich beispielhaft illustrieren: Während früher der Gast aufgrund der stark fraktionierten Produktionsstruktur den Besitz an einem Prozess hatte (er war selbst dafür verantwortlich, die für ihn richtigen Leistungen zu einem Gesamtprodukt zu kombinieren), wird diese Aufgabe heute in zunehmendem Ausmaß von unternehmensübergreifenden koordinierenden Institutionen, wie z. B. Destinationsorganisationen übernommen (Reisevorbereitung, Anreise, Aufenthalt, Abreise, Nachbereitung) (Bieger/ Laesser 2004, S. 71f).

Marketingkooperationen sind im Tourismus wegen der holistischen Wahrnehmung des Urlaubsortes durch den Gast und der Intangibilität des touristischen Angebots am wichtigsten und am häufigsten verbreitet (Dachmarken, Gütesiegel u.a.).

6.5.3 Kooperationsformen und -partner

Kooperationen können unterschiedlich aufgebaut und strukturiert sein. Eine in der Wissenschaft häufig verwendete Gliederung ist die in horizontale, vertikale und diagonale Kooperation. Unter horizontaler Kooperation wird die Zusammenarbeit von Unternehmen der gleichen Branche verstanden, also z. B. die Kooperation von Hotels mit dem Ziel, dadurch Größenvorteile zu erlangen. Bei der vertikalen Kooperation arbeiten Betriebe von verschiedenen Stufen der Wertekette zusammen, also z. B. Hotellerie mit Bergbahnunternehmen oder Reiseveranstalter mit Hotellerie, so dass ein holistisches Urlaubsprodukt für den Gast entsteht. Dies ist im Tourismus von besonderer Bedeutung, da durch die Kooperation entlang der Dienstleistungskette Wettbewerbsvorteile gegenüber anderen Destinationen geschaffen werden können. Wenn Unternehmen unterschiedlicher Branchen und Industrien zusammen arbeiten, spricht man von diagonaler Kooperation, z. B. Hotellerie und Handwerk, die Kompetenzen auszutauschen (Pechlaner/Raich 2004, s. 124).

Demzufolge können Kooperationspartner die Lieferanten, die in der Wertschöpfungskette vorgelagert sind, die Kunden, mit denen Kooperationen zum Zwecke der Innovationsfindung eingegangen werden (Beispiel Lead-User-Konzept), oder Unternehmen der gleichen Branche, zum Beispiel zwei oder mehr Reisebüros oder Incoming-Agenturen, sein (Hauschildt 2004, S. 242ff). Aufgrund des starken Wettbewerbdrucks, der sich in der vergangenen Jahren abzeichnete, gewinnen Unternehmen außerhalb der Wertekette immer mehr an Bedeutung: Dies bezieht sich vor allem auf Hochschulen, Forschungsinstitute und neue Gruppen von Intermediären wie z. B. Technologie-Transferstellen, Informationsbroker, Innovationsagenturen, Projektträger oder Consultingfirmen (Gerybadze 2004, S. 2). Die neuen Chancen, die sich aus diesen Kooperationen ergeben, sollten jedoch in einem entsprechenden Verhältnis zu den zusätzlichen Transaktionskosten und Koordinationsproblemen stehen.

Die Kooperationstypologie kann auch funktional-operativ gegliedert werden: Meist werden Kooperationen zur gemeinsamen Beschaffung (Lieferantenkooperationen) oder zur Produktion und zum Vertrieb von Produkten eingegangen. Bislang finden jedoch eher strategisch ausgerichtete Bereiche wie Forschung, Marktforschung oder Finanzierung noch geringe Verbreitung. Dies bedeutet, dass die Unternehmen eher für operative Zwecke bereit sind, Kooperationen einzugehen, als dies im strategisch-planerischen Bereich der Fall ist, weil beispielsweise mit der Preisgabe von Wissen ein Wettbewerbsnachteil befürchtet wird (Zanger 2000, S. 270).

Sydow (1992) unterscheidet zudem regionale und strategische Netzwerke, wobei regionale Netzwerke aus kleinen und mittleren Unternehmen bestehen, die keine Führung durch eine bestimmte Unternehmung haben, sondern informell strukturiert sind und wechselnde Interorganisationsbeziehungen aufweisen. Strategischen Netzwerken gehören Unternehmen unterschiedlicher Größe an, haben eher eine formale Struktur, stabile Interorganisationsbeziehungen und sind im

Gegensatz zu regionalen Netzwerken nicht begrenzt (Sydow 1992, S. 252). Im Tourismus sind daher regionale Netzwerke eher verbreitet als die Mitgliedschaft in internationalen, strategischen Netzwerken, die langfristige Ziele verfolgen. Dies wird auch deutlich in dem relativ geringen Expansionsausmaß österreichischer Tourismusbetriebe in andere Regionen (Peters 2001, S. 232).

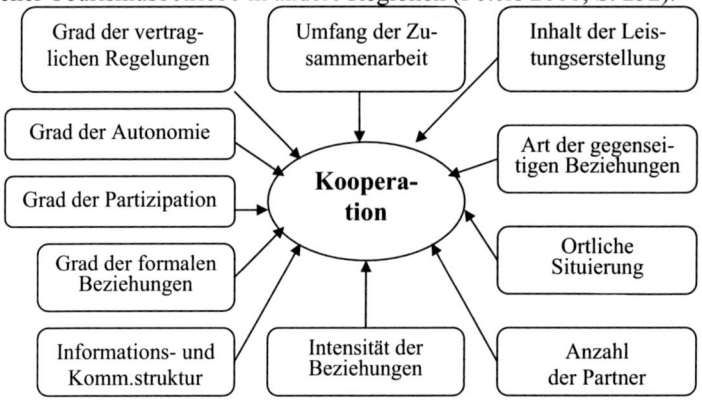

```
        Grad der vertrag-        Umfang der Zu-         Inhalt der Leis-
        lichen Regelungen        sammenarbeit           tungserstellung

   Grad der Autonomie                                        Art der gegensei-
                                    Koopera-                 tigen Beziehungen
   Grad der Partizipation             tion
                                                             Ortliche
   Grad der formalen                                         Situierung
   Beziehungen

        Informations- und        Intensität der         Anzahl
        Komm.struktur            Beziehungen            der Partner
```

Abb. 41: Merkmale von Kooperationen (Wojda 1998, S. 168)

Obige Abbildung zeigt die wesentlichen Eigenschaften und Merkmale von Kooperationen, die bei der Entscheidung für eine Kooperation mit Partnern zu berücksichtigen bzw. zu diskutieren sind. In Bezug auf Innovationen spielen vertragliche Regelungen, die Anzahl der Partner, die Intensität der Beziehungen und die Kommunikation untereinander eine wichtige Rolle. Hervorzuheben ist in diesem Zusammenhang die vertragliche Regelung, da bei neuen Entwicklungen die Verwertungs- und Patentrechte entscheidend über den wirtschaftlichen Erfolg einer Innovation sein können.

6.5.4 Die Rolle von Wissen bei Kooperationen

Wissen spielt durch seine Nicht-Imitierbarkeit und seine schwierige Transferierbarkeit eine wichtige Rolle bei der Generierung von Wettbewerbsvorteilen und ist zum so genannten vierten Produktionsfaktor geworden (von Krogh/Venzin 1995; Stewart 1997). Die Aufgabe des Unternehmens besteht darin, aus der Informationsflut diejenige herauszufiltern, die für die Mitarbeiter wesentlich ist und diese so aufzubereiten, dass sie von den Mitarbeitern aufgenommen und verarbeitet kann (Lernprozess). Daraus entsteht das implizite, hauptsächlich personengebundene Wissen, auch „tacit knowledge" genannt (Polanyi 1958). Tacit Knowledge ist nur schwer austauschbar oder übertragbar (Swann/Prevezer 1998; Bathlet/Glückner 2000). Der entscheidende Unterschied zwischen Information und Wissen ist also, dass Information leicht kodifizierbar ist und stark verbreitet werden kann. Das Wissensmanagement eines Unternehmens besteht aus Identifizierung, Entwicklung, Kodifizierung und Transformation von Information in Wissen und schließlich in Kernkompetenzen (von Krogh/Venzin 1995). Da das

Wissensmanagement wie das Innovationsmanagement ein kontinuierlicher und permanenter Prozess ist, bieten sich für die Verbreitung und Verarbeitung von Wissen Kooperationen an. Nur durch kontinuierliche Lernprozesse kann eine Destination langfristig innovations- und wettbewerbsfähig bleiben (Köhler/Brinkop 2003). Beispiele können Wissenskooperationen in Form von gemeinsamer Gestaltung und Nutzung von Datenbanken, Interaktion und Austausch gemeinsamen Wissens oder gemeinsame Marktforschung und Personalschulungen sein. Ein Beispiel für Kooperationen durch Knowledge Management sind die „Familiennester", die im Jahr 1996 durch die Zusammenarbeit von Tourismusmarketingorganisation (TirolWerbung) und beteiligten Hotels gegründet wurde. Die Vermittlung von Wissen durch Spezialisten in Kinderbetreuung in Verbindung mit der Kooperation verschiedener touristischer Leistungsträger ermöglichte die Entstehung von implizitem Wissen, das nur schwer nachahmbar ist. Die Zusammenarbeit erstreckte sich auf die Entwicklung eines völlig neuen Produkts auf das gemeinsame Marketing und auf die Personalschulung für die Realisierung des neuen Produkts „Kinderanimation" in den beteiligten Hotels und Destinationen und befindet sich nun in der dritten Phase (seit 2002) (Pikkemaat/Pfeil 2005, S. 130ff).

6.5.5 Vor- und Nachteile von Kooperationen und Netzwerken

Kosten und Nutzen von Kooperationen sind gegeneinander abzuwägen, da die Auswirkungen von unternehmensübergreifender Zusammenarbeit sowohl positiv als auch negativ sein können.

Die zu erwartenden Synergieeffekte treten in verschiedener Form auf. Zunächst kann durch Kooperationen ein Wettbewerbsvorteil erlangt werden: zum einen aus Produktivitätsgründen, nämlich durch günstigere Einkaufsmöglichkeiten, Arbeitsteilung, leichterer Umgang mit Behörden, Zeitersparnis, Abhalten von Konkurrenz und dadurch eine mögliche stärkere Marktposition durch virtuelle Größe. Zum anderen wirken Kooperationen auch positiv auf das Wissensmanagement eines Betriebs: die Informationsbeschaffung wird leichter und kostengünstiger, zudem kann das Know-How durch gegenseitigen Austausch erweitert werden, so dass die Unternehmen und deren Mitarbeiter voneinander lernen. Auch psychologische Effekte wie ein gestärktes Zusammengehörigkeitsgefühl und Selbstvertrauen durch die virtuelle Größe zählen zu den positiven Auswirkungen von Kooperationen.

Außerdem werden die Kooperationsmitglieder durch eine Bündelung der Forschungs- und Entwicklungskapazitäten in ihrer Innovationsfähigkeit und -kraft gestärkt. Des Weiteren können sowohl das Innovationsrisiko als auch Kosten und Zeit für Marktforschung, Entwicklung neuer Produkte und gegebenenfalls Patentanmeldungen geteilt und damit für die einzelnen Kooperationsmitglieder gesenkt werden (Porter 1998b; Keller 2002, S. 188; Vahs/Burmester 2002, S. 385; Pechlaner/Raich 2004, S. 129; Wahren 2004, S. 69).

Auf der anderen Seite bergen Kooperationen auch Gefahren und Risiken, die zu bedenken sind, bevor eine Kooperation (in loser oder vertraglicher Form) vereinbart wird. Viele Kooperationen und Netzwerke scheitern, weil das Vertrauen in die anderen Mitglieder nicht ausreichend groß ist, um eigenes Know-How und Verbindungen offen zu legen und damit dem Kooperationspartner zugänglich zu machen. Aufgrund des Misstrauens, einen möglichen Wettbewerbsvorteil zu verlieren, können die potenziellen Vorteile der Kooperation nicht genutzt werden. Auch können Schwierigkeiten entstehen, wenn ein Mitglied über andere Mitglieder dominiert, eigenwillige Unternehmerpersönlichkeiten aufeinander treffen oder Uneinigkeit über Ziel und Strategie herrscht. Auch können sich überlappende Aufgabengebiete ergeben, so dass die Kooperationsmitglieder versuchen, die „Rosinen aus den gemeinsamen Aufgabenfeldern herauszupicken". Neben dem erhöhten Abstimmungs- und Koordinationsaufwand können Transaktionskosten wie Anbahnungs-, Vereinbarungs-, Kontroll- und Anpassungskosten entstehen. Schließlich besteht auch das Risiko, dass Konflikte auftreten, wenn es um die Bewertung von Mitgliedsleistungen und die Gewinnverteilung geht (Gerybadze 2004, S. 11; Pechlaner/Raich 2004, S. 127; Wahren 2004, S. 71).

Kooperationen und Netzwerke haben also eindeutige Vorteile, die zu einer marktlichen Besserstellung führen können. Es besteht jedoch auch die Gefahr, dass Konflikte auftreten, die der innovationswillige Unternehmer bei der Entscheidung für oder gegen eine Kooperationsvereinbarung zu berücksichtigen bzw. zu kalkulieren hat.

6.5.6 Kooperation und Wettbewerb

Die Entwicklung neuer touristischer Produkte ist eng an die vorherrschende Wettbewerbssituation geknüpft, wobei sich die Frage nach deren Intensität stellt: Wie ausgeprägt muss der Wettbewerb zwischen touristischen Regionen oder zwischen Reiseveranstaltern bzw. Airlines sein, damit optimale Voraussetzungen für unternehmerische Innovationen herrschen? Sancho et al. (2004) haben in einer destinations-bezogenen Untersuchung in Spanien festgestellt, dass ein Übermaß an Konkurrenz (gemessen anhand der Anzahl der touristischen Betriebe in einer Region) die Innovationstätigkeit touristischer Unternehmen eher lähmt als aktiviert (Sancho et al. 2004). Dies lässt sich auf die hohen Entwicklungskosten der Produktentwicklung zurückführen, da in einem solchen Markt Wettbewerbsvorteile nur durch internalisierte Ressourcen und Kompetenzen wie z. B. Patente, Copyrights oder Monopole erreicht werden können. Beide polare Marktsituationen (zu viel bzw. zu wenig Wettbewerb) stellen also kein optimales Umfeld für Innovationen dar; die einer „gesunden" Konkurrenz fördert die Produktentwicklung offensichtlich mehr (Peters/Weiermair 2002). Trotz der Notwendigkeit eines bestimmten Ausmaßes an Konkurrenz spielen Kooperationen insbesondere im Tourismus die tragendere Rolle (Ingram/Inman 1996; Hjalager 2002; Pérez et al. 2003).

Eine Zusammenarbeit mit Lieferanten, Partnern und auch den Kunden selbst ist im Tourismus notwendig; diese wird in der Destination häufig vom Tourismusverband koordiniert (Keller 2002, S. 180). Kooperationen sollten die Konkurrenz jedoch nicht ausschalten, da ansonsten die Innovationsdynamik verloren geht. Der Schlüssel liegt also im Gleichgewicht zwischen Wettbewerb und Zusammenarbeit (Franke 1999; Keller/Smeral 2001).

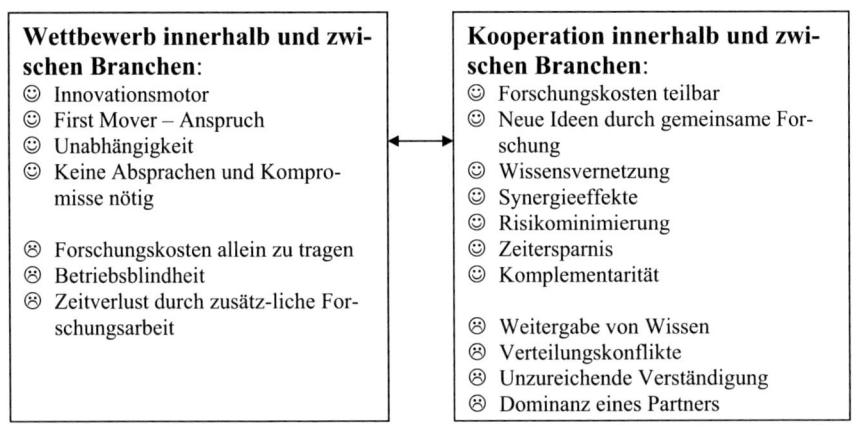

Wettbewerb innerhalb und zwischen Branchen:	**Kooperation innerhalb und zwischen Branchen:**
☺ Innovationsmotor ☺ First Mover – Anspruch ☺ Unabhängigkeit ☺ Keine Absprachen und Kompromisse nötig ☹ Forschungskosten allein zu tragen ☹ Betriebsblindheit ☹ Zeitverlust durch zusätz-liche Forschungsarbeit	☺ Forschungskosten teilbar ☺ Neue Ideen durch gemeinsame Forschung ☺ Wissensvernetzung ☺ Synergieeffekte ☺ Risikominimierung ☺ Zeitersparnis ☺ Komplementarität ☹ Weitergabe von Wissen ☹ Verteilungskonflikte ☹ Unzureichende Verständigung ☹ Dominanz eines Partners

Abb. 42: Notwendigkeit des Gleichgewichts zwischen Wettbewerb und Kooperation für Innovationen (eigene Darstellung)

Beispielhaft sei das gemeinsame Werben und Auftreten der (konkurrenzierenden) Wirte auf dem Oktoberfest genannt, das durch die Einheitlichkeit immer mehr Gäste anzieht und somit den Anteil jedes einzelnen Beteiligten am Profit steigert. Ein weiteres Beispiel ist die kontinuierliche Kooperation der Tourismusorganisationen in Vorarlberg, die zum gemeinsamen Erarbeiten und Verfolgen von strategischen touristischen Zielen (Tourismuspolitisches Impulsprogramm u.a.) führte (Schützinger 2005). Durch eine Kooperation können Größen- und Verbundvorteile erzielt, Risiken minimiert, Zeit und Organisationskosten eingespart, Wissen vernetzt und Kompetenzen verstärkt werden (Hauschildt 2004, S. 269). Dies ermöglicht die Schaffung von Mehrwerten für die Kunden und somit von Wettbewerbsvorteilen für das Unternehmen (Wieland 2000).

Die Förderung von Kooperationen im Tourismus kann kein Ziel per se sein, sondern lediglich Mittel zum Zweck. Denn das entscheidende Ziel der Kooperation ist die Erzielung nachhaltiger Wettbewerbsvorteile und nicht die Ausschaltung von Wettbewerbern. Basis für eine erfolgreiche Kooperation zum Zwecke der Entwicklung neuer Produkte und Dienstleistungen sind gegenseitiges Vertrauen, Selbstvertrauen und Kundenorientierung (Bruhn/Bunge 1994). Dem Beziehungsmanagement kommt die entscheidende Aufgabe zu, interne Bindungen zwischen den verschiedenen touristischen Dienstleistern zu festigen und beziehungsübergreifende Aufgaben wie z. B. Zieldefinition, Aufgabenverteilung oder Errichtung einer Kommunikationsinfrastruktur erfolgreich zu realisieren (Ritter/Gemünden 1998). Erst dadurch wird eine Erfolg versprechende Zusammenarbeit zwischen den Unternehmen möglich.

6.6 Die Rolle des Staates

6.6.1 Staatseingriffe: Notwendigkeit und Rechtfertigung

Als weiterer externer Einfluss auf das Innovationspotenzial und die Innovationsaktivität eines Unternehmens ist die Rolle des Staates zu untersuchen. Nach Lundvall und Borrás (1997) "[innovation policy] explicitly aims at promoting the development, diffusion and efficient use of new products, services and processes in markets or inside private and public organisations." (Lundvall/Borrás 1997, S. 37). Staatseingriffe in Form von Innovationspolitik werden also dann erforderlich, wenn es der Markt nicht schafft, den wirtschaftlichen Wert neuer Technologien, neuer Produkten, neuer Ressourcen, neuer Firmen oder neuer unternehmerischer Möglichkeiten durchzusetzen (Nauwelaers/Wintjes 2002). Ziel der Innovationspolitik sollte es sein, für die Unternehmen einer Branche die Möglichkeit eines zumindest zeitlich befristeten Wettbewerbsvorteils im Vergleich zur ausländischen Konkurrenz zu schaffen (Jacobs 1998). Laut Porter (1991) ist es im Falle von Innovationen die Rolle des Staates, „Unternehmen zu ermuntern und auch zu nötigen, ihre Ambitionen anzuheben und sich auf eine höhere Wettbewerbsebene zu begeben, auch wenn das ein beunruhigender oder gar unangenehmer Prozess ist." (Porter 1991, S. 699). Hier wird der Zusammenhang zur Sicht Schumpeters über den Innovationsprozess als kreative Zerstörung sichtbar.

Zunächst ist zu hinterfragen, wann Eingriffe des Staates in eine Marktwirtschaft gerechtfertigt sind. Im Wesentlichen sind es Fälle von Marktunvollkommenheit bzw. Marktversagen, die als Gründe angeführt werden, um staatliches Eingreifen zu erklären (Porter 1991; Shigera 1997; Horz-Hart et al. 2001; Keller/Smeral 2001; Vahs/Burmester 2002, Tschurtschenthaler 2005). Dies trifft nicht nur auf innovationsfördernde Maßnahmen zu, sondern auf die Politik und die staatlichen Eingriffe allgemein. Forschung & Entwicklung wird zum Teil als öffentliches Gut angesehen und als meritorisches Gut vom Staat gefördert (Vahs/Burmester 2002, S. 30). Letztlich geht es jedoch um die Frage, zu welchem Ausmaß die Wirtschaft es selbst schafft, Aktivitäten beizutragen, mit denen die strategischen Ziele und Prioritäten des Landes bzw. der Wirtschaft erreicht werden (Lall/Teubal 1998; Bartzokas/Teubal 2002) und inwieweit die Unterstützung durch den Staat notwendig wird.

Häufig werden Technologie- und Innovationspolitik in einem Atemzug genannt, wobei dies einer beschränkten Sichtweise gleichkommt. Technologiepolitik kann nur ein Teil von Innovationspolitik sein, da darüber hinaus auch staatliche Eingriffe in den Arbeitsmarkt oder in nachhaltige Entwicklungen (z. B. Gesundheitsforschung) zur Innovationspolitik gehören (Porter 1991, S. 644ff). Nach Nauwelaers et al. (1999) bezieht sich die Innovationspolitik des Staates auch auf die Komplexität des Innovationsprozesses, indem sie den Schwerpunkt auf

Wechselwirkungen verschiedener Wissensformen, auf Interaktionen zwischen Firmen und auf institutionelle Infrastruktur in Form von F&E-Einrichtungen und Ausbildungszentren legt. Innovationsfördernde Eingriffe des Staates beziehen sich also eher auf ein interaktives Innovationsmodell als auf reine Wissenschaft und Technologie (Nauwelaers 1999).

Die Gründe für eine staatliche Innovationspolitik liegen auf der Hand: Durch die Schaffung von öffentlichen Großforschungseinrichtungen kann Grundlagenforschung gefördert werden, die in den Unternehmen aus Gründen mangelnder Ressourcen (Zeit, Kosten, qualifizierte Human Ressourcen) und zunächst mangelnder Profitabilität ausgeklammert wird. Vahs und Burmester (2002) nennen darüber hinaus die bereits erwähnten Bereiche der Gesundheit, des Umweltschutzes und der Sicherheit, deren (Weiter-)Entwicklung durch den Staat aufgrund ihrer meritorischen Eigenschaften gefördert wird. Dies impliziert jedoch keine automatische Staatsintervention. Auch bei der Diffusion neuer Technologien, von deren rascher Verbreitung sich die Regierung nationale Wettbewerbsvorteile erhofft, können Maßnahmen des Staates sinnvoll sein (Hotz-Hart et al. 2001, S. 2; Vahs/Burmester 2002, S. 31). Staatliches Eingreifen erfolgt oftmals auch in Fällen, in denen aus bestimmten Gründen ein gesellschaftlich wünschenswertes Ergebnis nicht erbracht wird, wie z. B. bei Risikoaversion privater Investoren, bei zu erwartenden hohen Fixkosten, größenbedingten Wettbewerbsnachteilen (vgl. Tourismusbranche mit ihrem Großteil an KMUs), bei sehr langfristigem Nutzen (Auswirkungen erst auf die nächste Generation) und bei Kartell- oder Monopolbildung (Hotz-Hart et al. 2001, S. 208f).

Die Problematik solcher Staatseingriffe besteht vor allem in der Entscheidung, wann Marktunvollkommenheit bzw. Marktversagen vorliegt. Häufig verfügen politische Entscheidungsträger nicht über ausreichende Marktkenntnisse oder geeignete Instrumente. Desweiteren besteht die Gefahr, dass nicht aus wirtschaftlichen Effizienzaspekten heraus gehandelt wird, sondern dass politische Erwägungen und ggfs. auch Lobbyismus zu einer fehlgeleiteten Innovationspolitik führt (Vahs/Burmester 2002, S. 31ff).

Hotz-Hart et al. (2001) erläutern innovationspolitische Trends wie folgt: Die Innovationspolitik an sich erhält aufgrund des starken Wettbewerbsdrucks immer größere Priorität. Sie erörtern die Entwicklung der Innovationspolitik von millionenschweren Förderprogrammen hin zum Angebot intelligenter Dienste durch den Staat, was aufgrund der technologischen Entwicklung möglich wurde (Hotz-Hart et al. 2001, S. 233). Interdisziplinäre Netzwerke und die Förderung von unternehmerischen Kooperationen gewinnen immer mehr an Bedeutung, wie z. B. eine Triade zwischen Universität/Forschungseinrichtung, Staat und Wirtschaft (Shyu/Chiu 2002). Eine besondere Bedeutung messen Hotz-Hart et al. (2001) der E-Economy zu, deren Diffusion aufgrund staatlicher Eingriffe (Online-Government, Abwicklung von Bewilligungen, Steuererklärung etc.) gefördert wird.

6.6.2 Bereiche staatlicher Innovationspolitik

In der wirtschaftswissenschaftlichen Literatur kristallisieren sich innovationspolitisch fünf Bereiche staatlichen Eingriffs heraus (Meyer-Krahmer et al. 1982; West 1992; Lundvall 1997; Smallbone 1999; Hotz-Hart et al. 2001, Bartzokas/Teubal 2002; Mani 2002):

1) **Förderung von Technologie, Forschung & Entwicklung**: Dabei wird auf die Triade Forschungseinrichtungen – Staat – Wirtschaft hingewiesen. Da vor allem im Bereich der Grundlagenforschung von einem meritorischen Gut auszugehen ist und ein starkes öffentliches Interesse daran besteht (Basisinnovationen), ist das Engagement des Staates erforderlich. Beispiele für das Zusammenspiel von Forschung und Wirtschaft sind betriebliche Problemstellungen als Thema für Diplomarbeiten, privatwirtschaftliches Sponsoring von Lehrstühlen, oder Verbundprojekte der anwendungsorientierten F&E, etc.

2) **Förderung von KMU zur Überwindung von Größennachteilen**: Hierzu zählen Informationsbeschaffung, Beschäftigung von Spezialisten, Verbundvorteile, finanzielle Ressourcen u.a. Dies spielt im Tourismus eine besondere Rolle, da der Großteil der touristischen Betriebe dieser Kategorie zuzuordnen ist. Die Literatur weist auf eine Studie hin, in der die geringe Innovationsaktivität der touristischen KMU festgestellt wurde (Peters/Weiermair 2002).

3) **Förderung von Regionen**: Da sich technologische Fähigkeiten und Aktivitäten nicht homogen über die Volkswirtschaft verteilen, werden infrastrukturschwache Regionen gefördert. Auch dieser Ansatz kann für den Tourismus gelten, da der Erholungstourismus zum Großteil in strukturschwachen Gegenden stattfindet - vor allem in Regionen, in denen Industrieansiedlungen wegen der schweren Erreichbarkeit, wie im Großteil der Gebirgstäler (z. B. Paznauntal, Defereggental) oder wie im ehemaligen Randgebiet zur DDR, wie z. B. in Bad Steben, nicht erfolgten.

4) **Förderung von Netzwerken, Kooperationen und Clustern**: Produkte und Dienstleistungen sind zunehmend komplex und bestehen aus vielen Komponenten sowie aus einem auf Problemlösungen ausgerichtetem System. Das Beispiel des Tourismus zeigt anschaulich die verschiedenen Komponenten eines Urlaubsprodukts (Anreisetransportmittel, Unterkunft, Verpflegung, sonstige Dienstleistungen am Ort u.a.); die Notwendigkeit von Kooperationen und Clustern gerade in diesem Bereich ist offensichtlich. Innovationspolitik kann daher die verschiedensten Bereiche wie Informationsnetzwerke, Marketing-Kooperationen oder Wissens-Cluster betreffen. Ein aktuelles Beispiel ist der Alpine Wellness Cluster (Alpine Wellness International 2005), mit dem im Vergleich zu „normalen" Wellness-Anbieter eine Unique Selling Proposition (USP) geschaffen wird und in dem neben den direkten Dienstleistern (Hotels) auch vorgelagerte Dienstleister integriert sind.

5) **Förderung der Aus- und Weiterbildung**: Um die Wirtschaft eines Landes aufzuwerten, muss die Qualifikation der Arbeitskräfte ständig steigen (Porter 1991, S. 645) und diese an die neuen Anforderungen des Arbeitsmarkts angepasst werden. Dies hat zur Folge, dass neben der traditionellen dualen Ausbildung (z. B. für Reiseverkehrskaufleute oder Kellner) Weiterbildungsmöglichkeiten entstehen, wie z. B. Universitätslehrgänge oder zusätzliche Studienmöglichkeiten (MBA), oder dass eine Schulung für neue Berufsbilder (z. B. Wellnesstrainer) eingerichtet und angeboten wird.

Das österreichische Bundesministerium für Wirtschaft und Arbeit, Sektion Tourismus, hat diesbezügliche Schwerpunkte in seiner Arbeit gesetzt und fördert folgende Aktivitäten (Bundesministerium für Wirtschaft und Arbeit 2005):

- **Innovation und Kooperation**: Zur Unterstützung der Produktentwicklung auf betrieblicher Ebene bzw. zur Steigerung der Effizienz von Organisationsstrukturen im Tourismus werden innovative Programme und Projekte zur Sicherung der internationalen Wettbewerbsfähigkeit entwickelt (vgl. Punkte 3 und 4).

- **Arbeitswelt im Tourismus**: Ziel ist eine verbesserte Durchsetzung der Branche am inländischen Arbeitsmarkt (Beispiel: Initiative "Hochsaison - Berufsbilder im Tourismus") (vgl. Punkt 5).

- **IT und Neue Medien**: Mit Maßnahmen dieses Bereiches soll konkret Unterstützung beim Wandelprozess durch Einsatz von IKT und Neuen Medien geboten werden (Beispiel: e-tourism, e-Gästeblatt) (vgl. Punkt 1).

- **KMU-Struktur**: Die langfristige Absicherung der von kleinen und mittleren Familienbetrieben geprägten Tourismusbranche ist Ziel von diversen Maßnahmen in diesem Bereich (vgl. Punkt 2).

Die aus der Literatur herausgearbeiteten Schwerpunkte für politische Eingriffe decken sich zum Großteil mit der österreichischen Tourismuspolitik, wobei sie sich auf die Schwachpunkte, in denen der Markt entweder versagt (Kooperationen) oder nicht eingreifen kann (Aus- und Weiterbildung), konzentriert und für diese fördernde Schritte entwickelt.

6.6.3 Innovationspolitische Maßnahmen

Nach den Überlegungen zu den Bereichen für Innovationspolitik auf den verschiedensten Ebenen (Bundesländer, Staat, EU) stellt sich nun die Frage nach den einzusetzenden Maßnahmen. Littmann (1975) unterscheidet hierbei zwischen Internalisierungssteuern, Produkt- und faktorbezogenen Subventionen, Geboten und Verboten sowie staatlichen Produktionsaufträgen (Littmann 1975, S. 87ff). Mit Internalisierungssteuern wird versucht, externe Effekte zu vermeiden und damit eine Verhaltensänderung zu bewirken. Im Tourismus könnte dies durch eine fiskale Benachteiligung von Autofahrten erfolgen, so dass die Anbieter touristischer Leistungen Pakete mit alternativen Anreisemitteln schnüren oder andere Innovationen tätigen, mit denen das Urlaubsziel trotz der teureren Anreise mit dem Pkw attraktiv bleibt.

Unter Subventionen sind „Geldleistungen des Staates, die an Unternehmen gezahlt werden, wenn sie bestimmte Bedingungen erfüllen," (Littmann 1975, S. 108) zu verstehen. Damit können beispielsweise finanzielle Risiken, die mit der Einführung eines neuen Produkts für ein touristisches KMU verbunden ist, zumindest abgefedert werden. Sowohl bei der Erhebung von Steuern als auch bei der Vergabe von Subventionen ergeben sich Einkommens-, Preis- und Substitutionseffekte. Verbote sind die schärfste Maßnahme zur Verhinderung unerwünschten Verhaltens. Gebote dagegen verfügen über keine rechtliche Durchsetzbarkeit, ermöglichen jedoch durch die Form des Appells Einsicht und Änderungswillen, der nicht aufgezwungen ist (Littmann 1975, S. 133ff). Staatliche Aufträge sind im Tourismus nur bedingt, jedoch z. B. in Form der Veranstaltungsaustragung (Winteruniversiade und Eishockey-WM in Innsbruck in 2005, Expo-Ausstellungen) möglich.

Shyu und Chiu (2002) unterscheiden diesbezüglich drei wesentliche Dimensionen, nämlich Angebot, Nachfrage und Umwelt (Shyu/Chiu 2002). Zur Förderung des *Angebots* zählen sie in Anlehnung an Edquist und Hommen (1999) die finanzielle, personelle und technische Unterstützung einschließlich der Gründung von wissenschaftlicher und technologischer Infrastruktur. Bei der *Nachfrage* handelt es sich um Nachfrage durch die Regierung (staatliche Aufträge), insbesondere für innovative Produkte, Prozesse und Dienstleistungen, um für eine rasche Diffusion zu sorgen. In Bezug auf die *Umwelt* nennen sie die Steuerpolitik sowie Patentvorschriften und –regelungen, d.h. die Maßnahmen, die den gesetzlichen und steuerlichen Rahmen für die Wirtschaft bilden.

Die Literatur über die Förderbereiche von Innovationspolitik konzentriert sich auf fünf große Faktoren. Uneinigkeit herrscht über die Kategorisierung der politischen Maßnahmen, wobei *Angebot*, *Nachfrage* und *Umwelt* eine angemessene Einteilung und Zuordnung ermöglichen.

6.6.4 Innovationspolitik in der Tourismusbranche

Der deutschsprachige Incoming-Tourismussektor (Deutschland, Österreich, Schweiz) sieht sich einem verstärkten Wettbewerb ausgesetzt, der sich durch fragmentierte Strukturen, zu geringe Investitionen und hohe Lohn(neben)kosten noch verschärfte (Keller/Smeral 2001). Die von Schumpeter für Innovationen geforderte schöpferische Zerstörung wurde damit nicht realisiert. Wie bereits an anderer Stelle erörtert schlägt auch Keller die „gesunde" Verknüpfung von Wettbewerb und Kooperation vor, die zu einer produktiven und wettbewerbsfähigen Struktur führt.

```
┌─────────────────────┐        ┌─────────────────────┐
│ Wettbewerb: Motor der│◄──────►│ Kooperation: Voraus-│
│ Innovation und Wett- │        │ setzung für Innovation im│
│ bewerbsfähigkeit     │╲      ╱│ fragmentierten Sektor│
└─────────────────────┘ ╲    ╱ └─────────────────────┘
                         ╲  ╱
                          ▼
              ┌─────────────────────┐
              │ Produktivere und    │
              │ wettbewerbsfähige Struktur│
              └─────────────────────┘
```

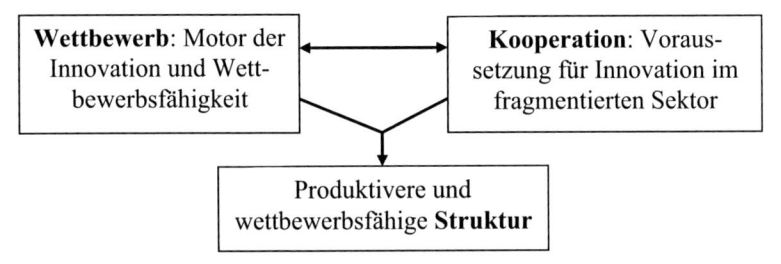

Abb. 43: Wachstumsorientierte Zielsetzung der Tourismuspolitik des Bundes: Förderung des touristischen Strukturwandels (Keller/Smeral 2001, S. 144)

Keller und Smeral (2001) begründen das Eingreifen einer Regierung in die Tourismuswirtschaft damit, dass bei vollkommenem Wettbewerb die Ressourcenallokation pareto-optimal ist. Förderungen seien dann sinnvoll, wenn der Markt keine pareto-effiziente Allokation zustande bringt. Diesen Fall bezeichnen sie als Marktunvollkommenheit bzw. Marktversagen, die den staatlichen Eingriff rechtfertigen. Für den Tourismus liefern sie noch eine anderes Motiv: im Gegensatz zu Littmann (1975), bei dem negative externe Effekte mittels Steuern eliminiert werden, befürworten Keller und Smeral (2001) die Schaffung positiver externer Effekte mittels Subventionen (z. B. Schaffung von zusätzlicher Beschäftigung und Einkommen, die Milderung von Abwanderungstendenzen, Aufwertung von Standorten). Voraussetzung hierfür ist, dass der gesamtwirtschaftliche Nutzen den privatwirtschaftlichen Nutzen überwiegt.

In der Schweiz wurde von der Regierung das Programm InnoTour ins Leben gerufen, das sich auf den Transaktionskostenansatz beruft: das stark fragmentierte Angebot und geringe Betriebsgrößen lähmen Kooperationen, die mithilfe von InnoTour gefördert werden sollen. Es handelt sich dabei um Standortförderung, wodurch vor allem Wissen, Kapital und Unternehmer in diesen Wirtschaftszweig mit fixen Standorten angezogen werden soll (Keller/Smeral 2001). Das Ziel dieser Innovationsförderung lässt sich nach Porter (1991) auf die Aufwertung der Wirtschaft eines Landes bzw. eines Wirtschaftszweigs zurückführen.

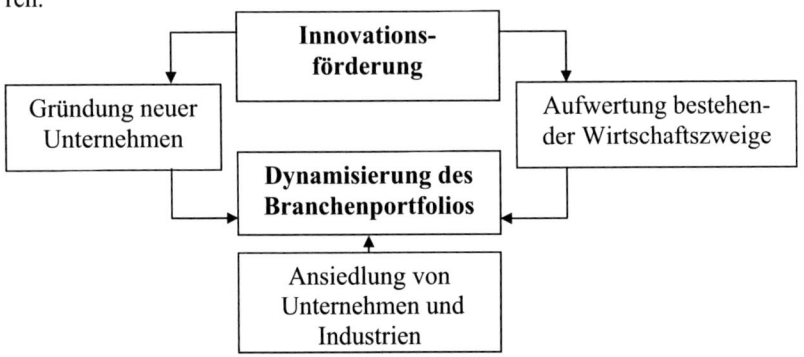

Abb. 44: Clusterbildung im Tourismus als lokaler Wettbewerbsvorteil (Keller 2004, S. 212)

Die obige Abbildung zeigt, wie durch Eingriffe des Staates eine Dynamisierung des Branchenportfolios erreicht wird. Mittels InnoTour wurden überbetriebliche und branchenübergreifende Kooperationen verstärkt und Innovationen induziert, was sich auf die Innovationsrate und das Innovationsklima allgemein positiv auswirkte. Für die Schweiz spricht Keller (2004) daher von einer Clusterbildung, weil durch die staatliche Maßnahme ein flächendeckendes Informations- und Reservationssystem für schweizerische Destinationen (Online-Buchbarkeit, u.a.) entstand, dem auf nationaler Ebene ein Customer Relationship Management folgte. Die durch die Innovationspolitik ausgelöste Innovation konnte damit weitere Innovationen bewirken (Keller 2004).

Ein anderes Beispiel zeigt Kooperationen in (aufgrund der Entfernungen) nicht konkurrenzierenden Regionen: Das Canadian Product Club Programme wurde von Canada Tourism 1996 eingeführt und unterstützte im Jahr 2003 bereits 45 Produktkategorien, wie z. B. durch die Bereitstellung von F&E-Einrichtungen. 250 Partner und mehr als 5.000 Betriebe kooperieren mittels dieses Programms. Ziel dieser Clubs ist es, die Kleinstrukturiertheit durch die Bereitstellung von Plattformen zur Kommunikation und zum Wissensaustausch zu überwinden und Zusammenarbeit dort zu schaffen, wo der direkte Wettbewerb nicht hinderlich ist. Beispiele für realisierte und zum Teil noch bestehende Product Clubs sind u.a. der Aboriginal Tourism Product Club, Arctic Corporate Travel Event Product Club, Convention Centres of Canada Product Club und der Trans Canada Trail Product Club (Canada Tourism 2003).

6.7 Zufall

Zufallsereignisse, Umweltkatastrophen, Kriege oder Entdeckungen können in Abhängigkeit ihrer Entfernung sowohl einen besonderen Aufschwung in einer Destination mit sich bringen, als auch einen Rückgang der Attraktivität des Angebotes derselben bewirken, was bis hin zum vollständigen Erliegen der Nachfrage gehen kann; auch weit entfernte Ereignisse können indirekt und rückwirkend den Werdgang einer Destination beeinflussen, vor allem dann, wenn sie im Heimatland einer großen Kundengruppe oder in der Nähe der direkten Konkurrenz eintreffen. Ein Reiseziel und somit die Tourismusbranche ist daher nicht nur den Ereignissen vor Ort ausgeliefert, sondern auch jenen, die sich fernab ihres Blickfeldes ereignen und deren Konsequenzen für die Destination erst im Nachhinein erkannt werden (z. B. die schwächelnde deutsche Konjunktur, die das Reiseverhalten der Deutschen beeinflusst).

Porter (1991, S. 148) nennt Beispiele, die nationale Wettbewerbsvorteile und somit auch die Innovationstätigkeit beeinflussen können:
- Zufällige Entdeckungen
- Größere technologische Brüche (vgl. auch Kondratieff-Zyklen)
- Schwankungen bei den Produktionsmittelkosten (z. B. Erdöl)
- Bedeutende Verschiebungen auf den Weltfinanzmärkten oder bei den Wechselkursen

- Extremer Anstieg der Welt- oder Regionalnachfrage (Welttourismusentwicklung)
- Politische Entscheidungen ausländischer Regierungen (z. B. Anstieg der steuerlichen Belastung für deutsche Arbeitnehmer)
- Kriege

Für den Tourismus sind außerdem terroristische Akte (11.9.2001, Terroranschläge in Bali, Ägypten, Israel und der Türkei, Entführungen in der Sahara u.a.) und Naturkatastrophen (Seebeben am 26.12.2004 vor den Küsten Sri Lankas, Indonesiens und Thailands) relevant. Gerade für den alpinen Tourismus sind des Weiteren klimatische Veränderungen von Bedeutung, da unbestritten die Schneegrenze im Winter immer weiter steigt und der alpine Wintersporttourismus auf lange Sicht gesehen räumlichen Veränderungen unterworfen ist.

7 Die endogenen Variablen des Innovationsverhaltens

Um das Innovationsverhalten und -management von Unternehmen des Dienstleistungs- und Tourismus-Sektors zu überprüfen, bedarf es zunächst einer Operationalisierung dieser Begriffe. Hierfür wurden das Innovationspotenzial, die Innovationsaktivität und die Innovationsrendite als Indikatoren und damit als zu erklärende Variablen gewählt.

7.1 Das Innovationspotenzial

Das Innovationspotenzial einer Unternehmung kann als das „gesamte [...] Leistungsspektrum einer Betrachtungseinheit [Anm.: hier die Unternehmung] im Hinblick auf das Finden, Schaffen und Umsetzen von Neuerungen" (Bullinger/Schlick 2002, S. 103, ähnlich auch die Definition von Innovationsfähigkeit) erklärt werden. Dies lässt sich durch Faktoren bestimmen, die innerhalb und außerhalb des Betriebs zu finden sind und die in den vorangegangenen Kapiteln besprochen wurden: Interne Bestimmungsfaktoren sind der Unternehmer selbst mit seinen für den Betrieb essentiellen Charakteristika wie z. B. Führungsqualitäten, Eigenschaften des Entrepreneurs, Visionen u.a., die Mitarbeiter, die bestimmte Eigenschaften in den Betrieb einbringen und die durch das Unternehmen gefordert und gefördert werden, sowie die Rahmenbedingungen wie Alter, Größe und betriebliche Organisation des Unternehmens in Bezug auf Innovationen. Externe Einflüsse sind der Markt mit den von Porter (1991) definierten Variablen Wettbewerb, Nachfragebedingungen/Kunden, Faktorbedingungen (hier als ceteris paribus angenommen) und Verwandte und unterstützende Branchen/Lieferanten, ergänzt durch die Einflussfaktoren Staat und Zufall (Porter 1991, S. 151).

Beim Innovationspotenzial geht es also einzig um die Möglichkeiten eines Betriebes zu innovieren, die Innovationstätigkeit und mögliche Ergebnisse sind in diesem Fall nicht relevant.

7.2 Die Innovationsaktivität

Bullinger und Schlick (2002) definieren die Innovationsaktivität als „auf eine Person, ein Unternehmen, eine Branche oder ein Land bezogenes Handeln im Bereich von Neuerungen." (Bullinger/Schlick 2002, S. 19). Im entwickelten Modell entsteht dieses innovative Handeln aus den Einflüssen des Unternehmens, des Marktes sowie den Moderationsvariablen Staat und Zufall. Des Weiteren sind die Lerneffekte aus früheren Innovationserfahrungen zu nennen. Außerdem ist zu vermuten, dass ein Zusammenhang zwischen dem Innovationspotenzial und der Innovationsaktivität eines Unternehmens existiert. Die Innovationsaktivität eines Unternehmens kann sowohl qualitativ als auch quantitativ gemessen werden. Die Qualität der Innovationsaktivität lässt sich durch den Neuigkeitsgrad der getätigten Innovationen erschließen, so dass bei einer starken bzw. großen Neuerung (=Basisinnovation) von einer starken Innovationstätigkeit im Sinne der qualitativen Veränderung gesprochen werden kann. Im Rahmen der vorliegenden Befragung ist eine qualitative Bewertung jedoch nicht möglich, da lediglich Innovationsarten abgefragt wurden, deren Grad schwer bzw. nur subjektiv messbar ist. Um Verzerrungen zu vermeiden, wird auf quantitative Maße zurückgegriffen, die auf der Häufigkeit eingeführter Innovationen und dem Ausmaß der für Innovationen getätigten Investitionen beruhen.

Die Innovationsaktivität ergibt sich in dieser Studie aus der Häufigkeit eingeführter Innovationen in den letzten vier Jahren, zumal das Ausmaß der für Innovationen getätigten Investitionen oftmals kein Gradmesser für die Innovationshäufigkeit ist – insbesondere im Dienstleistungssektor kann man Innovationen auch ohne große Investitionen einführen. Die Innovationsaktivität der Unternehmung wurde durch Gruppenbildung der genannten Innovationshäufigkeit der letzten vier Jahre auf eine 5er-Skala reduziert. Damit wird zwar aus einer metrischen eine ordinalskalierte Variable, dafür ist sie nun mit den anderen Variablen, die alle in 5er-Gruppen skaliert sind, vergleichbar.

7.3 Die Innovationsrendite

Unter Innovationsrendite bzw. Innovationsrente wird der „Wert (meist monetär) aus Ertragsüberschüssen nach Abzug der Aufwendungen einer Neuerung innerhalb einer definierten Periode" verstanden (Bullinger/Schlick 2002, S. 120). Während die Innovationsrendite also vor allem monetäre Aspekte berücksichtigt, ist das Innovationsergebnis im allgemeinen das positive bzw. negative Resultat innovativer Bemühungen oder Projekte und kann daher auch qualitative Ergebnisse, wie z. B. die Akzeptanz einer Innovation durch die Mitarbeiter, hervorbringen (Bullinger/Schlick 2002, S. 43). Der Innovationserfolg ist mit einer positiven Ausrichtung des Ergebnisses einer Neuerung verknüpft (Bullinger/Schlick 2002, S. 41). Im Modell stellt sich die Frage, inwieweit sich das Innovationspotenzial und die Innovationsaktivität einer Unternehmung auf die Innovationsrendite auswirken. Indikatoren, über die der Erfolg einer Neuerung abgefragt wurde, sind Gewinnentwicklung, Kostenentwicklung, Kundenakzeptanz, Mitarbeiterakzeptanz, Marktanteilsentwicklung sowie Ergebnisse der Innovation, die erst in den nächsten Jahren zu erwarten sind. Da im Vorfeld davon ausgegangen wurde, dass die Probanden in Bezug auf konkrete Zahlenangaben gerade im Zusammenhang mit Gewinn und Kosten zurückhaltend sein werden, wurde die Entwicklung dieser Aspekte ebenfalls mit einer 5er-Likert-Skala (sehr positiv, positiv, neutral, negativ, sehr negativ) abgefragt.

7.4 Lerneffekte

Das aus der Theorie entwickelte Modell ist bislang statisch. Da jedoch der Innovationsprozess in der Regel kontinuierlich abläuft und Innovationen keine einmalige Sache sein sollten, werden nun auch Lerneffekte aus früheren Innovationen einbezogen. Dies bedeutet auch, dass der Erfolg einer Innovation beispielsweise den nächsten Innovationsentwicklungsprozess, die Organisation einer Unternehmung in Bezug auf Neuerungen, die Weiterbildung der Mitarbeiter und schließlich auch das Innovationspotenzial und die Innovationsaktivität beeinflusst. Lerneffekte finden in Form von so genannten Feedback Loops statt. De Rosnay (1997) bezieht sich auf ein System mit Input und Output, wobei die Ergebnisse als Feedback wiederum auf den Input wirken (de Rosnay 1997).

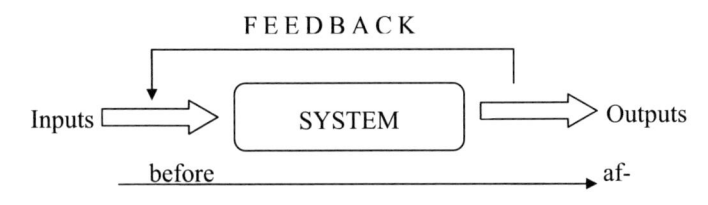

FEEDBACK

Inputs ⟹ SYSTEM ⟹ Outputs

before → af-

Abb. 45: „Feedback Loop" (de Rosnay 1997)

Lernen geschieht also durch Handlungen, durch das Erlebnis von Erfolg und Misserfolg. „Die Möglichkeit, widersprüchliche Erfahrung zu machen, ist eine Grundbedingung des Wandels." (Kobi 1994, S. 59). Es sind allerdings in der Literatur nur wenige Studien bekannt, in denen die Auswirkungen von Erfahrungen mit Innovationen auf spätere Neueinführungen untersucht wurden (Cabral/Leiblein 2001; Sobrero/Roberts 2001).

In Bezug auf Innovationen werden Lerneffekte (positive und negative Erfahrungen mit früheren Neuerungen) auf die aktuelle einzuführende Idee übertragen. Dadurch können beispielsweise Änderungen im Innovationsprozess (negative Erfahrungen) notwendig werden, aber auch Kräfte gespart werden, indem beispielsweise bei umfangreichen Förderanträgen bereits Vorwissen existiert und damit Zeiteinsparungen möglich sind. Geht man davon aus, dass frühere Erfahrungen zu einer Verhaltensänderung zum Zwecke der Verbesserung bzw. Effizienzsteigerung des Innovationsprozesses führen, kann somit ein positiver Zusammenhang zwischen den Lerneffekten und dem Innovationsverhalten vermutet werden.

Das gesamthafte Modell wird unten stehend dargestellt. Die Dynamisierung des Modells (Kreislauf) drückt sich modellhaft in der folgenden Abbildung aus, wobei die Lerneffekte durch die Linien, die von den endogenen Variablen zurück zu den Einflussvariablen führen, angezeigt werden:

Unternehmensinterne Ressourcen und Eigenschaften
1. Unternehmer
2. Mitarbeiter
3. Organisation
4. Größe
5. Alter
6. Technologie

Externe Einflüsse
1. Kunden
2. Lieferanten
3. Wettbewerb
4. Kooperationen
5. Staat
6. Zufall

Innovationspotenzial

Innovationsaktivität

Innovationsrendite

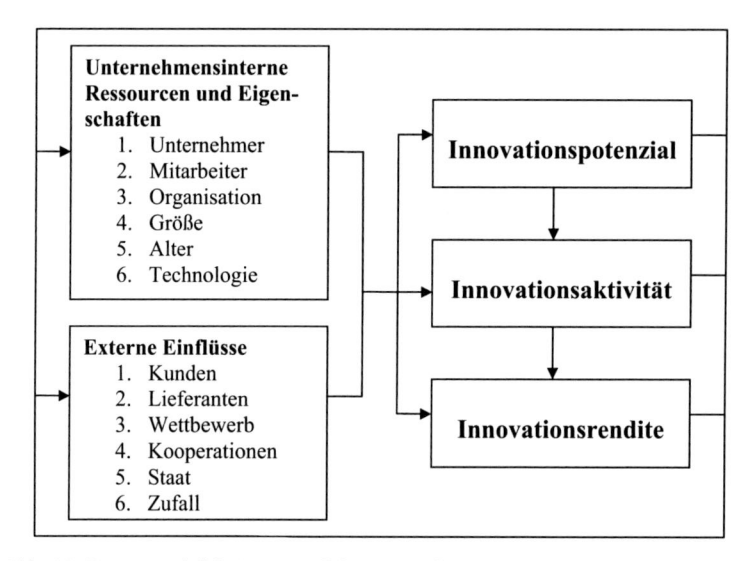

Abb. 46: Gesamtmodell in Bezug auf das Innovationsverhalten touristischer Unternehmen (eigene Darstellung)

8 Untersuchung zum Innovationsverhalten touristischer Unternehmen

Vor der Durchführung der Studie über das Innovationsverhalten touristischer Betriebe bedarf es der Definition und Eingrenzung des methodischen Rahmens, in dem die Untersuchung erfolgen soll. Daher wird zunächst auf die methodische Vorgehensweise eingegangen, bevor dann die Ergebnisse der Studie erörtert werden.

8.1 Methodische Vorgehensweise

8.1.1 Popper's kritischer Rationalismus

Basierend auf den Ansätzen des kritischen Rationalismus nach Popper (Musgrave 2002) soll ein theoretischer Bezugsrahmen zur Erklärung der Determinanten von Innovationen in ausgewählten touristischen Dienstleistungsbereichen entwickelt und die Zusammenhänge zwischen den einzelnen Bestimmungsfaktoren aufgezeigt werden. Ausgehend vom aus der Sekundärliteratur im theoretischen Teil der Arbeit entwickelten Modell soll dargestellt werden, welche Zusammenhänge zwischen Unternehmen und Markt in Bezug auf das Innovationsverhalten in der Dienstleistungs- und Tourismusbranche bestehen.

Wesentliches Charakteristikum des kritischen Rationalismus ist das Falsifikationsprinzip, d.h. nicht die wiederholte Bestätigung von Hypothesen soll die Brauchbarkeit einer Theorie stützen, sondern die Versuche, sie zu widerlegen. Hat eine Theorie einen oder mehrere Falsifikationsversuche überstanden, kann sie als bewährt gelten (Popper 1989). Es geht dabei also nicht um eine Konfirmation der Hypothesen, sondern darum, ob sie falsifiziert werden können. Sie werden nicht bestätigt, sondern von ihrer Gültigkeit wird für die Stichprobe ausgegangen, ohne auf die Grundgesamtheit zu schließen. Dies bedeutet, dass „confirmed never means verified (i.e. shown to be true). Obviously, we can rarely if ever prove a theory to be true because all theories involve universal statements (e.g. 'all consumers are utility maximizers') which are by themselves not verifiable, no matter how much supporting evidence we find." (Popper 1961, S. 196) . Die aufgestellten Hypothesen versuchen nun, die Wirkungszusammenhänge des entwickelten Modells wiederzugeben und dabei die empirische Überprüfung anhand der Wertekette (Porter 1991) vorzunehmen, weil das touristische Produkt vom Gast holistisch wahrgenommen wird und verschiedene Leistungsträger für das Produktbündel verantwortlich sind (Bieger 2002).

Das anhand der wirtschaftswissenschaftlichen Literatur entwickelte Modell ist demnach ein System von Annahmen, die ein vereinfachtes Abbild eines Ausschnittes der ökonomischen Realität widerspiegeln. Dank der Reduktion von Zusammenhängen auf ein vereinfachtes Abbild sind Analysen möglich, die im Rahmen der komplexen Wirklichkeit nicht durchführbar wären (Schips 1990, S. 6). Auf der Basis der theoretischen Aussagen und der empirischen Untermauerung bzw. Falsifikation der Hypothesen können schließlich die Erklärungsvariablen für die exogenen Variablen Innovationspotenzial, Innovationsaktivität und Innovationsrendite bestimmt werden.

8.1.2 Hypothesenbildung

Hypothesen können als „Annahmen über noch in Frage stehende Sachverhalte" (Rogge 1995, S. 61) bezeichnet werden. Rogge (1995) grenzt dagegen die These (vorgeordnete Behauptung), das Axiom (denknotwendige Setzung) und das Postulat (Setzung) ab. Es handelt sich also um Inhalte einer bestimmten Fragestellung, die in der Hypothese in Bedingungszusammenhänge, Relationen und Kategorialanordnungen gebracht werden. Damit sollen Erklärungen über bereits bekannte oder vermutete Sachverhalte (Angabe von Ursachen) gegeben werden (Rogge 1995). Die wesentlichen Eigenschaften einer Hypothese können wie folgt zusammen gefasst werden (Rogge 1995, S. 63f):
- theoretische Fundierung (stringente Herleitung)
- empirische Überprüfbarkeit (Falsifikation/Konfirmation)
- präzise Formulierung (Effekte und Effektgrößen so exakt wie möglich angeben)

- Verträglichkeit mit etabliertem Wissen (Relevanz der Hypothese auch von Außenstehenden bewertbar)

Es lassen sich des Weiteren drei Hypothesenformen unterscheiden (Rogge 1995, S. 64):
- Zusammenhangshypothesen (werden in dieser Studie vornehmlich untersucht)
- Unterschiedshypothesen
- Veränderungshypothesen

Eine Hypothese kann nur diejenigen Aspekte oder Teilaspekte der Theorie betreffen, die in der Zielsetzung der Hypothese, ihrer Gerichtetheit, ihrem Differenzierungsgrad und ihrem Geltungsbereich ausgedrückt sind. In diesem Fall werden die Hypothesen aufgrund eines quantitativen Datenmusters geprüft, so dass zunächst von Nullhypothesen (H_0) und einer Alternativhypothese (H_1) ausgegangen wird. Mit statistischen Prüf- und Unterscheidungsverfahren wird dann entschieden, mit welcher Wahrscheinlichkeit ein Ergebnis eintritt bzw. eine Hypothese bestätigt oder abgelehnt wird. Entscheidendes Kriterium für die Akzeptanz der Ergebnisse ist die Signifikanzprüfung. Wenn diese ein Ergebnis als nicht signifikant ausweist, kann es nicht mehr für die Bestätigung oder Ablehnung einer Hypothese herangezogen werden.

In dieser Studie soll das Innovationsverhalten touristischer Unternehmen erklärt werden. Es soll jedoch angemerkt werden, dass es schwierig ist, durch eine Befragung alle genannten Variablen und deren Interdependenzen und Erklärungswert zu erfassen. Gründe hierfür liegen zum einen bei der mangelnden Bereitschaft der Probanden (Zeitaufwand der Befragung, Komplexität der Befragung), zum anderen bei der daraus resultierenden geringen Rücklaufquote bzw. der mangelhaften Aussagekraft der Daten.

Die erklärenden Variablen ergeben sich zusammenfassend aus dem nach jedem Kapitel weiter entwickelten Modell, aus dem sich das idealtypische Gesamtmodell ergibt. Betrachtet man das zuvor aus der Theorie entwickelte Modell, können entsprechend folgende Hypothesen gebildet werden:

---

1) Das *Innovationspotenzial* eines Unternehmens ist abhängig von unternehmensinternen Eigenschaften und Rahmenbedingungen, von unternehmensexternen Einflüssen sowie von Lerneffekten aus früheren Innovations-Erfahrungen.

IP = f (Unternehmen, externe Einflüsse, Lerneffekte)
IP = $\alpha + \beta_1$ UN + β_2 EE + β_3 L

2) Die *Innovationsaktivität* ist abhängig von den unternehmensinternen und -externen Eigenschaften und Rahmenbedingungen, den Lerneffekten sowie des selbsteingeschätzten Innovationspotenzials des Unternehmens.

IA = f (Unternehmen, externe Einflüsse, Lerneffekte, selbsteingeschätztes Innovationspotenzial)
IA = $\alpha + \beta_1$ UN + β_2 EE + β_3 L + β_4 SIP

3) Die *Innovationsrendite* ist abhängig von den unternehmensinternen und -externen Eigenschaften und Rahmenbedingungen, den Lerneffekten, des selbsteingeschätzten Innovationspotenzials sowie der selbsteingeschätzten Innovationsaktivität des Unternehmens.

IR = f (Unternehmen, externe Einflüsse, Lerneffekte, selbsteingeschätztes Innovationspotenzial, selbsteingeschätzte Innovationsaktivität)
IR = $\alpha + \beta_1$ UN + β_2 EE + β_3 L + β_4 SIP + β_5 SIA

Die folgende Tabelle zeigt die zu prüfenden Hypothesen, die nötigen Variablen, die Indikatoren, mit deren Hilfe diese Variablen erklärt werden und die Art und Weise, wie diese Indikatoren im Rahmen der Befragung erfasst werden:

Hypothese 1: Das Innovationspotenzial eines Unternehmens ist abhängig von unternehmensinternen Eigenschaften und Rahmenbedingungen, von unternehmensexternen Einflüssen sowie von Lerneffekten aus früheren Innovations-Erfahrungen.		
Involvierte Variablen	Indikatoren	Operationalisierung
Eigenschaften des Unternehmers	Kooperativer Führungsstil, Motivation der MitarbeiterInnen, Risikobereitschaft, Kreativität, Weitsicht bei Entscheidungen, Vision, Toleranz/ Offenheit, Macht, um Innovationen durchzusetzen, Prägung der Unternehmenskultur, Verantwortungsübertragung an die MitarbeiterInnen	Abruf der eigenen Einschätzung der Ausprägung der Merkmale beim Unternehmer/ Geschäftsführer (5=sehr stark, 4=stark, 3=mäßig, 2=gering, 1=gar nicht)
Eigenschaften des Mitarbeiters	Weiterbildung wird durch das Unternehmen ermöglicht, Anreize für innovative Ideen, eigenverantwortliches Denken und Forschen der MitarbeiterInnen, Kreativität, Teamfähigkeit, Engagement, Eigenständiges Arbeiten	Abruf der eigenen Einschätzung der Ausprägung der Merkmale bei den Mitarbeitern (5=sehr stark, 4=stark, 3=mäßig, 2=gering, 1=gar nicht)

Eigenschaften und Rahmenbedingungen in der Organisation des Unternehmens	Projektteams, offener Kommunikationsfluss, flache Hierarchien, Wettbewerbsanalyse, Kundenorientierung, Freiraum für MitarbeiterInnen, Einsatz von Kreativitätsmethoden, Strukturierter Innovationsentwicklungsprozess, Kernkompetenzen	Abruf der eigenen Einschätzung der Ausprägung der Merkmale in der Organisation des Unternehmens (5=sehr stark, 4=stark, 3=mäßig, 2=gering, 1=gar nicht)
Unternehmensgröße	Anzahl der Mitarbeiter, Gesamtjahresumsatz	Abruf der Zuordnung in eine bestimmte Unternehmensgrößengruppe (Kategorien nach EU-Richtlinien)
Alter	Gründungsjahr der Unternehmung	Abruf des Gründungsjahrs des Unternehmung, Bildung von Gruppenvariablen (5er-Likert-Skala)
Kunde	Kundeneinbindung in den Innovationsprozess	Abruf der eigenen Einschätzung der Stärke der Kundeneinbindung (5=über den gesamten Prozess hinweg, 4=durch Marktforschung und Kundenzufriedenheitsbefragungen, 3=erst in der Testphase, 2=nur durch die Analyse von Fachzeitschriften, 1= gar nicht)
Lieferanten	Einfluss der Lieferanten	Abruf der Einschätzung des Einflusses der Lieferanten (in Prozent)
Wettbewerb	- Starker Konkurrenzkampf	- Abruf der Einschätzung des Wettbewerbsdrucks (Marktposition des Unternehmens)
	- Innovation der Konkurrenz	- Abruf der Einschätzung des Einflusses von Konkurrenzinnovationen (in Prozent)
Kooperationen	Einfluss von Kooperationen	Abruf der Einschätzung des Einflusses von Kooperationen (in Prozent)
Staat	Behörden/Gesetze, Fördermaßnahmen, Politische Entscheidungen	Abruf der Einschätzung der staatlichen Einflussnahme
Zufall	- Zufällige Ereignisse	- Abruf der Einschätzung des Einflusses durch den Zufall
	- Zufällige Entdeckung neuer Ideen	- Abruf der Einschätzung des Einflusses von zufällig gefundenen neuen Ideen
Lernen aus früheren Innovationen	Lerneffekte	Abruf der Einschätzung des Einflusses früherer Innovationsaktivitäten (5=sehr große Lerneffekte, 4=große Lerneffekte, 3=neutral, 2=kaum Lerneffekte, 1=keine Lerneffekte)

	Hypothese 2: *Die Innovationsaktivität ist abhängig von den unternehmensinternen und –externen Eigenschaften und Rahmenbedingungen, den Lerneffekten sowie des selbsteingeschätzten Innovationspotenzials des Unternehmens.*	
Involvierte Variablen	**Indikatoren**	**Operationalisierung**
Alle für Hypothese 1 relevanten Variablen, zusätzlich:		
Innovationspotenzial	Innovationspotenzial im Vergleich zur Konkurrenz	Abruf der eigenen Einschätzung der Ausprägung des Innovationspotenzials des Unternehmens im Vergleich zur Konkurrenz (5=sehr stark, 4=stark, 3=mittelmäßig, 2=schwach, 1=sehr schwach)
	Hypothese 3: *Die Innovationsrendite ist abhängig von den unternehmensinternen und –externen Eigenschaften und Rahmenbedingungen, den Lerneffekten, des selbsteingeschätzten Innovationspotenzials sowie der selbsteingeschätzten Innovationsaktivität des Unternehmens.*	
Involvierte Variablen	**Indikatoren**	**Operationalisierung**
Alle für Hypothese 2 relevanten Variablen, zusätzlich:		
Innovationsaktivität	Anzahl der eingeführten Innovationen	Abruf der Anzahl der eingeführten Innovationen in den vergangenen vier Jahren (Selbsteinschätzung)

Tabelle 25: Arbeitshypothesen und Informationsbedarf (eigene Darstellung)

8.1.3 Messkriterien

Der Großteil der Variablen wurde auf einer 5er-Likert-Skala abgefragten, d.h.

Codierung	Ausprägung:	oder:	oder:
5	sehr stark ausgeprägt	sehr erfolgreich	sehr groß
4	stark ausgeprägt	erfolgreich	groß
3	mäßig ausgeprägt	mäßig erfolgreich	neutral
2	gering ausgeprägt	wenig erfolgreich	kaum
1	gar nicht ausgeprägt	nicht erfolgreich	keine

Die Codierung bedeutet, je höher der Wert der ordinal-skalierten Variablen ist, desto stärker ist das Frage-Item ausgeprägt. Bei den Angaben handelt es sich jeweils um die Selbsteinschätzung der Befragten.

8.1.4 Forschungsdesign

Ausgangspunkt für Überlegungen über das Forschungsdesign war eine Pilotstudie über das Innovationsverhalten touristischer Unternehmen, die im Jahr 2003/2004 am Zentrum für Tourismus und Dienstleistungswirtschaft der Universität Innsbruck durchgeführt wurde und an der die Verfasserin maßgeblich mitwirkte. Einhelliges Ergebnis dieser Untersuchung war, dass eine beträchtliche Anzahl der befragten Tourismusunternehmen (es handelte sich um standardisierte Interviews) nur wenig aussagekräftige Informationen zum Thema „Innovationen im Tourismus" geben konnten (Weiermair et al. 2004). Daher schien eine Fallstudienuntersuchung bei als innovativ bekannten Unternehmen als sinnvoll, deren Ziel es sein sollte, gesicherte und aussagekräftige Auskünfte für eine Modell- und Hypothesenbildung zu erhalten (Bonoma 1985; Lamnek 1995; Eisenhardt 2002; Kromrey 2002). Nachdem sich aus der Sekundärliteratur jedoch bereits ein Modell mit Erklärungsvariablen des Innovationsverhaltens und des Innovationsmanagements touristischer Unternehmen entwickeln ließ, stellte sich die Fallstudienuntersuchung in einzelnen Subbranchen der Tourismuswirtschaft als nicht mehr geeignete Methode heraus. Weiterreichende Überlegungen über die Operationalisierbarkeit der Erhebung über große Distanzen (weites Einzugsgebiet) schieden quantitative Befragungen mittels Interviewer ebenfalls aus.

Schließlich ergab sich insbesondere aus Zeit- und Kostengründen eine standardisierte Befragung mittels Internet-Fragebogen. Die Datenerhebung über das Internet gewinnt zunehmend an Bedeutung (Pötschke/Simonson 2001). Bei Online-Befragungen geht es nicht um eine neue Erhebungsmethode, sondern um eine neue Technik der Übertragung des Fragebogens an die Probanden. Dementsprechend versteht man unter einer Online-Befragungen Erhebungen, „bei denen die Teilnehmer den auf einem Server abgelegten Fragebogen im Internet online ausfüllen, Fragebogen von einem Server herunterladen und per E-Mail zurücksenden, Fragebogen per E-Mail zugeschickt bekommen und zurücksenden." (ADM et al. 2001, S. 1). Die Anzahl der über das Internet durchgeführten Befragungen steigt ständig. Wesentliche Eigenschaft dieser Online-Befragung ist die aktive Auswahl der Teilnehmer, d.h. das befragende Institut (hier: die Verfasserin) bestimmt selbst, wen es anspricht und um Teilnahme an der Befragung bittet.

Gerade die Aspekte der Standardisierung, der hohen Erreichbarkeit von Probanden in kurzer Zeit und in zielgruppenspezifischer Ansprache sowie die Möglichkeit einer geografisch weit verstreuten Stichprobe waren neben den Zeit- und Kosteneinsparungen die Hauptargumente, die den Ausschlag für eine schriftliche Befragung mittels Online-Fragebogen gaben. Positiv waren ebenfalls die technischen Möglichkeiten durch das Internet, indem nämlich bei schwierig scheinenden Fragen (z. B. Intrapreneure, Einsatz von Kreativitätstechniken u.a.) Erklärungen hinterlegt werden konnten. Der Proband konnte durch einen Klick auf das Fragezeichen hinter dem Frage-Item zusätzliche Informationen abfragen.

Gegen eine Online-Befragung sprach zwar eine Ausgrenzung nicht-technikaffiner Geschäftsführer oder Unternehmer in touristischen und tourismusverwandten Betrieben. Da die Erreichbarkeit per E-Mail jedoch in der heutigen Zeit als Selbstverständlichkeit angesehen wird und als Grundvoraussetzung für die Erhaltung der Wettbewerbsfähigkeit des Betriebes (Vorsprung durch Geschwindigkeit der Antworten auf Anfragen) gilt, hat diese Befragungsmethode durchaus seine Berechtigung. Das Problem der UCE (unsolicited commercial E-

Mails – unerwünschte kommerzielle E-Mails) ist eine der am stärksten als negativ bewerteten Begleiterscheinungen der Ausbreitung des Internet (Hauptmanns 1999, S. 23). Da die Zusendung von elektronischer Post ohne vorherige Einwilligung des Empfängers gemäß Telekommunikationsgesetz und in Ergänzung gemäß E-Commerce-Gesetz nur in engen Grenzen zulässig ist, konnte durch einen Antrag an die Rundfunk und Telekom Regulierungs-GmbH Einsicht in die aktuelle so genannte Robinson-Liste (Liste nach § 7 Abs. 2 ECG) genommen werden. Damit wurden E-Mail-Adressen, die explizit keine Werbe- oder Massen-E-Mails erhalten möchten, aus dem Verteiler genommen.

Eine Gegenüberstellung der Vor- und Nachteile einer schriftlichen und in diesem Falle Online-Befragung ergibt folgendes Bild:

Vorteile von Online-Befragungen	Nachteile von Online-Befragungen
- Geringe Erhebungskosten: keine Verbreitungs- oder Verbindungskosten, keine Interviewerschulung, keine Dateneingabe (Kostenersparnis bei den Erhebern und lediglich marginale Kostenverlagerung zum Probanden) - Schnelle Verfügbarkeit der Daten - Zeitersparnis - Keine Interviewerfehler - Kein Interviewereinfluss - Meist überlegtere Antworten, da freie Zeiteinteilung (kein Zeitdruck durch Interviewer) - Glaubwürdigere Zusicherung von Anonymität - Geografisch weit verstreute Stichprobe möglich - Hohe Erreichbarkeit von Probanden in kurzer Zeit und in zielgruppenspezifischer Ansprache - Anonymitäts-Zusicherung leichter kommunizierbar - Variable Darstellungsmöglichkeit von Bildern, Musik u.a. und weiterführenden Erklärungen zu den Fragen - Flexible und automatisierte Filterführung	- Geringe Rücklaufquote - Keine Kontrolle der Erhebungssituation - Keine Kontrolle über die Ernsthaftigkeit beim Ausfüllen des Fragebogens - Keine bzw. nur geringe Erläuterungsmöglichkeit bei Unklarheiten - Keine spontanen Antworten erfassbar - Frage der Anonymität → Misstrauen - Mehrpersonenproblem (manche werden doppelt angeschrieben, weil sie mehrere Funktionen ausüben oder mehrere Accounts besitzen) - Keine Information über die genaue Größe der Grundgesamtheit (bei ins Netz gestellten, sog. WWW-Umfragen) - Frage der Repräsentativität - Frage der Non-Respondents - Frage der Güte von Mailinglisten - Problem der UCE (unsolicited commercial E-Mails – unerwünschte kommerzielle E-Mails)

Tab. 26: Vor- und Nachteile von schriftlichen Befragungen, adaptiert für Online-Befragungen (Holm 1975; Friedrichs 1982; Seitz/Meyer 1995; Gräf/Heidingsfelder 1999; Hauptmanns 1999; Schnell et al. 1999; Pötschke/Simonson 2001; Vahovar et al. 2001)

Bei einer schriftlichen Befragung ist jedoch – ungeachtet des Online-Charakters – zu beachten, dass es sich um Selbsteinschätzungen des Befragten handelt. Die Daten sind also zumeist subjektiv geprägt; trotz der zugesicherten Anonymität besteht die Möglichkeit, zum Teil positivere bzw. beschönigende Angaben zu machen.

8.1.5 Auswahl der Untersuchungsobjekte

Bei der Frage, ob alle in der Grundgesamtheit sich befindlichen Elemente („target population") befragt werden, stellte sich schnell heraus, dass eine Gesamtbefragung aller im Tourismus tätigen Unternehmen kaum zu realisieren ist: zum einen, weil die Grundgesamtheit ständigen Schwankungen unterworfen ist und zum anderen, weil dies den zeitlichen und finanziellen Rahmen der Befragung sprengen würde. Es wurde daher eine Auswahl getroffen, welche Unternehmen befragt werden sollen („Teilerhebung"). Die Teilerhebung beruhte auf einer Zufallsstichprobe („random sample"), der verschiedene Quellen zugrunde lagen (vorausgesetzt, eine E-Mail-Adresse war angegeben):

- Incoming Agenturen, die auf der Homepage der Österreich Werbung gelistet sind (Österreich Werbung 2005), Abfrage am 14. Februar 2005.
- Die 20 größten deutschen Reiseveranstalter – laut Veröffentlichung in der fvw vom 17.12.2004 (Fremdenverkehrswirtschaft (fvw) 2004, S. 5).
- Jede Seilbahn, die auf der Homepage deutscher Seilbahnen gelistet sind, (Verband Deutscher Seilbahnen und Schlepplifte 2005), Abfrage am 16. Februar 2005.
- Jede 10. Seilbahn in jedem Bundesland, die im österreichischen Internet-Telefonbuch Herold gelistet ist, Abfrage am 15. Februar 2005 (Herold 2005).
- Jede 10. Skischule in jedem Bundesland, die im österreichischen Internet-Telefonbuch Herold gelistet ist, Abfrage am 14. Februar 2005 (Herold 2005).
- Jedes 10. Restaurant in jedem Bundesland, das im österreichischen Internet-Telefonbuch Herold gelistet ist, Abfrage am 15. Februar 2005 (Herold 2005).
- Jedes 10. Hotel in jedem Bundesland in Österreich das im österreichischen Internet-Telefonbuch Herold gelistet ist, Abfrage am 14. Februar 2005 (Herold 2005).
- Deutsche, Österreichische und Schweizer Airlines.
- Freizeitparks aus Österreich und Deutschland gemäß der (internationalen) Liste auf der gemeinsamen Homepage, Abfrage am 16. Februar 2005 (Leisure Consulting Infosystem Freizeitparks 2005).
- Jedes 7. Hotel, das in Kauperts Online-Reiseführer gelistet ist (Kauperts Reiseführer Deutschland 2005), Abfrage am 15. Februar 2005.
- Durch Bekanntmachung der Untersuchung durch die angesprochenen Probanden (s. o.) an weitere Kollegen im In- und Ausland kam es zu einer Ausweitung der Stichprobe nach Italien und in die Schweiz.

Für die Untersuchung wurden die folgenden touristischen Subbranchen ausgewählt: 1) Reiseveranstalter, Reisebüros, Incoming-Agenturen, Marketing-Organisationen, 2) Hotellerie, 3) Transportbetriebe, 4) Restaurants, Catering, Bars, Cafés, 5) Skischulen und sonstige Sportanbieter, 6) Kultur- und Freizeitanbieter.

In der nachfolgenden Abbildung wird deutlich, dass durch die Auswahl dieser touristischen Felder das Innovationsverhalten und -management der touristischen Betriebe in der Wertekette umfassend untersucht werden kann.

```
Stammkundenpflege
Rückreise
Abrechnung/Verabschiedung
Verpflegung
Sport/Beschäftigung
Unterhaltung
Betreuung
Information
Unterbringung
Empfang
Anreise/Transport
Buchung
Information
```

```
Kultur- und Freizeitanbieter
Skischulen und sonstige Sportanbieter
Restaurants, Catering, Bars, Cafés
Transportbetriebe
Hotellerie
Reiseveranstalter, Reisebüros, Incoming-Agenturen, Marketing-Organisationen
```

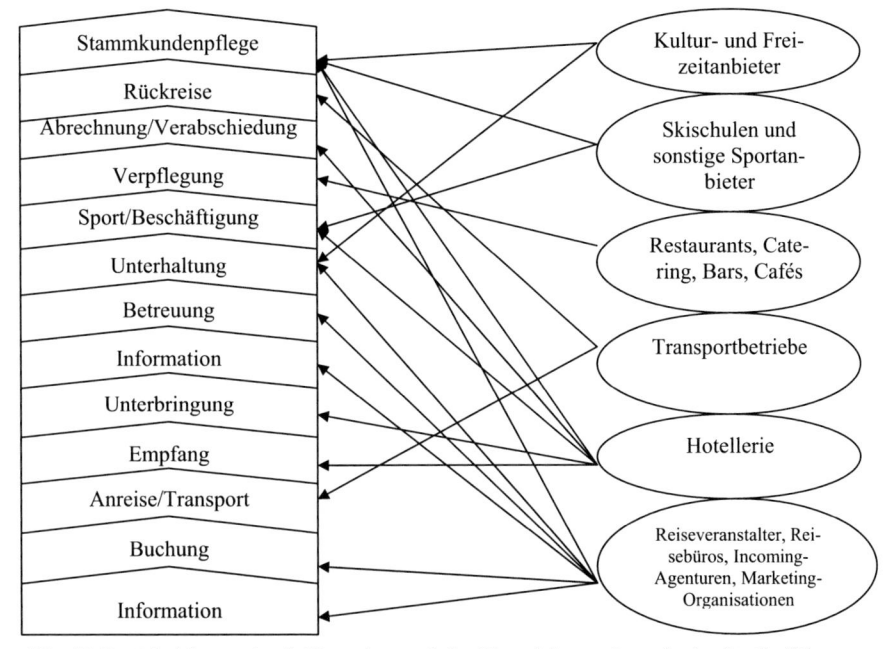

Abb. 47: Berücksichtung der Subbranchen und der Dienstleistungskette in der Studie (Bieger 2002, S. 59, in Anlehnung an Porter 1989)

Es handelt sich um eine Teilerhebung, in der die Elemente auf einem Zufallsprozess basierend ausgewählt wurden. Insgesamt wurden auf diese Weise 684 touristische Betriebe in Österreich, Deutschland und in der Schweiz per E-Mail kontaktiert. Der Rücklauf belief sich auf 61 auswertbare Fragebogen, was einer Antwortquote von 8,9 % entspricht - ein für Online-Befragungen durchaus normaler bzw. realistischer Wert.

8.1.6 Datenerhebung

Die Datenerhebung erfolgte mittels standardisiertem Fragebogen, der als Internetseite entworfen wurde. Damit war es möglich, eine Online-Befragung durchzuführen, indem in einem Anschreiben an die in der Stichprobe befindlichen Unternehmen der Link auf die Internetseite angegeben wurde, so dass der Befragte direkt durch Anklicken des Links auf die entsprechende Seite kam. Es wurden bis auf sehr wenige Ausnahmen geschlossene Fragen gestellt, um eine quantitative Auswertung zu ermöglichen. Offene Fragen führen häufig durch die subjektive Einschätzung des Interviewers bzw. Auswerters (hier: der Autorin) zu einer verzerrten Quantifizierung. Holm (1975) erörtert die Schritte einer Befragung wie folgt; diese wurden in Bezug auf diese Erhebung adaptiert:

Nr.	Beschreibung	Anwendung in dieser Arbeit
1.	Bestimmung des Forschungsgegenstands	Innovationsverhalten touristischer Unternehmen
2.	Auflösung des Forschungsgegenstandes in ein Modell operationalisierbarer Variablen	Innovationspotenzial, Innovationsaktivität, Innovationsrendite; Unternehmen, Markt, Staat, Zufall (u.a.)
3.	Fragebogenkonstruktion	Aufbau des Fragebogens, Frageformulierung (offen/geschlossen)
4.	Testbefragung hinsichtlich sprachlicher und inhaltlicher Adäquatheit	Pretests bei der Entwicklung und nach der Entwicklung des Fragebogens inkl. Revision des Fragebogens
5.	Stichprobenkonstruktion	Auswahl der zu befragenden touristischen Unternehmen
6.	Durchführung der Befragung	Online-Befragung mittels E-Mail an die Stichprobe und Freischaltung der Internet-Seite
7.	Aufbereitung der Befragung	Überführung der Daten in ein SPSS-File einschließlich Codierung und Datenbereinigung
8.	Auswertung	Deskriptive Statistik, Korrelationen, Regressionsanalysen, Unterschiedsverfahren
9.	Forschungsbericht	Zusammenfassung, grafische Darstellung und Interpretation der Ergebnisse

Tab. 27: Schritte der Befragung (eigene Darstellung in Anlehnung an Holm 1075, S. 12f.)

Während der Entwicklung des Fragebogens wurden parallel dazu so genannte Entwicklungs-Pretests in Zusammenarbeit mit touristischen Unternehmen (Hotels, Reiseveranstalter, Transportbetriebe) durchgeführt, so dass die wesentlichen Korrekturen bereits im Vorfeld vorgenommen werden konnten. Nach Fertigstellung des Fragebogens machte ein Abschluss-Pretest lediglich marginale Änderungen notwendig. Gründe für den Pretest war zum einen die Frage nach der Operationalisierbarkeit der Befragung im Internet, zum anderen die nach der inhaltlichen Gestaltung des Fragebogens (Verständnis der Fragen, Schwierigkeit der Fragen, Dauer der Befragung, ausreichende Variation der Antworten, Effekte der Frageanordnung) (Schnell et al. 1999, S. 324). Im Anschluss daran wurde die endgültige Version des Fragebogens ins Netz gestellt. Die Datenerhebung wurde mittels E-Mail-Aussendung gestartet, 4-6 Wochen danach erfolgte ein erneutes Rundschreiben mit dem Reminder.

Die nachfolgende Grafik zeigt den Weg von der Auswahl der Grundgesamtheit über das Anschreiben der ausgewählten touristischen Unternehmen bis hin zum auswertbaren und bereinigten Datensatz mit insgesamt 61 Fragebogen.

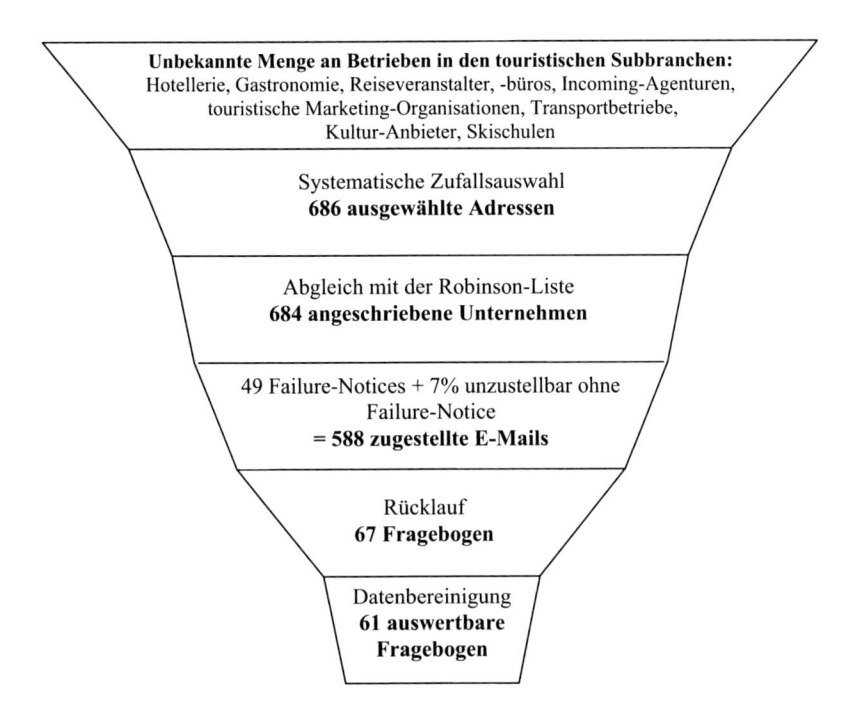

```
Unbekannte Menge an Betrieben in den touristischen Subbranchen:
Hotellerie, Gastronomie, Reiseveranstalter, -büros, Incoming-Agenturen,
touristische Marketing-Organisationen, Transportbetriebe,
Kultur-Anbieter, Skischulen

Systematische Zufallsauswahl
686 ausgewählte Adressen

Abgleich mit der Robinson-Liste
684 angeschriebene Unternehmen

49 Failure-Notices + 7% unzustellbar ohne
Failure-Notice
= 588 zugestellte E-Mails

Rücklauf
67 Fragebogen

Datenbereinigung
61 auswertbare
Fragebogen
```

Abb. 48: Entwicklung der Stichprobe für die Erhebung (eigene Darstellung)

8.1.7 Die Frage der Unit-Nonresponse

„Allgemein wird das Fehlen von Daten eines Teils oder aller Variablen für die ausgewählten Einheiten einer Stichprobe als „Nonresponse" bezeichnet." (Schnell 1997, S. 17) Dabei kann zwischen Nichtbefragbaren, Nichterreichten und (Teil-)Verweigerern unterschieden werden: Die Nichtbefragbaren sind in diesem Fall diejenigen, die nicht über E-Mail erreichbar waren. Die Nichterreichten wurden zwar angeschrieben, die E-Mail an sie kam jedoch mit einer Unzustellbarkeits-Meldung zurück.

Der Großteil der Nichtantwortenden fällt in die letzte Kategorie derjenigen, die die E-Mail zwar erhalten haben, aber aus verschiedenen Gründen nicht oder nur zum Teil bereit sind, den Fragebogen zu beantworten. Wird ein Fragebogen nur zum Teil ausgefüllt, spricht man von Item-Nonresponse, während die hier untersuchte Fragestellung sich mit der Unit-Nonresponse beschäftigt.

Neben einer Überflutung mit Umfragen bzw. einer so genannten „Überfragung" gibt es weitere Gründe, weshalb in den vergangenen zwei Jahrzehnten bei den Mitgliedern des Arbeitskreises Deutscher Markt- und Sozialforschungsinstitute (ADM) eine rückläufige Ausschöpfungsquote festgestellt wurde (Hansen 1988,

S. 400): Allgemein kann Belastung (Verletzung der Privatsphäre, Befürchtung über die Verwendung der erhobenen Daten, Belastung durch den Befragungsvorgang selbst) genannt werden, aber auch altersbedingte Ausfälle (Schnell definiert hier die Problematik für die Kategorie der über 65jährigen), die gerade im Online-Segment eine wichtige Rolle spielen dürften, mangelnde subjektive Bedeutsamkeit des Untersuchungsthemas für den Befragten und das Fehlen materieller Anreize können zu einer sinkenden Rücklaufquote führen (Schnell 1997, S. 166ff). Ebenfalls ein online-spezifisches Problem stellen E-Mails dar, die den vorgesehen Empfänger nicht erreichen (falsche, falsch getippte oder nicht mehr existente E-Mail-Adresse), aber keine automatische Failure-Notice an den Sender richten – dieser Ausfall kann nur schwer kalkuliert und laut einer Studie in Slowenien mit ca. 7 % beziffert werden. Auch E-Mails, die an nichtpersonalisierte Adressen, wie z. B. info@... gerichtet werden, unterliegen der Gefahr, ins Leere zu gehen (Vahovar et al. 2001, S. 230f).

Armstrong und Overton stellten fest, dass „the mail survey has been criticized for non-response bias. If persons who respond differ substantially from those who do not, the results do not directly allow one to say how the entire sample would have responded – certainly an important step before the sample is generalized to the population."(Armstrong/Overton 1977, S. 396). Die Frage, die sich nun anschließt, ist die nach zufälligen oder systematischen Einflüssen auf die Wahrscheinlichkeit des Antwortens. Zufallsbedingte Ausfälle sind nicht kritisch, weil die erhobene Stichprobe eine Zufallsstichprobe der Auswahlstichprobe darstellt und damit keine systematischen Verfälschungen zu erwarten sind (Altmann 2003). Bei systematischen Ausfällen hängen die Variablen des Untersuchungsgegenstandes mit den Ursachen des Ausfalls zusammen. Dann würde die Stichprobe systematisch verzerrt. Das Problem ist nun, den Grad des systematischen Ausfalls zu bestimmen, was in der Regel schwierig möglich ist (Schnell et al. 1999).

Armstrong und Overton haben für diesen Fall eine Methode entwickelt, mit der die Güte der Stichprobe untersucht werden kann: Hierfür stellen sie die Ergebnisse der Früh- und Spätantworten (die ersten und die letzten 10 % der Antworten, hier jeweils 6 Antworten) gegenüber, was als unechte Nonresponse-Analyse bezeichnet wird. Diese Vorgehensweise basiert auf der Annahme, dass Spätantworter sich wie Nichtantworter und entsprechend sich Früh- und Spätantworter wie Antworter und Nichtantworter unterscheiden (Armstrong/Overton 1977).

Für diese Analyse wurden die für die Überprüfung der Forschungsfragen und Hypothesen relevanten Variablen des Fragebogens herangezogen (insgesamt 65 Variablen):
- Einfluss des betrieblichen Umfelds auf die Innovation (Frage 1c)
- Erfolg der Innovation (Frage 1d)
- Eingeführte Innovationen der vergangenen 4 Jahre (Frage 1e)
- Einfluss auf Innovationen (Frage 1f)
- Lerneffekte (Frage 1g)

- Eigenschaften des Unternehmers (Frage 2a)
- Eigenschaften und Möglichkeiten der Mitarbeiter (Frage 2b)
- Organisation des Unternehmens (Frage 2c)
- Innovationspotenzial (Frage 2f)
- Branchenzugehörigkeit (Frage 3b)
- Anzahl der MitarbeiterInnen (Frage 3c)
- Unternehmensgröße (Frage 3d)
- Anteil der Investitionen für Innovationen am Jahresumsatz (Frage 3e)
- Anteil des Umsatzes durch Innovationen am Gesamtumsatz (Frage 3f)
- Gründungsjahr des Unternehmens (Frage 3j).

Eine Prüfung auf Normalverteilung ist in diesem Fall nicht sinnvoll, weil es sich bei den zu testenden Variablen zum Großteil um nicht-metrische, nämlich um ordinale (1-5 skalierte) Daten handelt. Der Mann Whitney U Test (Unterschiedsverfahren für zwei unabhängige Stichproben) zum nicht-parametrischen Vergleich zweier unabhängiger Stichproben (Bühl/Zöfel 2002, S. 288) ergab, dass die Früh- und Spätantworten sich lediglich in 2 der insgesamt 65 getesteten Variablen signifikant (5%-Niveau) unterscheiden:
- Anzahl der eingeführten neuen/verbesserten Prozesse (1e2), Signifikanz-Wert: 0,045. Dabei liegt die genannte Anzahl von neuen Prozessen bei den Frühantwortern mit durchschnittlich 6,17 deutlich über der der Spätantworter (0,67). Der Unterschied ist auch beim Vergleich der Medianwerte (Frühantworter 2,5, Spätantworter 0,5) feststellbar. Dies könnte darauf zurückzuführen sein, dass diejenigen Betriebe, die sich stark mit dem Thema Innovationen beschäftigen auch mehr Neuerungen, u.a. neue Prozesse, einführen und daher an der Befragung mit größerer Bereitschaft und damit auch früher teilnehmen als andere Betriebe.
- Beeinflussung durch Innovationen der Konkurrenz (1f3), Signifikanz-Wert: 0,012. Das erste Dezentil (Frühantworter) weist einen Mittelwert von 3,5 auf, das letzte (Spätantworter) von lediglich 1,17 (deutlicher noch die Medianwerte 4,0 zu 1,0). Frühantworter sahen ihre Innovationstätigkeit stärker von denen der Konkurrenz beeinflusst als Spätantworter. Erneut ist zu vermuten, dass die Antworter im ersten Dezentil sich stärker mit Innovationen und sich damit auch stärker mit Innovationen der Konkurrenten beschäftigen.

Da beide Variablen jedoch nur in Häufigkeitsverteilungen Berücksichtigung fanden und lediglich in aggregierter Form bzw. gar nicht in die explorative Untersuchung einflossen, ist nach dieser Analyse eine systematische Non-Response-Verzerrung nicht zu befürchten. Dies impliziert, dass sich die Antworten der Teilnehmer und der Nicht-Teilnehmer an der Studie nicht unterscheiden und damit davon ausgegangen werden kann, dass die Nicht-Antworter sich wie die Antworter verhalten.

8.1.8 Datenerfassung

Die Angaben der Befragten wurden vom Online-Fragebogen automatisch in ein Microsoft Excel-Datenblatt überführt, das wiederum in eine Datei des statistischen Auswertungsprogramms SPSS (Statistical Package for the Social Sciences) transformiert wurde. Im Anschluss daran wurde eine Datenbereinigung (z. B. verschobene Datenübertragung) vorgenommen und einige nicht verwertbare Datensätze (z. B. nur zum Teil ausgefüllte Fragebogen) entfernt. Für die sich anschließende Datenanalyse konnten in der Folge 61 Fälle herangezogen werden. Dies entspricht einem für Online-Befragungen realistischen Rücklauf von 8,9 %.

8.2 Datenanalyse

Vor der Analyse der Hypothesen und der zu berechnenden Korrelationen bzw. Regressionen werden mittels deskriptiver Statistik die wesentlichen Charakteristika des Datensatzes dargestellt.

8.2.1 Deskriptive Statistik

8.2.1.1 Unternehmensdaten

Der Großteil der Unternehmen, nämlich über ein Drittel, wurde zwischen 1980 und 1999 gegründet. Bemerkenswert ist die Tatsache, dass sich auch 7 Unternehmen an der Studie beteiligten, deren Unternehmen bereits vor dem 2. Weltkrieg – und zum Teil weit davor – gegründet wurden. Dies zeigt, dass das Thema Innovation natürlich vor allem bei jüngeren Unternehmen eine Rolle spielt, aber sich auch alt eingesessene Betriebe damit beschäftigen. Man kann nun vermuten, dass es genau deren Interesse für Innovationen und Neuerungen ist, weshalb sie bis heute Bestand haben.

Interessant ist die Tatsache, dass sich 25 der 61 Betriebe in ihrem Bereich als Marktführer sehen. Es handelt sich hierbei um eine subjektive Einschätzung, so dass wahrscheinlich der Blickwinkel, der nicht vorgegeben ist, auf die lokale bzw. regionale Komponente gelegt wurde. Lediglich in den Subbranchen der Reiseveranstalter oder der Transportbetriebe (Seilbahnen) könnten aufgrund der gewählten Stichprobe Marktführer zutage treten, da insbesondere bei Hotellerie und Gastronomie zu stark fragmentierte Märkte vorliegen, als dass landesweit so viele Marktführer existieren könnten. Lediglich 17 schätzten ihre Marktposition als „einer von vielen" in einer polypolistischen Struktur ein.

Auch die Frage nach der Reichweite der Geschäftstätigkeit ließ subjektive Einschätzungen zu. Der Großteil der Probanden hat mit Gästen aus aller Welt zu tun, so dass sie ihr Geschäftsfeld sehr global sehen (weltweite Geschäftstätigkeit).

Die nachfolgenden Grafiken zeigen die Zusammensetzung des Samples in Bezug auf das Alter des Unternehmens, dessen Marktposition im Unternehmen und die Reichweite der Geschäftstätigkeit.

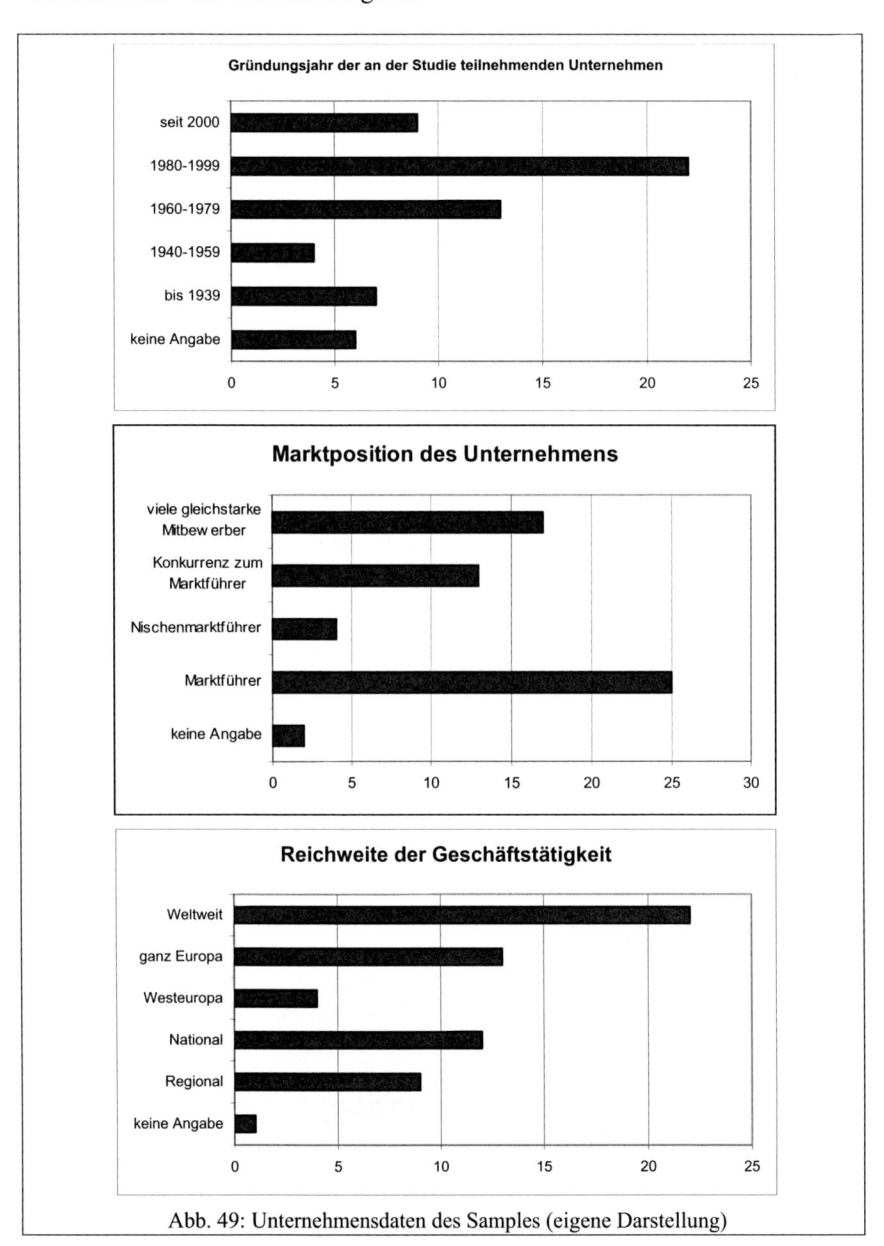

Abb. 49: Unternehmensdaten des Samples (eigene Darstellung)

8.2.1.2 Innovationsarten

Innovationsart: Die letzte Innovation

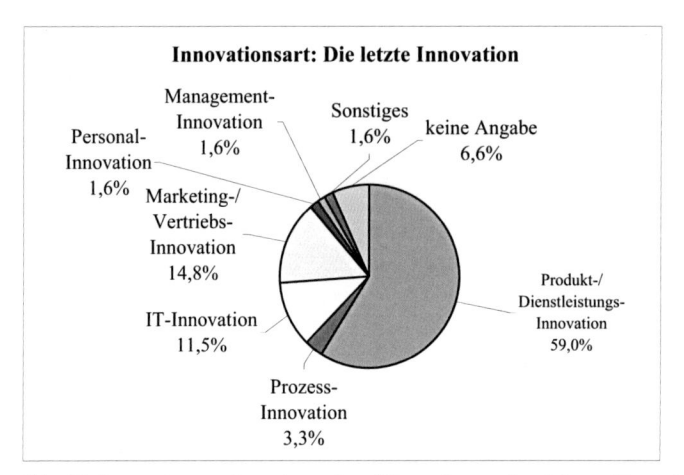

- Personal-Innovation 1,6%
- Management-Innovation 1,6%
- Sonstiges 1,6%
- keine Angabe 6,6%
- Marketing-/Vertriebs-Innovation 14,8%
- IT-Innovation 11,5%
- Prozess-Innovation 3,3%
- Produkt-/Dienstleistungs-Innovation 59,0%

Abb. 50: Innovationsart der zuletzt eingeführten Innovation (eigene Darstellung)

Innovationen der letzten 4 Jahre: Innovationsart

- Produkt-/DL-Innovationen 28,8%
- Sonstiges 1,7%
- Management-Innovationen 13,9%
- Marketing/Vertrieb-Innovationen 24,8%
- IT-Innovationen 16,0%
- Prozess-Innovationen 14,9%

Abb. 51: Innovationsart der in den letzten vier Jahren eingeführten Innovation (eigene Darstellung)

Die beiden obigen Abbildungen zeigen, dass Produkt- und Dienstleistungsinnovationen sowohl bei der zuletzt eingeführten als auch bei den in den letzten vier Jahren eingeführten Innovationen dominieren. Ein Grund hierfür kann eine ausgeprägte Kundenorientierung sein, denn sowohl Produkt- und Dienstleistungs- als auch Marketing- und Vertriebsinnovationen sind für den Kunden unmittelbar wahrnehmbar, so dass der Erfolg bzw. das Ergebnis ebenfalls direkt spür- bzw. messbar (in Form von höheren Gewinnen und größerer Kundenzufriedenheit) ist. Neuerungen, die hinter der imaginären „Line of visibility" erfolgen, wie z. B. IT-, Prozess- oder Management-Innovationen, werden weit seltener eingeführt.

Innovationsart: nächste geplante Innovation

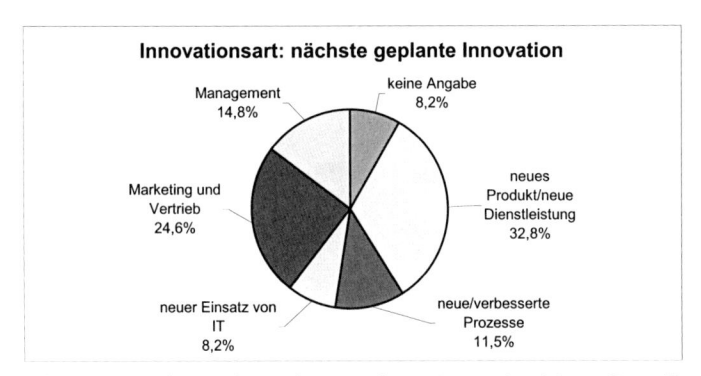

- Management 14,8%
- keine Angabe 8,2%
- Marketing und Vertrieb 24,6%
- neues Produkt/neue Dienstleistung 32,8%
- neuer Einsatz von IT 8,2%
- neue/verbesserte Prozesse 11,5%

Abb. 52: Innovationsart der nächsten geplanten Innovation (eigene Darstellung)

Die Frage nach der nächsten geplanten Innovation zeigt ein ähnliches Bild: Produkt- und Dienstleistungsinnovationen sowie Marketing-Neuerungen dominieren, Prozess- und Management-Innovationen sind nicht annähernd so stark ausgeprägt. Das bedeutet, dass Innovationen vor allem in den Bereichen unternommen werden, die vom Kunden direkt wahrgenommen werden können. 90 % aller beteiligten Betriebe planen, auch in den kommenden 12 Monaten eine Neuerung einzuführen.

8.2.1.3 Investitionen für Innovationen

Die an der Studie teilnehmenden Unternehmen gaben an, für ihre letzte eingeführte Innovation durchschnittlich knappe 10 % des Umsatzes investiert zu haben. Der Mittelwert liegt bei 1,95 (1=bis 5%, 2=bis 10%). Der Anteil der Investitionen für Innovationen insgesamt am Gesamtumsatz liegt ebenfalls bei knapp 10% (Mittelwert 1,9). Entsprechend schätzen die Betriebe den Anteil des Umsatzes am Gesamtumsatz durch getätigte Innovationen ein: der Mittelwert lag wieder bei 1,9, d. h. dass knappe 10% des Umsatzes durch Innovationen erzielt werden. Dies entspricht dem Urteil eines Beratungsunternehmens: "Unternehmen, die weniger als 10 Prozent ihres Umsatzes mit neuen oder neu gestalteten Produkten erwirtschaften, sind auf Dauer gefährdet." (Schmidt 2004, S. 13). Die TUI als deutscher Branchenführer im Tourismus generiert einer Studie zufolge ebenfalls einen 10 %-Anteil des Umsatzes mit neuen und neu gestalteten Produkten (Schmidt 2004, S. 13).

Da in der Dienstleistungs- und Tourismusbranche jedoch Produkt- und Dienstleistungsneuerungen häufig nicht tangibel sind, sind Investitionen nur ein beschränkt aussagefähiger Indikator in Bezug auf die Innovationsaktivität eines Unternehmens. Bei der späteren Berechnung der Innovationstätigkeit werden daher die Aussagen der Unternehmer über die für Innovationen getätigten Investitionen nicht miteinbezogen, sondern vielmehr die Anzahl der eingeführten Neuerungen untersucht.

8.2.1.4 Beeinflussung der Innovationstätigkeit

Beeinflussung der Innovationstätigkeit (Anzahl der Nennungen)

5 sehr stark
4 stark
3 mäßig
2 gering
1 sehr gering

Kategorien: Kunden, Lieferanten, Konkurrenz, Kooperation, eigene Forschung, zufällige Entdeckung, Sonstiges

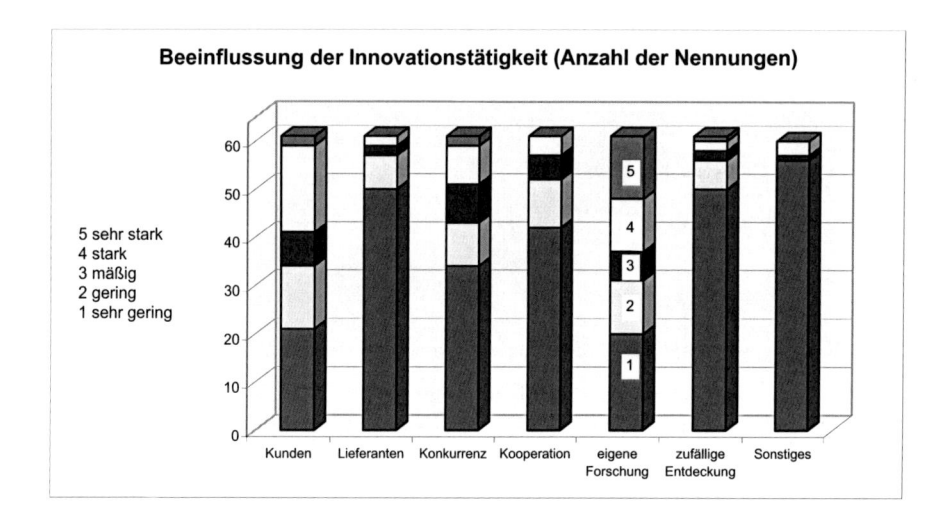

Abb. 53: Beeinflussung der Innovationstätigkeit (eigene Darstellung)

In dieser Häufigkeiten-Auswertung ist deutlich der wahrgenommene starke und sehr starke Einfluss durch die Kunden sichtbar. Dieser ist auch bei der Konkurrenz auffallend. Der Einfluss der Konkurrenz und der Kunden auf die Innovationstätigkeit eines Unternehmens wird im Vergleich zu anderen Einflüssen deutlich stärker wahrgenommen. Die gleichmäßigste Verteilung des perzipierten Einflusses auf die Innovationstätigkeit ist bei der gezielten eigenen Forschung festzustellen, wobei hierunter die Einflüsse innerhalb der Unternehmung subsumiert sind, z. B. Mitarbeitereinfluss, gezielte Fachliteraturauswertung, Erfahrungen aus früheren Innovationen u.a. Ebenfalls klar zutage tritt der geringe Einfluss, den Lieferanten und Kooperationen ausüben. In der sich der deskriptiven Statistik anschließenden explorativen Analyse werden die Einflüsse von Innovationen in Bezug auf die zu erklärenden Variablen untersucht.

8.2.1.5 Kundeneinbindung im Innovationsprozess

Betrachtet man die Einbindung der Kunden durch die Unternehmen näher, ergibt sich folgendes Bild:

Einfluss der Kunden?

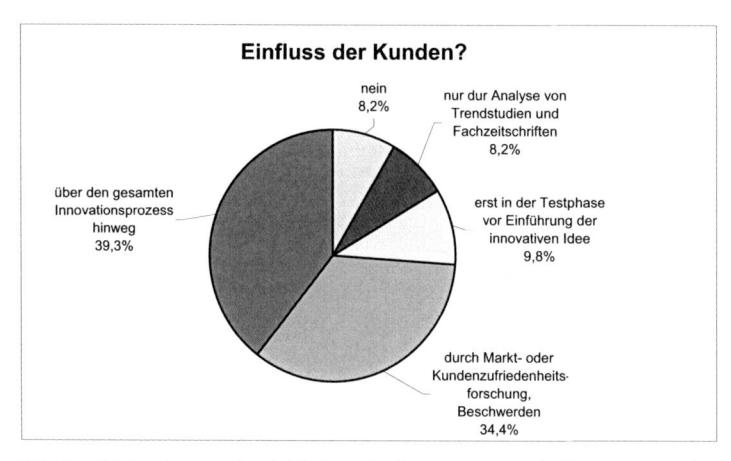

- nein 8,2%
- nur dur Analyse von Trendstudien und Fachzeitschriften 8,2%
- über den gesamten Innovationsprozess hinweg 39,3%
- erst in der Testphase vor Einführung der innovativen Idee 9,8%
- durch Markt- oder Kundenzufriedenheitsforschung, Beschwerden 34,4%

Abb. 54: Stärke der Kundeneinbindung im Innovationsentwicklungsprozess (eig. Darstellung)

73,7 % aller Unternehmen, die sich an der Studie beteiligt haben, binden nach eigenen Angaben die Kunden entweder über den gesamten Innovationsprozess hinweg oder zumindest durch eigene Markt- und Kundenzufriedenheitsforschung und Beschwerdemanagement in den Innovationsprozess ein. Dieses Ergebnis spiegelt sich auch bei der Ausrichtung des Unternehmens auf Kundenorientierung (Frage 2c5) wieder: der Mittelwert liegt bei 4,49 (5=sehr stark, 1= gar nicht). Gleichzeitig wurde dieser Indikator am häufigsten von den Probanden genannt, wenn es um die drei am stärksten ausgeprägten Charakteristika des Unternehmens in Bezug auf Innovationstätigkeiten ging. Untersucht man nun den Einfluss der als ausgeprägt definierten Kundenorientierung auf die abhängigen Variablen, stellt man fest, dass lediglich ein signifikanter Zusammenhang zwischen Kundenorientierung und Innovationspotenzial mit 0,256* (*= auf 0,05 Niveau) besteht. Diese Tatsache lässt nun die Vermutung zu, dass eventuell andere Faktoren einen größeren Einfluss auf die drei abhängigen Variablen ausüben. Dies soll jedoch an späterer Stelle untersucht werden.

8.2.1.6 Kernkompetenzen

Die offen gestellte Frage nach den Kernkompetenzen einer Unternehmung zeigt ein sehr heterogenes Bild. Trotz einer längeren Erklärung des Begriffs „Kernkompetenzen" im Fragebogen wussten 12 der 61 Probanden (19,7%) keine für ihr Unternehmen zu nennen. Zum Teil wurden Kriterien der Kernkompetenzen, die in der Erklärung genannt wurden, nämlich Kundennutzen, Abhebung von der Konkurrenz, Einzigartigkeit und Ausbaufähigkeit, als solche angeführt (insgesamt 34 Nennungen, davon allein 20 für den Kundennutzen bzw. die Kundenorientierung) – diese wurden aus der Wertung genommen. In einer weiteren Gruppe können die Nennungen zusammen gefasst werden, die sich auf Eigenschaften beziehen, die entsprechend der Definition in der Literatur nicht als Kernkompetenzen identifiziert werden können, z. B. Konzentration auf wesentliche Aufgaben, Sicherheit, Eintrittspreis, Budgettreue, Kompetenz, Buchungen, Existenzsicherung, u.a.

Die noch verbliebenen zu analysierenden Kernkompetenzen, die von den Teilnehmern angeführt wurden, sind insgesamt 77 Nennungen wie Organisation, Service, Mitarbeiter, Innovation, Kooperation, Werbung/PR sowie Wein, Transport, Kongress-Organisation, Küche/Ernährung, Design, Wellness, Osteuropa, internationale Beziehungen, IT u.a. Diese Aufzählung erscheint sehr heterogen. Es kommt nun jedoch darauf an, die Nennungen dahingehend zu prüfen, inwiefern sie imitierbar und substituierbar sind. Bei den wenigsten Angaben ist eine solche Interpretation bzw. Wertung möglich, so dass eine Beurteilung, ob es sich wirklich um Kernkompetenzen handelt oder nicht, nur in wenigen Fällen erfolgen kann. Die Profilierung einer Marke (z. B. eines Hotels), das Design eines Hotels, eine einzigartige Küche sowie „aufrichtige" Gastfreundschaft können als Beispiele für die Kernkompetenzen der teilnehmenden Unternehmen dienen. Eine Beurteilung des Ausmaßes bzw. der Stärke der Kernkompetenzen ist aber durch die bloße Nennung nicht möglich.

In die Explorative Analyse werden die Kernkompetenzen dennoch aufgenommen, da es sich hierbei um die subjektive Wahrnehmung des Probanden handelt, ob und in welchem Ausmaß der Betrieb über Kernkompetenzen verfügt.

8.2.1.7 Technischer Fortschritt

Über die Hälfte (55,7 %) der Probanden konnte keinen Zusammenhang zwischen einer technischen Veränderungen bzw. dem technischen Fortschritt und der letzten von ihnen getätigten Innovation sehen. 34,4% sahen einen Einfluss des technischen Fortschritts auf die getätigte Innovation, 9,8% machten hierzu keine Angabe. Der Anteil der Technologie an den Gesamtinvestitionen für die Innovation belief sich auf durchschnittlich 39,79 %, wobei allerdings lediglich 19 der 61 befragten Unternehmen Angaben hierzu machen konnten, so dass dieser Wert als nicht repräsentativ zu sehen ist. In der explorativen Analyse wird untersucht, ob die technologischen Veränderungen bzw. die Technik-Ausrichtung des Unternehmens einen Einfluss auf das Innovationsverhalten hat.

8.2.1.8 Nationen

Die Untersuchung erfuhr eine Ausdehnung über Österreich (32 Teilnehmer) und Deutschland (21 Teilnehmer) hinweg, da die angeschriebenen Probanden zum Teil Kollegen in der Schweiz (4 Teilnehmer) und Italien (4 Teilnehmer) über die laufende Untersuchung informierten. Aufgrund des ansonsten nicht sehr hohen Rücklaufs wurden diese Teilnehmer nicht von der Responsgruppe ausgeschlossen.

Der Mittelwertsvergleich für die vier teilnehmenden Länder zeigt keine signifikanten Unterschiede. Dies wird bestätigt durch den Kruskal-Wallis-Test für mehr als zwei unabhängige Stichproben, der ebenfalls keine signifikanten Unterschiede zwischen den vier Nationen in Bezug auf das wahrgenommene Innovationspotenzial, die Innovationsaktivität und die wahrgenommene Innovationsrendite feststellte. Auch wenn bei der Innovationsaktivität Schweizer und italienische Betriebe sichtbar höhere Werte erreichen, ist aufgrund der geringen Anzahl an teilnehmenden Unternehmen in diesen Ländern keine repräsentative Aussage möglich.

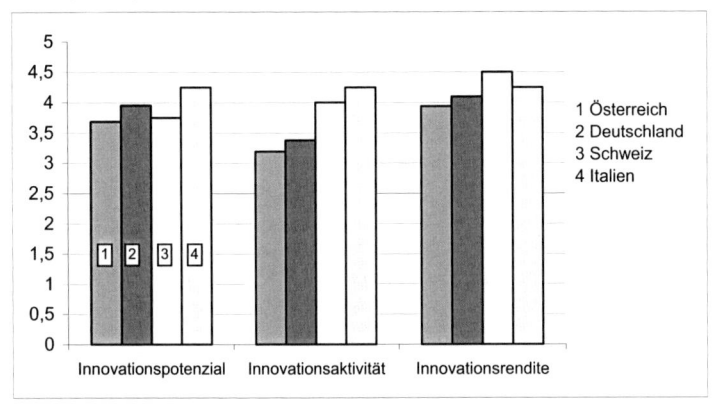

Abb. 55: Innovationsverhalten in Bezug auf die Nationalität des Unternehmens (eigene Darstellung)

8.2.1.9 Subbranchen im Tourismus

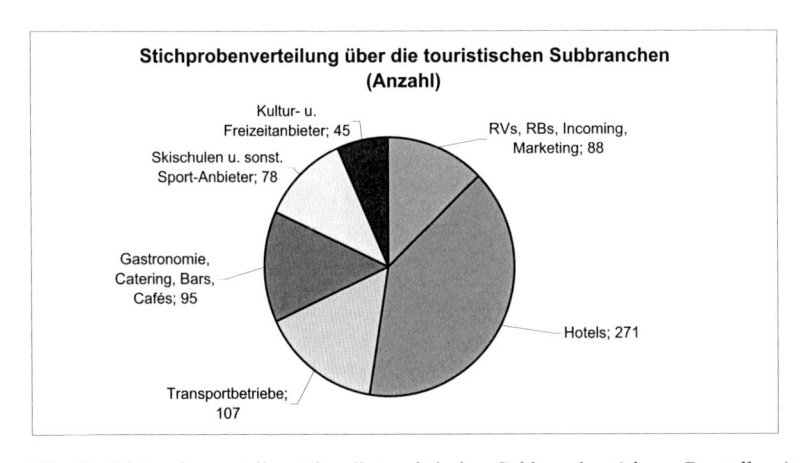

Abb. 56: Stichprobenverteilung über die touristischen Subbranchen (eigene Darstellung)

Subbranchen in der Responsegruppe (Anzahl)

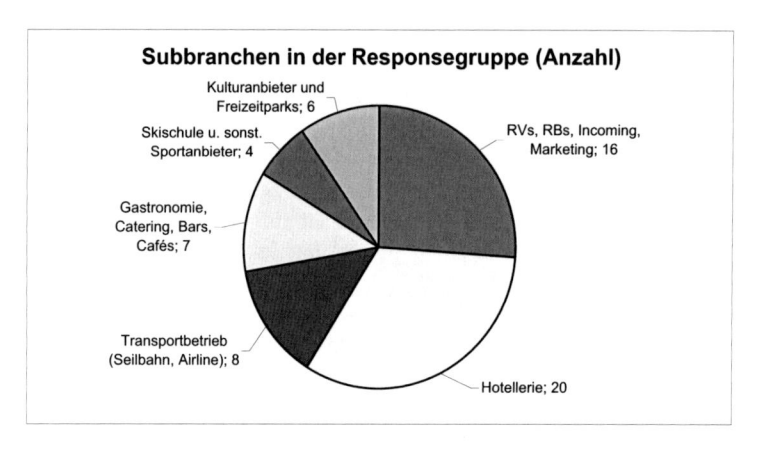

- Kulturanbieter und Freizeitparks; 6
- Skischule u. sonst. Sportanbieter; 4
- RVs, RBs, Incoming, Marketing; 16
- Gastronomie, Catering, Bars, Cafés; 7
- Transportbetrieb (Seilbahn, Airline); 8
- Hotellerie; 20

Abb. 57: Subbranchen in der Responsegruppe (eigene Darstellung)

Aus den beiden obigen Abbildungen über die Zusammensetzung der Stichprobe und der Responsegruppe ergeben sich die Anteile der Antworten pro Subbranche und die Anteile der Subbranche in der Responsegruppe.

Subbranche	Anteil der Antworten pro Subbranche	Anteil der Subbranche in der Responsegruppe
Reiseveranstalter, Reisebüros, Incoming-Agenturen, Marketing-Organisationen	18,2 %	26,2 %
Hotels	7,4 %	32,8 %
Transportbetriebe	7,5 %	13,1 %
Restaurants, Catering, Bars, Cafés	7,4 %	11,5 %
Skischulen und sonstige Sportanbieter	5,1 %	6,6 %
Kultur- und Freizeitanbieter	13,3 %	9,8 %

Tab. 28: Anteile der Subbranchen zwischen Stichprobe und Responsegruppe und innerhalb der Responsegruppe

Es haben sich prozentual weniger Hotels, Transportbetriebe, Gastronomieunternehmen sowie Skischulen und sonstige Sportanbieter an der Befragung beteiligt. Dies lässt sich wahrscheinlich auf den Befragungszeitraum von März – April 2005 zurückführen, da diese Periode im Incoming-Tourismus noch in die Wintersaison fiel (Ostern fiel auf Ende März 2005) und somit diese Unternehmen in dieser Hochsaisonphase kaum Zeit für etwas anderes als das operative Geschäft fanden. Ein weiterer zu vermutender Grund ist die Tatsache, dass in den Subbranchen Hotellerie, Transportbetriebe, Gastronomie sowie Ski-/Sportanbieter die Unternehmensgröße als durchschnittlich geringer angegeben wurde, was sich auf die Verwendung der zur Verfügung stehenden Zeit (Delegationsmöglichkeiten) auswirken könnte. Die nachfolgende Grafik zeigt die einzelnen Mittelwerte für die untersuchten Subbranchen:

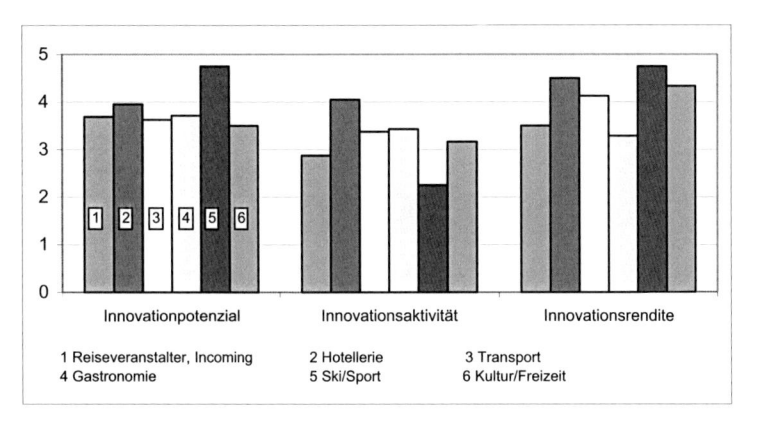

Abb. 58: Innovationsverhalten der Subbranchen im Vergleich (eigene Darstellung)

Der Mittelwertsvergleich zeigt keine signifikanten Unterschiede zwischen den einzelnen Subbranchen. Als besonders auffällig zeigen sich hier die Skischulen und sonstigen Sportanbieter, die ihr Innovationspotenzial und die -rendite als relativ hoch einschätzten. Demgegenüber steht eine im Vergleich zu den anderen Unternehmen relativ geringe Innovationsaktivität. Ein ergänzend durchgeführter Kruskal-Wallis-Test für mehr als zwei unabhängige Stichproben zeigt jedoch keine signifikanten Unterschiede zwischen den 6 untersuchten Subbranchen. Die Signifikanz-Werte lagen zwischen $p=0{,}113$ (Innovationsaktivität) und $p=0{,}379$ (Innovationsrendite).

8.2.1.10 Unternehmensgröße

Untersucht man die Größe der an der Studie teilnehmenden Unternehmen, so stellt man fest, dass die von der Europäischen Union mit Stichtag 1. Januar 2005 festgelegte Einteilung hier nicht entsprechend angewendet werden kann, sondern die Ergänzung um eine weitere Einheit sinnvoll ist: Es nahmen sehr viele so genannte Kleinstunternehmen (gemessen am Jahresumsatz) an der Studie teil, so dass man – hätte man die ursprüngliche Einteilung beibehalten – ein starkes Übergewicht bei der kleinsten Gruppe gefunden hätte. Indem nun eine weitere Gruppe gebildet wurde, ergibt sich folgende Verteilung:

Unternehmensgröße (Anzahl)

- keine Angabe; 4
- Großunternehmen; 7
- Mittlere Unternehmen; 5
- Kleinunternehmen; 11
- Mikrounternehmen; 22
- Kleinstunternehmen; 12

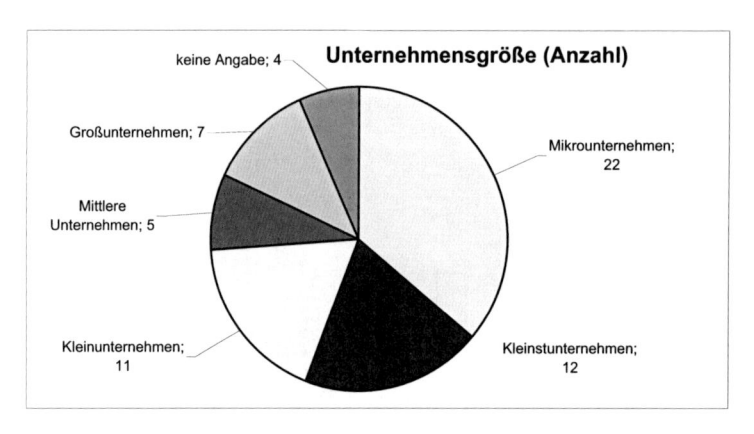

Abb. 59: Unternehmensgröße der teilnehmenden Betriebe (eigene Darstellung)

Aus der Grafik geht hervor, dass gemäß der EU-Definition der KMU (Europäische Kommission 2003) 34 der 61 teilnehmenden Unternehmen den Kleinstunternehmen zuzurechnen ist. Durch die Aufteilung in Mikrounternehmen (bis 1 Mio. € Jahresumsatz) und Kleinstunternehmen (bis 2 Mio. € Jahresumsatz) konnte eine bessere Transparenz bezüglich der Unternehmensgröße geschaffen werden (Mikrounternehmen: bis 1 Mio. € Jahresumsatz, Kleinstunternehmen: bis 2 Mio. € Jahresumsatz, Kleinunternehmen: bis 10 Mio. € Jahresumsatz, Mittlere Unternehmen: bis 50 Mio. € Jahresumsatz, Großunternehmen: mehr als 50 Mio. € Jahresumsatz).

[Balkendiagramm: Innovationspotenzial, Innovationsaktivität, Innovationsrendite]

1 Mikrounternehmen 2 Kleinstunternehmen 3 Kleinunternehmen
4 Mittlere Unternehmen 5 Großunternehmen

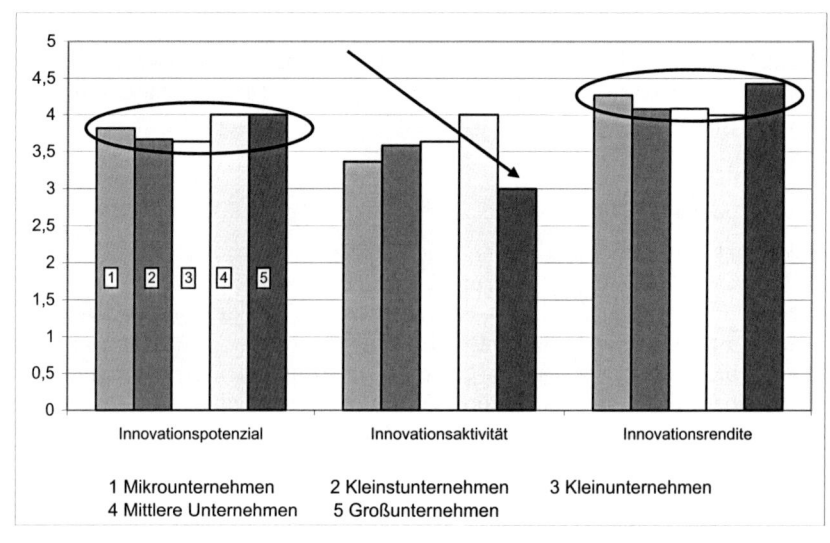

Abb. 60: Das Innovationsverhalten in Abhängigkeit von der Unternehmensgröße (eigene Darstellung)

Die obige Abbildung zeigt, dass die Ausprägungen der endogenen Variablen homogen sind, lediglich bei der Innovationsaktivität sind leichte Unterschiede bedingt durch die Unternehmensgröße festzustellen. Insbesondere zeigt der Mittelwertsvergleich, dass kleinste und große Unternehmen weniger häufig Neuerungen einführen. Damit kann der in Kapitel 5.6 angenommene konvexe Zusammenhang zwischen Betriebsgröße und Innovationsaktivität vermutet werden. Der Kruskal-Wallis-Test für mehr als zwei unabhängige Stichproben ergibt jedoch keine signifikanten Unterschiede der 5 Unternehmensgrößengruppen in Bezug auf die Innovationsaktivität.

8.2.1.11 Ausprägungen der endogenen Variablen

Die Probanden schätzten das **Innovationspotenzial** der Unternehmung mit durchschnittlich 3,82 als relativ stark ein. Lediglich zwei der 61 Betriebe bezeichneten ihr Innovationspotenzial als schwach oder sehr schwach. Die **Innovationsrendite** wurde noch positiver wahrgenommen, nämlich durchschnittlich mit dem Wert 4,05, wobei die Ausprägungen „wenig erfolgreich" und „nicht erfolgreich" gar nicht genannt wurden.

Lediglich beim **Innovationspotenzial** liegen etwas geringere Werte vor. Dies kann darauf zurückgeführt werden, dass die Innovationsaktivität nicht explizit, sondern die Häufigkeit der Innovationen in den vergangenen Jahren abgefragt wurde. Um diese Zahlen in Relation zu setzen und einen Vergleich mit den anderen Variablen zu ermöglichen, wurden 5 Kategorien gebildet: 5=sehr starke Innovationsaktivität, 4=starke Innovationsaktivität, 3=mäßige Innovationsaktivität, 2=geringe Innovationsaktivität, 1=sehr geringe Innovationsaktivität. Der Mittelwert von 3,38 lässt nun erkennen, dass eine mäßige bis starke Innovationsaktivität vorliegt, was gemessen an der hohen Fragmentierung der Branche als sehr positiv anzusehen ist.

Untersucht man die Einzelvariablen der Innovationsrendite, ergeben sich folgende Mittelwerte (5=sehr positive Entwicklung, 1=sehr negative Entwicklung):

- Gewinnentwicklung 3,97
- Kostenentwicklung 3,35
- **Kundenakzeptanz** **4,37**
- **Mitarbeiterakzeptanz** **4,10**
- Marktanteilentwicklung 3,93
- Ergebnisse erst in den nächsten Jahren 3,76

Entscheidende Kriterien für die Einführung von Neuerungen sind in der Regel eine positive Gewinn- und Kostenentwicklung, Basis hierfür ist eine gute Akzeptanz bei den Kunden und eine positive Entwicklung des Marktanteils. Besonders positiv zu bewerten ist jedoch, dass gerade die Mitarbeiter die Innovationen ebenfalls zu einem starken Ausmaß akzeptieren.

Gleichzeitig darf nicht unterschätzt werden, dass es sich um persönliche Einschätzungen handelt (Wie schätzt der Unternehmer sein Innovationspotenzial ein? Was bedeutet für den Unternehmer erfolgreich oder sehr erfolgreich? Sieht ein Unternehmer eine Neuerung genauso wie der andere, oder werden unterschiedliche Maßstäbe angelegt?). Außerdem kann die positive Bewertung der Innovationsrendite auch darauf zurückgeführt werden, dass sich an einer Studie über das Innovationsverhalten mehrheitlich diejenigen Betriebe beteiligen, die sich für das Thema interessieren, dazu eine Aussage machen können und möchten und demzufolge über (positive) Erfahrung mit Neuerungen verfügen.

8.2.2 Explorative Analyse

Bei der Untersuchung der Einflussvariablen der endogenen Variablen Innovationspotenzial, Innovationsaktivität und Innovationsrendite, empfiehlt es sich für eine bessere Übersichtlichkeit, die Variablen mittels Dimensionsreduzierung zusammen zu fassen. Die Faktorenanalyse führt eine größere Anzahl von Variablen in eine kleinere Anzahl unabhängiger Einflussfaktoren zusammen. Diejenigen Variablen, die stark untereinander korrelieren, werden zu einer neuen Variable zusammen gefasst (Bühl/Zöfel 2002, S. 465). Die Faktorenanalyse ergab 12 neue Faktoren, die aus folgenden Subvariablen bestehen:

1. **St: Staat**: Behörden/Gesetze (1c1), Fördermaßnahmen (1c2), Politische Entscheidungen (1c3).
2. **EE: Externe Einflüsse**: Starker Konkurrenzkampf (1c4), Starke Veränderungen der Kundenwünsche (1c5), Technologische Veränderungen (1c6), Zufällige Ereignisse (1c7).
3. **OUM: Offenheit des Unternehmers gegenüber seinen Mitarbeitern**: Kooperativer Führungsstil (2a1), Toleranz/Offenheit (2a7), Empowerment (2a10).
4. **EU1: Entrepreneur-Eigenschaften des Unternehmers 1**: Kreativität (2a4), Weitsicht bei Entscheidungen (2a5), Vision (2a6), Macht, um Innovationen durchzusetzen (2a8).
5. **EU2: Entrepreneur-Eigenschaften des Unternehmers 2**: Risikobereitschaft (2a3), Prägung der Unternehmenskultur (2a9).
6. **MM: Motivation der Mitarbeiter**: Motivation der Mitarbeiter (2a2).
7. **UIM: Unternehmen fördern innovative Mitarbeiter**: Weiterbildungsmöglichkeiten (2b1), Anreize für innovative Ideen (2b2), Intrapreneure (2b3).
8. **EM: Eigenschaften der Mitarbeiter**: Kreativität (2b4), Teamfähigkeit (2b5), Engagement (2b6), Eigenständiges Arbeiten (2b7).
9. **IO: Innovationsfördernde Organisation**: Projektteams (2c1), Offener Kommunikationsfluss (2c2), Einsatz von Kreativitätsmethoden (2c7), Strukturierter Innovationsentwicklungsprozess (2c8).
10. **OF: Offener Führungsstil**: Flache Hierarchien (2c3), Freiraum/geringe Kontrolle (2c6).

11. **AO: Außenorientierung**: Wettbewerbsanalyse (2c4), Kundenorientierung (2c5).
12. **KK: Kernkompetenzen**: Kernkompetenzen (KK).

Ergänzt werden die neu berechneten Faktoren durch folgende Einzel-Variablen:
13. **LI: Lieferanten**: Anregung durch Lieferanten (1f2).
14. **KO: Kooperationen**: Zusammenarbeit mit anderen Unternehmen (1f4).
15. **L: Lerneffekte**: Lerneffekte (1g).
16. **KB: Kundeneinbindung**: Kundeneinbindung (2e).
17. **G: Unternehmensgröße**: Größe (3d).
18. **A: Alter des Unternehmens**: Alter (3j).

Die Regressionsanalyse ist in diesem Fall ein methodisch adäquates Mittel, um die Zusammenhänge zwischen den insgesamt 18 exogenen Variablen und den zu erklärenden Variablen zu untersuchen.

8.2.2.1 Innovationspotenzial

Modell		Nicht standardisierte Koeffizienten		Signifikanz
		B	Standardfehler	
1	(Konstante)	3,987	1,194	**,002**
	Staat	-,259	,186	,174
	Einflüsse von außen	-,130	,170	,449
	Offenheit des Unternehmers gegenüber seinen Mitarbeitern	,109	,161	,501
	Entrepreneureigenschaften 1	,069	,154	,656
	Entrepreneureigenschaften 2	,207	,158	,199
	Motivation der Mitarbeiter	-,152	,156	,336
	Unternehmen fördert innovative Mitarbeiter	,017	,153	,911
	Eigenschaften der Mitarbeiter	-,076	,175	,667
	Innovationsfördernde Organisation	-,059	,182	,748
	Offener Führungsstil	,203	,134	,140
	Außenorientierung	-,166	,149	,273
	Kernkompetenzen	,012	,133	,932
	Lieferanten	,130	,178	,469
	Kooperationen	-,281	,172	,112
	Lerneffekte	,093	,153	,550
	Kundeneinbindung	,100	,129	,442
	Unternehmensgröße	-,046	,110	,682
	Alter des Unternehmens	-,176	,113	,130

Tab. 29: Regression (Einschluss) für das Innovationspotenzial (eigene Darstellung)

Die Beta-Werte der Regressionsanalyse (Methode: Einschluss) sind nicht sehr stark ausgeprägt und liegen zwischen -0,281 und 0,203. Auch wenn keine der untersuchten Variablen signifikant zum Ergebnis beiträgt, so kann das Modell die endogene Variable Innovationspotenzial doch zu 37,2 % (=R^2) erklären.

Regression (Einschluss) zu Hypothese 1:
IP = 3,987 + 0,109 OUM + 0,069 EU1 + 0,207 EU2 – 0,152 MM + 0,017 UIM – 0,76 EM – 0,059 IO + 0,203 OF – 0,166 AO + 0,012 KK – 0,046 G – 0,176 A + 0,130 LI – 0,281 KO + 0,100 KB – 0,130 EE – 0,259 St + 0,093 L
Die Hypothese kann nicht abgelehnt werden.

Mittels schrittweiser Regression kann ein erheblich reduziertes Modell mit signifikanten Einflussgrößen gebildet werden.

Modell		Nicht standardisierte Koeffizienten		Signifikanz
		B	Standardfehler	
1	(Konstante)	4,947	,416	,000
	Offener Führungsstil	,291	,103	,007
	Kooperationen	-,353	,103	,008
	Alter des Unternehmens	-,180	,089	,049

Tab. 30: Regression (schrittweise) für das Innovationspotenzial (eigene Darstellung)

Die schrittweise Regression nimmt nur diejenigen Variablen auf, die das Modell signifikant beeinflussen. In diesem Fall wirkt der Faktor Offener Führungsstil besonders signifikant auf das Innovationspotenzial ein. Hinter diesem Faktor stehen die Variablen Flache Hierarchien und Freiraum/geringe Kontrolle. Die Aussagen der wirtschaftswissenschaftlichen Literatur über die innovationsfreundliche Organisation (vgl. Kapitel 5.1) werden somit bestätigt. Erstaunlich in diesem Modell ist jedoch, dass sich Kooperationen negativ auf das Innovationspotenzial auswirken. Außerdem ergibt sich aus der Berechnung, dass das Innovationspotenzial größer wird, je älter ein Unternehmen ist. Beide Zusammenhänge waren aufgrund der theoretischen Ausführungen nicht zu erwarten.

Schrittweise Regression: IP = 4,947 + 0,291 OF – 0,180 A – 0,353 KO

Das Modell kann die endogene Variable zu 24,9% erklären. Sowohl unternehmensinterne als auch -externe Faktoren beeinflussen das Innovationspotenzial, nicht jedoch die Lerneffekte.

Die **Untersuchung auf Zusammenhänge (Korrelationsanalyse)** zwischen den einzelnen exogenen Variablen (keine Zusammenfassungen durch die Faktorenanalyse, sondern Einbeziehung der einzeln abgefragten Variablen) und dem Innovationspotenzial ergab signifikante Zusammenhänge (Spearman-

Koeffizienten für ordinale Variablen) zwischen (*signifikant auf 0,1 Niveau, ** signifikant auf 0,05 Niveau)

- Zufällige Ereignisse – Innovationspotenzial   r = -0,279*
- Kreativität des Unternehmers – Innovationspotenzial   r = 0,311*
- Flache Hierarchien – Innovationspotenzial   r = 0,465**
- Kundenorientierung – Innovationspotenzial   r = 0,256*

Das Innovationspotenzial hängt signifikant vom Zufall (negativ), von der Kreativität des Unternehmers, von den flachen Hierarchien innerhalb eines Unternehmens und von der Kundenorientierung ab. Abgesehen vom Zufall, den die Unternehmer selbst nicht beeinflussen können, ist festzustellen: Je kreativer ein Unternehmer ist, je stärker sich das Unternehmen auf die Kunden ausrichtet und je weniger Hierarchiestufen in einem Unternehmen existieren, desto stärker wird das Innovationspotenzial eines Unternehmens vom Probanden wahrgenommen. In diesem Fall hängt demnach das Innovationspotenzial vor allem von speziellen unternehmensinternen Eigenschaften ab.

8.2.2.2 Innovationsaktivität

Modell		Nicht standardisierte Koeffizienten		Signifikanz
		B	Standardfehler	
1	(Konstante)	-2,026	2,548	,432
	Staat	,005	,353	,988
	Einflüsse von außen	,129	,316	,686
	Offenheit des Unternehmers gegenüber seinen Mitarbeitern	-,199	,299	,510
	Entrepreneureigenschaften 1	-,219	,284	,447
	Entrepreneureigenschaften 2	,454	,299	,139
	Motivation der Mitarbeiter	-,145	,292	,623
	Unternehmen fördert innovative Mitarbeiter	,234	,282	,412
	Eigenschaften der Mitarbeiter	,188	,324	,567
	Innovationsfördernde Organisation	-,185	,336	,585
	Offener Führungsstil	-,245	,256	,347
	Außenorientierung	,124	,280	,661
	Kernkompetenzen	,046	,246	,854
	Lieferanten	,410	,331	,224
	Kooperationen	,341	,330	,309
	Lerneffekte	,513	,284	**,080**
	Kundeneinbindung	,343	,239	,161
	Unternehmensgröße	-,052	,204	,802
	Alter des Unternehmens	,017	,216	,937
	Innovationspotenzial (Selbsteinschätzung)	,232	,321	,476

Tab. 31: Regression für die Innovationsaktivität (eigene Darstellung)

Das Regressionsmodell (Methode: Einschluss) erklärt die Innovationsaktivität eines Unternehmens zu 34,3% ($=R^2$). Hervorzuheben ist hier der signifikante Einfluss (auf 0,1 Niveau) der Lerneffekte aus früheren Innovationserfahrungen. Neben dem hohen Beta-Wert der Lerneffekte (0,513) sind die Unternehmer-Eigenschaften 2 mit 0,454 zu nennen; diese Variable setzt sich aus den Indikatoren Risikobereitschaft sowie Prägung der Unternehmenskultur zusammen.

Regression zu Hypothese 2
IA = -2,026 − 0,199 OUM −0,219 EU1 + *0,454 EU2* − 0,145 MM + 0,234 UIM + 0,188 EM − 0,185 IO − 0,245 OF + 0,124 AO + 0,046 KK − 0,052₁ G + 0,017 A + 0,410 LI + 0,341 KO + 0,43 KB + 0,129 EE + β_{17} 0,005 + *0,513 L* + 0,232 SIP
Die Hypothese kann nicht ablehnt werden.

Anm.: Variablen mit signifikantem Einfluss auf die endogene Variable sind kursiv

Mittels schrittweiser Regression kann ein erheblich reduziertes Modell mit signifikanten Einflussgrößen gebildet werden.

Modell		Nicht standardisierte Koeffizienten		Signifikanz
		B	Standardfehler	
1	(Konstante)	3,295	,198	**,000**
	Entrepreneureigenschaften 2	,529	,198	**,010**

Tab. 32: Regression (schrittweise) für die Innovationsaktivität (eigene Darstellung)

Die Rolle der Eigenschaften des Unternehmers 2, nämlich Risikobereitschaft und Prägung der Unternehmenskultur, steigt an. Die Innovationsaktivität hat nach dieser schrittweisen Untersuchung keine weiteren signifikanten Einflussfaktoren.

Schrittweise Regression: IA = 3,295 + 0,529 EU 2

Das Modell kann die endogene Variable jedoch nur zu 12,5% erklären. Es wird deutlich, dass dessen ungeachtet gerade die Risikobereitschaft eines Unternehmers großen Einfluss darauf hat, ob Innovationen getätigt werden. Überraschend ist, dass in der schrittweisen Regression die Lerneffekte keine signifikante Bedeutung haben.

Die **Analyse der Korrelationen** zwischen den einzelnen Variablen und der Innovationsaktivität ergibt signifikante Zusammenhänge zwischen den Lerneffekten (r=0,379, signifikant auf 0,05 Niveau) und der Prägung der Unternehmenskultur (0,277, signifikant auf 0,1 Niveau). Das bedeutet, dass durch das frühere Einführen von Innovationen Lerneffekte eintraten, von denen das Unternehmen beim Launch weiterer Neuerungen profitiert. Die Überprüfung der Korrelationen bestätigt somit das Ergebnis der Regressionsanalyse, in der die Lerneffekte und die Prägung der Unternehmenskultur (durch die Faktorenanalyse eine Subvariable Entrepreneureigenschaften 2) ebenfalls signifikanten Einfluss auf die Innovationsaktivität nehmen.

8.2.2.3 Innovationsrendite

Modell		Nicht standardisierte Koeffizienten		Signifikanz
		B	Standardfehler	
1	(Konstante)	4,899	1,934	,017
	Staat	,165	,266	,538
	Einflüsse von außen	-,057	,238	,813
	Offenheit des Unternehmers gegenüber seinen Mitarbeitern	,427	,226	,068
	Entrepreneureigenschaften 1	,143	,216	,511
	Entrepreneureigenschaften 2	,303	,233	,203
	Motivation der Mitarbeiter	,363	,220	,109
	Unternehmen fördert innovative Mitarbeiter	-,141	,214	,516
	Eigenschaften der Mitarbeiter	-,034	,245	,889
	Innovationsfördernde Organisation	-,242	,254	,347
	Offener Führungsstil	-,083	,195	,672
	Außenorientierung	,057	,211	,788
	Kernkompetenzen	-,190	,185	,312
	Lieferanten	-,175	,255	,498
	Kooperationen	,092	,252	,718
	Lerneffekte	,131	,224	,563
	Kundeneinbindung	-,323	,186	,091
	Unternehmensgröße	-,008	,154	,957
	Alter des Unternehmens	-,332	,163	,050
	Innovationspotenzial (Selbsteinschätzung)	,213	,243	,388
	Innovationsaktivität (Selbsteinschätzung)	,113	,133	,401

Tab. 33: Regression für die Innovationsrendite (eigene Darstellung)

Drei wesentliche Faktoren üben in dieser Regression (Methode: Einschluss) signifikanten Einfluss (0,1 Niveau) auf die Innovationsrendite aus: zum einen die Offenheit des Unternehmers gegenüber seinen Mitarbeitern. Hierin sind die Variablen kooperativer Führungsstil, Toleranz / Offenheit und Empowerment / Verantwortungsübertragung an die Mitarbeiter zusammengefasst. Zum anderen sind es die Kundeneinbindung und das Alter des Unternehmens, die in positiver Relation zur Innovationsrendite stehen. Die Einflussvariablen erklären die Innovationsrendite zu 41,8 % (=R^2). Die Selbsteinschätzungen des Innovationspotenzials und der Innovationsaktivität spielen keine Rolle, obwohl es eine signifikante Korrelation zwischen dem Innovationspotenzial und der Innovationsrendite gibt (r = 0,336 auf 0,05 Niveau).

> **Regression zu Hypothese 3**
> IR = 4,899 + *0,427 OUM* + 0,143 EU1 + β_3 0,303 + 0,363 MM − 0,141 UIM − 0,034 EM − 0242 IO − 0,083 OF + 0,057 AO − 0,190 KK − 0,008 G − *0,332 A* − 0,175 LI + 0,092 KO − 0,323 *KB* − 0,057 EE + 0,165 St + 0,131 L + 0,213 SIP + 0,113 SIA
> **Die Hypothese kann nicht abgelehnt werden.**

Anm.: Variablen mit signifikantem Einfluss auf die endogene Variable kursiv

Die schrittweise gerechnete Regression zeigt folgendes Ergebnis:

Modell		Nicht standardisierte Koeffizienten		Signifikanz
		B	Standardfehler	
1	(Konstante)	5,030	,448	,000
	Entrepreneureigenschaften 2	,430	,157	,008
	Alter des Unternehmens	-,267	,126	,039

Tab. 34: Regression (schrittweise) für die Innovationsrendite (eigene Darstellung)

Erneut wird deutlich, dass der Faktor Entrepreneureigenschaften 2, die sich aus dessen Risikobereitschaft und der Prägung der Unternehmenskultur zusammensetzen, großen Einfluss auf die endogene Variable ausüben. Sowohl die Innovationsaktivität als auch die Innovationsrendite hängen hauptsächlich von diesem Faktor ab. Des Weiteren übt erneut das Alter einer Unternehmung negativen Einfluss aus. Je älter also Unternehmen sind, desto innovativer sind sie erstaunlicherweise. Eine mögliche Erklärung liegt darin, dass diese Unternehmen nur durch erfolgreich durchgeführte Innovationen nachhaltige Wettbewerbsvorteile erreichten und sich so lange am Markt behaupten konnten.

Schrittweise Regression: IR = 5,030 + 0,430 EU 2 − 0,267 A

Das Modell kann die Innovationsrendite mit diesen beiden Variablen nur zu 16,9% erklären.

In der **Korrelationsanalyse** hat die Innovationsrendite von allen endogenen Variablen die meisten signifikanten Einflussvariablen, darunter Toleranz / Offenheit des Unternehmers ($r = 0,346^{**}$), seine Verantwortungsübertragung an die Mitarbeiter ($r = 0,385^{**}$) und das Innovationspotenzial selbst ($r = 0,336^{**}$). Hinzu kommen erneut die Risikobereitschaft des Unternehmers ($r = 0,305^{*}$) und Anreize (materiell/immateriell) für innovative Ideen ($r = 0,291^{*}$) (* signifikant auf 0,1 Niveau, ** signifikant auf 0,05 Niveau). Der Innovationserfolg korreliert also vor allem mit Entrepreneureigenschaften. Ebenfalls beachtlich ist die Korrelation zwischen Innovationspotenzial und Innovationserfolg: Je höher demzufolge das von den Unternehmern eingeschätzte Potenzial, Innovationen einzuführen, desto größer ist die Wahrscheinlichkeit, dass Innovationen erfolgreich sind.

8.2.2.4 Unterschiede zwischen Hotels und Nicht-Hotels

Für Unterschiedsverfahren eignen sich in diesem Datensatz nur die Gruppe der Hotels, alle anderen Subbranchen flossen mit einer zu geringen Anzahl in das Sample ein. Daher werden die beiden Gruppen „Hotels" (n=20) und „Nicht-Hotels" (n=41) auf Unterschiede in den Ausprägungen untersucht.

Die Unterschiede werden durch T-Tests bei zwei unabhängigen Stichproben (Bühl/Zöfel 2002, S. 274) ermittelt. Es wurden zahlreiche Variablen auf signifikant unterschiedliche Ausprägungen in den beiden Gruppen untersucht.

Variable		n	Mittelwert		T-Test Mietwerts-Gleichheit: sig. (2-seitig)
Innovations-rendite	Hotel	20	4,50	Varianzen gleich	,067
	Nicht-Hotel	41	3,83	Varianzen nicht gleich	**,016**
Innovations-aktivität	Hotel	20	4,05	Varianzen gleich	**,015**
	Nicht-Hotel	41	3,05	Varianzen nicht gleich	**,015**
Kooperativer Führungsstil	Hotel	20	4,50	Varianzen gleich	**,021**
	Nicht-Hotel	41	4,05	Varianzen nicht gleich	**,015**
Kreativität des Unternehmers	Hotel	20	4,55	Varianzen gleich	,067
	Nicht-Hotel	41	4,17	Varianzen nicht gleich	**,045**
Kreativität der Mitarbeiter	Hotel	20	3,45	Varianzen gleich	**,022**
	Nicht-Hotel	41	3,88	Varianzen nicht gleich	**,037**
Kern-kompetenzen	Hotel	20	3,60	Varianzen gleich	**,048**
	Nicht-Hotel	41	3,03	Varianzen nicht gleich	**,041**
Kunden-einbindung	Hotel	20	4,30	Varianzen gleich	,071
	Nicht-Hotel	41	3,68	Varianzen nicht gleich	**,046**
Alter des Unternehmens	Hotel	20	2,81	Varianzen gleich	**,021**
	Nicht-Hotel	41	3,64	Varianzen nicht gleich	**,020**

Tab. 35: Signifikant unterschiedliche Ausprägungen zwischen den Gruppen „Hotels" und „Nicht-Hotels" (eigene Darstellung)

Bei 8 der insgesamt 65 analysierten Variablen wurden signifikante Unterschiede (5%-Niveau) festgestellt. Hervorzuheben ist dabei, dass gerade die **Innovationsaktivität** bei den Hotels höher und die **Innovationsrendite** deutlich positiver eingeschätzt werden. Interessant ist die Analyse der **Kreativität**: Während die Hoteliers ihre eigene Kreativität deutlich höher bewerteten als in anderen touristischen Subbranchen, schätzten sie die Kreativität ihrer Mitarbeiter signifikant geringer ein. Das ließe nun darauf schließen, dass es in Hotels gerade die Unternehmer sind, die neue Ideen haben. Es könnte aber auch sein – und das erscheint eher wahrscheinlich – dass bei einer Selbsteinschätzung (und dies gilt auch für die anderen Subbranchen) positiver bewertet wird als bei einer Einschätzung über die Mitarbeiter. Der besonders deutliche Unterschied bei den Hotels führt des Weiteren zu der Überlegung, dass Hoteliers aufgrund der geringen Betriebsgröße Innovationen durch eigene Entscheidung einführen, die Kreativität der Mitarbeiter nicht gefragt ist und der Unternehmer diese demzufolge nicht umfassend beurteilen kann. Gleichzeitig geben die Hoteliers an, einen äußerst **kooperativen Führungsstil** zu pflegen. Da Unternehmer mit einem kooperativen Führungsstil jedoch Mitarbeiter in Entscheidungen einbeziehen, stellt sich die Frage, weshalb Hoteliers Mitarbeiter mit einer nur mäßig bis stark ausgeprägten Kreativität beschäftigen.

Betrachtet man die letzten drei signifikant unterschiedlichen Ausprägungen, verdient insbesondere die **Kundeneinbindung** im Innovationsprozess besondere Beachtung. Diese ist bei Hoteliers signifikant stärker ausgeprägt als in anderen Subbranchen. Bis auf 2 Hotels führen alle befragten Unterkunftsbetriebe Kundenzufriedenheitsbefragungen durch und verfügen über ein Beschwerdemanagement. Der zudem errechnete Modalwert von 5 besagt, dass die Hälfte aller Hotels nach eigenen Angaben sogar Kundenbeobachtungen und/oder Gruppendiskussionen mit ihren Kunden durchführen, um neue Ideen zu gewinnen.

Kernkompetenzen werden von den Hoteliers nur mäßig bis stark ausgeprägt eingestuft, liegen jedoch noch signifikant höher als in anderen touristischen Subbranchen. Das **Alter** der an der Untersuchung beteiligten Hotels liegt überdurchschnittlich hoch (1=vor 1939, 2=bis 1959, 3=bis 1979, 4=bis 1999, 5=seit 2000); der Mittelwert von 2,81 (Modus = 3, Median = 3) deutet darauf hin, dass dies bei 25 Jahren und älter liegt. Die Betriebe anderer Tourismusbereiche, die sich an der Studie beteiligten, wurden dagegen zu fast 2/3 erst in den letzten 25 Jahren gegründet. Dies lässt vermuten, dass gerade in den letzten 20 bis 30 Jahren durch die starken technischen Veränderungen und durch die Veränderungen im Nachfrageverhalten Betriebe mit neuartigen Konzepten (Incentive-Agenturen, Tourismus-Marketing-Organisationen, Kultur- und Freizeitangebote) entstanden. Der signifikante Altersunterschied zwischen Hotels und Nicht-Hotels kann möglicherweise auch erklären, weshalb die Innovationsrendite dann höher ist, je älter das Unternehmen ist (vgl. Kapitel 8.2.2.3).

8.2.2.5 Zusammenfassung und Interpretation der Ergebnisse

Die empirische Studie brachte einige klare und interessante Zusammenhänge zutage: Die aufgestellten Hypothesen über den Einfluss bestimmter Variablen auf das Innovationspotenzial, die Innovationsaktivität und die Innovationsrendite einer Unternehmung können nicht verworfen werden. Im Sinne von Popper's kritischem Rationalismus sind diese Hypothesen, die nach der Empirie leicht modifiziert wurden (Variablen der Faktorenanalyse), solange gültig, bis sie endgültig falsifiziert werden.

Es hat sich gezeigt, dass bei der durchgeführten Online-Befragung trotz einiger Nachteile die Vorteile überwogen. Gerade aufgrund der räumlichen Ausdehnung der Studie erwies sie sich als approbierte und sinnvolle Technik. Sie trug auch dem Inhalt der Befragung Rechnung, indem das Innovationsverhalten und das Innovationsmanagement touristischer Betriebe mittels innovativer Technik abgefragt wurden.

Hier werden aber auch die Limitationen dieser Befragung offensichtlich: Durch den innovativen Charakter der Befragung sowohl in inhaltlicher als auch in technisch-methodischer Hinsicht konnte lediglich bei den Unternehmen Interesse für die Befragung geweckt werden, die sich bereits mit dem Thema der Innovation auseinandersetzen und Neuerungen in den Betrieb einführen. Ein anderer Teil, nämlich diejenigen Betriebe, die dem Traditionellen verhaftet bleiben, kann nur schwer Aussagen über Innovationen treffen, zumal vermutlich diesen Betrieben auch die Technik der Online-Befragung nicht vertraut war.

Ferner war es nahezu unmöglich, eine Grundgesamtheit touristischer Betriebe zu erfassen, da diese ständig variiert und des Weiteren eine Vollerhebung technisch nur schwer machbar gewesen wäre. Schlussendlich kann aber die Beteiligung von 61 touristischen Unternehmen in 6 Subbranchen und 4 Ländern durchaus als annehmbare Größe gelten, da somit zumindest zum Teil Unterschiedsverfahren möglich wurden.

Die Untersuchung ergab, dass es insbesondere die Eigenschaften des Unternehmers bzw. Geschäftsführers sind, die das Innovationsverhalten eines Betriebs beeinflussen. Auf das Innovationspotenzial wirkten insbesondere flache Hierarchien (möglichst wenig Hierarchiestufen), Kundenorientierung, die Kreativität des Unternehmers und der Zufall (negativ). Die Innovationsaktivität (Häufigkeit, Neuerungen einzuführen) hängt vor allem von der Risikobereitschaft des Unternehmers, flachen Hierarchien und den Lerneffekten aus früheren Innovationen ab. Je höher also die Risikobereitschaft des Unternehmers und je häufiger also ein Unternehmen Neuerungen einführt, desto stärker wirken diese Erfahrungen auf die nächsten Innovationen und die Häufigkeit der daraufhin eingeführten Produkte und Prozesse. Die Innovationsrendite wurde insbesondere von den Eigenschaften des Unternehmens beeinflusst: besonders viele signifikante Zusammenhänge waren hier festzustellen, nämlich in Bezug auf die Toleranz und Offenheit des Unternehmens, seine Verantwortungsübertragung an die Mitarbeiter (Empowerment) und – wie bereits bei der Innovationsaktivität – die Risikobereitschaft des Entrepreneurs.

Ferner wirken sich materielle und immaterielle Anreize für Innovationen, die Mitarbeiter einbringen, und das Innovationspotenzial (Selbsteinschätzung) positiv auf die Innovationsrendite aus. Diese festgestellten Zusammenhänge (Spearman-Korrelationskoeffizienten) werden in der durchgeführten Regressionsanalyse zum Teil bestätigt. In der Regression wirken sich speziell die Einbindung der Kunden in den Innovationsprozess und das Alter des Unternehmens signifikant positiv auf die Innovationsrendite aus: Je stärker also die Kunden eingebunden werden, desto höher ist der Innovationserfolg. Erstaunlich ist die Tatsache, dass sowohl das Innovationspotenzial als auch die Innovationsrendite bei älteren Unternehmen stärker ausgeprägt ist. Die Vermutung, dass jüngere Unternehmen innovativer seien, konnte also nicht bestätigt werden.

Als wenig ausschlaggebend haben sich die Kernkompetenzen eines Unternehmens hinsichtlich des Innovationsverhaltens erwiesen. Nur wenige der befragten Betriebe konnten überhaupt eine Aussage über ihre Kernkompetenzen treffen. Der Einfluss der Technologie-Abhängigkeit touristischer Betriebe (wie z. B. Transportbetriebe) konnte nicht explizit überprüft werden, da sich zu wenig Teilnehmer über den Einfluss der Technologie und des technischen Fortschritts auf ihre Innovationen äußerten. Der Vergleich der Mittelwerte für die unterschiedlichen Nationen und für die verschiedenen Unternehmensgrößen zeigte keinerlei signifikante Unterschiede.

Aus diesen Analysen kristallisieren sich interessante Potenziale für die KMU-strukturierte Tourismusbranche heraus: Risikobereitschaft und flache Hierarchien erwiesen sich als positive Einflussfaktoren auf das Innovationsverhalten. Gerade in dem von Dienstleistungen geprägten Tourismussektor können neue Produkte ohne große finanzielle Ressourcen eingeführt werden, entscheidend sind vielmehr Zeit für Innovationen und eine Verantwortungsübertragung an die Mitarbeiter. Werden alte Zöpfe abgeschnitten und zieht damit ein neues unternehmerisches Denken in die Führungsetagen der Tourismusbetriebe ein – ganz im Gegensatz zu dem immer noch häufig zu findenden Life-Style-Entrepreneur (vgl. Kapitel 3) –, stehen die Chancen für einen Aufbruch, nämlich für eine Verjüngung veralteter Produkt- und Destinationslebenszyklen sehr gut.

Die Untersuchung hat ergeben, dass eine Zusammenfassung in unternehmensinterne Eigenschaften und Rahmenbedingungen sowie in unternehmensexterne Einflüsse nicht möglich ist. Die untersuchten Variablen haben hierfür zu spezielle und unterschiedliche Ausprägungen. Diese Vermutung wird durch eine Reliabilitätsanalyse bestätigt, da die erhaltenen Cronbach-Alpha-Werte zu niedrig sind (<0,8), um eine Zusammenfassung zuverlässig zu erlauben. Bei der Reliabilitätsanalyse wird ein Cronbach-Alpha-Koeffizient von 0,8 oder höher als „akzeptabel" angesehen (UCLA Academic Technology Services 2005).

Das Modell kann schlussendlich adaptiert an die Regressionsanalyse wie folgt dargestellt werden:

Unternehmensinterne Ressourcen / Eigenschaften
1. Offenheit des Unternehmers gegenüber seinen Mitarbeitern
2. Entrepreneur-Eigenschaften 1
3. Entrepreneur-Eigenschaften 2
4. Motivation der Mitarbeiter
5. Unternehmen fördern innovative Mitarbeiter
6. Eigenschaften der Mitarbeiter
7. Innovationsfördernde Organisation
8. Offener Führungsstil
9. Außenorientierung
10. Kernkompetenzen
11. Größe des Unternehmens
12. Alter des Unternehmens

Externe Einflüsse
1. Staat
2. Externe Einflüsse (allgemein)
3. Lieferanten
4. Kooperationen
5. Kundeneinbindung

→ **Innovationspotenzial** → **Innovationsaktivität** → **Innovationsrendite**

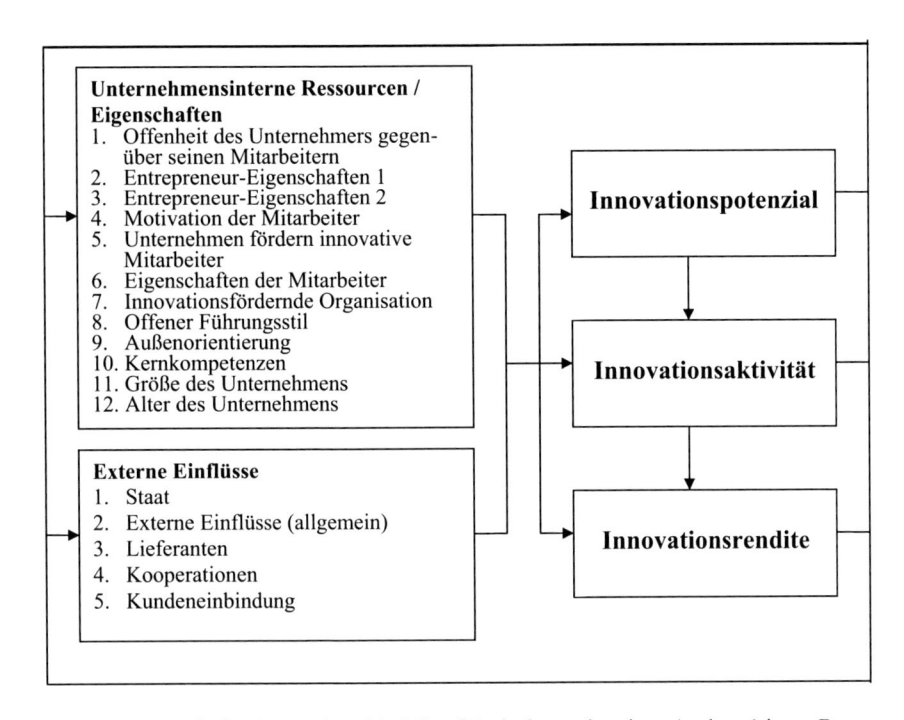

Abb. 61: Gesamthaftes Innovations-Modell auf Basis der explorativen Analyse (eigene Darstellung)

9 Zusammenfassung und Ausblick

9.1 Conclusio

Sowohl die theoretischen Ausführungen als auch die empirische Untersuchung haben gezeigt, dass Innovationsforschung im Bereich der Dienstleistungs- und Tourismuswirtschaft noch in den Kinderschuhen steckt. Einige Bereiche, wie z. B. ein strukturierter Innovationsentwicklungsplan oder die innovierende betriebliche Organisation, wurden auch für den tertiären Sektor bereits hinreichend analysiert. Andere Forschungsfelder, wie z. B. die Rolle des Entrepreneurs bzw. Geschäftsführers und die der Mitarbeiter in den Betrieben, bedürfen noch weiter reichender Untersuchung.

Ziel des vorliegenden Dissertationsvorhabens war es, das noch relativ unbearbeitete Feld von Innovationen und Innovationsforschung in der Tourismusbranche aus betriebswirtschaftlicher und wirtschaftswissenschaftlicher Sicht zu untersuchen. Basierend auf der Auseinandersetzung mit dem Begriff der Innovation wurden die Rahmenbedingungen, Voraussetzungen und Einflussgrößen von Produkt- und Prozessentwicklungen und deren Auswirkungen untersucht.

Die in der Einführung (S. 2) genannten Forschungsfragen wurden sowohl in den theoretischen Ausführungen und zum Teil auch empirisch erklärt. Die Bedeutung von Innovationen für die Tourismusbranche konnte durch die Analyse der wirtschaftlichen Zusammenhänge in der Tourismusbranche unterstrichen werden. Sowohl die marktlichen als auch die unternehmensinternen Einflussfaktoren des Innovationsverhaltens und des Innovationsmanagements wurden theoretisch aufgezeigt und empirisch überprüft. Der Innovationsentwicklungsprozess und die Determinanten für Innovationen und deren Beziehungen zueinander wurden aufgezeigt.

Bislang wurde in der wissenschaftlichen Literatur nicht zufrieden stellend dargestellt, wie ein erklärendes Innovationsmodell für die Dienstleistungsbranche aussehen könnte. Zwar existieren bereits einige Konstrukte, die sich mit der Entwicklung neuer Produkte und Dienstleistungen beschäftigten. In der Literatur gibt es jedoch noch keine idealtypische Modellierung unter Berücksichtigung tourismusspezifischer Aspekte. Es wurde eine Integration aller den Dienstleistungs- bzw. Produktentwicklungsprozess beeinflussenden Variablen angestrebt, woraus sich die verschiedenen Hypothesen ergaben, die empirisch überprüft wurden.

Nach der empirischen Untersuchung der Bestimmungsvariablen für Innovationen können nun die festgestellten Ergebnisse als Ausgangspunkt für die Innovationspolitik für dienstleistungs- bzw. touristisch orientierte Unternehmen dienen. Da die Großzahl der Betriebe, die an der Studie teilnahmen, sich an Ergebnissen interessiert zeigten, werden die für diese Unternehmen wichtigsten Zusammenhänge erörtert und erklärt und die somit entstandenen Forschungserkenntnisse an die Unternehmen transferiert.

Gerade in Zeiten, in denen die Produkt- und Destinationslebenszyklen alteingesessener Tourismusregionen und –betriebe am Scheitelpunkt angekommen sind und sich der Aufgabe gegenübersehen, einen neuen Zyklus einzuleiten, ist die Findung und Einführung neuer Produkte, Dienstleistungen und Prozesse eine ebenso spannende wie dringende Herausforderung. Die vorliegende Arbeit liefert hierzu einen wesentlichen Beitrag, da die Erforschung der Innovationen in diesem Gebiet bislang immer noch in den Anfängen steckt. Die durchgeführte Pilotuntersuchung generiert ferner offene Fragen sowohl für die Tourismusforschung als auch für die Tourismuswirtschaft.

9.2 Ausblick und weiterer Forschungsbedarf

Wie bereits angedeutet unterliegt die empirische Studie Limitationen, so dass die Aussagen vielmehr forschenden und explorativen als repräsentativen Charakter haben. Es ist zu überlegen, eine weiterführende Befragung durchzuführen, die über einen längeren Zeitraum geht und mit einer wesentlich größeren Grundgesamtheit arbeitet. Erst wenn eine kritische Masse pro Subbranche und Nation erreicht ist, können gesicherte Aussagen über das Innovationsverhalten und das -management getroffen werden. Ferner ist die Subjektivität von Selbsteinschätzungen der Unternehmen zu bedenken.

Die größte Problematik jedoch ist, dass der Innovationsgedanke vielleicht mittlerweile im Großteil der Köpfe der touristischen Entrepreneure angelangt ist, jedoch noch nicht im Herzen angekommen und in Aktivität gemündet ist. Demzufolge wird es – wie es in dieser Studie der Fall war – in der Dienstleistungs- und Tourismusbranche weiterhin schwierig sein, eine ausreichende Masse zu finden, die zum Thema der Innovationen aussagekräftig antworten kann.

Die Frage einer Studie zum Innovationsverhalten bei touristischen Leader-Betrieben mittels Experten-Interviews sollte kritisch betrachtet werden: Diesbezüglich wurden bereits Erhebungen durchgeführt (Steinhauser/Theiner 2004; Weiermair/Walder 2004), so dass es nun Aufgabe der Forschung ist, den Untersuchungsgegenstand auf eine größere Breite und Tiefe an Tourismusbetrieben auszudehnen. Dies betrifft insbesondere Themen, die in dieser Dissertation nicht angeschnitten werden konnten, wie beispielsweise die Diffusion von Innovationen und die Messung des Innovationsgrades. Eine weitere spannende Frage ist die der Dynamik des Innovationsverhaltens, die im entwickelten Modell bereits angedeutet wurde (Lerneffekte). Diese könnte mittels Längsschnittsuntersuchung ausgebaut werden.

Auch die Frage des Verhältnisses von Ressourcen- bzw. Marktorientierung ist für die Einführung neuer Produkte und Prozesse noch nicht geklärt. Welche Ressourcen, vor allem personelle, stehen im Unternehmen für die Umsetzung einer Innovation zur Verfügung? Welches Marktpotenzial hat eine neue Idee in einem bestimmten wettbewerblichen Umfeld? Ist dieses Potenzial groß genug, um dem Unternehmen einen nachhaltigen Wettbewerbsvorteil im Sinne von steigender Profitabilität und größerer Kundenzufriedenheit zu verschaffen? Die Erkenntnisse über die Relevanz der betriebsinternen Aspekte in Bezug auf das Innovationsverhalten von Dienstleistungsunternehmen können des Weiteren die Basis für eine weitere, tiefer gehende Untersuchung über den innovativen Unternehmer, die innovativen Mitarbeiter und die innovationsfreundlichen Rahmenbedingungen bilden.

Schlussendlich bleibt noch eine Hauptaufgabe, die vermutlich die schwierigste von allen ist: Das erforschte Wissen in die Praxis zu transferieren. Der zum Teil stagnierenden Tourismusbranche in Mitteleuropa kann mit einer praxisnahen Erklärung und Umsetzung der erforschten Ergebnisse eine wesentliche Hilfestellung zur Entwicklung und Einführung von Neuerungen zur Hand gegeben werden.

Für das Können gibt es nur einen Beweis: das Tun.
(Marie von Ebner-Eschenbach)

Anhang A: Fragebogen

Im Internet abrufbarer Fragebogen:
http://www.w3s.info/innovations_analyse/fragebogen.php.

Danke für Ihre Bereitschaft an der Umfrage teilzunehmen!

Die Universität Innsbruck führt eine Befragung durch, deren Ziel es ist, das **Innovationsverhalten und das Innovationsmanagement in touristischen Betrieben** zu analysieren. Dadurch erhoffen wir uns gesicherte Informationen über die Funktionsweise von Innovationen im Tourismussektor, was theoretische Annahmen empirisch absichern und sowohl der Praxis als auch der Politik Handlungsempfehlungen geben soll. Durch genaue Antworten auf unsere Fragen unterstützen Sie unsere Arbeit entscheidend. Selbstverständlich bleiben Ihre Angaben absolut anonym und werden vertraulich behandelt.
Vielen Dank für Ihre Mithilfe!

Bibiana Walder (Institut für Tourismus und Dienstleistungswirtschaft)

Der Fragebogen bezieht sich auf die von Ihrem Unternehmen realisierten Neuerungen. Eine innovative Idee, die nicht umgesetzt wird, ist keine Innovation.

Innovationen sind:

- Produkt- oder Dienstleistungsinnovationen: z. B. neue Reiseziele, neue Pauschalen/Kombinationen, Wellness/Nordic Walking-Angebote in Hotels oder in Destinationen, Seilbahnsesselheizung.
- Prozessinnovation: Einführung einer neuen Produktionsmethode, z.B. verbesserte Arbeitsabläufe in der Küche.
- Innovationen im Bereich Informations- und Kommunikationstechnologien: z. B. Wissensdatenbanken, e-Meldezettel.
- Innovationen in Marketing und Vertrieb: z. B. Erschließung eines neuen Absatzmarktes, neue Vertriebswege, z. B. Hotel im Reiseveranstalterkatalog, der zuvor nur Direktvertrieb hatte; Einrichtung eines Newsletters an Stammgäste; Events im Sendeland als Marketingmaßnahme u.a.
- Innovationen im Personalbereich: z. B: neue Arbeitszeitmodelle, neue materielle oder immaterielle Anreize.
- Durchführung einer Neuorganisation des Unternehmens (Organisationsinnovation), z. B. in Richtung Innovationsfreundlichkeit.

---

1. Fragen zur Innovationstätigkeit in Ihrem Unternehmen

a) Haben Sie in den letzten 4 Jahren Investitionen unternommen, die neuartige Produkte, Dienstleistungen oder Prozesse zur Folge hatten? Wenn ja, beschreiben Sie bitte das für das Unternehmen wichtigste neue Produkt, die neue Dienstleistung oder den neuen Prozess etc. und führen Sie die Höhe und den Zeitpunkt der Investition an.

Beispiel 1: neuer Vertriebsweg des Hotels – Aufnahme in Reiseveranstalterkatalog, 05/04,
Beispiel 2: Seilbahnsesselbeheizung, 12/04.

Innovation: _____

Zeitpunkt (ca. Monat/Jahr): ca. _____
Investitionshöhe (%-Anteil d. Umsatz): ○ bis 5% ○ bis 10% ○ bis 20% ○ bis 30% ○ bis 50%
☐ keine Innovation, weil _____

b) Wurde die Innovation durch technischen Fortschritt ermöglicht (Sessellift mit Sitzheizung, Informations- und Kommunikationstechnologien wie Internet)?

○ Ja, und zwar zu _____ % (von den Gesamtinvestitionen für die Innovation)
○ Nein

c) Inwiefern wurde der Entwicklungsprozess und der Erfolg der Innovation durch das betriebliche Umfeld beeinflusst?

	sehr positiv	positiv	kein Einfluss	negativ	sehr negativ
1. Behörden/Gesetze	○	○	○	○	○
2. Fördermaßnahmen	○	○	○	○	○
3. Politische Entscheidungen (z. B. TVB-Fusionen, Raumordnung, Basel II u. ä.)	○	○	○	○	○
4. Starker Konkurrenzkampf/Wettbewerb	○	○	○	○	○
5. Starke Veränderungen der Kundenwünsche (z. B. Produktansprüche, neue Kunden)	○	○	○	○	○
6. Technologische Veränderungen	○	○	○	○	○
7. Zufällige Ereignisse (Kriege, Krankheiten u.a.)	○	○	○	○	○

d) War die von Ihnen genannte Innovation erfolgreich? Wie stark waren die Ergebnisse ausgeprägt?

○ sehr erfolgreich ○ erfolgreich ○ mäßig erfolgreich ○ wenig erfolgreich ○ nicht erfolgreich

Auswirkungen:	sehr positiv	positiv	neutral	negativ	sehr negativ	
1. Gewinnentwicklung	○	○	○	○	○	☐
2. Kostenentwicklung	○	○	○	○	○	☐
3. Kundenakzeptanz	○	○	○	○	○	☐
4. Mitarbeiterakzeptanz	○	○	○	○	○	☐
5. Marktanteilentwicklung	○	○	○	○	○	☐
6. Ergebnisse erst in den nächsten Jahren	○	○	○	○	○	☐
7. Sonstiges: _____	○	○	○	○	○	☐

Bitte kreuzen Sie nun in der Spalte ganz rechts an, welche 3 Ergebnisse am wichtigsten waren

e) Wie viele Innovationen haben Sie in den letzten 4 Jahren insgesamt eingeführt? Bitte geben Sie für die einzelnen Kategorien die Anzahl an.

___ Neues Produkt/neue Dienstleistung (z. B. neue Küchenangebote, neue Reiseziele, neue Pauschalen)
___ Neue/Verbesserte Prozesse (z. B. Wäsche-Outsourcing)
___ Neuer Einsatz von IT (z. B. neue Buchungswege)
___ Marketing und Vertrieb (z. B. Werbe-Events, Erstteilnahme an Messen, Werbekooperationen)
___ Management (z. B. MitarbeiterInnen, Unternehmensorganisation, Strategie)
___ Sonstiges _____

f) Wodurch werden Innovationen bzw. Ihre Innovationstätigkeit in Ihrem Unternehmen ausgelöst? Wie stark ist der Einfluss der einzelnen Kriterien? Vergeben Sie insgesamt 100 Punkte.

___ Anregung durch Kunden
___ Anregung durch Lieferanten
___ Innovation der Konkurrenz
___ Zusammenarbeit mit anderen Unternehmen
___ gezielte eigene Forschung
___ zufällige Entdeckung
___ Sonstiges _____

g) Wenn Sie an aktuelle Innovationsprojekte denken, konnten Sie aus früheren Innovationen (Erfahrungen im Innovationsprozess u.a.) lernen?

○ sehr große Lerneffekte ○ große Lerneffekte
○ kaum Lerneffekte ○ keine Lerneffekte ○ neutral

h) Planen Sie in nächster Zukunft die Einführung eines neuen Produkts/Dienstleistung/Prozess?

Ja ○   Nein ○
Wenn ja, was? Nennen Sie die für das Unternehmen wichtigste Neuerung.
○ Neues Produkt / neue Dienstleistung (z. B. neue Küchenangebote, neue Reiseziele, neue Pauschalen)
○ Neue/Verbesserte Prozesse (z. B. Wäsche-Outsourcing)
○ Neuer Einsatz von IT (z. B. neue Buchungswege)
○ Marketing und Vertrieb (z. B. Werbe-Events, Erstteilnahme an Messen, Werbekooperationen)
○ Management (z. B. MitarbeiterInnen, Unternehmensorganisation, Strategie)
Sonstiges _____

Wann?

○ innerhalb der nächsten 6 Monate
○ in den nächsten 7-12 Monaten
○ später

2. Fragen über Charakteristika in Ihrem Unternehmen

a) Wie stark sind folgende Eigenschaften bei Ihnen persönlich ausgeprägt?

	sehr stark	stark	mäßig	gering	gar nicht	
1. Kooperativer Führungsstil	○	○	○	○	○	□
2. Motivation der MitarbeiterInnen	○	○	○	○	○	□
3. Risikobereitschaft	○	○	○	○	○	□
4. Kreativität (Phantasie, Neugier, Wissen)	○	○	○	○	○	□
5. Weitsicht bei Entscheidungen	○	○	○	○	○	□
6. Vision	○	○	○	○	○	□
7. Toleranz/Offenheit	○	○	○	○	○	□
8. Macht, um Innovationen durchzusetzen	○	○	○	○	○	□
9. Prägung der Unternehmenskultur	○	○	○	○	○	□
10. Verantwortungsübertragung an die MitarbeiterInnen	○	○	○	○	○	□

Bitte kreuzen Sie nun an, welche 3 Eigenschaften bei Ihnen am stärksten ausgeprägt sind.

b) Wie stark sind folgende Eigenschaften und Möglichkeiten bei Ihren MitarbeiterInnen ausgeprägt?

	sehr stark	stark	mäßig	gering	gar nicht	
1. Weiterbildung wird durch das Unternehmen ermöglicht	○	○	○	○	○	□
2. Anreize für innovative Ideen (materiell/immateriell)	○	○	○	○	○	□
3. Eigenverantwortliches unternehmerisches Denken und Forschen der MitarbeiterInnen (~ Intrapreneure)	○	○	○	○	○	□
4. Kreativität (Phantasie, Neugier, Wissen)	○	○	○	○	○	□
5. Teamfähigkeit	○	○	○	○	○	□
6. Engagement	○	○	○	○	○	□
7. Eigenständiges Arbeiten	○	○	○	○	○	□

Bitte kreuzen Sie nun an, welche 3 Eigenschaften bei Ihren MitarbeiterInnen am stärksten ausgeprägt sind.

c) Wie ist Ihr Unternehmen in Bezug auf Innovationstätigkeiten organisiert und orientiert?

	sehr stark	stark	mäßig	gering	gar nicht	
1. Projektteams, Arbeitskreise o.ä. für Innovations- Entwicklung	○	○	○	○	○	□
2. Offener Kommunikationsfluss	○	○	○	○	○	□
3. Flache Hierarchien (wenig Hierarchiestufen)	○	○	○	○	○	□
4. Wettbewerbs-/Konkurrenzanalyse	○	○	○	○	○	□
5. Kundenorientierung	○	○	○	○	○	□
6. Freiraum für MitarbeiterInnen (geringe Kontrollmechanismen)	○	○	○	○	○	□
7. Einsatz von Kreativitätsmethoden (z.B. Brainstorming)	○	○	○	○	○	□
8. Strukturierter Innovationsentwicklungsprozess (von der Ideengenerierung bis zur Erfolgskontrolle)	○	○	○	○	○	□

Bitte kreuzen Sie nun an, welche 3 Kriterien in Ihrem Unternehmen am stärksten ausgeprägt sind.

d) Kriterien für Kernkompetenzen eines Unternehmens sind zum Beispiel Kundennutzen, Abhebung von der Konkurrenz, Einzigartigkeit oder Ausbaufähigkeit einer Leistung. Über welche Kernkompetenzen verfügt Ihr Unternehmen und wie stark sind sie ausgeprägt?
Beispiele: Information der Kunden über das übliche Maß hinaus, Wellness-Bereich mit spezialisierten MitarbeiterInnen, umfassende Landeskenntnisse bis hin zu sozialem Engagement in der Destination.

Kernkompetenz	sehr stark	stark	mäßig	gering	gar nicht
1.	○	○	○	○	○
2.	○	○	○	○	○
3.	○	○	○	○	○

e) **Beziehen Sie Ihre Kunden in den Innovationsprozess ein?**

JA, und zwar
- ☐ Bereits bei der Entwicklung von innovativen Ideen (Kundenbeobachtungen, Gruppendiskussionen, Lead User Methode u.a.) über Tests bis zur Einführung der Innovation.
- ☐ Durch allg. Marktforschung/Kundenzufriedenheitsbefragungen (Massenbefragungen)oder Beschwerdemanagement.
- ☐ Erst in der Testphase vor der Einführung der innovativen Idee.
- ☐ Nur durch die Analyse von Trendstudien und Fachzeitschriften, um Ideen zu finden.

☐ NEIN

f) **Wie schätzen Sie Ihr Innovationspotenzial im Vergleich zu Ihren Konkurrenten ein?**

○ sehr stark   ○ stark   ○ mittelmäßig   ○ schwach   ○ sehr schwach

3. Angaben zu Ihrer Person und zu Ihrem Unternehmen

a) **(Haupt-)Standort des Unternehmens:**

○ Österreich   ○ Deutschland   ○ Schweiz   ○ Italien   ○ Sonstiges

b) **Branche?**
- ☐ Reiseveranstalter, Reisebüro, Incoming-Agentur
- ☐ Hotellerie
- ☐ Transportbetrieb (Seilbahn, Bus, Airline, Mietwagen)
- ☐ Gastronomie/Catering/Bars/Cafés u. ä.
- ☐ Skischule und sonstige Sportanbieter (Paragliding, Mountainbiking, Nordic Walking u.a.)
- ☐ Kulturanbieter (Festival, Museum)
- ☐ Tourismus-Marketing/Veranstaltungs-Organisation (Verband/Kongress/Event u.a.)
- ☐ Sonstiges _____

c) **Anzahl der MitarbeiterInnen (in Vollzeit und Jahresdurchschnitt gerechnet)**

○ bis 9   ○ bis 49   ○ bis 99
○ bis 249   ○ 250 und mehr

d) **Unternehmensgröße:**
- ○ bis 1 Mio. € Umsatz/Jahr
- ○ bis 2 Mio. € Umsatz/Jahr
- ○ bis 5 Mio. € Umsatz/Jahr
- ○ bis 10 Mio. € Umsatz/Jahr
- ○ bis 50 Mio. € Umsatz/Jahr
- ○ mehr als 50 Mio. € Umsatz/Jahr

e) **Anteil der Investitionen für Innovationen am Jahresumsatz in %?** (Bitte schätzen, wenn Ziffer nicht genau bekannt)

○ bis 5%   ○ bis 10%   ○ bis 20%   ○ bis 30%   ○ bis 50%

f) **Anteil des Umsatzes durch Innovationen am Gesamtumsatz (durchschnittlich pro Jahr) in %?** (Bitte schätzen, wenn Ziffer nicht genau bekannt)

○ bis 5% ○ bis 10% ○ bis 20% ○ bis 30% ○ bis 50%

g) **Marktposition des Unternehmens?**

○ Marktführer ○ Nischenmarktführer ○ Konkurrenz zum Marktführer
○ große Anzahl an gleichstarken Mitbewerbern

h) **Reichweite der Geschäftstätigkeit?**

○ Regional ○ National ○ Westeuropa
○ Osteuropa ○ ganz Europa ○ Weltweit

i) **Ihre Position im Unternehmen?**

☐ Inhaber/Geschäftsführer ☐ Vertriebs-/Marketingleiter
☐ Leiter Produktentwicklung ☐ Sonstiges _____

j) **Gründungsjahr des Unternehmens?** _____

Bitte geben Sie hier Ihre E-Mail-Adresse an, wenn Sie die Zusendung anonymisierter Ergebnisse der Umfrage wünschen. Die E-Mail-Adresse wird nicht mit Ihren Angaben verbunden. _____

Falls Sie noch Anmerkungen haben ...

Herzlichen Dank für Ihre Mithilfe!!!

Anhang B: Erklärungen zu den einzelnen Frage-Items

Durch einen Klick auf die Fragezeichen hinter den Frage-Items wurden folgende Erklärungen sichtbar:

Kooperativer Führungsstil: Einbezug von Mitarbeitern bei der Entscheidungsfindung, weitgehend selbständiges Arbeiten der Mitarbeiter

Motivation der Mitarbeiter: Anreize wie flexible Arbeitszeiten, materielle und immaterielle Anreize, Mitbestimmungsmöglichkeiten

Vision: konkrete Vorstellung darüber, wo das Unternehmen langfristig (also mindestens 10 Jahre) stehen soll, Unternehmensphilosophie.

Prägung der Unternehmenskultur: Der Unternehmer prägt die Kultur im Unternehmen durch sein eigenes Verhalten. Dies betrifft vor allem Werte, Normen, Einstellungen und Moralvorstellungen, durch die sich sein Handeln auszeichnet. Das vom Unternehmer vorgelebte Verhalten und dessen Einstellungen übertragen sich auch auf die Mitarbeiter (Vorbildfunktion) – sowohl im positiven als auch im negativen Sinn.

Verantwortungsübertragung an die Mitarbeiter: Möglichkeit für die Mitarbeiter, selbständig Entscheidungen für das Unternehmen zu fällen (z. B. welches Forschungsprojekt treibt der Mitarbeiter voran? Die Weiterentwicklung von welchem Forschungsprojekt kann der Mitarbeiter der Unternehmensleitung bzw. meinem Vorgesetzten gegenüber rechtfertigen?)

Anreize für innovative Ideen: materielle oder immaterielle Förderungen, mit denen Mitarbeiter einen Anreiz erhalten sollen, innovative Ideen zu entwickeln und im Unternehmen vorzuschlagen/einzubringen.

Intrapreneur: Die Möglichkeit eines Mitarbeiters (z. B. in einer Forschungs- und Entwicklungsabteilung), eigenständig und evtl. auch auf eigene Verantwortung ein Forschungsprojekt voranzutreiben. Das Unternehmen räumt ihm hierfür beispielsweise 10-20% seiner Arbeitszeit ein, in der er also unabhängig von Unternehmenszielen und –vorgaben an eigenen Projekten selbständig und ohne Erfolgszwang forschen kann. Solche Mitarbeiter werden auch als „Unternehmer im Unternehmen" bezeichnet, da sie sich wie Unternehmer verhalten, jedoch kein unternehmerisches Risiko tragen.

Teamfähigkeit: Wie stark sind die Fähigkeiten der Mitarbeiter ausgeprägt, mit Kollegen oder mit Mitarbeitern anderer Unternehmen, mit denen der Betrieb kooperiert, zusammenzuarbeiten?

Engagement: Lassen die Mitarbeiter Engagement und starkes Interesse für das Unternehmen erkennen oder arbeiten sie nur, um Geld zu verdienen? Sind notwendige Überstunden für den Mitarbeiter selbstverständlich zum Wohl der Firma oder ein lästiges Übel, das er nur ungern auf sich nimmt? Wie stark fühlt sich der Mitarbeiter dem Unternehmen verbunden?

Bildung von Projektteams für Innovationsentwicklung (auch Arbeitskreise etc.): Abtrennung innovativer Arbeitsteams vom operativen (Alltags-)Geschäft

Offener Kommunikationsfluss: Transparenz und offener Zugang für die Mitarbeiter zu Informationen, die im Unternehmen vorhanden sind. Auch in der umgekehrten Richtung denkbar, so dass wichtige Informationen von den Mitarbeitern auf möglichst schnellem Weg „nach oben" gelangen.

Geringe Kontrollmechanismen: weniger sichtbare Kontrolle, kein mechanisierter Kontrollprozess, sondern vielmehr Mitarbeitergespräche, in denen das Erreichen bestimmter Ziele besprochen und nicht wie auf einer Liste abgehakt werden.

Flache Hierarchien: möglichst wenig Hierarchiestufen (Beispiel: Mitarbeiter – Vorgesetzter – Geschäftsführer) ohne viele Zwischenstufen, die den Kommunikationsfluss und Entscheidungsprozess bremsen. Dadurch haben Mitarbeiter das Gefühl, stärker in Entscheidungen eingebunden zu sein, anstatt dass sie bloße Anweisungen erhalten.

Strukturierter Innovationsentwicklungsprozess: Im Unternehmen existiert eine Struktur, anhand derer der Entwicklungsprozess einer Innovation durchgegangen wird. Diese Struktur reicht von der Strategischen Ausrichtung und Formulierung neuer Ziele sowie der Ideengenerierung über die Ideensichtung, Konzeptionierung, Marketingplans, Pretests und Mitarbeiterschulung bis hin zur Produkteinführung und Erfolgskontrolle.

Einsatz von Kreativitätstechniken: systematische Ideenfindung, z. B. Mindmapping, Brainstorming-Sitzungen, Gruppendiskussionen, Fokusgruppen, etc.

Anhang C: Einladung zur Teilnahme an der Internet-Befragung

Betreff: Innovationsverhalten touristischer Unternehmen
Datum: Mon, 21 Mar 2005
Von: Bibiana Walder <Bibiana.Walder@uibk.ac.at>
Firma: University of Innsbruck, Austria
An: Bibiana Walder <Bibiana.Walder@uibk.ac.at>
BCC: E-Mail-Adressen des Samples

Sehr geehrte Damen und Herren,

im Rahmen meiner Dissertation an der Universität Innsbruck, Zentrum für Tourismus und Dienstleistungswirtschaft (Doktorvater Prof. Weiermair), untersuche ich das Innovationsverhalten touristischer Betriebe. Dies ist zurzeit noch ein relativ unerforschtes Feld, obwohl es - auch in anderen Wirtschaftsbereichen - einen immer größeren Stellenwert einnimmt.

Die in der Studie untersuchten Subbranchen des Tourismus sind neben Hotellerie und Gastronomie auch Reiseveranstalter, Tourismusorganisationen, Airlines, Seilbahnen, Incoming-Agenturen und weitere Tourismus-Dienstleister (z. B. Skischulen).

Sie würden mir sehr weiter helfen, wenn Sie den beigefügten Fragebogen beantworten. Denn nur mit Antworten von Praktikern wie Ihnen können Handlungsempfehlungen, Anregungen und Implikationen für die Branche und die Politik (Förderungen, Verbesserung von Rahmenbedingungen für Innovationen) abgeleitet und erarbeitet werden.

Möchten Sie sich an der Untersuchung nicht beteiligen, bitte ich Sie, die Störung zu entschuldigen und die E-Mail zu löschen.

Ihre Einschätzung ist für mich bei jeder Frage von großer Bedeutung. Daher möchte ich Sie bitten, keine Frage auszulassen. Die benötigte Zeit fürs Ausfüllen liegt bei ca. 15 min.

Die Befragung ist selbstverständlich völlig anonym, und der Datenschutz wird eingehalten. Wenn Sie wünschen, erhalten Sie nach der Befragung anonymisierte Ergebnisse.

Hier erhalten Sie den entsprechenden Internet-Link auf den Fragebogen.
http://www.w3s.info/innovations_analyse/fragebogen.php

Der Link ist bis 3. April 2005 freigeschaltet. Für Rückfragen stehe ich Ihnen selbstverständlich gern zur Verfügung.

In der Hoffnung auf Ihre Kooperationsbereitschaft verbleibe ich
mit freundlichen Grüßen

Bibiana Walder
--
Dipl.-Betriebsw. (FH) Bibiana Walder, Projektassistentin
Universität Innsbruck/University of Innsbruck
Zentrum für Tourismus und Dienstleistungswirtschaft
Center for Tourism and Service Economics
Universitätsstr. 15
A-6020 Innsbruck - AUSTRIA
Tel. +43-(0)512-507-7087
Fax. +43-(0)512-507-2845
Internet: http://www.uibk.ac.at/c/c4/c436/tourism/index.html

Betreff: Reminder: Innovationsverhalten touristischer Unternehmen
Datum: Mon, 18 Apr 2005 17:47:32 +0200
Von: Bibiana Walder <Bibiana.Walder@uibk.ac.at>
Firma: University of Innsbruck, Austria
An: Bibiana Walder <Bibiana.Walder@uibk.ac.at>
BCC: E-Mail-Adressen des Samples ohne diejenigen, die erkennbar geantwortet hatten

Sehr geehrte Damen und Herren,

haben Sie Interesse an fundierten Daten über die Bedeutung und das Management von Innovationen und der Entwicklung neuer Produkte in der Tourismusbranche?
Indem Sie sich an der Studie über das Innovationsverhalten touristischer Unternehmen beteiligen, werden Ihnen die neuesten Forschungsergebnisse über dieses Thema kostenlos zugänglich. Bitte folgen Sie diesem Link (direkt im Internet ausfüllbar):
http://www.w3s.info/innovations_analyse/fragebogen.php

Selbstverständlich werden die Daten vertraulich und anonym behandelt, d.h. die Angaben der Unternehmen werden nur zu wissenschaftlichen Zwecken verwendet.

Dieser Reminder bezieht sich auf mein erstes Schreiben vom 21.03.05, in dem ich Ihnen das Forschungsvorhaben und den dazugehörigen Fragebogen erläuterte (siehe E-Mail unten). Sollten Sie sich mittlerweile an der Studie beteiligt haben, danke ich Ihnen herzlich für Ihre Kooperation und bitte Sie, diese E-Mail als gegenstandslos zu betrachten. Sollten sie sich nicht für das Management von Innovationen im Tourismus interessieren, auch wenn dies für die Branche einen wesentlichen Wettbewerbsfaktor darstellt, bitte ich Sie, die Störung zu entschuldigen und diese E-Mail zu löschen.

Ich danke Ihnen schon heute herzlich für Ihre Kooperation und freue mich, Ihnen die anonymisierten Ergebnisse der Studie präsentieren zu können.

Mit freundlichen Grüßen

Bibiana Walder

- erste E-Mail-Einladung angehängt -

Anhang D: Ergebnisse der Faktorenanalyse

für die Indikatoren des betrieblichen Umfelds (Fragen 1c1 bis 1c7)

Rotierte Komponentenmatrix

	Komponente 1	Komponente 2
a1c_1	,017	,763
a1c_2	-,044	,638
a1c_3	,386	,572
a1c_4	,724	,190
a1c_5	,810	,007
a1c_6	,569	-,411
a1c_7	,584	,051

Extraktionsmethode: Hauptkomponentenanalyse.
Rotationsmethode: Varimax mit Kaiser-Normalisierung.
a Die Rotation ist in 3 Iterationen konvergiert.

für die Indikatoren der Unternehmer-Eigenschaften (Fragen 2a1-2a10)

Rotierte Komponentenmatrix

	Komponente 1	Komponente 2	Komponente 3	Komponente 4
a2a_1	,807	,102	,043	-,085
a2a_2	,145	,244	,025	,845
a2a_3	-,011	,111	,871	,020
a2a_4	,059	,740	,248	,256
a2a_5	,215	,803	-,293	-,007
a2a_6	-,360	,700	,257	,246
a2a_7	,817	-,024	,052	,092
a2a_8	,239	,525	,453	-,417
a2a_9	,439	-,012	,624	,063
a2a_10	,629	,070	,283	,368

Extraktionsmethode: Hauptkomponentenanalyse.
Rotationsmethode: Varimax mit Kaiser-Normalisierung.
a Die Rotation ist in 6 Iterationen konvergiert.

für die Indikatoren der Mitarbeiter-Eigenschaften (Fragen 2b1-2b7)

Rotierte Komponentenmatrix

	Komponente	
	1	2
a2b_1	-,035	,794
a2b_2	,240	,689
a2b_3	,435	,694
a2b_4	,618	,561
a2b_5	,806	,102
a2b_6	,766	,244
a2b_7	,770	,123

Extraktionsmethode: Hauptkomponentenanalyse.
Rotationsmethode: Varimax mit Kaiser-Normalisierung.
a Die Rotation ist in 3 Iterationen konvergiert.

für die Indikatoren der Organisation und Rahmenbedingungen in Bezug auf Innovationstätigkeiten (Fragen 2c1-2c8, 2d)

Rotierte Komponentenmatrix

	Komponente			
	1	2	3	4
a2c_1	,728	-,023	-,150	,386
a2c_2	,566	,313	,366	-,126
a2c_3	,070	,793	,200	,065
a2c_4	,084	-,116	,883	-,078
a2c_5	-,132	,400	,641	,424
a2c_6	,287	,749	-,235	,063
a2c_7	,884	,083	,042	,000
a2c_8	,533	,366	,008	-,075
2d	,065	,056	,016	,918

Extraktionsmethode: Hauptkomponentenanalyse.
Rotationsmethode: Varimax mit Kaiser-Normalisierung.
a Die Rotation ist in 7 Iterationen konvergiert.

Bibliographie

4managers (2005). Produktlebenszyklus, http://www.4managers.de/10-Inhalte/Dateien/produktlebenszyklus_01.pdf, abgerufen am 19. Juli 2005.

Abernathy, W. J.; Clark, K. B. (1985). Innovation: Mapping the winds of creative destruction. In: Research Policy 14: 3-22.

ADM; ASI; AVM; D.G.O.F. (2001; Hrsg.). Standards zur Qualitätssicherung für Online-Befragungen. Frankfurt/Main.

Afuah, A. (2003). Innovation Management. Strategies, Implementation, and Profits. New York/Oxford, Oxford University Press.

Ahmed, P. K. (1998). Culture and climate for innovation. In: European Journal of Innovation Management 1 (1): 30-43.

Aiken, M.; Hage, J. (1971). The Organic Organization and Innovation. In: Sociology 5 (1): 63-82.

Alam, I.; Perry, C. (2002). A customer-oriented new service development process. In: Journal of Services Marketing 16 (6): 515-534.

Alderfer, C. P. (1987). An intergroup perspective on group dynamics. In: Lorsch, J. W. (Hrsg.) Handbook of Organizational Behavior. Englewood Cliffs, Prentice-Hall: 190-222.

Aldrich, H.; Auster, E. (1986). Even Dwarfs Started Small: Liabilities of Age and Size and Their Strategic Implications. In: Cummings, L. L.; Staw, B. M. (Hrsg.) Research in Organizational Behavior. Greenwich, JAI Press.

Allen, G. C. (1950). Economic Progress. Retrospect and Prospect. In: Economic Journal 60: 463-480.

Alpine Wellness International (2005). http://www.alpinewellness.com, abgerufen am 29. August 2005.

Altmann, G. (2003). Der innovative Unternehmer: Eine empirische Analyse. Wiesbaden, Deutscher Universitäts-Verlag.

Amabile, T. M.; Hadley, C. N.; Kramer, S. J. (2002). Creativity under the Gun. In: Harvard Business Review 80 (8): 52-61.

Amar, A. D. (2002). Managing Knowledge Workers - Unleashing Innovation and Productivity. Westport, Quorum Books.

Ancona, D. G.; Caldwell, D. F. (1990). Beyond boundary spanning: Managing external dependence in product development teams. In: The Journal of High Technology Management Research 1 (2): 119-135.

Anderson, D. G.; Pennington, W. C. (1992). Service creation and the AIN. In: Telephony 225: 28-32.

Antoncic, B. (2001). Organizational Processes in Intrapreneurship: A Conceptual Integration. In: Journal of Enterprising Culture 9 (2): 221-235.

Arias-Aranda, D.; Minguela-Rata, B.; Rodríguez-Duarte, A. (2001). Innovation and firm size: an empirical study for Spanish engineering consulting companies. In: European Journal of Innovation Management 4 (3): 133-141.

Armstrong, J. S.; Overton, T. (1977). Estimating Nonresponse Bias in Mail Surveys. In: Journal of Marketing Research 14 (3): 396-402.

Ateljevic, I.; Doorne, S. (2000). Staying within the fence Lifestyle Entrepreneurship. In: Journal of Sustainable Tourism 8 (5): 378-392.

Attems, R.; Hauser, M.; Mandl, C.; Mandl, H.; Sohm, K.; Weber, J. M. (2001). Führen zwischen Hierarchie und ... - Komplexität nutzen - Selbstorganisation wagen. Zürich, Versus.

Avermaete, T.; Viaene, J.; Morgan, E. J.; Crawford, N. (2003). Determinants of innovation in small food firms. In: European Journal of Innovation Management 6 (1): 8-17.

Baldridge, J. V.; Burnham, R. A. (1975). Organizational Innovation: Individual, Organizational, and Environmental Impacts. In: Administrative Science Quarterly 20 (June): 165-176.

Bamberg, E. (1993). Stress. In: Hahn, H.; J., K. (Hrsg.) Tourismuspsychologie und Tourismussoziologie - Ein Handbuch zur Tourismuswirtschaft. München, Profil.

Bartzokas, A.; Teubal, M. (2002). A framework for policy oriented innovation studies in industrialising countries. In: Economics of Innovation & New Technology 11 (4/5): 477-496.

Bathlet, H.; Glückner, J. (2000). Netzwerke, Lernen und evolutionäre Regionalentwicklung. In: Zeitschrift für Wirtschaftsgeographie 44 (3/4): 167-182.

Baumol, W. J. (1993). Formal Entrepreneurship Theory in Economics. In: Journal of Business Venturing 8 (3): 197-210.

Beitz, L.-E. (1996). Schlüsselqualifikation Kreativität. Begriffs-, Erfassungs- und Entwicklungsproblematik. Hamburg, S+W Steuer- und Wirtschaftsverlag.

Bell, D. (1973). Die nachindustrielle Gesellschaft. Frankfurt, Campus.

Benkenstein, M. (2001). Besonderheiten des Innovationsmanagements in Dienstleistungsunternehmen. In: Bruhn, M.; Meffert, H. (Hrsg.) Handbuch Dienstleistungsmanagement. Von der strategischen Konzeption zur praktischen Umsetzung. Wiesbaden, Gabler: 687-702.

Benkenstein, M.; Holtz, M. (2003). Service-Marketing - Neue Geschäfte für den Service erschließen. In: Bullinger, H.-J.; Scheer, A.-W. (Hrsg.) Service Engineering. Entwicklung und Gestaltung innovativer Dienstleistungen. Berlin, Springer: 283-306.

Berekoven, L.; Eckert, W.; Ellenrieder, P. (1991). Marktforschung: Methodische Grundlagen und praktische Anwendung. Wiesbaden, Gabler.

Berger, R. (1999). Die Dienstleistungsgesellschaft als Herausforderung und Chance. In: Beisheim, O. (Hrsg.) Distribution im Aufbruch: Bestandsaufnahme und Perspektive. München, Vahlen.

Bieger, T. (2002). Management von Destinationen. München, Oldenbourg.

Bieger, T.; Gräf, H. (2004). Das Konzept Attraktionspunkte - Ein Innovationskonzept für standortgebundene Dienstleistungen. In: Bruhn, M.; Stauss, B. (Hrsg.) Dienstleistungsinnovationen. Forum Dienstleistungsmanagement. Wiesbaden, Gabler: 497-525.

Bieger, T.; Laesser, C. (2004). Neue Organisationsformen und Geschäftsmodelle im Tourismus. In: Weiermair, K.; Peters, M.; Pechlaner, H.; Kaiser, M.-O. (Hrsg.) Unternehmertum im Tourismus. Führen mit Erneuerungen. Berlin, Erich Schmidt: 69-90.

Bieger, T.; Scherer, R. (2003). Clustering und integratives Standortmanagement: von einem theoretischen Konzept zu konkreten Handlungsstrategien. In: Scherer, R.; Bieger, T. (Hrsg.) Clustering - das Zauberwort der Wirtschaftsförderung. St. Gallen, Institut für Öffentliche Dienstleistung und Tourismus der Universität St. Gallen: 9-27.

Biemans, W. G. (1992). Managing Innovations within Networks. London/New York, Routledge.

Bisani, F. (1995). Personalwesen und Personalführung. Der State of the Art der betrieblichen Personalarbeit. Wiesbaden, Gabler.

Bitner, M. J.; Booms, B. H.; Tetreault, M. S. (1990). The Service Encounter: Diagnosing Favorable and Unfavorable Incidents. In: Journal of Marketing 54 (1): 71-84.

Bitzer, M. (1991). Intrapreneurship - Unternehmertum in der Unternehmung. Stuttgart, Schäffer Verlag.

Blohm, H. (1980). Kooperation. In: Grochla, E. (Hrsg.) Handwörterbuch der Organisation. Stuttgart, Schäffer-Poeschel: 1112-1117.

Blum, U.; Gleißner, W. (2001). Trends und Frühaufklärung: das fundierte Orakel. In: Blum, U.; Leibbrand, F. (Hrsg.) Entrepreneurship und Unternehmertum. Denkstrukturen für eine neue Zeit. Wiesbaden, Gabler: 163-186.

Blumenschein, A.; Ehlers, I. U. (2002). Ideen-Management. Wege zur strukturierten Kreativität. München, Gerling Akademie.

Bodewes, W. E. J. (2002). Formalization and innovation revisited. In: European Journal of Innovation Management 5 (4): 214-223.

Boehme, J. (1986). Innovationsförderung durch Kooperation. Zwischenbetriebliche Zusammenarbeit als Instrument des Innovationsmanagements in kleinen und mittleren Unternehmen bei Einführung der Mikroelektronik in Produkte und Verfahren. Berlin, Erich Schmidt.

Bonoma, T. V. (1985). Case Research in Marketing: Opportunities, Problems, and a Process. In: Journal of Marketing Research 22 (2): 199-208.

Booms, B. H.; Davis, D.; Guseman, D. (1984). Participant Perspectives on Developing a climate for Innovation of New Services. In: George, W. R.; Marshall, C. E. (Hrsg.) Developing New Services. Chicago, American Marketing Association: 23-26.

Booz Allen Hamilton (1982). New Product Management for the 1980s. New York, Booz Allen Hamilton.

Borchardt, K.; Fikentscher, W. (1957). Wettbewerb, Wettbewerbsbeschränkungen, Marktbeherrschung. Abhandlungen aus dem gesamten Handelsrecht, Bürgerlichen Recht und Konkursrecht, Heft 24. Stuttgart, Ferdinand Enke.

Bowers, M. R. (1987). Developing new Services for Hospitals: A suggested Model. In: Journal of Health Care Marketing 7 (2): 35-44.

Bowers, M. R. (1989). Developing new services: Improving the process makes it better. In: Journal of Services Marketing 3 (1): 15-20.

Brockhoff, K. (1998). Der Kunde im Innovationsprozeß. Berichte aus den Sitzungen der Jungius-Gesellschaft für Wissenschaften. Göttingen.

Brooks, C. W. (1997). The Impact of Education and Training Systems on Innovation and Job Creation. In: OECD (Hrsg.) Creativity, Innovation and Job Creation. Paris, OECD: 109-112.

Brown, S. L.; Eisenhardt, K. M. (1995). Product Development: Past Research, Present Findings, and Future Directions. In: Academy of Management Review 20 (2): 343-378.

Bruhn, M. (1997). Qualitätsmanagement für Dienstleistungen. Grundlagen, Konzepte, Methoden. Berlin, Springer.

Bruhn, M. (2003). Markteinführung von Dienstleistungen - Vom Prototyp zum marktfähigen Produkt. In: Bullinger, H.-J.; Scheer, A.-W. (Hrsg.) Service Engineering. Entwicklung und Gestaltung innovativer Dienstleistungen. Berlin, Springer: 235-258.

Bruhn, M.; Bunge, B. (1994). Beziehungsmarketing - Neuorientierung für Marketingwissenschaft und -praxis? In: Wehrle, F. (Hrsg.) Marktorientierte Unternehmensführung im Umbruch. Stuttgart: 41-84.

Brunswig, S. (2005). Telefonat am 15. Februar 2005, TUI Deutschland GmbH, Produktentwicklung.

Bühl, A.; Zöfel, P. (2002). SPSS 11 - Einführung in die moderne Datenanalyse unter Windows. München, Pearson Studium.

Bullinger, H.-J.; Schlick, G. H. (2002). Wissenspool Innovation - Kompendium für Zukunftsgestalter. Frankfurt, Frankfurter Allgemeine Buch.

Bundesministerium für Wirtschaft und Arbeit (2005). Aktuelle tourismuspolitische Aktivitäten der Sektion. http://www.bmwa.gv.at/BMWA/Themen/Tourismus/Schwerpunkte/default.htm, abgerufen am 21. Juli 2005

Burgelmann, R. A. (1983). Corporate Entrepreneurship and Strategic Management: Insights from a Process Study. In: Management Science 29 (12): 1349-1364.

Burns, T.; Stalker, G. M. (1971). The Management of Innovation. London, Tavistock.

Bushman, T.; Cooper, P. D. (1980). A process for developing new health services. In: Health Care Management Review 5 (1): 41-48.

Busse, D.; Reckenfelderbäumer, M. (2001). Die Rolle des Kunden bei der Gestaltung von Dienstleistungsinnovationen. Bochum, Ruhr-Universität.

Butler, R. W. (1980). The Concept of a Tourist Area Cycle of Evolution: Implications for Management of Resources. In: The Canadian Geographer 14 (1): 5-12.

Buzan, T. (1993). Kopftraining. Anleitung zum kreativen Denken. Tests und Übungen. München, Goldmann.

Buzan, T.; Buzan, M. (1999). Das Mind-Map-Buch. Landsberg/Lech, Moderne Verlagsgesellschaft.

Cabral, R.; Leiblein, M. J. (2001). Adoption of a Process Innovation with Learning-by-Doing: Evidence from the semiconductor industry. In: The Journal of Industrial Economics 49 (3): 269-280.

Call-Magazin (2005). Siemens und Airbus entwickeln Handy-Lösung fürs Flugzeug. http://www.call-magazin.de/handy_und_mobile_data/news/Siemens_und_Airbus_ entwickeln_Handy-Loesung_fuers_Flugzeugid_16469.html, abgerufen am 16. Juli 2005

Canada Tourism (2003). www.canadatourism.com, abgerufen am 8. September 2003

Cantillon, R. (1964). Essai Sur la Nature du Commerce en General. New York, August M. Kelly.

Carmel, E. (1995). Cycle Time in Packaged Software Firms. In: Journal of Product Innovation Management 12 (1): 1-14.

Chiesa, V.; Coughlan, P.; Voss, C. A. (1996). Development of a technical innovation audit. In: Journal of Product Innovation Management 13 (2): 105-136.

Clark, C. (1994). The Conditions of Economic Progress. London, Macmillan.

Clark, G.; Johnston, R.; Shulver, M. (2000). Exploiting the Service Concept for Service Design and Development. In: Fitzsimmons, J. A.; Fitzsimmons, M. J. (Hrsg.) New Service Development - Creating Memorable Experiences. Thousand Oaks, Sage Publications: 71-91.

Cook, K. S.; Emerson, R. M. (1978). Power, Equity and Commitment in Exchange Networks. In: American Sociological Review 43: 721-739.

Cooper, R. G. (1988). The new product process: A decision guide for managers. In: Journal of Marketing Management 3 (3): 238-255.

Cooper, R. G. (2002). Top oder Flop in der Produktentwicklung. Erfolgsstrategien: Von der Idee zum Launch. Weinheim, Wiley-VCH.

Cooper, R. G.; Edgett, S. J. (1999). Product Developmet for the Service Sector. New York, Perseus.

Cooper, R. G.; Kleinschmidt, E. J. (1995). Benchmarking for firm's critical success factors in new product development. In: Journal of Product Innovation Management 12 (5): 374-391.

Corsten, H. (2000). Der Integrationsgrad des externen Faktors als Gestaltungsparameter in Dienstleistungsunternehmungen - Voraussetzungen und Möglichkeiten der Externalisierung und Internalisierung. In: Bruhn, M.; Stauss, B. (Hrsg.) Dienstleistungsqualität. Konzepte - Methoden - Erfahrungen. Wiesbaden, Gabler: 145-168.

Cowell, D. W. (1988). New Service Development. In: Journal of Marketing Management 3 (3): 296-32.

Csikszentmihalyi, M. (1996). Creativity. Flow and the Psychology of Discovery and Invention. New York, Harper Perennial.

Cyert, R. M.; March, J. G. (1963). A behavioural theory of the firm. Englewood Cliffs, Prentice-Hall.

Czernich, C. H. (2003). When do Ideas Survive in Organizations? Variable Demands on Resource-Relatedness and Framing Efforts of the Intrapreneur. In: Academy of Management Best Conference Paper: 1-6.

Damanpour, F. (1991). Organizational Innovation: A Meta-Analysis of Effects of Determinants and Moderators. In: Academy of Management Journal 34: 555-590.

Damanpour, F. (1996). Organizational Complexity and Innovation: Developing and Testing Multiple Contingency Models. In: Management Science 42 (5): 693-716.

Day, J. D.; Mang, P. Y.; Richter, A.; Roberts, J. (2001). The innovative organization: Why new ventures need more than a room of their own. In: The McKinsey Quarterly (2): 20-31.

De Bono, E. (1996a). Laterales Denken für Führungskräfte. Hamburg, McGraw-Hill Book Company.

De Bono, E. (1996b). Serious Creativity: Die Entwicklung neuer Ideen durch die Kraft des lateralen Denkens. Stuttgart, Schäffer-Pöschel.

De Keyser, R.; Vanhove, N. (1997). Tourism Quality Plan: An Effective Tourism Policy Tool. In: Zeitschrift für Fremdenverkehr 52 (3): 32-37.

De Rosnay, J. (1997). Feedback. http://pespmc1.vub.ac.be/FEEDBACK.html, abgerufen am 26. Oktober 2004

Dethlefsen, H. A. (2000). Instrumente zur Erfassung von Kundenwünschen. In: Herrmann, A.; Hertel, G.; Virt, W.; Huber, F. (Hrsg.) Kundenorientierte Produktgestaltung. München, Franz Vahlen: 317-331.

Donnelly, J. H.; Berry, L. L.; Thomson, T. W. (1985). Marketing financial services. Homewood, Dow Jones-Irwin.

Drejer, A. (2002). Situations for innovation management: towards a contingency model. In: European Journal of Innovation Management 5 (1): 4-17.

Dreyer, A.; Born, K. (2004). Ansätze für ein touristisches Beschwerdemanagement in Destinationen. In: Hinterhuber, H.; Pechlaner, H.; Kaiser, M.-O.; Matzler, K. (Hrsg.) Kundenmanagement als Erfolgsfaktor. Grundlagen des Tourismusmarketing. Berlin, Erich Schmidt: 239-264.

Dreyer, A.; Dehner, C. (2003). Kundenzufriedenheit im Tourismus. München, Oldenbourg.

Drucker, P. F. (1985). Innovation and Entrepreneurship. Practice and Principles. New York, Harper&Row.

Dubashi, J. (1988). The FIDO Factor. In: Financial World (31. Mai 1988): 27-30.

Edquist, C.; Hommen, L. (1999). Systems of innovation: theory and policy for demand side. In: Technology in Society 21 (1): 109-123.

Eisenhardt, K. M. (2002). Building Theories from Case Study Research. In: Huberman, M. A.; Miles, M. B. (Hrsg.) The Qualitative Researcher's Companion. Thousand Oaks, Sage Publications: 5-35.

Etzioni, A. (1975). A Comparative Analysis of Complex Organizations. New York, The Free Press.

Europäische Kommission (2003). Empfehlung der Kommission vom 6. Mai 2003 betreffend die Definition der Kleinstunternehmen sowie der kleinen und mittleren Unternehmen. In: Amtsblatt der Europäischen Union K(2003)1422 (124): 36-41.

Europäische Kommission (2004). The social situation in the European Union 2004. Brüssel, Europäische Union.

European Travel Commission (2003). Trends for Tourism in Europe. Brüssel, ETC.

Evangelista, R.; Sirilli, G. (1998). Innovation in the Service Sector: Results from the Italian Statistical Survey. In: Technological Forecasting and Social Change 58 (3): 251-269.

Eversheim, W.; Kuster, J.; Liestmann, V. (2003). Anwendungspotenziale ingenieurwissenschaftlicher Methoden für das Service Engineering. In: Bullinger, H.-J.; Scheer, A.-W. (Hrsg.) Service Engineering. Entwicklung und Gestaltung innovativer Dienstleistungen. Berlin, Springer: 417-441.

Faché, W. (2000). Methodologies for innovation and improvement of services in tourism. In: Managing Service Quality 10 (6): 356-366.

Fähnrich, K.-P.; Opitz, M. (2003). Service Engineering - Entwicklungspad und Bild einer jungen Disziplin. In: Bullinger, H.-J.; Scheer, A.-W. (Hrsg.) Service Engineering. Entwicklung und Gestaltung innovativer Dienstleistungen. Berlin, Springer: 83-115.

Fallgatter, M. J. (2004). Entrepreneurship: Konturen einer jungen Disziplin. In: Zeitschrift für betriebswirtschaftliche Forschung 56 (2): 23-44.

Faulkner, B.; Ryan, C. (1999). Innovations in tourism management research and conceptualisation - Editorial. In: Tourism Management 20 (1): 3-6.

Fisher, A. G. B. (1933). Capital and the Growth of Knowledge. In: The Economic Journal XLIII.

Fitzsimmons, J. A.; Fitzsimmons, M. J. (2003). Service Management. Boston, McGraw-Hill.

Fleischer, J.; Klinkel, S. (2003). Kundenorientierte Innovation und Management von Kundenwissen. In: Bungard, W.; Fleischer, J.; Nohr, H.; Spath, D.; Zahn, E. (Hrsg.) Customer Knowledge Management - Integration und Nutzung von Kundenwissen zur Steigerung der Innovationskraft. Stuttgart, Fraunhofer IRG: 89-104.

Foster, R. N. (1986). Innovation - The Attacker's Advantage. New York, Summit Books.

Fourastié, J. (1954). Die große Hoffnung des Zwanzigsten Jahrhunderts. Köln, Bund.

Frank, H.; Mugler, J.; Wanzenböck, H. (1995). Entwicklungspfade geförderter Unternehmensgründungen - Beendigungsquoten und Wachstumsdynamik. In: Journal für Betriebswirtschaft 45 (1): 5-20.

Franke, E. S. (1999). Netzwerke, Innovationen und Wirtschaftssystem. Eine Untersuchung am Beispiel des Druckmaschinenbaus im geteilten Deutschland (1945-1990). Stuttgart, Steiner.

Freiling, J.; Weißenfels, S. (2003). Innovationsorientierte industrielle Dienstleistungsnetzwerke: Aufbau, Steuerung und Wettbewerbsvorteilspotenziale. In: Bruhn, M.; Stauss, B. (Hrsg.) Dienstleistungsnetzwerke. Dienstleistungsmanagement Jahrbuch 2003. Wiesbaden, Gabler: 467-489.

Fremdenverkehrswirtschaft (fvw) (2004). Rangordnung und Marktanteile der Veranstalter 2003/2004. In: Fremdenverkehrswirtschaft (fvw) (Hrsg.) Dokumentation Deutsche Reiseveranstalter 2004, 31/04 (Beilage), Hamburg:5.

Friedrichs, J. (1982). Methoden empirischer Sozialforschung. Opladen, Leske+Budrich.

Frietzsche, U.; Maleri, R. (2003). Dienstleistungsproduktion. In: Bullinger, H.-J.; Scheer, A.-W. (Hrsg.) Service Engineering. Entwicklung und Gestaltung innovativer Dienstleistungen. Berlin, Springer: 199-233.

Fry, A. (1987). The Post-It Note: An Intrapreneurial Success. In: Sam Advanced Management Journal 52 (3): 4-9.

Gadrey, J.; Gallouj, F.; Weinstein, O. (1995). New modes of Innovation: How services benefit industry. In: International Journal of Service Industry Management 6 (3): 4-16.

Galbraith, J. R. (1982). Designing the Innovating Organization. In: Organizational Dynamics 10 (3): 5-25.

Gartner, W. B. (1990). What are we talking about when we talk about entrepreneurship? In: Journal of Business Venturing 5 (1): 15-28.

Gelshorn, T.; Machallik, S.; Staehle, W. (1991). Die Innovationsorientierung mittelständischer Unternehmen. Stuttgart, Poeschel.

Gemünden, H. G. (1990). Erfolgsfaktoren des Projektmanagements - eine kritische Bestandsaufnahme der empirischen Untersuchungen. In: Projekt Management 4 (1/2): 4-15.

Gemünden, H. G. (1995). Technologische Verflechtung, Innovationserfolg und "Dimensionierung" des Unternehmens. In: Bühner, R.; Haase, K. D.; Wilhelm, J. (Hrsg.) Dimensionierung des Unternehmens. Stuttgart, Schäffer-Poeschel: 279-301.

Gemünden, H. G.; Helfert, G. (1997). Forschungshypothesen zum Einsatz von Teams bei der Gestaltung und Pflege von Kundengeschäftsbeziehungen. In: Marketing ZFP 19 (4): 247-258.

Gemünden, H. G.; Högl, M. (2001). Teamarbeit in innovativen Projekten: Eine kritische Bestandsaufnahme der empirischen Forschung. In: Gemünden, H. G.; Högl, M. (Hrsg.) Management von Teams - Theoretische Konzepte und empirische Befunde. Wiesbaden, Gabler: 1-31.

Gerybadze, A. (2004). Management von Kooperationen. In: Symposion Publishing: 1-17.

Geschka, H. (1990). Innovationsmanagement. In: Pfohl, H.-C. (Hrsg.) Betriebswirtschaftslehre der Mittel- und Kleinbetriebe. Berlin, Erich Schmidt: 157-178.

Goldhar, J. D. (1980). Some modest Conclusions. In: Dean, B. V.; Goldhar, J. D. (Hrsg.) Management of Research and Innovation. Amsterdam, North-Holland Pub. Co.: 283-284.

Gordon, W. J. J.; Prince, G. M. (1960). The Operational Mechanism of Synectics. Cambridge.

Gräf, L.; Heidingsfelder, M. (1999). Bessere Datenqualität bei WWW-Umfragen - Erfahrung aus einem Methodenexperiment mit dem Internet-Rogator. In: Batinic, B.; Werner, A.; Gräf, L.; Bandilla, W. (Hrsg.) Online Research. Methoden, Anwendungen und Ergebnisse. Göttingen, Hogrefe. 113-126.

Grönroos, C. (1990). Service Management and Marketing: Managing the Moments of Truth in Service Competition. Lexington, Lexington Books.

Guilford, J. (1950). Kreativität. In: Mühle, G.; Schell, C. (Hrsg.) Kreativität und Schule. München, Piper.

Guilford, J. P. (1957). Creative abilities in the arts. In: Psychological Review 64 (2): 110-118.

Gupta, A. K.; Raj, S. P.; Wilemon, D. (1987). Managing the R&D Marketing interface. In: Research Management 3 (4): 38-43.

Gupta, A. K.; Wilemon, D. (1990). Accelerating the Development of Technology-Based New Products. In: California Management Review 32 (2): 24-22.

Gustafsson, A.; Ekdahl, F.; Edvardsson, B. (1999). Customer focused service development in practice. A case study at Scandinavian Airlines System (SAS). In: International Journal of Service Industry Management 10 (4): 344-358.

Guzzo, R. A.; Shea, G. P. (1994). Group Performance and Intergroup Relations in Organizations. In: Triandis, H. C.; Dunette, M. D.; Hough, L. M. (Hrsg.) Handbook of Industrial and Organizational Psychology: 4, Gilmour Drummond Publishing: 269-313.

Hackmann, J. R. (1987). The design of work teams. In: Lorsch, J. W. (Hrsg.) Handbook of Organizational Behavior. Englewood Cliffs, Prentice-Hall: 315-342.
Hage, J. (1980). Theories of Organizations. New York, John Wiley.
Håkansson, H. (1987). Industrial Technological Development: A Network Approach. London, Croom Helm.
Haman, G. (1996). Techniques and Tools to Generate Breakthrough New Product Ideas. In: Rosenau, M. D. J. G., A.; Castellion, G., A.; Anschuetz, N. F. (Hrsg.) The PDMA Handbook of New Product Development. New York, John Wiley&Sons: 167-177.
Hamel, G.; Prahalad, C. K. (1991). Corporate imagination and expeditionary marketing. In: Harvard Business Review (Juli/August): 81-92.
Hamel, G.; Prahalad, C. K. (1994). Competing for the Future. Boston, Harvard Business School Press.
Hamel, G.; Prahalad, C. K. (1995). Wettlauf um die Zukunft. Wie Sie mit bahnbrechenden Strategien die Kontrolle über Ihre Branche gewinnen und die Märkte von morgen schaffen. Wien, Ueberreuter.
Hansen, J. (1988). 70 Prozent? Ein Beitrag zur Ausschöpfung von Random-Stichproben. Planung und Analyse. In: planung & analyse 15 (10): 398-401.
Hauptmanns, P. (1999). Grenzen und Chancen von quantitativen Befragungen mit Hilfe des Internet. In: Batinic, B.; Werner, A.; Gräf, L.; Bandilla, W. (Hrsg.) Online Research. Methoden, Anwendungen und Ergebnisse. Göttingen, Hogrefe: 21-38.
Hauschildt, J. (1997). Innovationsmanagement. 2. Auflage, München, Franz Vahlen.
Hauschildt, J. (2004). Innovationsmanagement. 3., völlig überarbeitete und erweiterte Auflage, München, Franz Vahlen.
Hauschildt, J.; Kirchmann, E. (2001). Teamwork for innovation - the 'troika' of promotors. In: R&D Management 31 (1): 41-49.
Hauschildt, J.; Schmidt-Tiedemann, J. (1993). Neue Produkte erfordern neue Strukturen. In: Harvard Business Manager (4): 13-19.
Heinen, E. (1978). Industriebetriebslehre - Entscheidungen im Industriebetrieb. Wiesbaden, Gabler.
Henze, A. (1994). Marktforschung. Grundlage für Marketing und Marktpolitik. Stuttgart, Eugen Ulmer.
Hernderson, R.; Cockburn, L. (1994). Measuring competence? Exploiting Firm Effects in Pharmaceutical Research. In: Strategic Management Journal 15 (Sonderausgabe): 63-84.
Herold (2005). www.herold.at, abgerufen am 13., 14. und 15. Februar 2005.
Herstatt, C. (1996). Realisierung der Kundennähe in der Innovationspraxis. In: Tomczak, T.; Belz, C. (Hrsg.) Kundennähe realisieren. St. Gallen, Thexis: 291-307.

Herstatt, C.; Lüthje, C.; Lettl, C. (2002). Wie fortschrittliche Kunden zu Innovationen stimulieren. In: Harvard Business Manager (1): 60-68.

Herzberg, F. H. (1966). Work and the nature of man. Cleveland.

Herzog, R. (1997). Aufbruch ins 21. Jahrhundert. Berliner Rede 1997, Ansprache im Hotel Adlon am 26. April 1997.

Heskett, J. L. (1986). Managing in the Service Economy. Boston, Harvard Business School Press.

Heskett, J. L. (1988). Management von Dienstleistungsunternehmen: erfolgreiche Strategien in einem Wachstumsmarkt. Wiesbaden, Gabler.

Higgins, J. M.; Wiese, G. G. (1996). Innovationsmanagement: Kreativitätstechniken für den unternehmerischen Erfolg. Berlin, Springer.

Hinterhuber, H. (1975). Innovationsdynamik und Unternehmensführung. Wien New York, Springer.

Hinterhuber, H. (2004a). Strategische Unternehmensführung. I. Strategisches Denken. Berlin, Walter de Gruyter.

Hinterhuber, H. (2004b). Strategische Unternehmensführung. II. Strategisches Handeln. Berlin, Walter de Gruyter.

Hinterhuber, H.; Handlbauer, G.; Matzler, K. (2003). Kundenzufriedenheit durch Kernkompetenzen. Eigene Potenziale erkennen, entwickeln, umsetzen. Wiesbaden, Gabler.

Hinterhuber, H.; Raich, M. (2004). Strategie und Führungsverantwortung im Tourismus. In: Weiermair, K.; Peters, M.; Pechlaner, H.; Kaiser, M.-O. (Hrsg.) Unternehmertum im Tourismus. Führen mit Erneuerungen. Berlin, Erich Schmidt: 91-103.

Hise, R. T.; O'Neal, L.; Parasuraman, A.; NcNeal, J. U. (1990). Marketing/R&D interaction in new product development: Implications for new product success. In: Journal of Product Innovation Management 7 (2): 142-155.

Hitt, M. A.; Hoskisson, R. E.; Ireland, R. D. (1990). Mergers and Acquisitions and Managerial Commitment to Innovation in M-form Firms. In: Strategic Management Journal 11: 28-47.

Hjalager, A.-M. (1994). Dynamic innovation in the tourism industry. In: Cooper, C. P.; Lockwood, A. (Hrsg.) Progress in Tourism, Recreation and Hospitality Management. Chichester, John Wiley&Sons. 6: 197-224.

Hjalager, A.-M. (1997). Innovation patterns in sustainable tourism - An analytical typology. In: Tourism Management 18 (1): 35-41.

Hjalager, A.-M. (2002). Repairing innovation defectiveness in tourism. In: Tourism Management 23: 465-474.

Hjalager, A.-M. (2005). The marriage between welfare services and tourism - a driving force for innovation? In: Journal of Quality Assurance in Hospitality and Tourism 6 (4): in Druck.

Högl, M.; Gemünden, H. G. (2001). Determinanten und Wirkungen der Teamarbeit in innovativen Projekten: Eine theoretische und empirische Analyse.

In: Gemünden, H. G.; Högl, M. (Hrsg.) Management von Teams - Theoretische Konzepte und empirische Befunde. Wiesbaden, Gabler: 33-66.

Holahan, P. J.; Markham, S. K. (1996). Factors affecting multifunctional team effectiveness. In: Rosenau, M. D. J.; Griffin, A.; Castellion, G., A.; Anschuetz, N. F. (Hrsg.) The PDMA Handbook of New Proudct Development. New York, John Wiley&Sons: 119-135.

Holm, K. (1975). Die Befragung 1: Der Fragebogen - die Stichprobe. München, Francke.

Hornschild, K. (1997). Innovationsorientierte kleine und mittlere Unternehmen: Ihre Bedeutung für die Volkswirtschaft und Ansätze für eine adäquate Förderpolitik. In: Ridinger, R. (Hrsg.) Gesamtwirtschaftliche Funktionen des Mittelstandes. Berlin, Duncker&Humblot: 73-89.

Horx, M. (2002). Die acht Sphären der Zukunft. Wien/München, Signum.

Hotz-Hart, B.; Reuter, A.; Vock, P. (2001). Innovationen: Wirtschaft und Politik im globalen Wettbewerb. Bern, Peter Lang.

Howkins, J. (2002). The Creative Economy. How People make Money from Ideas. London, Penguin Books.

Huczynski, A. (1987). Encyclopedia of organizational change methods. Brookfield, Gower Publishing Company.

Hümmer, B. (2001). Strategisches Management von Kernkompetenzen im Hyperwettbewerb. Wiesbaden, Gabler.

Ingram, P.; Inman, C. (1996). Institutions, Intergroup Competition and the Evolution of Hotel Populations Around Niagara Falls. In: Administrative Science Quarterly 41 (4): 629-658.

Ishikawa, K. (1985). What is Total Quality Control? The Japanese Way. Englewood Cliffs, Prentice-Hall.

Jacobs, D. (1998). Innovation policies within the framework of internationalization. In: Research Policy 27 (7): 711-724.

Johannessen, J.-A.; Olsen, B.; Lumpkin, G. T. (2001). Innovation as newness: what is new, how new, and new to whom? In: European Journal of Innovation Management 4 (1): 20-31.

Johnson, S. P.; Menor, L. J.; Roth, A. V.; Chase, R. B. (2000). A Critical Evaluation of the New Service Development Process - Integrating Service Innovation and Service Design. In: Fitzsimmons, J. A.; Fitzsimmons, M. J. (Hrsg.) New Service Development - Creating Memorable Experiences. Thousand Oaks, Sage Publications: 1-32.

Jones, P. (1996). Managing Hospitality Innovation. In: Cornell Hotel and Restaurant Administration Quarterly (Oktober): 86-95.

Kaspar, C. (1991). Tourismuslehre im Grundriss. Bern/Stuttgart.

Keller, P. (2002). Innovation und Tourismus. In: Bieger, T.; Laesser, C. (Hrsg.) Jahrbuch 2001/2002 Schweizer Tourismuswirtschaft. St. Gallen, Institut für

Öffentliche Dienstleistungen und Tourismus der Universität St. Gallen: 179-194.

Keller, P. (2002). Innovation und Tourismus. In: Bieger, T.; Laesser, C. (Hrsg.) Jahrbuch 2001/2002 Schweizer Tourismuswirtschaft. St. Gallen, Institut für Öffentliche Dienstleistungen und Tourismus der Universität St. Gallen: 179-194.

Keller, P. (2004). Innovation und Tourismus. In: Weiermair, K.; Peters, M.; Pechlaner, H.; Kaiser, M.-O. (Hrsg.) Unternehmertum im Tourismus. Führen mit Erneuerungen. Berlin, Erich Schmidt: 203-216.

Keller, P. (2005). Entstehung von Innovationen im Bereich des Tourismus: Sind fördernde tourismuspolitische Impulse notwendig? In: Pechlaner, H.; Tschurtschenthaler, P.; Peters, M.; Pikkemaat, B.; Fuchs, M. (Hrsg.) Erfolg durch Innovation. Perspektiven für den Tourismus- und Dienstleistungssektor. Wiesbaden, Gabler: 39-59.

Keller, P.; Smeral, E. (2001). InnoTour - Erfolg eines tourismuspolitischen Programms. In: (Hrsg.) Jahrbuch 2000/2001 Schweizer Tourismuswirtschaft. St. Gallen, Institut für Öffentliche Dienstleistungen und Tourismus der Universität St. Gallen: 141-159.

Kelly, D.; Storey, C. (2000). New service development: initiation strategies. In: International Journal of Service Industry Management 11 (1): 45-62.

Khandwalla, P. N. (1977). The Design of Organization. New York, Harcourt Brace Jovanovich.

Kimberly, J. R.; Evanisko, M. (1981). Organizational Innovation: The Influence of Individual, Organizational, and Contextual Factors on Hospital Adoption of Technological and Administrative Innovations. In: Academy of Management Journal 24 (4): 689-713.

Kirchmann, E. (1994). Innovationskooperation zwischen Herstellern und Anwendern. Wiesbaden, Gabler.

Kirzner, I. M. (1973). Competition and Entrepreneurship. Chicago, The University of Chicago Press.

Klavans, R.; Shanley, M.; Evan, W. M. (1985). The Management of Internal Corporate Ventures: Entrepreneurship and Innovation. In: Columbia Journal of World Business 20 (2): 21-27.

Knight, R. M. (1987). Corporate Innovation and Entrepreneurship: A Canadian Study. In: Journal of Product Innovation 4 (4): 284-297.

Kobi, J.-M. (1994). Management des Wandels. Die weichen und harten Bausteine erfolgreicher Veränderung. Bern/Stuttgart/Wien, Paul Haupt.

Köhler, S.; Brinkop, R. (2003). Netzwerke und systemische Innovation: das Konzept der regionalen Innovationssyteme. Theoretische Grundlagen und Fallbeispiele. Seminar für Angewandte Wirtschaftsgeographie im WS 2003/2004, Universität Hannover. Hannover: 1-27.

Krippendorf, J. (1986). Alpsegen - Alptraum. Für eine Tourismusentwicklung im Einklang mit Mensch und Natur. Bern, Kümmerly & Frey Geografischer Verlag.

Kromrey, H. (2002). Empirische Sozialforschung. Modelle und Methoden der standardisierten Datenerhebung und Datenauswertung. Opladen, Leske+Budrich.

Kunz, W.; Mangold, M. (2003). Segmentierungsmodell für die Kundenintegration in Dienstleistungsinnovationsprozesse - eine Anreiz-Beitrag-theoretische Analyse. Arbeitspapierreihe WINServ. München.

Lageman, B. (1997). Auswirkungen der Globalisierung auf die mittelständische Wirtschaft. In: Ridinger, R. (Hrsg.) Gesamtwirtschaftliche Funktionen des Mittelstandes. Berlin, Duncker&Humblot: 91-109.

Lall, S.; Teubal, M. (1998). "Market stimulating" technolgy policies in developing countries: A framework wiht examples from East Asia. In: World Development 26 (8): 1369-1386.

Lamming, R. (1994). Die Zukunft der Zulieferindustrie: Strategien der Zusammenarbeit: Lean Supply als Überlebenskonzept. Frankfurt/Main, Campus.

Lamnek, S. (1995). Qualitative Sozialforschung. Band 2: Methoden und Techniken. Weinheim, Beltz Psychologie VerlagsUnion.

Lanz Kaufmann, E. (1999). Wellness-Tourismus. Marktanalyse und Qualitätsanforderungen für die Hotellerie - Schnittstelle zur Gesundheitsförderung. Bern, Forschungsinstitut für Freizeit und Tourismus (FIF) der Universität Bern.

Laws, E. (1991). Tourism Marketing, Service and Quality Management Perspectives. Cheltenham, Stanley Thornes.

Leibenstein, H. (1978). General X-Efficiency Theory and Economic Development. New York, Oxford University Press.

Leiponen, A. (2000). Competencies, Innovation and Profitability of Firms. In: Economics of Innovation & New Technology 9 (1): 1-24.

Leisure Consulting Infosystem Freizeitparks (2005). www.freizeitparks.de, abgerufen am 15. Februar 2005.

Liefmann, R. (1897). Die Unternehmerverbände, ihr Wesen und ihre Bedeutung. Freiburg, Volkswirtschaftliche Abhandlungen der badischen Hochschule.

Lievens, A.; Moenaert, R. K. (2000). Project Team Communication in Financial Service Innovation. In: Journal of Management Studies 37 (5): 733-766.

Linneweh, K. (1978). Kreatives Denken. Karlsruhe, Gitzel.

Little, A. D. (1988). Innovation als Führungsaufgabe. Frankfurt/New York, Campus.

Littmann, K. (1975). Die Chancen staatlicher Innovationslenkung. Ansätze für eine staatliche Beeinflussung der Richtung und des Umfangs der Innovationen auf der Unternehmensebene. Göttingen, Otto Schwartz & Co.

Lovelock, C. (1984). Developing and Implementing New Services. In: George, W. R.; Marshall, C. E. (Hrsg.) Developing New Services. Chicago, American Marketing Association: 44-64.

Lücke, S. (2003). Wie weit ist Deutschland auf dem Weg zur Dienstleistungsgesellschaft? Entwicklungen in der Wirtschaftsstruktur und innerhalb des Dienstleistungssektors in den letzten Jahren. Berlin, Bundesministerium für Wirtschaft und Arbeit - Referat Grundsatzfragen der Dienstleistungswirtschaft (VIII A 3).

Lundvall, B.-Å. (1997). The Role of National Innovation Systems. In: OECD (Hrsg.) Creativity, Innovation and Job Creation. Paris, OECD: 67-72.

Lundvall, B.-Å.; Borrás, S. (1997). The Globalising Learning Economy: Implications for Innovation Policy. In: Report from DG XII, Kommission der Europäischen Union.

Mabert, V. A.; Muth, J. F.; Schmenner, R. W. (1992). Collapsing New Product Development Times. Six Case Studies. In: Journal of Product Innovation Management 9 (3): 200-212.

Macharzina, K. (1999). Unternehmensführung - Das internationale Managementwissen. Konzepte - Methoden - Praxis. Wiesbaden, Gabler.

Macrae, N. (1982). Intrapreneurial Now. In: The Economist (17. April 1982): 47-52.

Malorny, C.; Schwarz, W.; Backerra, H. (1997). Die sieben Kreativitätswerkzeuge K7. München, Carl Hanser.

Mani, S. (2002). Government, Innovation and Technology Policy: An International Comparative Analysis. Surrey, Edwar Elgar.

Mansfield, E. (1963). The Speed of Response of Firms to New Techniques. In: Quarterly Journal of Economics 77 (2): 290-311.

Martin, C. R. J.; Horne, D. A. (1993). Services Innovation: Successful versus Unsuccessful Firms. In: International Journal of Service Industry Management 4 (1): 49-65.

Maschke, J. (2004). Finanzierungsengpässe und Eigenkapitalknappheit im Tourismus nach Basel II. In: Weiermair, K.; Peters, M.; Pechlaner, H.; Kaiser, M.-O. (Hrsg.) Unternehmertum im Tourismus. Führen mit Erneuerungen. Berlin, Erich Schmidt: 53-66.

Matzler, K.; Pechlaner, H. (1999). Kompetenzorientierte Entwicklung von Kundenakquisitionsstrategien für touristische Destinationen. In: Pechlaner, H.; Weiermair, K. (Hrsg.) Destinationsmanagement. Führung und Vermarktung von touristischen Zielgebieten. Wien, Linde: 137-157.

Mayring, P. (2002). Einführung in die qualitative Sozialforschung. Eine Anleitung zu qualitativem Denken. Weinheim, Beltz.

McAdam, R.; McClelland, J. (2002). Individual and team-based idea generation within innovation management: organisational and research agendas. In: European Journal of Innovation Management 5 (2): 86-97.

McGinnis, M. A.; Verney, T. P. (1987). Innovation Management and Intrapreneurship. In: Sam Advanced Management Journal 52 (3): 19-23.

Meffert, H. (1998). Marketing. Wiesbaden, Gabler.

Meister, U.; Meister, H. (2001). Fallbeispiel 1: Produkteinführung einer Dienstleistung "Betreutes Reisen". In: Pepels, W. (Hrsg.) Launch - Die Produkteinführung. Stuttgart, Kohlhammer.

Meyer, A. (1991). Dienstleistungs-Marketing. In: DBW Die Betriebswirtschaft 51 (2): 195-199.

Meyer, A.; Blümelhuber, C. (1998). Dienstleistungs-Innovation. In: Meyer, A. (Hrsg.) Handbuch Dienstleistungs-Marketing. Stuttgart, Schäffer Poeschel: 808-825.

Meyer, A.; Blümelhuber, C.; Pfeiffer, M. (2000). Der Kunde als Co-Produzent und die Co-Designer - oder: die Bedeutung der Kundenintegration für die Qualitätspolitik von Dienstleistungsanbietern. In: Bruhn, M.; Stauss, B. (Hrsg.) Dienstleistungsqualität. Konzepte - Methoden - Erfahrungen. Wiesbaden, Gabler: 49-70.

Meyer, J.-A. (2000). Bekanntheit und Einsatz von Innovationsmethoden in jungen KMU. In: Pleitner, H. J.; Weber, W. (Hrsg.) Die KMU im 21. Jahrhundert: Impulse, Aussichten, Konzepte. St. Gallen, KMU HSG: 155-168.

Meyer-Krahmer, F.; Gielow, G.; Kuntze, U. (1982). Innovationsförderung bei kleinen und mittleren Unternehmen. Frankfurt/New York, Campus.

Middlebrooks; Terrill, C. A. (1996). Service Development. In: Rosenau, M. D. J.; Griffin, A.; Castellion, G., A.; Anschuetz, N. F. (Hrsg.) The PDMA Handbook of New Product Development. New York, John Wiley&Sons: 315-330.

Mill, J. S. (1848). Principles of political economy with some of their applications to social philosophy. London, Parker.

Mintzberg, H. (1979). The Structuring of Organizations - A Synthesis of the Reserach. Englewood Cliffs, Prentice-Hall.

Mintzberg, H. (1991). Mintzberg über Management. Wiesbaden, Gabler.

Mintzberg, H. (1992). Die Mintzberg-Struktur - Organisationen effektiver gestalten. Landsberg/Lech, Verlag Moderne Industrie.

Moutinho, L. (2000). Trends in Tourism. In: Moutinho, L. (Hrsg.) Tourism Management. Wallingford, CABI Publishing: 3-16.

Mühlhausen, C. (2000). Future Health. Der "Megatrend Gesundheit" und die Wellness-Gesellschaft. Kelkheim, Das Zukunftsinstitut.

Müller, C., A. (2000). Stand und Perspektiven der Entrepreneurshipforschung. In: Pleitner, H. J.; Weber, W. (Hrsg.) Die KMU im 21. Jahrhundert: Impulse, Aussichten, Konzepte. St. Gallen, KMU-HSG: 17-28.

Müller, H. (2000). Qualitätsorientiertes Tourismus-Management. Bern, Haupt.

Mumford, M. D.; Scott, G. M.; Gaddis, B.; Strange, J. M. (2002). Leading creative people: Orchestrating expertise and relationships. In: The Leadership Quarterly 6 (13): 705-750.

Musgrave, A. (2002). Karl Poppers kritischer Rationalismus. In: Böhm, J. M.; Holweg, H.; Hoock, C. (Hrsg.) Karl Poppers kritischer Rationalismus heute. Tübingen, J.C.B. Mohr: 25-42.

Nagel, R. (1993). Lead User Innovationen. Entwicklungskooperationen am Beispiel der Industrie elektronischer Leiterplatten. Wiesbaden, Deutscher Universitätsverlag.

Nägele, R.; Vossen, I. (2003). Erfolgsfaktor kundenorientiertes Service Engineering - Fallstudienergebnisse zum Tertiarisierungsprozess und zur Integration des Kunden in die Dienstleistungsentwicklung. In: Bullinger, H.-J.; Scheer, A.-W. (Hrsg.) Service Engineering - Entwicklung und Gestaltung innovativer Dienstleistungen. Berlin, Springer: 531-561.

Nauwelaers, C. e. a. (1999). SME policy and the regional dimension of innovation: the cases of Wallonia and Limburg. In: SMEPOL Bericht Nr. 4 Maastricht: MERIT, Universität Maastricht.

Nauwelaers, C.; Wintjes, R. (2002). Innovating SMEs and Regions: The Need for Policy Intelligence and Interactive Policies. In: Technology Analysis & Strategic Management 14 (2): 201-215.

Nefiodow, L. A. (1996). Der sechste Kondratieff. Wege zur Produktivität und Vollbeschäftigung im Zeitalter der Information. Sankt Augustin, Rhein-Sieg Verlag.

Nicholson, G. C. (1998). Keeping Innovation Alive. In: Research Technology Management 41 (3): 34-40.

Nicolescu, O. (2000). Intrapreneurship - a major category of entrepreneurship. In: Pleitner, H. J.; Weber, W. (Hrsg.) Die KMU im 21. Jahrhundert: Impulse, Aussichten, Konzepte. St. Gallen, KMU-HSG: 481-489.

Nord, W. R.; Tucker, S. (1987). Implementing Routine and Radical Innovation. Lexington, Lexington Books.

Nütten, I.; Sauermann, P. (1988). Die anonymen Kreativen. Wiesbaden, Gabler.

Oberparleiter, K. (1930). Funktionen- und Risikolehre des Warenverkehrs. Berlin, Universitätsverlag.

Österreich Werbung (2005). http://www.austria-tourism.biz, abgerufen am 14. Februar 2005.

Olten, R. (1998). Wettbewerbstheorie und Wettbewerbspolitik. München, Oldenbourg.

Opaschowski, H. (2002). Wir werden es erleben. Zehn Zukunftstrends für unser Leben von morgen. Darmstadt, Primus.

Oppermann, R. (1998). Marktorientierte Dienstleistungsinnovation. Besonderheiten von Dienstleistungen und ihre Auswirkungen auf eine abnehmerorientierte Innovationsgestaltung. Göttingen, GHS.

Osborn, A. F. (1953). Applied Imagination. Principles and Processes of Creative Thinking. New York, Charles Scribner's Sons.

Papandreau, A. (1952). Some basic problems in the theory of the firm. In: Haley, B. F. (Hrsg.) Gesamtwirtschaftliche Funktionen des Mittelstandes. Berlin: 27-40.

Pechlaner, H.; Fischer, E. (2004). Alpine Wellness - Auf dem Weg von der Kernkompetenz zum Produkt. In: Bieger, T.; Laesser, C.; Beritelli, P. (Hrsg.) Jahrbuch 2003/2004 Schweizer Tourismuswirtschaft. St. Gallen, Institut für Öffentliche Dienstleistungen und Tourismus der Universität St. Gallen: 265-283.

Pechlaner, H.; Raich, F. (2004). Vom Entrepreneur zum "Interpreneur" - die Rolle des Unternehmers im Netzwerk Tourismus. In: Weiermair, K.; Peters, M.; Pechlaner, H.; Kaiser, M.-O. (Hrsg.) Unternehmertum im Tourismus. Führen mit Erneuerungen. Berlin, Erich Schmidt: 123-138.

Pérez, A. S.; Borrás, B. C.; Rupérez, M. T. G.; Belda, P. R. (2003). Innovation and profitability in the hotel industry: specialization and concentration effects. Valencia, Universität Valencia: 1-10.

Peters, M. (2001). Wachstum und Internationalisierung: Überlebenschancen für touristische Klein- und Mittelbetriebe. Wien, Linde.

Peters, M. (2003). Unternehmertum und unternehmerische Prozesse. In: Pechlaner, H.; Summerer, M.; Peters, M.; Matzler, K. (Hrsg.) Unternehmertum in der Hotellerie: Management und Leadership. Bozen, EURAC: 8-52.

Peters, M. (2004). Unternehmerspezifisches Wachstumsverhalten im Tourismus. In: Weiermair, K.; Peters, M.; Pechlaner, H.; Kaiser, M.-O. (Hrsg.) Unternehmertum im Tourismus. Führen mit Erneuerungen. Berlin, Erich Schmidt: 219-236.

Peters, M.; Weiermair, K. (2002). Innovationen und Innovationsverhalten im Tourismus. In: Bieger, T.; Laesser, C. (Hrsg.) Jahrbuch 2001/2002 Schweizer Tourismuswirtschaft. St. Gallen, Institut für Öffentliche Dienstleistungen und Tourismus der Universität St. Gallen: 157-178.

Pikkemaat, B. (2001). Vom Alten zum Neuen Kunden: Dienstleistungsqualität - gestern und heute. In: Weiermair, K.; Peters, M.; Reiger, E. (Hrsg.) Vom alten zum neuen Tourismus. Beiträge aus Forschung und Praxis. Innsbruck, Studia: 17-25.

Pikkemaat, B.; Pfeil, S. (2005). Knowledge management as precursor for innovation in tourism - the case of "Family homes" in Tyrol. In: Walder, B.; Weiermair, K.; Sancho Pérez, A. (Hrsg.) Innovation and Product Development in Tourism - Creation of Sustainable Competitive Advantage. Berlin, Erich Schmidt: 121-137.

Pinchot, G. (1988). Intrapreneuring - Mitarbeiter als Unternehmer. Wiesbaden, Gabler.

Pine, B. J.; Gilmore, J. H. (1998). Welcome to the Experience Economy. In: Harvard Business Review 76 (4): 97-105.

Pine, B. J.; Gilmore, J. H. (1999). The Experience Economy. Boston, Harvard Business School Press.

Pinto, M. B.; Pinto, J. K. (1990). Project team communication and cross-functionals cooperation in new program development. In: Journal of Product Innovation Management 7 (3): 200-212.

Pinto, M. B.; Pinto, J. K.; Prescott, J. E. (1993). Antecedents and consequences of project team cross-functional cooperation. In: Management Science 39 (10): 1281-1297.

Polanyi, M. (1958). Personal Knowledge: Towards a Post-critical Philosophy. London, Routledge and Kegan.

Poon, A. (1993). Tourism, Technology and Competitive Strategies. Wallingford, CABI.

Popper, K. (1961). The Logic of Scientific Discovery. New York, Science Editions.

Popper, K. (1989). Logik der Forschung. Tübingen, J.C.B. Mohr.

Porter, M. E. (1991). Nationale Wettbewerbsvorteile. Erfolgreich konkurrieren auf dem Weltmarkt. München, Droemer Knaur.

Porter, M. E. (1998a). Clusters and Competition: New Agendas for Companies, Governments, and Institutions. In: Porter, M. (Hrsg.) On Competition. Boston, Harvard Business School Press: 197-287.

Porter, M. E. (1998b). Clusters and the New Economics of Competition. In: Harvard Business Review 76 (6): 77-90.

Pospiech, A. (2004). Kundenintegration bei Dienstleistungsinnovationen in der Tourismusbranche. Magisterarbeit am Lehrstuhl für Strategisches Management und Tourismusmanagement der Universität Lüneburg. Lüneburg, unveröffentlicht.

Pötschke, M.; Simonson, J. (2001). Online-Erhebungen in der empirischen Sozialforschung: Erfahrungen mit einer Umfrage unter Sozial-, Markt- und Meinungsforschern. In: ZA-Information (49): 6-28.

Prahalad, C. K.; Hamel, G. (1991). Nur Kernkompetenzen sichern das Überleben. In: Harvard Business Manager (2): 66-78.

Preissl, B. (2000). Service Innovation: What Makes it Different? Empirical Evidence from Germany. In: Metcalfe, J. S.; Miles, I. (Hrsg.) Innovation Systems in the Service Economy. Measurement and Case Study Analysis. Boston, Kluwer Academic Publishers: 125-148.

Reckenfelderbäumer, M.; Busse, D. (2003). Kundenmitwirkung bei der Entwicklung von industriellen Dienstleistungen - eine phasenbezogene Analyse. In: Bullinger, H.-J.; Scheer, A.-W. (Hrsg.) Service Engineering. Entwicklung und Gestaltung innovativer Dienstleistungen. Berlin, Springer: 145-170.

Reichwald, R.; Seifert, S.; Walcher, D.; Piller, F. T. (2003). Customers as part of value webs: Towards a framework for webbed customer innovation tools. Arbeitspapier am Lehrstuhl für allgemeine und spezielle Betriebswirtschaftslehre der Technischen Universität München.

Ripley, R. E.; Ripley, M. J. (1992). The Innovative Organization and Behavioral Technology for the 1990's. In: Sam Advanced Management Journal 57 (4): 30-36.

Ripsas, S. (1997). Entrepreneurship als ökonomischer Prozeß. Perspektiven zur Förderung unternehmerischen Handelns. Wiesbaden, Deutscher Universitätsverlag.

Ritter, T.; Gemünden, H. G. (1998). Die netzwerkende Unternehmung: Organisationale Voraussetzungen netzwerk-kompetenter Unternehmen. In: Zeitschrift für Führung + Organisation 67 (5): 260-265.

Roberts, E. B.; Fushfield, A. R. (1981). Staffing the innovative technology-based organisation. In: Sloan Management Review 23 (3): 19-34.

Robinson, M. (2001). The ten commandments of intrapreneurs. In: Management 48 (11): 95-98.

Rogers, E. M. (1995). Diffusion of Innovations. New York, The Free Press.

Rogers, M. (2000). Understanding Innovative Firms: An Empirical Analysis of the GAPS. Melbourne, Melbourne Institute of Applied Economic and Social Research, The University of Melbourne: 1-27.

Rogge, K.-E. (1995). Methodenatlas. Berlin, Springer.

Rohrbach, B. (1969). Kreativ nach Regeln. In: Absatzwirtschaft 12 (19): 73-76.

Rohrbach, B. (1972). Techniken des Lösens von Innovationsproblemen. Wiesbaden, Gabler.

Rosenstiel, L. v. (1980). Grundlagen der Organisationspsychologie. Stuttgart, Poeschel.

Sancho, A.; Cabrer, B.; Gonzalo, M.; Rico, P. (2004). Innovation and profitability in the hotel industry: specialization and concentration effects. ENTER, 26.-28.01.04, Kairo.

Schaller, A. (2001). Entrepreneurship oder wie man ein Unternehmen denken muß. In: Blum, U.; Leibbrand, F. (Hrsg.) Entrepreneurship und Unternehmertum. Denkstrukturen für eine neue Zeit. Wiesbaden, Gabler: 3-56.

Schelker, T. (1976). Problemlösungsmethoden im Produkt-Innovationsprozeß. Bern, Haupt.

Scherer, F. M.; Ross, D. (1980). Industrial Market Structure and Economic Performance. 2. Auflage, Boston, Houghton Mifflin.

Scherer, F. M. (1992). Schumpeter and Plausible Capitalism. In: Journal of Economic Literature 30 (3): 1416-1433.

Scheuing, E. E.; Johnson, E. M. (1989). A Proposed Model for New Service Development. In: The Journal of Services Marketing 3 (2): 25-34.

Schips, B. (1990). Empirische Wirtschaftsforschung - Methoden, Probleme und Praxisbeispiele. Wiesbaden, Gabler.

Schlicksupp, H. (1981). Innovation, Kreativität & Ideenfindung. Würzburg, Vogel Verlag.

Schlicksupp, H. (1989). Kreativitätstechniken. In: Szyperski, N. (Hrsg.) Handwörterbuch der Planung. Stuttgart, Poeschel: Sp. 930-943.

Schmidt, H. (2004). Innovationen gehören ins Pflichtenheft jedes Managers. Frankfurter Allgemeine Zeitung. Frankfurt: 13.

Schnell, R. (1997). Nonresponse in Bevölkerungsumfragen. Ausmaß, Entwicklung und Ursachen. Opladen, Leske+Budrich.

Schnell, R.; Hill, P. B.; Esser, E. (1999). Methoden der empirischen Sozialforschung. München, Oldenbourg.

Schollhammer, H. (1982). Internal Corporate Entrepreneurship. In: Kent, C. A.; Sexton, D. L.; Vepser, K. L. (Hrsg.) Encyclopedia of Entrepreneurship. Englewood Cliffs, Prentice-Hall: 209-223.

Schumann, P. R. j. (1993). Creativity and Innovation in Large Organizations. In: Kuhn, R. L. (Hrsg.) Generating Creativity and Innovation in Large Bureaucracies. Westport, London: 111-132.

Schumpeter, J. A. (1934a). Theorie der wirtschaftlichen Entwicklung. Eine Untersuchung über Unternehmergewinn, Kapital, Kredit, Zins und den Konjunkturzyklus. Berlin, Duncker&Humblot.

Schumpeter, J. A. (1934b). The Theory of Economic Development. New York, Oxford University Press.

Schumpeter, J. A. (1961). Konjunkturzyklen. Eine theoretische, historische und statistische Analyse des kapitalistischen Prozesses. Erster Band. Göttingen, Vandenhoeck&Ruprecht.

Schumpeter, J. A. (1975). Kapitalismus, Sozialismus und Demokratie. München, UTB Francke.

Schützinger, C. (2005). Kooperationen als Grundlage für Innovationen in Tourismusorganisationen: das Beispiel Vorarlberg. In: Pechlaner, H.; Tschurtschenthaler, P.; Peters, M.; Pikkemaat, B.; Fuchs, M. (Hrsg.) Erfolg durch Innovation - Perspektiven für den Tourismus- und Dienstleistungssektor. Wiesbaden, Gabler: 395-402.

Schwartz, H. (1984). Developing a Climate for Innovation of New Services. In: George, W. R.; Marshall, C. E. (Hrsg.) Developing New Services. Chicago, American Marketing Association: 1-8.

Seitz, E.; Meyer, E. (1995). Tourismusmarktforschung: Ein praxisorientierter Leitfaden für Touristik und Fremdenverkehr. München, Vahlen.

Shane, S. A.; Venkataraman, S. (2000). The Promise of Entrepreneurship as A Field of Research. In: Academy of Management Review 25 (1): 217-226.

Shaw, G.; Williams, A. M. (2004). From Lifestyle Consumption to Lifestyle Production: Changing Patterns of Tourism Entrepreneurship. In: Rhodri, T. (Hrsg.) Small Firms in Tourism: International Perspectives. Oxford, Elsevier: 99-113.

Shigera, K. (1997). Technology, Innovation and Job Creation - An economywide Perspective. In: OECD (Hrsg.) Creativity, Innovation and Job Creation. Paris, OECD: 35-39.

Shoestack, G. L. (1987). Service Positioning Through Structural Change. In: Journal of Marketing 51 (1): 34-43.
Shostack, G. L. (1982). How to Design a Service. In: European Journal of Marketing 16 (1): 49-63.
Shostack, G. L. (1984). Designing services that deliver. In: Harvard Business Review 62 (1): 133-139.
Shostack, G. L.; Kingman-Brundage, J. (1991). How to design a service. In: Congram, C. A.; Friedman, M. L. (Hrsg.) The AMA handbook of marketing for the service industries. New York, AMACOM: 243-261.
Shyu, J. Z.; Chiu, Y.-C. (2002). Innovation policy for developing Taiwan's competitive advantages. In: R&D Management 32 (4): 369-374.
Siebert, H. (2003). Ökonomische Analysen von Unternehmensnetzwerken. In: Sydow, J. (Hrsg.) Management von Netzwerkorganisationen: Beiträge aus der Managementforschung. Wiesbaden, Gabler: 7-27.
Slevin, D. P.; Covin, J. G. (1990). Juggling entrepreneurial style and organizational structure: how to get your act together. In: Sloan Management Review 31 (2): 43-53.
Smallbone, D. e. a. (1999). SME policy and the regional dimension of innovation: UK national report. In: SMEPOL Bericht NR. 7 (Centre for Enterprise and Econmic Developent Research, Middlesex University Business School).
Smeral, E. (2003). Die Zukunft des internationalen Tourismus. Entwicklungsperspektiven für das 21. Jahrhundert. Wien, Linde Verlag.
Smeral, E. (2004). Wachstumsmaschine Tourismus: Semper et Ubique? In: Weiermair, K.; Peters, M.; Pechlaner, H.; Kaiser, M.-O. (Hrsg.) Unternehmertum im Tourismus. Führen mit Erneuerungen. Berlin, Erich Schmidt: 35-51.
Smeral, E. (2005). Ansatzpunkte für eine innovative Tourismuspolitik. In: Pechlaner, H.; Tschurtschenthaler, P.; Peters, M.; Pikkemaat, B.; Fuchs, M. (Hrsg.) Erfolg durch Innovation - Perspektiven für den Tourismus- und Dienstleistungssektor. Wiesbaden, Gabler: 23-38.
Sobrero, M.; Roberts, E. B. (2001). The Trade-Off Between Efficiency and Learning in Interorganizational Relationships for Product Development. In: Management Science 47 (4): 493-511.
Socher, K. (2005). Innovationsförderung durch Wirtschaftspolitik. In: Pechlaner, H.; Tschurtschenthaler, P.; Peters, M.; Pikkemaat, B.; Fuchs, M. (Hrsg.) Erfolg durch Innovation - Perspektiven für den Tourismus- und Dienstleistungssektor. Wiesbaden, Gabler: 225-239.
Sommerlatte, T. (1988). Innovationsfähigkeit und betriebswirtschaftliche Steuerung - lässt sich das vereinbaren? In: DBW Die Betriebswirtschaft 48: 161-169.
Staehle, W. (1993). Management: Eine verhaltenswissenschaftliche Perspektive. München, Vahlen.

Statistik Austria (2004a). Bevölkerungsentwicklung in Österreich. Wien, Statistik Austria

Statistik Austria (2004b). Tourismus in Zahlen. Österreich 2003/2004. Wien, Statistik Austria.

Statistisches Bundesamt (2000). Bevölkerungsentwicklung Deutschlands bis zum Jahr 2050. Ergebnisse der 9. koordinierten Bevölkerungsvorausberechnung. Wiesbaden, Statistisches Bundesamt.

Statistisches Bundesamt (2002). Dienstleistungen in Deutschland. Ergebnisse der neuen Statistik – Jahr 2000. Wiesbaden, Statistisches Bundesamt.

Staudt, E.; Bock, J.; Mühlemeyer, P. (1992). Informationsverhalten von innovationsaktiven kleinen und mittleren Unternehmen. In: Zeitschrift für Betriebswirtschaft 62 (9): 989-1008.

Stauss, B. (1989). Beschwerdepolitik als Instrument des Dienstleistungsmarketing. In: Jahrbuch der Absatz- und Verbrauchsforschung 35 (1): 41-62.

Stauss, B. (1996). Der Einsatz der "Critical Incident Technique" im Dienstleistungsmarketing. In: Tomczak, T.; Belz, C. (Hrsg.) Kundennähe realisieren. Ideen - Konzepte - Methoden - Erfahrungen. St. Gallen, Thexis: 233-250.

Stauss, B.; Seidel, W. (2002). Beschwerdemanagement. Kundenbeziehungen erfolgreich managen durch Customer Care. München, Hanser.

Steinhauser, C.; Theiner, B. (2004). Neue Erlebnisse im Tourismus: Eine Analyse des Innovationsverhalten von Anbietern und Nachfragern bei der touristischen Produktentwicklung. Illustriert am Fall "Alpine Wellness". Dissertation am Institut für Unternehmensführung, Tourismus und Dienstleistungswirtschaft. Innsbruck, Universität Innsbruck, unveröffentlicht.

Stewart, T. A. (1997). Der vierte Produktionsfaktor. Wachstum und Wettbewerbsvorteile durch Wissensmanagement. München, Hanser.

Stocking, G. (1950). Hearings before the Subcommittee on Study of Monopoly Power. In: Judiciary Committee, House of Representatives, 81. Kongress, 2. Sitzung, Seriennr. 14, 4A, S. 966.

Strumann, A. (1997). Vertikale Kooperation bei Produktinnovationen im Investitionsgüterbereich - Ein situations-, innovationsphasen- und instrumentebezogener Ansatz zur Einbindung von Kunden und Lieferanten. Lohmar/Köln, Josef Eul.

Sundbo, J. (2002). The Strategic Management of Innovation. A Sociological and Economic Theory. Cheltenham, Edward Elgar.

Swann, P.; Prevezer, M. (1998). Introduction. In: Stout, D. (Hrsg.) The Dynamics of Industrial Clustering. Oxford, Oxford University Press: 1-12.

Sydow, J. (1992). Strategische Netzwerke und Transaktionskosten. In: Staehle, W.; Conrad, P. (Hrsg.) Managementforschung 2. Berlin, de Gruyter: 239-311.

Syson, F.; Perks, H. (2004). New service development: a network perspective. In: Journal of Services Marketing 18 (4): 255-266.

Tan, K. C.; Xie, M.; Shen, X.-X. (1999). Development of Innovative Products Using Kano's Model and Quality Function Deployment. In: International Journal of Innovation Management 3 (3): 271-286.

Thomke, S. (2003). Innovationen für den Service. In: Harvard Business Manager (7): 44-59.

Thomke, S.; von Hippel, E. (2002). Kunden zu Erfindern machen. In: Harvard Business Manager (5): 51-60.

Thorelli, H. B. (1986). Networks between Markets and Hierarchies. In: Strategic Management Journal 7 (1): 37-51.

Timmons, J. A. (1994). New Venture Creation: Entrepreneurship for the 21st Century. Boston, McGraw-Hill.

Tödtling, F. (2002). Regionale Innovationssysteme im europäischen Vergleich. In: Invent (Hrsg.) Innovationssysteme für regionale Wirtschaften. Wien: 1-18.

Toffler, A. (1970). Future Shock. New York, Bantam Books.

Trott, P. (2002). Innovation Management and New Product Development. Harlow, Pearson Education/Prentice-Hall.

Tschurtschenthaler, P. (2004). Unternehmerische Aus- und Weiterbildung im Tourismus. In: Weiermair, K.; Peters, M.; Pechlaner, H.; Kaiser, M.-O. (Hrsg.) Unternehmertum im Tourismus. Führen mit Erneuerungen. Berlin, Erich Schmidt: 105-122.

Tschurtschenthaler, P. (2005). Die gesamtwirtschaftliche Perspektive von touristischen Innovationen. In: Pechlaner, H.; Tschurtschenthaler, P.; Peters, M.; Pikkemaat, B.; Fuchs, M. (Hrsg.) Erfolg durch Innovation - Perspektiven für den Tourismus- und Dienstleistungssektor. Wiesbaden, Gabler: 3-22.

Tushman, M.; Nadler, D. (1986). Organizing for Innovation. In: California Management Review 28 (3): 74-92.

UCLA Academic Technology Services (2005). SPSS FAQ: What does Cronbach's alpha mean? www. ats.ucla.edu/stat/spss/faq/alpha.html, abgerufen am 28. Juni 2005

Uebele, H. (1992). Kreativität und Kreativitätstechniken. In: Gaugler, E.; Weber, W. (Hrsg.) Handwörterbuch des Personalwesens. Stuttgart, Schäffer-Poeschel: Sp. 1165-1179.

Uhl, O. W. (1993). Innovations-Management bei 3M. In: zfo Zeitschrift Führung + Organisation 63: 221-224.

Ullmann, S. (2000). Strategischer Wandel im Tourismus - Dynamische Netzwerke als Zukunftsperspektive. Wiesbaden, Deutscher Universitäts-Verlag.

Ulwick, A. W. (2002). Turn Costumer Input into Innovation. In: Harvard Business Review (1): 91-97.

Urban, G. L.; Hauser, J. R. (1980). Design and Marketing of New Products. Englewood Cliffs, Prentice-Hall.

Vahovar, V.; Batagelj, Z.; Mafreda, K. L.; Zaletel, M. (2001). Nonresponse in Web Surveys. In: Groves, R. M.; Dillman, D. A.; Eltinge, J. L.; Little, R. J. A. (Hrsg.) Survey Nonresponse. New York, John Wiley&Sons: 229-242.

Vahs, D.; Burmester, R. (2002). Innovationsmanagement. Von der Produktidee zur erfolgreichen Vermarktung. Stuttgart, Schäffer-Poeschel.

Verband Deutscher Seilbahnen und Schlepplifte (2005). http://www.seilbahnen.de, abgerufen am 16. Februar 2005.

VisitScotland (2005). Business Development: Innovation Exchange – Case Studies, http://www.scotexchange.net, abgerufen am 22.08.2005.

von Braun, C.-F. (1994). Der Innovationskrieg. Ziele und Grenzen der industriellen Forschung und Entwicklung. München, Hanser.

von Hippel, E. (1986). Lead Users: A Source of Novel Product Concepts. In: Management Science 32 (7): 791-805.

von Hippel, E. (1988). The Dominant Role of the User's in Seminconductor and Electronic Subassembly Process Innovation. In: IEEE Transactions on Engineering Management 24 (2): 60-71.

von Krogh, G.; Venzin, M. (1995). Anhaltende Wettbewerbsvorteile durch Wissensmanagement. In: Die Unternehmung 6: 417-436.

von Mises, L. (1989). Nationalökonomie - Theorie des Handelns und Wirtschaftens. München, Universitätsverlag.

Wahren, H.-K. (2004). Erfolgsfaktor Innovation: Ideen systematisch generieren, bewerten und umsetzen. Berlin, Springer.

Walder, B.; Weiermair, K.; Brunner-Sperdin, A. (2004). Tourism Employees and Their Changed Role in the Provision of Novel Experience Products and/or Services in Tourism. Vortrag gehalten beim Internationalen Tourismus-Workshop GERHTUR in La Habana, Kuba, 15.-18. Juni 2004.

Weiermair, K. (1993). Innovation und Innovationsverhalten im touristischen Betrieb: Wachstumspotenziale für Beherbergungsbetriebe im alpenländischen Bereich. In: Revue de Tourism - Zeitschrift für Fremdenverkehr (1): 14-22.

Weiermair, K. (2001a). Neue Organisations-, Koordinations- und Führungsprinzipien im alpinen Tourismus. In: Weiermair, K.; Peters, M.; Reiger, E. (Hrsg.) Vom alten zum neuen Tourismus. Innsbruck, Studia: 108-117.

Weiermair, K. (2001b). Überlegungen zum Wachstumsverhalten der Tourismusbranche. In: Bieger, T.; Laesser, C. (Hrsg.) Jahrbuch 2000/2001 Schweizer Tourismuswirtschaft. St. Gallen, Institut für Öffentliche Dienstleistungen und Tourismus der Universität St. Gallen: 125-139.

Weiermair, K. (2002). Aufgaben der Tourismuspolitik im Rahmen eines zukunftsorientierten Destinationsmanagements. In: Pechlaner, H.; Weiermair, K.; Laesser, C. (Hrsg.) Tourismuspolitik und Destinationsmanagement. Bern, Haupt: 53-77.

Weiermair, K. (2003). Neue Urlaubs- und Reisemodelle zwischen Abenteuer und Entspannung. München, 6. CBR-Tourismus Symposium.

Weiermair, K.; Peters, M. (1998). The Internationalization Behaviour of Tourism Enterprises. In: Asia Pacific Journal of Travel Research 2 (2): 1-16.

Weiermair, K.; Pikkemaat, B.; Müller, S.; Walder, B. (2004). Messung des Innovationsgrades touristischer Produkte in ausgewählten alpinen Destinationen Österreichs - Ein Pilotprojekt. ÖNB-Endbericht. Innsbruck, unveröffentlicht.

Weiermair, K.; Walder, B. (2004). Innovationen und die Rolle von Markttrends im Tourismus. Vortrag gehalten beim „Market Trends and Innovations"-Forum der ITB 2004, 12. März 2004, Berlin.

Weigand, J. (1996). Innovationen, Wettbewerb und Konjunktur. Eine theoretische und empirische Untersuchung von Innovationsdeterminanten unter Berücksichtigung des Konjunkturverlaufs. Berlin, Duncker & Humblot.

Weis, C. H. (2004). Marketing. Ludwigshafen, Kiehl.

Werthner, H.; Klein, S. (2005). Tourism innovations enabled by information and communication technologies. In: Walder, B.; Weiermair, K.; Sancho Pérez, A. (Hrsg.) Innovation and Product Development in Tourism. Berlin, Erich Schmidt: 71-84.

West, A. (1992). Innovation Strategy. Englewood Cliffs, Prentice Hall.

Wieland, J. (2000). Kooperationsökonomie: Die Ökonomie der Diversität, Abhängigkeit und Atmosphäre. In: Jansen, S. A.; Schleissing, S. (Hrsg.) Konkurrenz und Kooperation - Interdisziplinäre Zugänge zur Theorie der Coopetition. Marburg, Metropolis: 103-127.

Wiendieck, G. (1992). Teamarbeit. In: Frese, E. (Hrsg.) Handwörterbuch der Organisation. Stuttgart, Poeschel: 2375-2384.

Willax, P. (2004). Lessons to be learned from encouraging intrapreneurs. In: New Hampshire Business Review 26 (18): 13A.

Wind, Y. J. (1982). Product Policy: Concepts, Methods, and Strategy. Reading, Addison-Wesley.

Wirtschaftskammer Österreich (1997). Tourismus in Zahlen. Wien, Wirtschaftskammer.

Witte, E. (1973). Organisation für Innovationsentscheidungen. Das Promotoren-Modell. Göttingen, Otto Schwartz & Co.

Wöhler, K. (2005). Der Kunde als Innovationsquelle. In: Pechlaner, H.; Tschurtschenthaler, P.; Peters, M.; Pikkemaat, B.; Fuchs, M. (Hrsg.) Erfolg durch Innovation. Perspektiven für den Tourismus- und Dienstleistungssektor. Wiesbaden, Gabler: 243-259.

Wojda, F. (1998). Clusterbildung - Kooperationsnetzwerke. In: Bullinger, H.-J.; Zahn, E. (Hrsg.) Dienstleistungsoffensive - Wachstumschancen intelligent nutzen. Stuttgart, Schäffer-Poeschel: 165-179.

Young, R. L.; Houghland, J. G.; Shepard, J. M. (1981). Innovation in Open Systems: A comparative Study of Banks. In: Sociology and Social Research 65: 177-193.

Zanger, C. (2000). Kundenvertrauen in KMU-Netzwerken. In: Pleitner, H. J.; Weber, W. (Hrsg.) Die KMU im 21. Jahrhundert: Impulse, Aussichten, Konzepte. St. Gallen, KMU-HSG: 269-279.

Zeithaml, V. A.; Bitner, M. J. (1996). Services Marketing. New York, McGraw-Hill.

Zeithaml, V. A.; Parasuraman, A.; Berry, L. L. (1985). Problems and Strategies in Services Marketing. In: Journal of Marketing 49 (1): 33-46.

Zimmer, D. (2001). Wenn Kreativität zu Innovationen führen soll. In: Harvard Business Manager (1): 42-56.